财政部规划教材
全国高等院校财经类教材

财 政 学

第四版

主 编 李红霞 何 晴
副主编 郎大鹏 李林君

中国财经出版传媒集团
中国财政经济出版社

图书在版编目（CIP）数据

财政学 / 李红霞，何晴主编；郎大鹏，李林君副主编. --4 版. --北京：中国财政经济出版社，2022.8
财政部规划教材　全国高等院校财经类教材
ISBN 978 - 7 - 5223 - 1649 - 9

Ⅰ. ①财… Ⅱ. ①李… ②何… ③郎… ④李… Ⅲ. ①财政学－高等学校－教材 Ⅳ. ①F810

中国版本图书馆 CIP 数据核字（2022）第 151828 号

责任编辑：樊　闽　　　　　责任校对：张　凡
封面设计：孙俪铭

财政学
CAIZHENGXUE

中国财政经济出版社　出版

URL：http：//www.cfeph.cn
E - mail：cfeph@ cfeph.cn

（版权所有　翻印必究）

社址：北京市海淀区阜成路甲 28 号　邮政编码：100142
营销中心电话：010 - 88191522
天猫网店：中国财政经济出版社旗舰店
网址：https：//zgczjjcbs.tmall.com
北京富生印刷厂印刷　各地新华书店经销
成品尺寸：185mm×260mm　16 开　21.75 印张　502 000 字
2022 年 9 月第 4 版　2022 年 9 月北京第 1 次印刷
定价：56.00 元
ISBN 978 - 7 - 5223 - 1649 - 9
（图书出现印装问题，本社负责调换，电话：010 - 88190548）
本社质量投诉电话：010 - 88190744
打击盗版举报热线：010 - 88191661　QQ：2242791300

前言

近年来，随着我国经济体制改革的不断深化，财税领域改革实践发生了一些重要变化，财政理论研究也在不断创新发展。为了更好反映我国财政理论和改革实践的发展历程，我们再次对本教材进行全面系统的修订。此次财政学教材的修订坚持以马克思主义为指导，立足于中国国情，认真贯彻习近平新时代中国特色社会主义思想，在借鉴国外先进经验的基础上，全面反映当代财政学的基本理论、基本知识和基本管理方法，力求构建具有中国特色的社会主义财政学体系。

本教材具有全面、新颖和规范性特点。具体体现在：

第一，体现时代性。目前，我国经济体制改革已经进入了一个新的阶段，在新的形势下，要求财政学教学内容也应该体现时代的脉搏。我国与发达国家的国情不同，在借鉴西方经济学理论时，要充分结合中国国情和改革实践，以马克思主义为指导构建具有中国特色的财政学体系。我们在修订本教材时，力求将财税领域最新改革动态，如最新税制改革、政府收支分类、政府间财政关系、政府债务风险治理等内容融入教材，并将国际财政活动问题纳入财政学教材，这在以往同类教材中是不多见的。

第二，体现前沿性。财政学教材力求动态更新，广泛吸收国内外财政理论发展与财政制度、政策创新的最新成果，力争将国内外最前沿、权威的研究成果融入教材。尽量采取可获得的最新数据，力求教材具有新颖性和现实性。全面反映当代财政学的基本理论、基本知识和政策，力争做到理论与实践相结合、宏观与微观相结合。

第三，体现完整性。教材体系完整，内容丰富，在阐述财政本质和职能的基础上，探讨了新形势下的财政支出、财政收入、税收、公债、政府预算、财政赤字、财政政策与货币政策配合等内容，并对我国宏观调控的实践等问题进行了充分的阐述。

财政学是研究政府收支活动及政策的经济学分支，作为一门应用理论学科，在整个学科体系中起着衔接一般经济理论课和财政专业课的作用，它不仅是普通高等教育财政专业的核心课程，也适用于非财政学专业的各类经济和管理专业。本书既可以作为各大学本科的通用教材，也可以作为各类成人高校的专业教材，还可以作为广大财政学教学、研究和业务部门的参考读物。

本书由李红霞、何晴教授担任主编，郎大鹏、李林君副教授担任副主编。参加本教材编写的成员与分工是：何晴、姚东旭（第一章），黄芳娜（第二章），李林君（第三章），郎大鹏（第四章），王海南（第五章），刘翔（第六章），范庆泉（第七章），张立彦（第八章），李红霞（第九章），杨全社（第十章），刘辉（第十一章），史兴旺（第十二章），何晴（第十三章）

本教材作为普通高等教育教材的修订版，由于时间仓促，尽管本教材在编写过程中强调各章体例的一致性，但由于参编人员较多，难免在行文表述方面存在不够协调之处，希望同行专家和读者不吝赐教，以便不断地进行修订和完善。

李红霞　何　晴
2022 年 8 月

目录

第一章 财政导论 …………………………………………（1）
 第一节 社会经济活动中政府与市场的关系 …………（1）
 第二节 公共需求与公共产品 …………………………（11）
 第三节 财政的一般概念 ………………………………（14）
 第四节 财政的职能 ……………………………………（19）

第二章 财政支出概述 ……………………………………（30）
 第一节 财政支出的分类与结构 ………………………（30）
 第二节 财政支出规模 …………………………………（34）
 第三节 财政支出效益 …………………………………（41）
 第四节 财政支出绩效评价 ……………………………（46）

第三章 购买性支出 ………………………………………（51）
 第一节 财政消费性支出 ………………………………（51）
 第二节 财政投资性支出 ………………………………（68）

第四章 转移性支出 ………………………………………（83）
 第一节 社会保障支出 …………………………………（83）
 第二节 财政补贴 ………………………………………（96）
 第三节 税式支出 ………………………………………（108）

第五章 财政收入概述 ……………………………………（116）
 第一节 财政收入含义及分类 …………………………（116）
 第二节 财政收入规模分析 ……………………………（119）
 第三节 财政收入结构分析 ……………………………（126）

第六章　税收原理 ……………………………………………………（134）
第一节　税收概述 ……………………………………………………（134）
第二节　税收原则 ……………………………………………………（141）
第三节　税收效应 ……………………………………………………（145）
第四节　税收负担与税负转嫁 ………………………………………（150）
第五节　最优课税理论 ………………………………………………（160）

第七章　税收制度 ……………………………………………………（165）
第一节　税收制度的组成与税制改革 ………………………………（165）
第二节　货物劳务税 …………………………………………………（173）
第三节　所得课税 ……………………………………………………（179）
第四节　其他课税 ……………………………………………………（185）

第八章　公债 …………………………………………………………（195）
第一节　公债概述 ……………………………………………………（195）
第二节　公债规模与结构 ……………………………………………（200）
第三节　公债的发行与偿还 …………………………………………（204）
第四节　公债市场 ……………………………………………………（208）
第五节　外债 …………………………………………………………（213）
第六节　政府债务风险治理 …………………………………………（216）

第九章　政府预算和预算管理制度 …………………………………（226）
第一节　政府预算的概念及组织构架 ………………………………（226）
第二节　政府预算模式 ………………………………………………（230）
第三节　全口径预算体系 ……………………………………………（234）
第四节　政府预算周期 ………………………………………………（238）
第五节　我国预算管理制度改革 ……………………………………（240）

第十章　政府间财政关系 ……………………………………………（246）
第一节　财政分权理论 ………………………………………………（246）
第二节　政府间财政关系的基本框架 ………………………………（252）
第三节　我国政府间财政关系的发展和完善 ………………………（260）

第十一章　财政赤字对经济的影响 …………………………………（269）
第一节　财政平衡与财政赤字 ………………………………………（269）
第二节　财政赤字的经济效应 ………………………………………（277）
第三节　我国的财政赤字分析 ………………………………………（285）

第十二章 财政政策与货币政策的配合 …………………………… (299)
  第一节 财政政策概述 ………………………………………… (299)
  第二节 财政政策的传导和效应 ……………………………… (306)
  第三节 财政政策与货币政策的协调与配合 ………………… (309)
  第四节 我国的积极财政政策 ………………………………… (313)

第十三章 开放经济下的国际财政关系 …………………………… (320)
  第一节 国际税收 ……………………………………………… (320)
  第二节 国际财政存在的基础及形式 ………………………… (325)
  第三节 国际财政费用分担及收入再分配 …………………… (330)
  第四节 开放经济下财政与货币政策的制定和配合 ………… (334)

主要参考书目 ……………………………………………………… (338)

第一章 财政导论

在现代社会中，每个经济主体每时每刻都在受到政府经济活动的影响，人们每天行走的是政府投资修建的公共道路，孩子们接受的义务教育由政府出资修建校舍、雇佣教师、购买桌椅；工作人口万一失业，可以按规定领取失业保险金，退休后可以获得社会养老保险金；满足条件的低收入人口可以按月领取最低生活保障救济金等。同时，纳税人必须按照税法的规定足额按时缴纳各种税，比如增值税、企业所得税、个人所得税等等。可见，每个人的一生，每个企业的种种活动，无时无刻不受到政府经济活动的影响，而政府经济活动离不开财政的支撑。财政理论的核心是研究市场和政府之间的相互作用，这是经济学中最重要的问题之一，同时，政府的经济活动是经济与政治共同作用下的产物，因此，财政也是经济和政治的结合体。

第一节 社会经济活动中政府与市场的关系

长期以来，在社会经济活动中有关政府与市场的关系争论激烈。市场因其在资源配置和经济运行调节中的高效率而得到广泛认可，然而，市场的先天不足也使政府对经济活动的介入成为必要，政府和市场缺一不可。党的十八届三中全会指出："经济体制改革是全面深化改革的重点，核心问题是处理好政府和市场的关系，使市场在资源配置中起决定性作用和更好地发挥政府作用。"财政是政府主导的经济活动，理清政府与市场的关系，是认识和把握财政本质特征的前提。

一、现实经济中的财政现象与政府的经济行为

在市场经济环境下，人们的大多数需求都是通过市场交易得到满足的。劳动者通过合法劳动获取货币收入，然后用货币在市场上交换其所需要的各种商品或服务，诸如食品、服装、生活用品、书籍、住房、私人汽车、休闲娱乐、旅游等。生产厂商则

通过在市场上出售这些商品或服务而获得货币收入，他们以这些货币收入去购买生产过程所需要的机器设备、原材料和半成品，去支付劳动者的工资，向投资者支付利润或利息。上述商品和服务均属于私人物品，以满足消费者的私人需求为目的，而市场在组织私人物品的生产和交换中显示了巨大的效率优势。伦纳德·里德在《铅笔的故事》[①]中就为我们展示了市场的秩序与效率。

不难发现，满足经济组织或个人私人需求的商品或服务主要是通过市场方式提供的，我们称之为私人产品。首先，私人产品具有消费上的竞争性，即新增消费会排斥、妨碍其他消费者，这通常意味着新增消费要求厂商提高产量，而产量提高必然带来成本的增加，需要受益者付费购买，以补偿生产者的投入，否则再生产过程将无法持续；其次，私人产品还具有受益上的排他性，即生产厂商很容易通过某种方式排除非付费者的搭便车行为，只将商品或服务提供给付费购买的消费者。然而，现实经济生活中并不是人们的全部需求都通过市场交易满足，很多商品或服务不是一般生产厂商通过市场供给，而是政府全部或部分地以非市场的方式提供。这些商品或服务主要满足社会成员共有的一般性需求，即公共需求，商品或劳务本身通常具有非竞争性和非排他性特征，称为公共产品[②]。政府提供的公共产品主要分为以下几类：

1. 基于国家的政治和社会职能，必须由政府提供的行政管理、国防、外交、社会秩序、司法等产品或服务。上述领域不仅需要高效率的供给，从其承担的职责看，更需要公平与正义，体现一个国家全体人民的意志和整体利益，必须由政府提供，不能按市场原则进行配置。事实上，从国家产生的那一天开始，保障国防安全、维护公平正义和维持社会秩序就是政府的天然责任。广义上看，国家向人民收取税收，然后提供上述产品和服务，似乎也是一种市场交易，但显然这种交易不同于一般意义上的交易，本质上是社会成员之间为维持共同利益而达成的一种社会契约[③]，成员让渡一部分权利，包括按约定缴纳税金，而作为共同体代理人的政府则为每个社会成员提供上述商品和服务。由于缴税和提供必要的商品或服务是人民与政府各自的职责，因此，从形式上看，此类商品或服务是由政府免费提供给社会成员的。

2. 基础教育、基础科研、公共卫生、环境保护等。教育关乎国家的未来，我国实行九年制义务教育，在义务教育阶段，国家要求符合条件的公民都要参加义务教育，同时由国家免费向受教育者提供教育服务，以提高全民族的整体素质。基础科研同样有重大的价值，在一国的科学技术体系中具有基础性作用，但由于基础科研通常投入大，风险大，很多研究成果又不能直接运用于社会生产活动，也就不能迅速产生回报，依靠市场引导企业投入会严重制约基础科研水平的提高，政府的投入与支持就变得十分重要。公共卫生与环境保护同样无法依靠市场来解决，由于事关千万人的共同利益，政府必须承担起相应的职责，做好诸如疾病防控、公共卫生事件的应急处置、重大环境保护工程建设等。

[①] [荷]曼德维尔、[法]巴斯夏、[美]弗里德曼、[美]施蒂格勒、[美]里德、[英]哈耶克，迷人的经济学，中信出版社，2020年。

[②] 有关公共产品，将在本章第二节做详细讨论。

[③] 卢梭：《社会契约论》，商务印书馆 2011 年版。

3. 社会保障、私人医疗、非义务教育等。这些针对居民个人提供的产品和服务，本可以通过市场化途径解决，即供给主体向受益者收取费用以补偿生产成本。然而，上述产品和服务不同于一般的私人产品，对于稳定社会秩序、实现社会的公平正义至关重要。因此，上述产品的供给通常不能完全遵循市场规则，在个人支付一定成本的同时，政府需要给予一定的补助。

4. 基础设施、重大工程以及战略性产业、自然垄断产业等。城市基础设施，如交通、通信、给排水、电力供应、消防以及公园公厕等设施，是企业生产和居民生活不可或缺的，同样是政府经济职责的一部分。政府还承担涉及国计民生和带有战略意义的重大工程、战略性产业的建设责任，诸如三峡工程、南水北调工程、西气东输工程、核电站、油田、高速铁路、干线公路、大型农业水利工程等，这些项目既是国民经济的基础，同时其投资规模大，周期长，风险高，依靠市场化方式难以解决，政府投资十分必要且意义重大。

市场经济不能排斥政府对经济活动的参与，事实上一国健康的经济运行离不开政府和市场两个领域的经济活动。然而，社会经济资源有限，当政府过度占有经济资源后，就会挤占原本由市场支配的资源，造成经济运行效率的下降，进而影响国家的长远发展与人民福祉的提高。从提高整个国家经济运行效率的角度出发，要求政府在参与社会经济活动中做到：**一是**提高政府经济活动自身的效率，在政府经济活动中树立效益意识。无论是政府承担的政治和社会管理职能，还是政府为社会提供的教育、医疗、基础设施、公共工程等公共产品，都需要科学预算，严格监管，以提高政府资金的使用效率。与市场相比，政府主导的经济活动通常在效率上没有优势，这更要求政府要不断改进财政治理的能力和水平，不断提高财政资金绩效，在实现政府经济目标的同时保持经济运行的整体效率。**二是**准确界定政府与市场的边界，既不推卸政府的责任从而造成政府缺位，也不盲目侵占本应交给市场的领域从而造成政府越位。长期以来，政府与市场的边界是一个饱受争议的话题，一般来说，对于政府在行政管理、国防、外交、基础教育、公共卫生等纯公共产品领域承担责任，通常没有太大的争议，但对于混合产品供给以及政府直接投资或政府资助战略性产业，则存在激烈的争论。政府要不要介入？以什么方式介入？介入到什么程度？这些已成为长久争论的话题。

二、市场效率与市场失灵

(一) 市场与市场效率

在市场经济体制中，市场是联结各经济部门的纽带。市场的主体包括家庭、企业和政府。暂时不考虑政府的存在，将市场视为一个仅包括家庭和企业的两部门系统。企业是商品和服务的制造者与提供者，是商品生产与商品交换的基本单位。企业从家庭购买生产要素，包括劳动和资本，然后通过生产过程制造商品和服务，并将这些商品和服务出售给家庭或其他企业，获得收入和利润，形成持续购买生产要素的能力，实现再生产。家庭是社会最基本的单位，也是最小的经济组织。家庭向企业提供劳动和资本等生产要素，以取得满足家庭购买商品和服务所需要的经济收入。市场是联结家庭和企业的纽带，是商品和服务以及生产要素的交换得以实现的场所，而供求规律成为市场机制的基本经济规律，通过供求关系形成并自发调节价格和产量，最终确定收入、成本和利润。也可以说市场是货币、商品及各种劳动要素循环流动的渠道，社会资源通过市场机制加以配置，自发地达到供给与需求的平衡。

市场机制结构精巧，是人类迄今为止所认识到的在资源配置中效率最高的机制。在市场上，家庭追求福利最大化，企业追求利润最大化，完全开放与竞争的市场体系形成了市场经济中社会资源有效配置的机制，支配看起来目标各异的经济主体的行为，自动引导资源流向最有效率的领域。英国古典经济学的奠基人亚当·斯密以"看不见的手"来描述市场中支配人们行为的力量，认为不需要任何干预，自由放任的市场会自动导向供给与需求的均衡，进而导向社会整体利益的最大化。马克思同样赞叹市场机制的效率，认为商品价格会依供求关系围绕价值上下波动，以调节生产和流通，并促进技术进步和经济发展。当然，马克思已经认识到市场的局限性，认为单纯依靠市场的无序生产会导致经济危机。20世纪初，新福利经济学的代表人物意大利经济学家帕累托论证了开放竞争的市场将导向社会资源配置的"帕累托最优"状态，即资源配置状态的任何改变已经不可能在不使其他人状况变坏的情况下使任何一个人的状况变得更好。经济学家认为，"帕累托最优"是一种资源配置最有效率的状态，而有效运行的市场将自动实现这一最优状态。

我国的改革开放实践进一步证明了市场的效率。在改革开放前，我国实行计划经济体制，从1978年开始不断推进市场化改革的进程，先是80年代实行商品经济，后是90年代实行社会主义市场化经济体制，2001年加入世界贸易组织，标志着中国的对外开放进入一个新阶段，直至党的十八届三中全会明确提出市场在资源配置中的决定性作用。伴随着市场化改革，我国的经济增长迅速，1978年我国的经济总量只有1495.41亿元，占全球的比重只有1.742%，到2021年，我国经济总量已达114.4万亿元，突破110万亿元，稳居世界第二，占全球经济的比重预计超过18%，人均国内生产总值达到1.26万美元，市场繁荣，人民生活水平显著提高。

当然，市场机制的高效率并不是没有条件的，只有满足这些条件，市场在资源配置中的效率才能实现。保证市场机制发挥作用的条件主要包括：

1. 充分的市场竞争。充分的市场竞争是市场高效配置资源的先决条件，要求买卖双方的交易必须是自愿的，不受任何强制，不能有任何一方控制所交换的要素、商品或服务的价格或数量。市场中交易标的的价格是由充分竞争形成的供求关系决定，而不是任一买方或卖方垄断控制的。充分的市场竞争通常要求市场有众多的参与者，每个参与者都不具备控制市场价格的能力，都只是市场价格的接受者。如果买方或卖方数量很少或是唯一的，或是少数交易者控制了较大份额的交易量，就可能产生买方垄断或卖方垄断。垄断价格的形成阻碍竞争作用的发挥，价格体系便被扭曲，资源配置的效率也会大打折扣。

2. 完全的信息。市场高效配置资源还要求市场体系中的信息是完全公开的，买卖双方都有充分的时间获取足够的信息，自主地对信息做出分析与判断，进而独立地、不受任何强制地做出买与不买或卖与不卖的决策，这种条件下市场效率是最高的。市场是联系买方与卖方的纽带，买卖双方做出的交易决策必须建立在对拟交易商品的用途、特征、质量及相关信息全面了解的基础之上。如果市场信息不完全，交易中的一方或双方对交易标的的上述信息了解不充分，甚至存在错误的信息，从而误导交易者做出错误决策，则市场供求关系就被扭曲，市场价格就不能反映真实的市场状态，交易者的行为就被误导，资源配置的效率也就无从谈起。

3. 成本效益内在化。市场高效配置资源要求市场提供的商品或服务应当不存在成本与效益的外溢性。某一市场主体出资购买了某种商品或服务，他必须承担购买行为的完全成本，并获得所购商品或服务的全部收益。如果某一购买者承担了购买行为的全部成本，但这一行为带来的收益是分散的，并不完全归购买者所有，其他社会成员会因为该商品或服务的外溢性而受益，且不必支付成本。在这种情况下，购买者的购买意愿会下降，而搭便车将成为一种普遍的现象。公共产品就因具有外溢性，其配置就难以遵从市场原则。另一方面，如果某一市场主体能够获得交易中的全部收益，但无须支付完全成本，例如企业不必为其排放的污水付费，则交易者必然有扩大交易的倾向，市场供求关系又被扭曲，市场的效率同样会下降。总之，当成本与收益难以实现内在化时，市场的效率优势就难以发挥。

4. 要素的流动性。市场高效配置资源也要求生产要素实现完全的流动，各种生产要素应当完全自由地在不同的商品与服务之间、不同的厂商之间以至不同的地区之间流动，这种完全的流动不应受到任何非市场手段的阻滞。只有在自由流动的情况下，资源配置才会对市场信息做出灵敏的反应，消费者与生产者才可能根据市场信息的变化做出及时的改变，以适应市场价格信息和其他信息的要求，这实际上也是供求关系规律得以实现的重要基础。某种产品价格上升之后之所以需求减少而供给增加，正是由于生产要素可以完全自由流动、厂商和消费者对价格信息做出灵敏反应的结果。如果生产要素不能自由流动，供求关系规律也就不会发生作用。

此外，市场高效配置资源还要求一些其他的条件，例如所有产品的边际成本是递增的，所有商品或服务都具有利益的可分性和所有权的确定性等。

(二) 市场失灵

市场机制在资源配置中表现出了高效率的一面，当然，市场的高效率有着严格的条件要求，如充分竞争、完全信息等。然而，这些条件在现实中常常难以满足，有些是客观原因造成的，如完全信息事实上就很难实现，交易双方总有隐瞒信息的倾向，要做到市场信息完全、准确，几乎是不可能的；有些则是市场机制内在缺陷造成的，如市场竞争自身就会导致优胜劣汰，从而使部分在竞争中获得优势的企业通过兼并其他企业扩大自身的规模，逐步走向竞争的反面——垄断。正是因为支撑市场高效率的条件无法时时满足，市场在资源配置中的效率便无法时时保证，这一现象在经济学上统称为市场失灵。市场失灵使我们认识到市场的资源配置不是万能的，政府有介入资源配置等经济活动的必要性。市场失灵成为政府干预经济活动的逻辑起点。

市场失灵主要表现在以下几个方面：

1. 外部效应。外部效应也称为外部性或外溢性，是指社会生活中某一经济主体（个人或厂商）的活动对其他经济主体（个人或厂商）带来的非其他经济主体所能决定或控制的影响。外部效应可以从两个方面进行考察，其一是外部效应的大小和强弱。如果某一经济主体的活动对其他经济主体带来的影响很大，则称为外部效应较大或较强。如果这种影响很小，则称为外部效应较小或较弱。如果这种影响小到了可以略而不计的程度，我们也可以说没有外部效应。事实上绝对没有外部效应的事物是不存在的。**其二是外部效应的正负**。如果某一经济主体的经济活动给其他经济主体带来的影响是好的，使其他的经济主体获得了收益，则称为正的外部效应或称为外部经济。反之如果某一经济主体的活动给其他经济主体带来的影响是不好的，使其受到了损失，则称为负的外部效应或外部不经济。

例如，一条河流流经若干县市，流域内旱涝灾害时有发生。如果河流中上游某一县市出巨资对该河流进行了整治，修建了一座水库，调节流域径流，水大时增加水库蓄水以减轻洪涝灾害，水小时增加排放量以满足下游用水需求，可以做到旱涝保收。从经济学的角度看，出资修水库的县市承担了该项活动的全部成本，但并没有得到全部的收益，此项活动带来的收益是分散和外溢的。这条河流经的所有县市都从中得到了好处，但他们并没有为这种收益付出代价，这是一种正的外部效应。又如工厂利用锅炉为生产提供动力，但烧锅炉产生的空气污染，使该厂区之外方圆几十公里范围内的居民都呼吸非常恶劣的空气，从而影响到身心的健康，出现利益的损失，但这种利益的损失得不到相应的补偿，这是一种负的外部效应。

外部效应的存在，使相关经济主体的成本效益无法实现内在化，市场配置资源的效率也因此出现损失，导致市场失灵。正的外部效应意味着该商品带来的社会收益大于厂商出售该商品所获得的私人收益，这会在一定程度上抑制厂商的生产，导致该种商品的供给相对于社会需求存在不足。具有利己主义动机的"经济人"不会愿意承担全部费用而使收益归其他人所有。正的外部效应使得社会存在普遍的"搭便车"心理，谁都想让其他人投资干事使自己从这一活动中受益而自身则不必为此项活动支付代价。负的外部效应，意味着商品生产过程中的社会成本超过厂商私人成本，厂商以私人成本与收益进行比较决定生产规模，必然导致该商品的提供过多，因为提供者自身不必为给其他主体带来的损失承担任何代价。无论是正的外部效应还是负的外部效应，都会使市场资源配置的效率降低，表现为市场失灵。

2. **公共产品**。公共产品与私人产品的最大区别在于公共产品具有明显的非排他性和非竞争性。私人产品由于具有竞争性与排他性，每一个单位的新增产量都需要厂商支付更多的成本，这必然需要购买者付费以补偿成本，而厂商又很容易排斥非付费用户的使用，这使得私人产品所有权具有确定性，经济利益具有可分性，可以被分割到每一位购买者身上，换言之，私人产品的配置中市场是有效率的。而公共产品具有非竞争性和非排他性，即一个人对某项公共产品的消费并不减少其他人同时对该公共产品的消费，公共产品供给的边际成本为零，并且排斥个别人对公共产品的使用，要么在技术上不可行，要么在经济上代价高昂。公共产品在效用上不可分割，消费者只能被动地接受而不是主动地寻求。例如国防，只要这项公共产品被政府提供，在其覆盖范围内每一位社会成员不论是否愿意都会受到国防的保护。

正是由于公共产品的非竞争性与非排他性，使市场无法实现公共产品的有效配置。市场经济遵循等价交换原则，从根本上排斥不按既定价格支付费用的消费者，而公共产品恰恰可以不支付费用而享受该产品的利益。公共产品的每一名潜在消费者都认为可以不支付费用而共同享受公共产品带来的利益，因而不会有任何公共产品的受益者自觉付费购买，而产品的供给者又缺乏有效的手段排斥非付费顾客享有公共产品。由于得不到有效补偿，追求利润最大化的私人厂商不会主动为社会提供公共产品，公共产品的再生产过程也将难以维持。公共需求客观存在，公共产品同样是社会经济活动所必需的，当市场无法解决公共产品供给问题时，就为政府介入经济活动提供了基础。在一般情况下，公共产品的提供者主要是政府。

公共产品领域的市场失灵，本质上可以看成是外部效应导致市场失灵的一种特殊形式。尽管不是所有具有正外部效应的产品都可以称为公共产品，但公共产品通常都具有较大的正外部效应：安全的国防、稳定的社会秩序、高素质的劳动者、不断改善的公共卫生和环境、美丽的公园、便捷的交通、完善的市政设施，凡此种种，无不使社会全体成员获益，可见其外部效应十分明显，因此导致市场失灵也就不足为奇了。

3. **市场垄断**。垄断是市场失灵的最主要表现之一。市场效率是以充分的市场竞争为前提的，可以说，竞争是市场经济的典型特征，在完全竞争的市场上，无数的厂商和消费者按照各自的意愿参与市场交易，集合成市场的供求关系，进而决定交易价格。每个交易者都是价格的接受者，他们根据价格及其变化来调整自己的投资与购买决策，而这些决策又反过来决定供求关系和价格。市场的竞争性通常要求行业内企业数量大、规模小、边际成本递增或至少不存在明显的规模效益，市场的效率体现得十分充分。

然而，对某些行业来说，当行业发展达到一定水平后，就会出现规模报酬递增的现象，即随着生产规模的扩大，边际成本和平均成本不断下降，这导致规模扩大的企业在成本上更具优势，有条件以更低价格出售商品，争夺更大的市场，并进一步扩大规模，获取规模报酬，从而导致行业内企业间的平等地位被打破，形成具有垄断地位的大型企业。当一个行业出现一家或少数几家垄断企业后，该行业的竞争格局就被破坏，垄断厂商常常滥用其支配性市场力量，人为限制产量、提高价格，获取超额利润，降低了市场的效率，导致市场失灵。垄断是市场自由竞争逐步演化而来的，是市场机制内生的，依靠市场自身难以消除。

4. **信息不充分和不对称**。市场高效配置资源要求信息是完全公开的，且对买卖双方来说信息应当是对称的。只有在这种条件下买卖双方才有可能不受阻碍地从市场中获取足够的信息，独立自主地对信息做出分析与判断，从而自主地不受任何强制地做出交易与否的决策，即所谓的自愿买方与自愿卖方，但是在现实经济生活中并不完全具备这一条件。

所谓信息不充分是指交易者并未掌握完全的信息；而信息不对称则是指交易中的不同主体掌握的信息数量不同，获取信息的渠道也存在差异。当买卖双方中的一方由于各种因素的影响掌握的信息量大大高于另一方掌握的信息量时，就会出现信息的不对称，这时的市场并不是一个完全公开与公正的市场。在这种情况下，市场主体无法通过信息的获取了解市场的基本状况和其他市场主体的状况。厂商无法准确了解市场需要什么样的商品以及需要多少，消费者也难以对市场所提供的商品做出准确的评估，也就难以决定自身所能接受的商品及服务的价格与数量。还应提出的是，信息占有量较大的一方还有可能运用各种途径，利用自身的信息优势获取相应的利益，从而造成市场供求关系的扭曲，降低社会资源配置效率。例如保险公司作为承保人在信息上很难掌握到每一位投保人的完全信息。保险公司无法完全了解购买健康保险的人是否患有重大疾病以及是否有某些健康恶习，也不可能了解到购买汽车保险的人所具有的驾驶技术和驾驶心理。又如在财产保险市场上，保险公司也无法真正了解购买财产保险的客户是否采取了足够的安全防范措施。在这些情况下往往会出现估计自身发生疾病可能较大的人较多地购买健康保险，或者购买了财产保险的人有意识地减少了日常的财产防卫的支出，从而将风险转移到保险公司。这些都会导致市场效率的下降，出现市场失灵。

5. **收入分配不公**。市场机制在资源配置中的高效率主要是通过充分的市场竞争实现的，在实现资源配置效率的同时，市场无法自发地解决收入分配公平的问题。应当说，充分竞争的市场上每个人都有平等参与的机会，竞争本身也是公平的，但这只是一种过程公平，由于社会成员参与竞争的起点不同，如财富的数量、社会关系网络、受教育的程度、体力与智力、劳动技能等方面都存在差异，这种过程公平难以保证结果的公平，市场竞争甚至会放大收入差异，使结果更加不公平。经济活动既要追求效率，也要兼顾公平：没有效率，不能把经济"蛋糕"做大，盲目追求低水平的公平，平均主义盛行，社会将陷入一种缺乏活力的状态；同样，只顾效率，不考虑公平，不能把经济"蛋糕"分得相对均匀一些，将使社会矛盾不断积累，甚至引发重大的社会问题，经济效率也就无从谈起。收入分配不公不仅是经济问题，也是社会问题，一旦超出了社会所公认的公平准则，便有可能带来诸如贫困、财富的损失与浪费等社会问题，严重时甚至可能出现社会的冲突，破坏社会的稳定。

6. **经济过度波动**。市场机制具有经济的自动调节机能，当供求关系发生变化时，价格会自动调整，引导厂商调整产量，引导消费者调整购买量，以实现供给与需求的均衡。然而，这个调整的过程不会瞬时到位，均衡也就不会随时实现，事实上，过度的竞争不可避免地导致经济的波动不断交替出现：有时表现为需求旺盛，产品供不应求，价格上涨，通货膨胀；有时表现为需求不振，产品供过于求，价格下跌，失业率上升。如果经济的波动幅度过大，经济的自动调整会持续较长时间，社会经济的损失也会比较大，社会成员忍受的痛苦会更多，这是市场机制自身无法克服的痼疾。

三、政府干预与政府干预失效

（一）政府干预经济的必要性

市场机制虽然具有无可争议的效率优势，然而，前已述及，市场存在内在缺陷，自发运行的市场无法克服这些内在缺陷，会出现市场失灵，从而使市场赖以存在的效率优势不复存在，甚至会导致某种经济社会灾难性后果。由于市场失灵是市场机制的内在缺陷造成的，以私人部门为主体的市场本身则无法解决市场失灵问题，这为政府干预经济提供了充足的理由。

西方的经济理论长期排斥政府对经济的干预，认为政府在市场经济中只应充当"守夜人"的角色，不应主动介入经济活动。20世纪30年代的全球性经济危机以及随后崛起的凯恩斯主义，让人们对政府的角色有了新的认识，经济学理论也开始把政府干预视为常态，作为市场失灵条件下一种必要的矫正手段。当代不同流派的经济理论对政府干预的认识虽有很大不同，但不排斥政府旨在消除市场失灵的努力和为社会提供最基本的公共产品。新凯恩斯主义甚至认为，现代经济是一种私人经济与公共经济的混合经济，政府和市场都对经济发挥作用，二者不是相互替代而是互为补充的。我国的经济体制改革始于20世纪70年代末，起点是完全排斥市场的计划经济体制，因此改革开放30多年的历程，基本上是一个市场化的过程，整体表现为政府在经济领域不断退出而市场逐步扩大的过程。到党的十八届三中全会，全面推进深化改革，提出了市场在资源配置中起决定性作用。应当看到，明确市场的决定性作用，是强调政府不能代替市场配置资源，并不是否定政府的作用，而是要"更好发挥政府作用"，以弥补市场缺陷，消除市场失灵。政府必须采取必要和合理的措施对市场进行干预。

（二）政府干预经济的手段

政府干预经济的基本思路应是努力消除市场失灵，使市场具备发挥作用的基本条件，保证经济运行的效率。从总体上看，政府干预经济主要采取非经济性手段和经济性手段两大类措施，**非经济性手段以规制市场为主**，意在消除导致市场失灵的各种因素，如抑制垄断、管制污染物排放、提高市场信息的透明度、消除行业壁垒、促进要素流动等；**经济手段则主要针对外部性较强的产业，通过补贴或直接提供公共产品矫正市场失灵**。

具体说，政府干预经济的渠道与手段主要有以下四种：

1. 行政法律手段。主要是指政府推动立法或加强行政规制，以规范市场主体的行为，维护市场秩序，消除市场失灵。针对垄断行为，政府可以推动制定反垄断法、反不正当竞争法等法律法规，同时加强行政监督，打击垄断行为，规定垄断行业（包括政府性垄断行业）的产品价格，消除垄断对市场的扭曲，促进竞争。针对信息不对称，政府可以推动制定产品质量标准，加强质量监督，打击虚假宣传，净化市场环境，努力克服因市场信息不对称造成的市场失灵。针对外部效应，政府首先应该加强产权保护，包括加强知识产权的保护，同时强化环境保护标准，对于不符合环保标准的企业或产品坚决清理出市场，抑制负外部效应的产生。针对收入差距扩大，政府应不断加强和完善社会保障制度，强化最低工资制度，为低收入者托底。

2. 直接经济手段。是指政府直接组织公共生产和向社会提供公共产品。公共生产与公共产品提供是两个不同的概念，公共产品提供是指承担公共产品制造成本，并按照某种规则将公共产品交付给社会成员。前已述及，公共产品具有极大的外部效应，本身具有非竞争性和非排他性特征，依靠市场方式组织生产，通常无法收回成本，因此没有私人厂商愿意提供公共产品，这意味着以市场方式无法实现公共产品的有效供给，造成市场失灵。由政府充当公共产品的供给者，是对市场失灵的有效干预。

公共生产是指政府出资兴办工商企业或事业单位，向社会提供商品或劳务。政府提供的公共产品，有些必须通过公共生产来组织，有些则可以通过公共生产来组织，也可以通过市场方式组织生产，由政府出资购买后向社会提供。前者如国防、公共秩序、政府行政管理等领域，必须由政府组建的机构来提供；后者如科研院所、学校、医院、气象部门、公共信息部门等等，这些部门都可以由政府出资以公共生产来为社会提供公共产品，也可以由私人机构经营，由政府购买其产品并以适当方式提供给社会成员。同样，公共生产可能服务于政府的公共产品提供，也可能与公共产品生产无关，而是作为独立的干预市场的手段存在。例如，在自然垄断产业，由于规模经济存在，边际成本递减并长期低于平均成本，政府通过公共生产并控制市场价格，是一种既有效率又符合社会福利最大化的生产方式，常见的自然垄断产业有自来水、电力、基础通信等，在这些领域就常常采用公共生产的方式，显然，此时的公共生产本身成为矫正市场失灵的手段。

3. 财政手段。政府可以通过安排财政收支活动，利用税收、预算、国债、政府投资、补贴、公共支出等财政手段干预社会经济运行，纠正市场失灵。财政手段的运用同样必须结合市场失灵产生的原因，以真正纠正市场失灵的影响。例如，对产生正外部效应的企业可以适当给予必要的补贴，对产生负外部效应的企业可以增加税收或收费，将成本收益内在化，以纠正因外部效应产生的市场失灵。通过累进所得税制度调节高收入群体的过高收入，通过失业救济和最低生活费等社会保障制度保障低收入群体的正常生活，以纠正因社会收入分配不公产生的市场失灵。

4. 宏观调控手段。宏观调控的核心措施是运用财政政策和货币政策来实现总供给与总需求的平衡，以熨平市场上因激烈竞争引起的经济过度波动；其基本目标是稳定经济增长、实现充分就业、抑制通货膨胀、实现国际收支平衡。广义的宏观调控还包括综合运用国家发展战略规划、产业政策以及财政政策、货币政策等各种政策措施对供给与需求两个方面进行调控，以实现经济的健康可持续发展，这也是一种应对市场失灵的手段。

(三) 政府干预失效

市场自身的缺陷导致市场失灵，这决定了政府干预是十分必要的。然而，政府干预本身也并不总是有效的，与市场失灵相似，政府的干预同样会产生失效问题。一旦干预失效，则不仅不能矫正市场失灵，反而影响和干预了市场经济的正常运行，进一步损害市场效率。政府的运行是以政治权力为基础和前提的，政府干预本质上是以政治权力支配经济活动，干预得当，则会促进社会经济发展，一旦干预失效，常常导致社会经济遭受更大的损失。正确认识政府干预失效的危害，审慎运用政府干预手段，对政府的经济管理部门来说，树立这一理念是非常重要的。

政府干预失效可能有各种表现，概括来说主要有以下几种情形：

1. **盲目扩大政府干预经济的范围和领域，造成政府职能的"越位"**。理论上讲，政府干预应以消除市场失灵，为社会提供公共产品为限，但现实中，由于种种原因，政府常常扩张干预范围与干预领域，干扰了正常的市场规则，损害了效率。例如，政府热衷于在竞争性领域投资、与民争利，在一些竞争性产品的供给中毫无必要地限定价格、扭曲市场，等等。

2. **对一些政府必须承担责任的领域投入不足，造成政府职能的"缺位"**。主要表现为在公共产品供给中，由于政府投入不足，导致公共需求难以满足，影响人民福祉。例如，公共设施不足影响居民生活，义务教育投入不足导致一部分人的受教育权利难以落实，环境保护投入不足造成环境恶化，等等。

3. **在具体的政府干预活动中存在决策失误**。例如，未能准确研判经济形势，导致宏观调控南辕北辙、重大公共工程决策失误以及错误的产业政策造成巨大浪费，等等。

造成政府干预失效的原因同样很多，诸如政府目标的多元化，政府干预中成本与收益的不对称，政府决策的信息不充分，决策水平不高，部分政府官员的寻租行为等。

第二节 公共需求与公共产品

一、公共需求

社会成员有着各种各样的需求，社会生产的目的就是满足这些需求。从社会整体看，需求可以区分为两类：一类是社会成员间相互独立的、可被单独满足的个别需求；一类是社会成员共有的、可被整体满足的公共需求。个别需求通常通过市场交换得到满足，政府财政活动的主要目的是满足公共需求。

社会公共需求是相对于私人个别需求而言的。马克思在论述社会产品不同分配方式时曾经指出："在任何社会生产中，总是能够区分出劳动的两个部分，一个部分的产品直接由生产者及其家属用于个人的消费，另一部分即始终是剩余劳动的那个部分的产品，总是用来满足一般的社会需要。而不问这种剩余产品怎么分配，也不问谁执行这种社会需要的代表的职能。"[①] 著名财政学者马斯格雷夫在研究财政职能时也曾明确提出公共需求与私人需求的区别，他说："以资源利用的决定为转移并以私人需求与公共需求之间的区别为基础。这是财政职能的核心。"[②] 从社会公共需求与私人个别需求的区别上看，我们可以说，**社会公共需求是全体社会成员在社会生产与生活中无差别共同性的需求。社会公共需求具有以下的特征：**

1. **社会公共需求具有共同性。**社会公共需求是全体社会成员在社会生产与生活中共同的需求，具有明显的共同性。这种公共需求并不是指社会成员人人有份的个别需求的简单加总，而是指在一定的社会经济条件下，可以被整体满足的需要。在共同性的作用下，政府以公共产品的形式来满足这种需求，更有利于社会政治经济生活的稳定，更有利于维护正常的社会秩序，也更有利于提高资源配置的效率和公平性。

2. **社会公共需求具有无差别性。**与私人需求的千差万别不同，社会公共需求不仅是共同的和公共的，而且是无差别的。所谓无差别也就是说所有社会成员对这种需求的满足不存在偏好差异，他们不会出于自身的偏好而对这种需求做出不同的选择。例如国防，每一个社会成员都需要，但人们对国防的需求不存在偏好差异，不会出现你需要飞机我需要大炮的情况，因而国防就是公共需求。吃饭穿衣每一位社会成员也都需要，但人们对吃饭穿衣却存在着明显不同的偏好，会有不同的选择，因而至少在现阶段不是公共需求。

---

① 马克思恩格斯全集，第25卷．北京：人民出版社，1975：992～993．
② ［美］马斯格雷夫．比较财政学．上海：上海人民出版社，1996：4．

3. 社会公共需求具有公益性。 公共需求是可以由社会成员共同享受的需求,一位社会成员享用并不排斥其他社会成员同时享用。正是由于公益性的存在,公共需求的满足与所付代价之间存在着不对称性。社会成员满足公共需求的代价是交税,但交税的多少与公共需求满足程度之间并不存在对称的关系。市场经济中的等价交换原则在公共需求中不适用。社会成员无论交不交税,也无论交税多少,都不影响公共需求的满足。

4. 社会公共需求具有历史性。 社会公共需求既是共同的,又是历史的。社会公共需求在任何社会形态下的国家中都是存在的,并不会因为国家社会形态的变更而消失,这是共同性的表现。但是公共需求的具体内容可以随着人类社会的发展而变化。在人类社会发展的不同历史时期,公共需求的具体内容是不同的,从这一点上看,社会公共需求的具体内容受一定时期社会生产力发展水平的制约。社会生产力发展水平越高,社会公共需求涵盖的内容则越广。例如随着市场经济的不断发展,原本属于私需求范围的教育需求、养老需求等已逐渐被纳入公共需求的范围,由政府部分或全部承担。

二、公共产品

(一) 公共产品的概念和特征

公共产品一词是西方经济学家萨缪尔森1954年提出的,然而,这并不意味着直到20世纪50年代,公共产品才进入人们的视野,事实上,许多学者,诸如亚里士多德、休谟、亚当·斯密、恩格斯等很早就关注那些类似公共产品的商品或服务。人们大多以公共事务来概括此类产品,或以列举方式提出,如亚当·斯密在论述君主或国家义务时就列举了安全、司法、公共机关、公共工程等,与我们讨论的公共产品非常接近。

萨缪尔森1954年在"公共支出纯理论"一文中给出的公共产品经典定义是:公共产品是这样一种产品,每个人对该种商品的消费都不会导致其他人对该商品消费的减少,并且每个人都会消费到全部该种商品。应该说,这一定义清晰地揭示了公共产品的两个基本特征:非竞争性和非排他性,让我们对公共产品有了进一步的把握,然而以公共产品的特征来定义其本身,并不妥当。

综合以上分析,我们给出公共产品的定义:**公共产品是以满足社会公共需求为目的的商品和服务,具有消费的非竞争性和受益的非排他性特征。**

所谓消费的非竞争性,是指一个社会成员对公共产品的消费,不会排斥、妨碍其他社会成员同时消费该公共产品,不会减少其他社会成员消费该公共产品的数量和质量。消费的非竞争性同时意味着边际生产成本为零,即增加一个消费者给供给者带来的边际成本为零,也就是说,供给方不必为这个增加的消费者投入额外的成本。

所谓受益的非排他性,是指无法将个别社会成员排斥在公共产品的受益范围之外,即使某些社会成员拒绝为公共产品付费,在技术上也难以剥夺该社会成员的受益权,或者技术上虽然可以排除该社会成员,但排除成本很高,在经济上不可行。

(二) 公共产品的分类

1. 按非竞争性和非排他性程度分类,可分为纯公共产品和混合公共产品。**纯公共产品同时具备非竞争性和非排他性特征，如国防、治安、公共卫生等。混合公共产品则通常只具备一个特征：具备非排他性但不具备非竞争性的混合产品，如开放的牧场、渔场、公共海洋等，称为公共资源，也称为共享产品；具备非竞争性但不具备非排他性的混合产品，如自来水、影剧院、有线电视服务等，称为俱乐部产品，也称为收费产品。既具有竞争性又具有排他性的产品，通常为纯私人产品。

仅仅以非竞争性和非排他性来区分公共产品类别，忽略了公共产品的另一个重要属性，那就是外部效应。事实上，一些产品尽管既有竞争性也有排他性，因为具有较大的正外部性，因此也可能被视为公共产品或混合产品。以教育为例，无论是基础教育还是高等教育，一般而言都是既具有竞争性又具有排他性的，然而由于教育具有极大的正外部效应，一般被视为公共产品，其中基础教育更被视为纯公共产品。同类产品还有社会保障、医疗等，事实上，这些产品都具有竞争性并很容易排他。

2. 按公共产品的受益范围分类，可分为全球性公共产品、跨国性公共产品、全国性公共产品、区域性公共产品和地方性公共产品等。大部分情况下，由于政府是公共产品的提供者，公共产品受益范围通常仅限于政府的行政边界，如全国性公共产品、地方性公共产品等，受益范围都仅限于本国或本地区。随着经济全球化和国内不同地区经济密切交往的需要，跨越国界的全球性公共产品和跨国性公共产品应运而生，国内也出现跨地区的区域性公共产品，例如在我国推进京津冀协同发展的过程中，产生了区域性公共需求，需要相应的公共产品来满足这种需求。

（三）公共产品的供给机制

前已述及，公共产品以满足公共需求为目的，具有非竞争性和非排他性特征，本身又具有较大的正外部性，这些属性决定了公共产品不可能通过市场方式提供，政府必然承担公共产品供给的主体责任。近年来，随着社会经济的发展，各国都出现了一些公益组织向社会提供部分公共产品。这是公共产品提供方式的一种重要补充，政府应该鼓励并积极引导，以提高公共产品的供给水平。当然，政府的主体责任并没有改变。

笼统地说，政府承担提供公共产品的责任因公共产品不同而不同。对于纯公共产品，政府必须承担全部责任，即政府以自身财力为基础，向社会成员免费提供纯公共产品。对于混合产品，政府只承担部分责任，具体政府承担的份额，则依据混合产品自身的属性和外部效应的强弱，通常正外部效应越强，政府的责任越重。混合产品由于具有私人产品和公共产品的双重特征，因此提供混合产品的责任不能单方面推给政府，受益者也应承担部分成本。在实践中可以由政府出资生产混合产品，然后通过向使用者收取部分费用来补偿成本，如自来水、电力和收费高速公路等；或者政府授权私人机构向消费者有偿提供混合产品，政府予以一定的财政补贴，如民办高等教育等。

政府提供公共产品，可以采取公共生产的模式，即政府投资兴办企业或事业单位，直接生产公共产品并以免费或适当收费的方式提供给社会成员。也可以通过市场向其他主体购买公共服务，再以适当的方式向社会成员提供。近年来我国政府大力提倡政府在公共产品供给中向社会组织购买公共服务，政府与社会资本合作（Public—Private—Partnership，简称 PPP）成为政府提供公共产品的越来越重要的形式。

第三节　财政的一般概念

一、财政的产生与发展

从人类社会发展过程来看，财政作为一种政府的经济活动，具有悠久的历史。通过对财政的产生与发展的研究，我们可以进一步明确财政的特点，明确财政作为一种政府的经济活动的内在本质和特征。财政的产生与发展可以从两个角度进行研究与分析。

（一）财政是一个经济范畴

首先财政是一个经济范畴，研究财政活动也是把它作为一种经济活动进行研究的。马克思认为社会的经济活动表现为由生产、分配、交换和消费四个环节所组成的连续不断周而复始运动的社会再生产过程，并阐述了社会再生产四个环节之间的内在联系和社会再生产实现的条件和形式。应当说社会的经济活动就是表现为完整的社会再生产过程。财政之所以是一个经济范畴，主要是由于财政本身是一个分配范畴，而分配又是社会再生产四个环节之一，是社会再生产不可缺少的一个重要环节。从这个意义上讲，作为分配活动的财政是一个经济范畴。

财政属于分配范畴，但不能说分配就是财政。在社会再生产过程中，具有分配社会产品功能的范畴很多，诸如工资分配、银行信贷分配、企业财务分配甚至价格分配等都具有分配的职能。如果把这些分配范畴称为一般分配的话，财政则是一种特殊的分配。之所以特殊主要在于与一般分配相比，财政分配的依据和身份不同。众所周知，任何参与社会产品分配的活动都要具有参与分配的身份和依据。社会一般分配范畴参与分配的依据主要是生产要素的投入。生产过程是社会财富的创造过程，在这一过程中社会财富的创造需要包括劳动资料、劳动对象和劳动力在内的各种生产要素的投入。没有这种生产要素的投入，生产过程就无法进行。生产要素的投入者为生产过程投入了各种生产要素，就必然凭借这种生产要素投入的身份参与社会产品的分配，取得与自身生产要素投入相适应的社会产品。按劳动要素投入参与社会产品分配是社会再生产的内在要求，这种分配的典型表现是社会产品在社会再生产过程中的初次分配。

财政分配作为一种特殊的分配，与生产要素的投入之间没有直接的关系，财政参与社会产品的分配并不依据生产要素的投入。从参与分配的依据来看，财政分配完全不同于社会再生产过程中的一般分配，财政参与社会产品分配的依据是社会的政治权力。如果说生产要素的投入是社会再生产活动的内在要素，政治权力则是社会再生产过程的外在要素。当国家产生之后，政治权力的唯一行使者就是国家，这样在凭借生产要素投入的社会再生产一般分配过程之外，形成了一种以国家为主体，凭借国家政治权力，强制参与社会产品分配的财政分配活动，这种财政分配典型表现为社会产品的再分配。这种以国家为主体的财政分配活动是如何形成的，这种分配活动的特点是什么，则需要从另一个方面进行研究。

(二) 财政是一个历史范畴

从人类社会发展历史来看，国家不是从来就有的，国家是人类社会发展到一定阶段的产物。因此，以国家为主体、凭借社会政治权力参与社会产品分配的财政也不是从来就有的，财政分配活动也是人类社会发展到一定阶段的产物。

在人类社会发展的早期，在原始社会中，由于生产力水平十分低下，社会生产活动非常简单。劳动资料直接取自大自然，简单加工成木棒和便于投掷的石块等。劳动对象也直接取自大自然，当时最基本的生产活动是狩猎。由于生产力水平十分低下，劳动工具非常简单，人们要想在恶劣的条件下生存与发展，必须依靠群体的力量。以血缘关系组成的氏族部落就是维系这种群体劳动的社会组织形式。同样由于生产力水平的低下，人们能够取得的劳动成果即社会产品非常有限。为维系社会再生产的顺利进行，特别是维系劳动力再生产的延续，对有限的劳动成果必须平均分配。氏族成员作为劳动群体共同参加劳动，并依据劳动力投入者的身份参与分配，从有限的劳动成果中取得维持自身生存的一份。这时的社会分配主要是按生产要素投入的分配。这种劳动资料归氏族社会共有，社会产品在氏族范围内平均分配可以称为原始共产主义。在这种社会中没有剩余产品，没有阶级，没有国家，也没有财政。

随着人类社会的发展，特别是生产力的发展，社会经济活动出现了很大的变化，冶铁技术的出现使劳动工具得到了极大的改善。劳动工具的改善又使得获取的社会产品逐步增加，除了满足社会成员最低限度的需求之外，出现了剩余产品。生产工具的改善也使得原本需要很多社会成员共同参加的社会生产活动可以通过少数个别成员的劳动就可以实现。劳动工具逐步由氏族共有转化为社会个别成员所有，再加以社会分工的出现，促进了以交换为目的的经济活动的出现和发展。在所有这些的共同作用下，特别是剩余产品的出现，逐步产生了私有制。私有制的产生使得人类社会出现了阶级的分化，形成了占有生产资料和剩余产品的阶级和不占有生产资料和剩余产品的阶级。最早出现的阶级分化是奴隶阶级和奴隶主阶级。

阶级产生之后，占统治地位的阶级为维护自身既得利益，镇压敌对阶级的反抗，需要建立一种专政的统治工具，国家也就随之出现，以血缘关系维系的氏族部落开始向以地域维系的国家转变。国家产生以后，作为一种镇压的工具，必然需要建立包括军队、警察、监狱和国家政权机构在内的一系列的国家机器，这种国家机器的存在是国家生存所必不可少的。国家机器的出现使得一部分社会成员离开了直接的社会生产活动而在国家机器中工作，这就在社会产品分配领域中出现了一个矛盾。一部分社会成员离开了直接社会生产活动而在国家机器中工作，按照社会一般分配原理，他们没有参加社会的直接生产活动，丧失了参加社会产品一般分配的身份和依据。但是国家机器的存在和正常运转是国家生存的必然要求，国家的生存与发展需要占有和消耗社会产品，没有这种社会产品的支持国家便不能生存。一方面国家机器的正常运转需要消耗社会产品；另一方面按照社会产品一般分配原理又丧失了参与社会产品分配的身份和依据。为此在社会一般产品分配的过程之外，出现了凭借国家政治权力参与社会产品分配的财政。

财政凭借政治权力强制参与社会产品的分配,将一部分社会产品集中到国家手中,表现为财政收入的过程;又通过政府的活动为社会提供包括国防等公共产品,以满足社会共同的需要,表现为财政支出的过程。财政收入与财政支出的结合形成了完整的财政分配。国家通过财政占有社会产品的最古老的形式就是捐税。正如恩格斯指出的:"为了维护这种公共权力,就需要公民自己缴纳费用——捐税。捐税是以前的氏族公社完全没有的,但现在我们却十分熟悉了。"①

二、财政的特征与一般概念

(一) 财政的特征

1. 财政是国家的经济活动。财政学研究财政首先是将财政作为经济范畴加以研究的。通过财政的产生与发展可以看出,社会生产活动所创造的社会产品必然分解为两个部分,一部分以按生产要素分配的形式分配给生产要素的提供者,通过生产要素提供者的交换与消费活动形成社会再生产过程。这种经济活动是市场经济领域的经济活动,其主体是生产要素的拥有者与投入者,其目的是提供私产品满足整个社会的私需求。而另一部分社会产品则以政治权力参与分配的形式分配给国家,通过政府的交换与消费活动参与整个社会的再生产过程。这种经济活动是政府经济领域的经济活动,其主体是国家,其目的是提供公共产品满足整个社会的公共需要,这种以国家为主体的政府经济活动就是财政。

很明显市场经济领域的经济活动和政府经济领域的经济活动是两种完全不同的经济活动。它们的主体不同、目的不同,运行规则也不相同。从主体来看,市场经济活动的主体是生产要素的拥有者和投入者,即现实经济生活中的企业和居民,而政府经济活动的主体则是国家。因此作为一个完整的社会再生产活动,政府、企业和居民共同构成了社会经济活动的主体。从目的来看,市场经济活动的目的是提供私产品满足社会的私需求,而政府经济活动的目的则是提供公共产品满足社会的公共需求。作为一个完整的社会再生产活动,只有私需求和公共需求同时得到满足,社会再生产才能够顺利进行。从运行规则来看,市场经济活动具有竞争性和排他性的特征,而政府经济活动则具有非竞争性和非排他性的特征,从而形成了不同的规则。

2. 阶级性与公共性。财政是政府的经济活动,这种经济活动的主体是国家,其目的是提供公共产品满足社会的公共需要。正因为如此,财政必然具有阶级性和公共性的双重特征。从阶级性来看,财政作为政府的经济活动,必然要符合统治阶级的利益,政府必然要通过财政分配活动使统治阶级的最高利益最终得以实现。从这个意义上说,任何国家财政都具有阶级性。

从公共性来看,政府经济活动的阶级性并不能排斥政府经济活动的公共性。财政分配是公共性与阶级性的有机结合。首先,国家政权的存在本身就是以执行某种社会职能为基础的,这种社会职能本身就具有公共性。例如,国家的存在需要国防,需要军队保卫国家的安全,这种国家的安全与家族的安全、村落的安全完全不同。为保卫家族或村落的安全所雇佣的人称为保安,而维护国家安全的人称为军队。国防保卫着

---

① 马克思恩格斯选集,第4卷. 北京:人民出版社,1995:171.

每一名社会成员和整个国家的安全，本身就具有公共性。又如国家的生存与发展需要良好的社会秩序，使社会成员都能够在这种良好秩序中生存，这种社会秩序是政府经济活动提供的，也具有明显的公共性。其次，公与私本身是一种辩证的统一，完整的经济活动必然分解为市场私经济活动与政府公共经济活动两个方面。它们统一在完整的社会经济活动的过程中，又有各自相对独立的领域和特点。在人类社会发展的不同历史阶段，这种公共经济与私经济各自活动的领域和范围是不同的，是可变的。但两者共同统一在社会经济活动当中，有各自不同的特点则是不变的。

社会产品的提供不可能仅靠市场私经济领域，也不可能仅靠政府公共经济领域，而必然是两者的结合。某种产品在由市场经济领域提供的情况下具有私产品的特征，一旦转为由政府公经济领域提供，则具有公共产品的特征。它们之间是相对独立的，又是统一的，是可以相互转化的。例如，教育在一个相当长的历史时期中是由市场经济领域提供的，这种产品无疑具私产品竞争性和排他性的特征。但随着历史的发展，教育特别是义务教育在很多国家转为由政府提供，在这种情况下义务教育便有了公共产品的特征。公共产品的提供是社会发展的必然，而不论这种公共产品数量的多少和范围的大小。只要有公共产品的提供就要有财政的活动，财政的公共性也就是必然的。

3. 强制性与无偿性。强制性是财政的重要特征，这是源于财政参与分配的依据是国家的政治权力。前已指出，社会产品的提供必然通过市场经济领域和政府经济领域共同完成，而市场经济领域的分配是社会产品的一般分配，分配的依据是生产要素的投入。生产要素的拥有者将自身拥有的生产要素投入到生产过程中，进而凭借这种投入参与社会产品的分配。很明显生产要素拥有者对所拥有的生产要素具有所有权。所有权是市场经济领域中的重要权能，而政府经济领域的分配是一种再分配，分配的依据是政治权力而非生产要素的投入。政治权力的行使是以法律形式规范的，具有分配上的强制性，最典型的例子是征税。生产要素拥有者可以凭借所有权实现对所有物的拥有，但政府可以以课税的方式侵犯所有权，从所有者拥有的所有物当中以课税的方式集中一部分。如果没有政治权力的强制性，任何所有物的所有者都不会将自己拥有的社会产品交由政府支配。同时，由于强制性是以法律为依据的，政府依法征税，公民依法纳税，公民具有监督政府执行税法和税收使用情况的权利。

无偿性是财政的另一重要特征，它与强制性是相辅相成的。国家凭借政治权力征税以后，相应的社会产品所有权即转为国家所有，国家不必为此付出任何代价，也不必直接偿还。事实上正是由于财政的无偿性才需要强制性，强制性是无偿性的保证，没有强制性也就没有无偿性的存在。由于社会产品的所有者将自身拥有的社会产品的一部分以税收形式交付给政府以后，其所有权即转为政府所有，政府并不直接偿还。因此必须要有一种政治上的强制力，否则不会有任何人愿意将自己所有的社会产品转交给政府。财政无偿性的存在本身源于公共产品提供的无偿性。由于公共产品具有不可分割的特点，人们享受公共产品的利益并不为其支付费用，因而公共产品提供的代价不可能通过有偿收费的方式弥补。这就要求提供公共产品要有稳定无偿的收入来源。社会成员缴纳税收时是无偿的，国家并没有直接偿还的义务，但纳税后社会成员享受公共产品的利益也不需要为此付出代价，这是财政无偿性不可或缺的两个方面。

政府一方面无偿地以税收形式占有社会产品，另一方面为纳税人提供良好的公共产品使他们无偿地从公共产品提供中受益。政府不能仅仅强调社会成员交税时的义务和责任，而忽略社会成员享受公共产品的权利。

4. 平衡性。平衡性是财政的另一个十分重要的特征。公经济的政府无偿占有社会产品形成了国家的财政收入，而政府提供公共产品满足社会公共需要则形成了国家的财政支出。一个完整的财政分配过程必然包括财政收入和财政支出两个方面。财政收支不仅表现为一个完整的收支过程，同时还表现为两者的数量关系。财政收入与财政支出两者之间是一种辩证统一的关系，在这里任何简单的"以收定支"和"以支定收"都是不科学的，必须充分认识财政收入与财政支出之间的辩证关系，认识两者之间的平衡性。

财政收入与财政支出之间的辩证关系：首先表现为**财政支出是财政收入的最终目的**。财政支出将形成公共产品的提供，进而满足社会的公共需求。从这个意义上讲，财政支出是财政分配活动的目的，而财政收入则是满足财政支出需要的手段。从目的与手段的关系上看，财政支出是主导的，任何收入都必须满足财政支出的要求。其次还表现为**财政收入在量上制约着财政支出**。财政支出是为了满足社会公共需要的要求，而社会公共需要的要求往往是无限的；财政收入则表现为提供公共产品的资源供给，这种资源的供给往往是有限的，有限的收入供给与无限的支出需求之间必然存在着永恒的矛盾。

财政的平衡就是要在社会经济运行中合理安排财政收入与财政支出在量上的对比关系，使财政收入与财政支出之间保持相对的均衡。为满足财政支出的需要，财政收入应在一定的经济发展水平和一定的税收制度下做到应收尽收和收入的最大化。而财政支出则应考虑现时条件下财政收入的制约，不能脱离供给的可能为社会提供公共产品。在这里不仅必须考虑政府经济领域财政收入与财政支出的平衡性，还必须与市场经济领域的运行相结合，考虑市场经济领域和政府经济领域整体上的平衡性。在一定时期内受多种因素的制约，社会产品总会有一个数量的限制。一定量的社会产品如果政府经济领域配置过多，则市场经济领域的配置就会减少。既然政府经济领域与市场经济领域共同构成了社会完整的经济活动，就必须使两者相对均衡，并通过政府经济领域经济活动的安排使整个社会再生产保持相对的均衡。

(二) 财政的一般概念

我们分析了政府经济领域和市场经济领域各自的特征，研究了私产品满足私需要的特点和公共产品满足公共需要的特点，说明了市场失灵和市场失灵的纠正。我们也分析了财政的产生与发展，研究了财政的基本特征。财政是一种政府的经济活动，也是一种特殊的分配。财政分配的主体是国家，参与分配的依据是社会的政治权力，分配的对象是社会剩余产品，分配的目的是提供公共产品满足整个社会的公共需要，并使政府经济领域的经济活动与市场经济领域的经济活动相协调，保持整个社会再生产过程的协调运行。基于这样的认识，我们可以说**财政是以国家为主体，凭借政治权力，为满足社会公共需要参与社会产品分配所形成的政府经济活动。并通过政府经济活动使社会再生产过程相对均衡与协调，实现社会资源优化配置，社会收入公平分配以及国民经济稳定与发展的内在职能**。

在这一基本概念中,以国家为主体说明的是财政分配的主体,凭借政治权力说明的是财政分配的依据,为满足社会公共需要说明的是财政分配的最终目的,而实现社会资源优化配置,社会收入公平分配和国民经济的稳定与发展则说明的是财政的职能。

第四节 财政的职能

财政的职能表现为财政范畴内在固有的功能,讨论市场经济体制下公共财政的职能,需要从政府与市场的关系出发。根据马斯格雷夫的经典分析,财政具有资源配置、收入分配和经济稳定与发展三大职能。其中,资源配置职能和收入分配职能是政府的微观经济活动,经济稳定与发展职能则涉及政府的宏观经济活动,这一分类简洁地勾勒出了政府经济活动的脉络,也符合经济学分析的一般框架,是应用最为广泛的财政职能分类,适用于分析各类财政收支工具和财政政策的出发点和判断各类政策工具的政策效果。但如果将财政的职能与国家治理相联系,显然就需要在现有的经济学分析框架下增加政治学、公共管理、法学等多学科视角,形成一个更加完整的关于财政学职能的政治—经济分析框架。因此,本节先系统解释传统财政学确立的财政三大职能,然后在此基础上对现代财政在国家治理中的地位和履行政府职能中的作用进行介绍。

一、资源配置职能

(一) 资源配置的含义和必然性

资源配置是指有限的社会资源在不同经济领域、不同地区、不同产业、不同部门以及不同行业间的分配比例。资源是短缺和有限的,通过有限资源在不同经济领域、不同地区、不同产业、不同部门以及不同行业分配比例的变化,达到社会资源的最佳配置,取得最大的资源配置效率。

资源配置的问题是一个十分复杂的问题,无论是计划经济体制还是市场经济体制都存在资源配置的问题,只不过在两种不同的经济体制中资源配置的方式有所不同。在市场经济体制中,由于政府经济活动和市场经济活动都要消耗社会资源,社会资源必须被同时配置在政府经济和市场经济两个领域当中,因此不仅市场具有资源配置的职能,财政也同样具有资源配置的职能。

从整体上看,财政的资源配置与市场的资源配置是相辅相成的,两者资源配置的机制完全不同。市场必须为社会提供私产品以满足整个社会的私需求。在私产品提供和私需求满足的过程中必然要消耗社会资源,因此一部分社会资源必须通过市场机制在竞争性领域中配置。市场在资源配置中通过竞争性与排他性的机制可以得到较高的效率,这也是经济学家提出的"帕累托效率"或称"帕累托最优理论"。但是帕累托最优在竞争性领域中的实现需要一定的条件:(1)要求采用当时最优的生产技术;(2)要求不同产品在消费上的边际替代率必须相同;(3)要求消费上的边际替代率与生产上的边际转化率必须相同。从理论上讲在完全竞争的市场经济中通过竞争机制的作用和利润最大化目标的追求，市场经济有可能实现帕累托最优。但现实中由于完全竞争的市场经济并不存在，还存在着垄断、信息不充分、外部效应等导致出现市场失灵的因素，因此完全靠市场达到帕累托最优是不可能的，也就是说社会资源完全靠市场配置是不可能的。

市场经济条件下一部分社会资源必须由财政配置，财政必然具有内在的资源配置职能。首先，公共产品的提供要求一部分社会资源必须由财政配置，政府经济活动就是要为社会提供公共产品以满足社会的公共需要。由于公共产品具有非竞争性和非排他性的特点，具有较为明显的外部效应，在公共产品提供的过程中不存在自身等价交换的补偿机制，因此公共产品在一般情况下不可能依靠市场提供，市场机制在公共产品资源配置中不起作用。在这种情况下公共产品的提供只能靠财政，政府通过财政分配活动为公共产品配置相应的社会资源。财政为公共产品配置资源是必然的，如果财政对公共产品配置不足，而市场又不能配置，则会导致整个社会公共产品的短缺，出现财政缺位的现象。其次，弥补市场失灵也需要一部分社会资源由财政配置。市场在竞争性领域中的资源配置是高效率的，但市场在资源配置中存在着市场失灵，可能会出现社会资源的损失和浪费，出现社会再生产过程的垄断，出现通货紧缩和通货膨胀，出现市场价格信息的扭曲，出现社会收入分配的不公。因此需要政府对市场经济领域进行干预，进而纠正市场的失灵。例如，通过财政补贴纠正正的外部效应，通过收费纠正负的外部效应，通过财政政策的制定和实施调节社会总供给与社会总需求的平衡等，这将导致财政对一部分社会资源的配置。

应当指出的是，财政的资源配置职能并不能替代市场对资源的配置。在一般情况下财政应当尽量减少对市场经济领域直接的资源配置，从而在竞争性领域中让市场在资源配置中起决定性作用，在竞争性领域中财政的资源配置职能主要是为了纠正市场失灵，不能让财政超越市场成为资源配置的最重要的方式。

（二）财政资源配置职能的实现机制和手段

1. 预算手段。通过政府预算合理安排财政收入和财政支出的规模，确定财政收入和财政支出占 GDP 的比重，合理确定财政赤字或结余，进而影响社会总供给和总需求的相对均衡，保证社会再生产的顺利进行。政府预算是财政安排资源配置最基本的手段。

2. 收入手段。合理安排财政收入的数量和收入的形式，确定财政占有社会产品的规模。完善税收制度和税收的征收管理，协调不同税类之间的关系，发挥它们不同的作用；规范政府的收费行为，合理确定税收与收费之间的比例关系；协调公债的发行规模，选择合理的公债发行方式与偿还方式，完善公债市场，发挥公债的作用。组织财政收入的过程也就是政府占有社会产品的过程，通过财政收入手段的运用，为财政配置社会资源提供基础和保证。

3. 支出手段。合理安排财政支出是财政配置社会资源的主要手段。合理安排财政支出规模的同时进一步优化财政支出结构，通过财政支出结构的优化和调整实现财政资源配置结构的优化。应将财政支出的重点逐步转移到提供公共产品满足社会公共需要方面来。合理确定购买性支出与转移性支出的比重，合理确定投资性支出与消费性支出的比重。综合运用政府投资、公共支出、财政补贴、政府贴息、税收支出等多种支出形式,全面实现财政资源配置的优化。

4. 提高财政资源配置的效率。财政的资源配置无疑应当坚持"公平优先,兼顾效率"的原则,必须强调财政资源配置在维系社会公平中的不可替代的作用,但公平优先不意味着放弃效率。在公平优先的原则下必须对财政资源配置的效率进行兼顾。既要注意财政资源配置的社会效率,也要注重财政资源配置自身的效率。应当针对不同性质的财政支出,运用不同的方法对支出效率进行分析和评价。

二、收入分配职能

(一) 收入分配职能的含义和必然性

财政收入分配职能是指通过财政分配活动实现收入在全社会范围内的公平分配,将收入差距保持在社会可以接受的范围内。收入分配职能是财政的最基本和最重要的职能。社会再生产过程中既存在着凭借生产要素投入参与社会产品分配所形成的社会初次分配过程,也存在着凭借政治权力参与社会产品分配所形成的社会再分配过程。初次分配是市场经济领域的分配活动,财政再分配则是政府经济领域的分配活动。两个领域收入分配的原则与机制是完全不同的,在收入分配中如何处理公平与效率的关系也不相同。

在一般情况下我们对公平的理解主要是社会产品分配结果的公平,但结果的公平本身受制于起点的公平和规则,即过程的公平。没有起点的公平和规则过程的公平不可能真正实现结果的公平。市场经济中的初次分配依据的是生产要素的投入,生产要素的拥有者将自身拥有的生产要素投入到生产过程之中,凭借这种生产要素的投入参与生产结果的分配。而社会成员对生产要素拥有的数量与质量都不相同,这种起点的不同必将影响到结果分配的不同,这实际上就是起点的不公平。在这种情况下市场经济领域的初次分配未必能实现结果分配的公平,市场经济有可能做到规则和过程的公平但无法做到结果的公平。正因为如此,市场竞争实现有效的资源配置并不一定产生社会所认可的公平,从全社会范围看,社会成员之间在收入分配上的差距在没有外力的干预下可能会不断扩大,最终出现两极分化、贫富悬殊的现象,严重的话可能会影响社会的稳定。

财政的收入分配职能具有市场分配所不具有的特征,这表现为:(1) 财政参与社会产品分配的依据并不是生产要素的投入而是国家的政治权力,政治权力对每一个社会成员来说都是共同的,这就使得财政分配的起点比较公平。(2) 国家政治权力是强制的,强制取得的收入就应当无偿用于全体社会成员。(3) 财政提供的是公共产品,满足的是社会公共需要,而公共需要是全体社会成员无差别的需要,表现出明显的公共性。(4) 财政分配的主体是国家,国家和政府的出发点与市场的出发点有明显的区别。市场更多考虑竞争和生存,而国家和政府则应更多地考虑社会的稳定。从这个意义上说,财政收入分配职能是不可替代的重要职能,在维系社会稳定和保证社会成员共同福祉方面将发挥重要的作用。

(二) 财政收入分配职能的实现机制和手段

1. 区分市场分配和财政分配的界限。在一般情况下,属于市场经济领域的分配应交由市场初次分配去完成。承认市场初次分配产生收入差距的合理性,以促进市场资源配置效率的提高，进而提升整个社会经济活动的效率。属于政府经济领域的收入分配则应由财政完成，通过公共产品的提供全面提升全体社会成员的福祉，实现收入分配公平。

2. 制定法律保证规则和过程的公平。在市场经济体制中政府应当起到裁判员的作用，市场经济是竞争的，但竞争应当是有秩序的，这种市场竞争的秩序主要通过政府制定竞争规则来实现。市场经济本身无法做到起点的公平，但政府必须通过规则的制定保证市场经济规则和过程的公平。竞争规则制定之后对每一位市场竞争主体而言都是一视同仁的，都是公平的，从而根本上杜绝依靠弄虚作假、行贿受贿、价格双轨制等不正常手段获取暴利。

3. 加强税收调节。税收调节是从收入角度调节社会收入分配的重要手段。市场经济在竞争的作用下必然出现收入反差的拉大，政府应当承认这种差距的合理性。但政府不能任由这种收入反差的拉大，政府可以通过税收对各方的收入进行调节。财政可以通过间接税调节各类商品的价格，从而调节各种生产要素的收入，也可以通过累进个人所得税调节社会成员的收入水平，对较高收入群体课以较高的税收，体现出区别对待的政策。

4. 完善转移支付体系。通过转移支付制度调节社会收入分配是财政的支出政策。一般理论认为支出政策在调节收入分配中比收入政策更为有效，副作用更小。财政可以通过社会保险、失业救济、最低生活保障制度、住房补贴等方式加大对低收入群体的支持，使其能够维持基本的生活水平，从而维系整个社会的稳定，提升全体社会成员的福祉。

应当指出，**财政分配职能最终旨在实现收入在社会范围内的公平分配，将收入差距控制在社会可以接受的范围**，而绝不意味着社会财富的平均分配。不能把公平理解为绝对的平均，对现实经济生活中出现的收入差距拉大的情况应当做具体的分析。事实上改革中出现的矛盾不单纯是结果分配的不公，即社会财富占有的不公，更多的是起点的不公和规则与过程的不公。事实上人们对公平竞争、诚实劳动取得较多收入一般是认可的，而对虚假手段、贪污腐败、以权谋私取得较高收入是难以接受的。因此政府不仅应当关注结果的公平，在现阶段更应关注起点的公平和规则与过程的公平。

三、稳定与发展职能

（一）稳定与发展职能的含义及必要性

稳定与发展职能也可以称为财政的宏观经济职能，是指利用财政政策通过财政活动纠正市场失灵，进而保证社会总供给与总需求的相对均衡，促进社会再生产协调运行。社会再生产的协调运行实际上也就意味着整个国民经济的稳定与发展。财政的稳定与发展职能与财政的资源配置职能和收入分配职能不同，财政的资源配置职能和收入分配职能是两个基本的职能，而稳定与发展职能则是建立在前两个职能充分发挥基础上派生的职能。稳定与发展职能是在资源配置与收入分配职能发挥的过程中实现的，没有资源配置和收入分配职能的发挥就没有稳定与发展职能的实现。如果说资源配置与收入分配职能是在微观领域发生作用的话，稳定与发展职能则更多的是宏观领域中发挥作用。

市场经济本身在社会资源配置中具有较高的效率，在完全竞争的市场经济中也存在着自身平衡的机制。亚当·斯密认为，政府不应干预经济，"看不见的手"可以平衡经济的运行，可以将人人为己的私利转化为社会的公利。政府只能是守夜人，只应承担防止外来侵略、保护社会成员不受侵犯以及公共事业发展的职责。让·巴·萨伊更认为，供给可以自动创造自身的需求，而不论供给达到什么水平。然而完全自由竞争的市场经济是不存在的，市场在资源配置中存在着市场失灵，1929—1933年的资本主义大危机就是最好的证明。

1929—1933年的资本主义大危机诞生了凯恩斯主义，主张放弃自由资本主义原则，实行政府对经济的干预，强调政府应当运用财政政策实现对国民经济运行的全面调节。自凯恩斯主义开始，出现了政府对经济的宏观调控，而宏观调控的目标就在于协调社会再生产的顺利运行，实现国民经济的稳定与发展。凯恩斯以后西方国家先后出现了包括货币学派、供应学派、公共选择学派等新的经济思想，不断发展与完善了宏观调控的理论。

经济稳定通常包括充分就业、物价稳定和国际收支平衡三个方面，这三个方面都会影响到社会总供给和社会总需求的平衡。在一般情况下，如果做到充分就业、物价稳定和国际收支平衡，社会总供给和总需求之间就是相对均衡的，社会再生产就可以顺利进行，整个国民经济也就相对稳定。充分就业并非指就业人口的全部就业，而是指可就业人口就业率达到社会经济状态可以承受的最大比率。如果没有达到这一状态，社会存在非自愿失业，则应扩大需求，使总产出增加到与充分就业状态下生产出来的产值相适应的程度。物价稳定也不意味着物价绝对不动，而是指物价上涨幅度维持在不影响社会经济正常运行的范围内。如果存在通货膨胀，则应减少社会需求，是总产出减少到与按目前价格水平计算的产值相适应的程度。如果充分就业与物价稳定都能实现，就应当保持这种总产出的水平。还应当看到总供给与总需求的平衡不仅会受国内因素的影响，在开放的社会中还受国际收支的影响，因此开放社会一国的经济往来应维持经常性收支项目的大体平衡。

与经济稳定相联系的另一个概念是发展。社会再生产不仅要稳定，还要不断地发展。发展的概念包括经济增长在内，但又宽于经济增长。经济发展不仅涉及社会产品和劳务数量的增加，还意味着与经济增长相适应的各种社会条件，包括社会政治条件、经济条件和文化条件的变化。在现实生活中经济发展不仅涉及GDP的增长，还涉及诸如受教育程度、医疗保障程度、消除贫困、解决失业问题和社会收入分配不公问题等在内。

（二）稳定与发展职能的实现机制与手段

1. 确定宏观调控的整体目标。经济稳定与发展的整体目标应当是社会总供给和社会总需求之间的相对均衡。在社会总供给和社会总需求相对均衡的状态下，物价水平一般比较稳定，失业率被控制在可以接受的范围内，是一种国民经济正常运行的良好状态。如果总供给与总需求相对均衡的状态被打破，则要财政政策加以必要的宏观调控。如果总供给大于总需求，说明社会有效需求不足，充分就业无法实现，国民经济就会出现紧缩的局面。此时应当通过财政政策刺激总需求的增加，从而使总供给与总需求在新的高度上达到新的相对均衡。如果总供给小于总需求，说明社会有效需求过旺，物价稳定无法实现，国民经济出现通货膨胀的局面。此时应当通过财政政策降低社会总需求，使社会总供给与总需求达到新的均衡。

2. 确定实现宏观调控目标的财政工具。财政政策可以分为扩张性、紧缩性和中性三种类型。扩张、紧缩和中性都是相对于需求而言的。扩大社会总需求的政策称为扩张性财政政策，一般在通货紧缩时使用。减少社会总需求的政策称为紧缩性财政政策，一般在通货膨胀时使用。既不扩张也不紧缩的政策称为中性财政政策，一般在稳定时采用。财政政策工具可以包括预算工具、税收工具、政府投资工具、公共支出工具及公债工具等。这些工具有其发生作用的不同机制，应当有选择地配合使用。有关财政政策的深入研究在本书第十二章做进一步的说明。

四、现代财政制度与国家治理：对财政职能的拓展思考

2013年11月12日，为贯彻落实中共十八大关于全面深化改革的战略部署，中国共产党第十八届中央委员会第三次全体会议通过《中共中央关于全面深化改革若干重大问题的决定》（以下简称《决定》），《决定》指出："全面深化改革的总目标是完善和发展中国特色社会主义制度，推进国家治理体系和治理能力现代化。……全面深化改革的总目标是完善和发展中国特色社会主义制度，推进国家治理体系和治理能力现代化。……经济体制改革是全面深化改革的重点，核心问题是处理好政府和市场的关系，使市场在资源配置中起决定性作用和更好发挥政府作用。"在《决定》的第五部分"深化财税体制改革"中，围绕深化财税体制改革写了一段开宗明义的话："**财政是国家治理的基础和重要支柱，科学的财税体制是优化资源配置、维护市场统一、促进社会公平、实现国家长治久安的制度保障。**"这一定位具有重要的里程碑意义，标志着财政同国家治理紧密对接，并且财政在国家治理体系中居于基础性地位，并将财政职能定位于四项职能：优化资源配置、维护市场统一、促进社会公平、实现国家长治久安。其中，优化资源配置和维护市场统一都属于三大职能中资源配置职能的范畴，促进社会公平与收入分配职能密切相关，实现国家长治久安中包含了经济的稳定与发展，因此《决定》中关于财政的四项职能的表述与经济学框架下的财政三大职能之间并没有根本上的冲突。

但是，如果将财政与国家治理紧密相连，就会发现，国家治理是涵盖了政治、经济、社会、生态、文化的"五位一体"治理，而传统财政学是从经济视角出发，在"市场失灵"和"公共产品"两个基本概念上概括出财政的三大职能，主要是财政在经济治理中发挥的作用[1]。如果要从国家治理现代化要求出发，就需要重新思考现代财政制度的职能定位，《决定》中关于四项职能的概括提供了关于财政职能的新的分析框架。[2]

（一）优化资源配置职能

从历史上看，我国在传统计划经济体制的阶段，几乎所有社会资源集中在政府手中，并由政府直接配置，财政最主要的资源配置职能是为国家计划提供支持，保证各

---

[1] 吕冰洋. 现代财政制度的构建：一个公共秩序的分析框架 [J]. 管理世界，2021，37（10）：11.
[2] 陈共. 财政学-第10版 [M]. 北京：中国人民大学出版社，2020.

项事业的正常运转。从改革开放初期到1992年中共十四大明确提出社会主义市场经济体制的改革目标,财政改革的重点是推动经济体制改革,1994年,中国进行了全面的经济改革,其中,改革重头戏是1994年的分税制改革,对确立社会主义市场经济框架影响深远。此后,改革的任务转到如何进一步完善市场经济体制上来,从1994年开始建设公共财政,到1998年明确提出构建公共财政框架,2003年之后进一步完善公共财政体制。2006年中国取消农业税,向实现城乡统一财政待遇迈出重要的一步。2008年内外资企业所得税制统一。2009年1月1日,城市房地产税取消,并入房产税,从此内外资税制全面统一。现代市场经济对财政管理效率也有要求。2000年,部门预算和国库单一账户制度的改革,推动了财政管理的进步,政府采购制度也逐步健全。同时,宏观财政管理体制逐步形成,1998年和2008年两次积极财政政策的实施,促进了宏观经济的稳定。

"十二五"和"十三五"期间,我国经济发展明确进入新常态后,财政政策主动适应经济新常态的要求,政策作用重点从以总量调整为主转变为以结构调整为主,政策手段由以"发债增支"为主转向"发债增支"与结构性减税并举,搭建支持技术创新,培育新的经济增长点,进一步优化财政支出结构,注重民生支出,增加居民收入,扩大内需,进一步提高财税治理能力,提高财政支出绩效。

2015年11月,习近平同志在主持召开中央财经领导小组第十一次会议时首次提出:在适度扩大总需求的同时,着力加强供给侧结构性改革,着力提高供给体系质量和效率,增强经济持续增长动力,推动我国社会生产力水平实现整体跃升。2017年,中国共产党第十九次全国代表大会首次提出"高质量发展"表述,表明中国经济由高速增长阶段转向高质量发展阶段。当前的财政政策紧扣我国社会主要矛盾的变化,立足于我国经济已转向高质量发展阶段这一基本特征,按照高质量发展的要求,坚持以供给侧结构性改革为主线,继续实施积极财政政策,提升政策效能,并且更加注重精准性和可持续性。

(二)维护市场统一职能

党的十八届三中全会通过的《中共中央关于全面深化改革若重大问题的决定》要加快完善现代市场体系。建设统一开放、竞争有序的市场体系,是市场在资源配置中决定性作用的基础。财税制度广泛涉及政府与企业、居民、中央与地方的关系,可以说,几乎每项财税改革都和市场统一有密切关系,因而科学的财税制度具有并发挥维护市场统一的功能,是市场统一的保障。

以"营改增"税制改革为例,"营改增"改革打通了增值税抵扣链条,解决了服务业和制造业税制不统一的问题,使重复征税成为历史,更好地体现了税收中性原则。"营改增"改革为实行结构性减税政策提供了前提和空间,有利于减轻企业负担。同时,"营改增"改革是主动适应我国经济发展进入新常态的一项重大措施,有利于经济发展方式的转变。从经济社会全面发展层面看,"营改增"改革有利于经济结构调整,有利于服务业特别是现代服务业的发展,有利于制造业主辅分离和转型升级,有利于经济结构的调整和优化;从企业层面看,"营改增"改革更充分地体现了税收中性原则,可以更好地发挥市场对资源配置的决定性作用,从而维护市场统一。

(三) 促进社会公平职能

党的十八大以来,以习近平同志为核心的党中央坚持以人民为中心的发展思想和总体国家安全观,顺应人民群众对美好生活的向往,把增进人民福祉、促进人的全面发展作为一切工作的出发点和落脚点,从人民群众最关心、最直接、最现实的利益问题入手,统筹做好收入分配、教育、医疗卫生、就业、社会保障等各领域的民生工作,不断提高人民生活水平。习近平总书记在党的十九大报告中强调:"坚持在发展中保障和改善民生。增进民生福祉是发展的根本目的。必须多谋民生之利、多解民生之忧,在发展中补齐民生短板、促进社会公平正义,在幼有所育、保有所医、老有所养、住有所居、弱有所扶、学有所教、劳有所得,使人民在共建共享中有更多获得感,不断促进人的全面发展,维护社会和谐稳定,确保国家长治久安、人民安居乐业。"

财政是国家治理的基础和重要支柱,也是促进社会公平的主要杠杆和保障。从财政收入看,财政通过税收等收入工具影响初次分配,参与再分配,来调节收入分配差距。从财政支出看,财政不断优化支出结构,保证和加快教育和卫生保健等社会事业的发展,推动公共服务的均等化。财政大力投入精准脱贫攻坚战,确保财政专项扶贫资金及其增长机制,并强化监督,发挥实效,在实现全面脱贫中发挥了关键性作用。财政还加强加快社会保障体系建设。按照兜底线、织密网、建机制的要求,全面建成覆盖全民、城乡统筹、权责清晰、保障适度、可持续的多层次社会保障体系。

(四) 实现国家长治久安职能

财政是国家治理的基础和重要支柱,由于所有政府活动均要以财政资金的及时、足额到位为前提条件,所以,只有财政职能可以覆盖所有政府职能,并由此影响经济、政治、文化、社会、生态文明等所有领域,因此,财政是一项最具综合性的基本政府职能。在所有国家治理体系所涉及的制度安排中,由于国家治理体系格局的任何变化均要伴之以财税体制的同步变化,所以,只有财税体制的触角可以伸展至国家治理体系的方方面面。由此可见,财政是一项最具基础性的基本制度安排。在所有国家治理事务所涉及的利益关系中,由于所有公共事务均要最终落实到政府与市场、政府与社会、中央与地方等关系的调整上,通过财政收入的缴纳、财政支出的拨付以及财政资金的调动所形成的财政关系实际上构成了这些利益关系的基本方面,所以,只有财政关系可以承载并牵动公共事务线索上的各方面关系。可见,财政是现代国家治理中具有"牛鼻子"效应的一条基本关系链条,在治国安邦中始终发挥基础性、制度性、保障性作用。

2013 年,党的十八届三中全会《决定》提出"财政是国家治理的基础和重要支柱"的新论断,除了明确财政的地位和作用,还明确提出"建立现代财政制度",这是对 1949 年以来中国财政制度现代化的更直接更准确的概括[①]。党的十九大报告指出,"加快建立现代财政制度,建立权责清晰、财力协调、区域均衡的中央和地方财政关系。建立全面规范透明、标准科学、约束有力的预算制度,全面实施绩效管

---

① 杨志勇. 中国财政 70 年:建立现代财政制度 [J]. China Economist, 2019, v.14 (01): 68-95.

理"。党的十九届四中全会对加快建立完善现代财政制度提出新的更高要求，进一步指出，要"完善标准科学、规范透明、约束有力的预算制度"，"优化政府间事权和财权划分，建立权责清晰、财力协调、区域均衡的中央和地方财政关系，形成稳定的各级政府事权、支出责任和财力相适应的制度"。建立现代财政制度已成为中国特色社会主义制度的重要组成部分，是实现国家治理体系和治理能力现代化、决胜全面建成小康社会、实现中国梦的重要保障，财政同国家治理的现代化进程联系在一起，在彼此交融、相互促进的更高平台上、更广范围内发挥基础性和支撑性作用[①]。

【资料】

"十四五"现代财税体制如何加快建立——来自财政部的权威解读

财政是国家治理的基础和重要支柱。"十四五"时期，如何加快建立现代财税体制，为推动高质量发展提供有力支撑？如何积极发挥财政职能作用，切实保障"十四五"重大战略和重点任务落到实处、取得实效？在2021年4月7日召开的国新办发布会上，财政部有关负责人一一解答。

财政部部长助理欧文汉在发布会上表示，"十四五"时期，要系统谋划财政发展新思路、新举措，加快建立现代财税体制，积极发挥财政职能作用。具体来看，要围绕"收、支、管、调、防"五个方面下功夫：

——在收入方面，有效发挥收入政策作用，进一步完善现代税收制度；

——在支出方面，在保持合理支出强度的同时，做到有保有压、突出重点；

——在管理方面，持续深化预算管理制度改革，提升财政资源配置效率和资金使用效益；

——在调节方面，充分发挥财政调控和收入分配职能，推进经济社会健康发展；

——在防风险方面，统筹发展和安全，增强财政可持续性。

健全地方税、直接税体系是完善我国现代税收制度的重要内容。"十四五"将会有哪些新部署？

据财政部税政司长王建凡介绍，近年来，通过深化税收制度改革，我国税制结构进一步优化，直接税比重逐步提高，从2011年的28.4%逐步提高到2020年的34.9%。"按照'十四五'规划纲要要求，我们将进一步完善现代税收制度，健全地方税、直接税体系，优化税制结构。"一方面，健全地方税体系，培育地方税源。"按照中央与地方收入划分改革方案，后移消费税征收环节并稳步下划地方，结合消费税立法统筹研究推进改革。"王建凡说，此外，在中央统一立法和税种开征权的前提下，通过立法授权，适当扩大省级税收管理权限。另一方面，健全直接税体系，逐步提高直接税比重。王建凡表示，将健全以所得税和财产税为主体的直接税体系，进一步完善综合与分类相结合的个人所得税制度，积极稳妥推进房地产税立法和改革。

---

① 高培勇. 论国家治理现代化框架下的财政基础理论建设[J]. 中国社会科学, 2014 (12): 21.

【资料】

完善减税降费　让企业有更多获得感

近年来，我国持续实施了大规模的减税降费政策。数据显示，"十三五"时期累计减税降费超过 7.6 万亿元，其中减税约为 4.7 万亿元，降费约为 2.9 万亿元。欧文汉表示，下一步，将从五个方面继续完善减税降费政策：继续执行制度性减税政策；阶段性的减税降费政策有序推出；突出强化小微企业的税收优惠；加大对制造业和科技创新的支持力度；继续清理收费基金。"我们将综合考虑财政可持续和实施助企纾困政策的需要，平衡好'当前和长远''需要和可能'的关系，着力完善减税降费政策，优化落实机制，提升政策实施效果，让企业有更多获得感。"欧文汉说。

发挥财政职能作用　扎实推进共同富裕

"十四五"规划纲要提出，全体人民共同富裕迈出坚实步伐。为支持落实这一目标，中央财政将如何发力？"首先，大力支持高质量发展，做大经济'蛋糕'。"欧文汉表示，"十四五"时期，将把财政资源配置、财税政策落实、财政体制改革放到服务高质量发展、构建新发展格局中来考量和谋划。其次，改革完善收入分配政策，分好经济"蛋糕"。他表示，要推动完善以市场为基础的初次分配制度，促进机会均等；履行好政府再分配调节职能，缩小收入分配差距，加大税收、社会保障、转移支付等调节力度和精准性；支持发挥慈善等第三次分配的作用。"最后，进一步规范收入分配秩序，推动形成公正合理的收入分配格局。"欧文汉说，财政要支持健全国有资本收益分享机制，完善国有资本收益上缴公共财政制度。建立完善个人收入和财产信息系统，支持健全现代支付和收入监测体系，推动落实依法保护合法收入，合理调节过高收入，取缔非法收入，遏制以垄断和不正当竞争行为获取收入。

持续深化预算管理制度改革

预算体现国家战略和政策，反映政府活动范围和方向，是推进国家治理体系和治理能力现代化的重要支撑。财政部预算司司长李敬辉介绍，下一步，将从五个方面重点突破，持续深化预算管理制度改革。一是加强重大决策部署财力保障，各级预算安排要将落实党中央、国务院重大决策部署作为首要任务。二是加强财政资源统筹，充分挖掘各种闲置资源潜力，加强政府性资源综合管理，强化部门和单位收入统筹管理。三是规范预算支出管理，合理安排支出预算规模，充分发挥财政政策逆周期调节作用，优化财政支出结构，把政府过紧日子作为预算安排的长期指导思想，完善财政直达机制。四是加强预算控制约束和风险防控，实施项目全生命周期管理，强化中期财政规划对年度预算的约束，健全地方政府依法适度举债机制。五是提高预算管理信息化水平，以省级财政为主体建设覆盖本地区的预算管理一体化系统并与中央财政对接，建立完善全覆盖、全链条的转移支付资金监控机制。

资料来源：新华社 2021-04-08。

【资料分析】"十四五"时期是我国全面建成小康社会、实现第一个百年奋斗目标之后,乘势而上开启全面建设社会主义现代化国家新征程、向第二个百年奋斗目标进军的第一个五年。我国进入新发展阶段,国内外环境发生深刻变化,经济下行压力大、经济结构变动、新冠肺炎疫情、人口老龄化、政府职能转变、世界经济和政治格局的变化等都会给财政带来挑战,准确把握新特征新要求,有效应对新矛盾新挑战,坚持目标导向和问题导向相结合,建立现代财税体制,具有十分重要的时代意义。"十四五"时期,建立现代财税体制特别注重进一步深化预算管理制度改革,进一步理顺中央和地方财政关系,充分发挥中央和地方两个积极性,进一步完善现代税收制度,切实发挥税收功能作用,进一步健全政府债务管理制度,完善规范、安全、高效的政府举债融资机制等领域有所作为,全面提升我国财政治理与国家治理现代化水平。

复习思考题

1. 市场失灵失效的主要原因是什么?
2. 公共需要的基本特征有哪些?
3. 如何理解混合产品的特征?
4. 政府干预经济的主要手段是什么?
5. 如何理解财政的概念与特征?
6. 如何理解财政的三大职能?
7. 如何理解财政是国家治理的基础和重要支柱?

第二章 财政支出概述

市场经济社会中,政府活动范围极为广泛,要求财政支出数额非常庞大,如何安排使用财政资源,达到最大程度地满足现实社会经济运行与发展的要求,一直是财政理论高度关注的重要内容。财政支出是政府为履行政府职能而消耗的一切费用的总和,也是政府决策实施的成本。通过财政支出规模可以反映政府介入经济生活和社会生活的范围和深度,也反映着财政在经济和社会生活中的地位和作用。

第一节 财政支出的分类与结构

一、财政支出的含义

财政支出是国家各级政府的一种经济行为,是国家对集中起来的财力进行再分配的活动,它要解决的是由国家支配的那部分社会财富的价值如何安排使用的问题。从国家政权角度看,财政支出是政府施政行为选择的反映,是各级政府对社会提供公共物品的财力保证,体现着政府政策的意图,代表着政府活动的方向和范围。从财政运行角度看,财政支出是财政分配的第二阶段,是把集中起来的财政资金进行再分配的过程。从宏观角度看,财政支出是政府进行宏观调控的重要手段之一,财政支出可以影响社会总供求的平衡关系,可以影响经济的发展状况。总之,财政支出是以政府为主体,以政府的事权为依据进行的一种货币资金的再分配活动。

二、财政支出的分类

财政支出是政府为提供公共产品和服务,满足社会共同需要而进行的财政资金的支付。主要有:保证国家机器正常运转、维护国家安全、巩固各级政府政权建设的支出;维护社会稳定、提高全民族素质、外部效应巨大的社会公共事业支出;有利于经济环境和生态环境改善、具有巨大外部经济效应的公益性基础设施建设的支出；对宏观经济运行进行必要调控的支出等。财政支出分类是将财政支出的内容进行合理的分类归纳，以便准确反映和科学分析财政支出的性质、结构、规模和效益。一般来讲，财政支出主要有以下几种分类方法：

（一）财政支出功能分类

政府主要有两种职能：经济管理职能和社会管理职能。财政支出是政府集中使用社会资源，实现政府职能的过程。因此，对应政府的两种职能，**财政支出就形成了经济管理支出和社会管理支出**。前者主要是经济建设支出，后者主要是国防支出、行政管理支出和社会文教支出。2007 年以前，我国的财政收支统计按照经济建设支出、国防支出、行政管理支出、社会文教支出和其他支出进行统计。目前，虽然官方的统计资料不再公布依据这种政府职能分类法反映的财政支出结构，但这种分类方法在财政理论学习中依然有着重要的研究价值。

对财政支出按照支出功能分类，是指按照政府的职能和活动设置支出科目。**目前，我国财政支出主要支出功能科目包括**：一般公共服务支出、外交支出、国防支出、公共安全支出、教育支出、科学技术支出、文化旅游体育与传媒支出、社会保障和就业支出、卫生健康支出、节能环保支出、城乡社区事务支出、农林水支出、交通运输支出、资源勘探工业信息等支出、商业服务业等支出、金融支出、自然资源海洋气象等支出、住房保障支出、粮油物资储备支出、灾害防治及应急管理支出、预备费、债务付息支出、债务发行费用支出、其他支出等。政府支出按功能分类，主要反映政府的各项职能活动，显示的是政府的钱干了什么，起到了什么样的社会作用。以"教育"为例，类、款、项三级结构对应为"教育"——"普通教育"——"小学教育"，反映出政府为完成教育职能在"普通教育"中用于"小学教育"这个具体方面的支出费用是多少。通过支出功能分类可以清楚地表明整个财政支出在主要功能之间的配置，还可以表明各类支出在整个财政支出中的相对地位以及在不同时期的变动情况。

（二）财政支出经济分类

按照国际货币基金组织对支出的经济分类，实际上是按支出产生效益的时间分类，即根据财政支出所产生效益的时间可把财政支出分为经常性支出、资本性支出。这也是现代公共经济学研究财政支出分类的一种主要方法。**经常性支出**是维持公共部门正常运转或保障人们基本生活所必需的支出，主要包括人员经费、公用经费及社会保障支出。这种支出的特点是，它的消耗会使社会直接受益或当期受益。因此，经常性支出直接构成当期公共物品的成本。经常性支出的补偿方式应为税收。**资本性支出**是用于购买或生产使用年限在一年以上的耐久品所需的支出，其中有用于建筑厂房、购买机械设备、修建铁路和公路等生产性支出，也有用于建筑办公楼和购买汽车、复印机等办公用品等非生产性支出。这种支出的特点是，它们耗费的结果将形成一年以上的长期使用的固定资产。所以，资本性支出不能全部视为当期公共物品的成本，因为所形成的成果有一部分是当期受益，但更多的是在以后的较长时间内受益。资本性支出的补偿方式有两种：一是税收；二是公债。

我国的支出经济分类实际上是按照财政支出的经济性质和具体用途所作的一种分类，这种分类科目设类、款两项，根据政府收支分类科目，具体包括：工资福利支出、商品和服务支出、对个人和家庭的补助、对企事业单位的补贴、转移性支出、债务利息支出、基本建设支出、其他资本性支出和其他支出。这种分类主要是反映各项支出的具体经济构成，反映政府的每一笔钱具体是怎么花的，它是财政预算管理和财务经济分析的重要工具和手段。当前预算法要求各级政府和各部门（单位）在按功能分类编制预算的基础上，同时还要按支出经济分类编制预算。支出经济分类科目，与当前预算管理改革与发展的实际紧密结合，坚持问题导向，力求做到政府管到哪里，科目的设置就延伸到哪里，建立起政府预算经济分类和部门预算经济分类相互独立、各有侧重、统分结合的经济分类体系。

支出经济分类与支出功能分类从不同侧面、以不同方式反映政府支出活动。支出分类与部门分类编码和基本支出预算、项目支出预算相配合，在财政信息管理系统的有力支持下，可对任何一项财政支出进行多维定位，清楚地说明政府的钱是怎么来的，做了什么事，谁做的，怎么做的，为预算管理、统计分析、宏观决策和财政监督等提供全面、真实、准确的经济信息。

（三）财政支出按照是否与商品和服务相交换分类

按照财政支出是否与商品和服务相交换为标准分类，财政支出可以分为购买性支出和转移性支出。**购买性支出是指政府在市场上购买商品和服务所发生的支出，包括购买进行日常政务所需的和用于国家投资所需的商品和服务的支出**。前者如政府各部门的事业费，后者如政府各部门的投资拨款。**购买性支出的特点**是，这类财政支出是与商品和服务相交换的，财政一方面付出了资金，另一方面得到了相应的商品和服务，即遵循等价交换原则，体现了政府的市场性再分配活动。进行购买性支出时，政府是以直接的商品和服务的购买者身份出现在市场中的，因而对社会的生产和就业有直接影响，购买性支出也影响分配，但对收入分配的影响是间接的。在安排购买性支出时，政府必须遵循等价交换的原则，此时通过购买性支出体现出的财政活动对政府形成较强的效益约束。而对于向政府提供商品和服务的微观经济主体在同政府的购买性支出发生交易时，也必须遵循等价交换原则，向政府提供商品和服务的企业收益的大小，取决于市场供求状况及其销售收入同生产成本的对比关系，因此，购买性支出对微观经济主体的预算约束是硬的。

转移性支出是指政府资金无偿的、单方面的转移，包括补助支出、捐赠支出和债务利息支出等。**转移性支出的特点**是，这类财政支出不与商品和服务相交换，财政一方面付出了资金，另一方面却无任何所得，即不遵循等价交换原则，体现了政府的非市场性再分配活动。进行转移性支出时，政府的资金转移到资金领受者手中，因而对收入分配有直接影响。而微观主体获得这笔转移性资金以后，是否购买商品和服务、购买哪些商品和服务，均已脱离了政府的控制，因此，转移性支出对生产和就业的影响是间接的。在安排转移性支出时，由于政府没有十分明确的原则可以遵循，且财政支出效益难以衡量，转移性支出的规模相当程度上视政府同微观主体的谈判情况而定，因此，通过转移性支出所体现的财政活动对政府的效益约束是软的。对于可以得到政府转移性支出的微观经济主体来说，它们收入的高低在很大程度上并不取决于企业的生产能力或自身努力的程度，而取决于同政府讨价还价的能力，显然，转移性支出对微观经济主体的预算约束是软的。

财政支出按照是否与商品和服务相交换分类，能够表明政府的财政支出结构与财政职能的联系。在财政支出总额中，购买性支出所占比重越大，财政活动对生产和就业的直接影响就越大；转移性支出所占比重越大，财政活动对收入分配的直接影响就越大。从财政职能的角度来看，以购买性支出占较大比重的支出结构的财政活动，执行资源配置的职能较强；以转移性支出占较大比重的支出结构的财政活动，执行收入分配的职能较强。我国在改革开放之前，购买性支出占绝对优势，表现出财政具有极强的资源配置职能。改革开放以后，转移性支出的比重大幅度上升，说明财政收入分配职能得到了加强。

（四）财政支出按照支出级次分类

现代世界各国均按照国家政权的级次设置相应级次的财政支出。**我国政权级次由中央、省（自治区、直辖市）、市（自治州、地区行署）、县（自治县、县级市）和乡（镇）五级构成。**与之相适应，我国财政支出也由这五个级次的支出组成。其中，省级及省级以下的财政支出为地方财政支出。这种分类可以反映财政体制状况，反映中央和地方政府在财政资源配置中的地位和相互关系。从我国历年的财政体制改革来看，中央与地方之间的财政支出关系一直是财政体制的核心问题。因此，按照支出级次对财政支出进行分类，具有重要的理论意义和现实意义。

（五）财政支出按照预算管理方式分类

目前我国实行全口径预算，全口径预算支出包括一般公共预算支出、政府性基金预算支出、国有资本经营预算支出和社会保险基金预算支出。一般公共预算支出包括一般公共服务支出、国防支出、外交支出、公共安全支出、教育支出、科学技术支出、文化旅游体育与传媒支出、社会保障和就业支出、卫生健康支出等；政府性基金预算支出包括铁路建设基金支出、民航发展基金支出、旅游发展基金支出、国家电影事业发展专项资金安排的支出、彩票公益金安排的支出、国家重大水利工程建设基金安排的支出等；国有资本经营预算支出包括国有资本金注入、国有企业政策性补贴、国有企业改革成本支出等；社会保险基金预算支出包括养老、医疗、生育、失业、工伤等保险基金支出。

三、财政支出结构

财政支出结构是指各类财政支出占总支出的比重，也称财政支出构成。财政支出结构表明在现有财政支出规模的前提下财政资源的分布情况。财政支出结构变化的一般规律如下：

（一）财政支出结构变化受政府职能的影响

财政支出是政府活动的资金来源，因此，政府职能的大小和侧重点，直接决定财政支出结构，有什么样的政府职能，也就应当有其相应的财政支出结构。如果政府侧重经济管理职能，财政支出结构会偏重资源动员和经济事务方面的支出；如果政府侧重于社会管理职能，财政支出结构会偏重行政管理、法律秩序、防卫等维持国家机器正常运转方面的支出。

（二）财政支出结构变化受经济发展阶段的影响

在经济发展的早期阶段，政府投资应占较大的比重。公共部门为经济发展提供社会基础设施，如交通、通信、水利设施、环境卫生系统等方面的投资。在经济发展的中期阶段，私人部门的资本积累较为雄厚，各项经济基础设施建设也已基本完成，政府投资只是对私人投资的补充。因此，政府投资在财政支出中的比重会下降。在经济发展的成熟期，人们对生活质量提出更高的要求，政府将增加对教育、保健与福利服务等方面的支出。

第二节 财政支出规模

一、衡量财政支出规模的指标

财政支出规模可以用绝对数来表示，也可以用相对数即财政支出占 GDP 的比重来表示。

财政支出占 GDP 的比重与财政收入占 GDP 的比重两者相比，前者更能较为实际地反映财政活动的规模。因为：（1）财政收入常常被人们看作衡量财政集中程度的指标，但是财政收入只是表示财政对 GDP 可能使用和支配的规模，而财政支出表现为财政对 GDP 实际使用和支配的规模。（2）财政收入反映的是财政参与 GDP 分配过程的活动，财政支出反映的是财政在 GDP 使用过程中的活动，通过财政支出才最终完成财政分配。（3）财政收入和支出都体现了财政对宏观经济运行的调控，但是，财政的职能更主要的是通过财政支出来完成，因此，财政支出更能全面而准确地反映财政对宏观经济运行的调控能力。表 2-1 反映的是我国 2013—2021 年全口径预算财政支出的绝对规模和相对规模。

表 2-1 全口径财政支出规模（2013—2021 年）

年份	一般公共预算支出（亿元）	政府性基金预算支出（亿元）	国有资本经营预算支出（亿元）	社会保险基金预算支出（亿元）	总计（亿元）	国内生产总值 GDP（亿元）	全口径财政支出占 GDP 比重（%）
2013	139744.26	50116.46	1513.60	28616.75	219991.07	592963.2	37.1
2014	151661.54	51387.75	1999.95	33669.12	238718.36	643563.1	37.1
2015	175767.78	42363.85	2078.57	39356.68	259566.88	688858.2	37.7
2016	187841.14	46851.52	2171.46	43918.94	280783.06	746395.1	37.6
2017	203330.03	60700.22	2010.93	48951.67	314992.85	832035.9	37.9
2018	220906.07	80562.07	2159.26	64586.45	368213.85	919281.1	40.1
2019	238874.02	91364.80	2287.43	74989.23	407515.48	986515.2	41.3
2020	245588.03	117998.94	2544.06	78834.82	444965.85	1013567.0	43.9
2021	246321.50	113661.01	2624.78	87876.29	450483.58	1143669.7	39.4

数据来源：《关于 2013（2014—2021）年中央和地方预算执行情况与 2014（2015—2022）年中央和地方预算草案的报告》及国家统计局官网。

二、有关财政支出规模的主要理论

（一）瓦格纳法则

瓦格纳法则又称公共支出不断增长法则或称政府活动扩张法则。19世纪，德国经济学家瓦格纳对许多欧洲国家和日本、美国的公共部门支出的增长情况进行考察，得出财政支出扩张论。**其主要内容是**：随着社会的发展，要求不断强化维护社会秩序，建立健全并不断完善法律规章制度，为社会发展创造必要的环境条件，这必然要增加政府的财政支出，这可视为政治因素；随着社会的发展，在实现工业化和随之而来的管理集中化、城市化过程的加速和劳动力专门化的条件下，经济结构以及当事人之间的关系越来越趋于复杂化，为调整这种关系必然需要增加政府的财政支出，这可视为经济因素。此外，瓦格纳把对于教育、娱乐、文化、保健与福利服务的公共支出的增长归因于需求的收入弹性，即随着实际收入的增长，这些项目的公共支出的增长将会快于GDP的增长。瓦格纳法则的图解如图2-1所示。

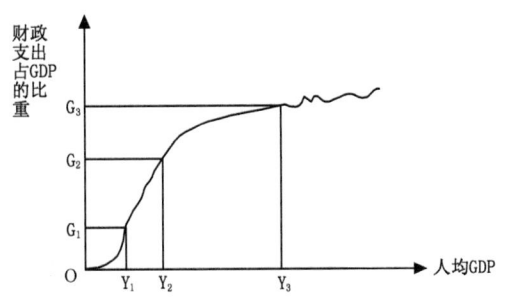

图2-1 瓦格纳法则的解释

瓦格纳法则是建立在经验分析基础之上的。尽管由于各经济发达国家的国情有所不同，因而财政支出占GDP比重的高低也有所不同，但却明显存在一种共同的趋势：随着人均收入的提高，财政支出占GDP的比重也相应随之提高。瓦格纳的这项研究成果被后人称为瓦格纳法则。但是，需要说明的是，财政支出占GDP的比重不可能永无止境地上升，当经济发展到一定的程度，就会呈现相对稳定的趋势。

（二）替代—规模效应理论

皮科克和怀斯曼在瓦格纳分析的基础上，研究了英国1890—1955年公共部门的发展情况，分析了导致公共支出增长的内在因素与外在因素。政府为取得好的业绩，是愿意多开支的。而公民一般不愿意多纳税，因此，一般说来，公民容忍的税收水平决定了公共收入水平，从而构成了政府扩大公共支出的约束条件。在正常情况下，随着GDP的增加，在税率不变的情况下，税收也会上升，于是政府支出上升和GDP上升呈线性关系，这是内在因素。在社会发展过程中，总会遇上动荡时期，如战争和自然灾害等，政府支出不得不急剧增加，政府会被迫提高税率，公民也会被迫接受税收的增加。但动荡期过后，税收水平不会退到原来水平，政府会继续保持较高的支出水平，这是外在因素。所以，**每经历一次社会动荡，都会导致财政支出水平的上升，这**

个规律被称为"替代—规模效应理论",又叫作"梯度渐进增长理论"。在这个理论中,皮科克和怀斯曼实际上是用了以下三个相互联系的概念分析了这个过程(见图2-2)。

替代效应:在战争等突发性事件出现时,社会公众能够忍受比平时更高的税收水平,当税收大量增加以满足财政支出需要时,相应地整个社会的私人支出就减少了,这种公共支出代替私人支出的现象称为"替代效应"。在社会动荡结束之后,财政支出并不会相应减少到动荡前的水平,原因是:由于社会动荡造成的后果还需要政府去处理。

审视效应:社会突发性事件的出现,往往会暴露社会存在的许多问题,这些问题使人们认识到解决这些问题的重要性,随着公众觉悟水平的提高,社会成员就会同意增加税收,以满足为解决这些问题所需的财政资金需求,这样,财政支出规模的增长趋势是不可避免的。

集中效应:在正常时期,中央政府和地方政府的职责分工相对而言是固定的,但在社会动荡时期,中央政府集中更多的财政资金的这种做法更容易受社会的认同,中央政府职能的扩大增大了财政支出的规模。这时,集中效应就出现了。

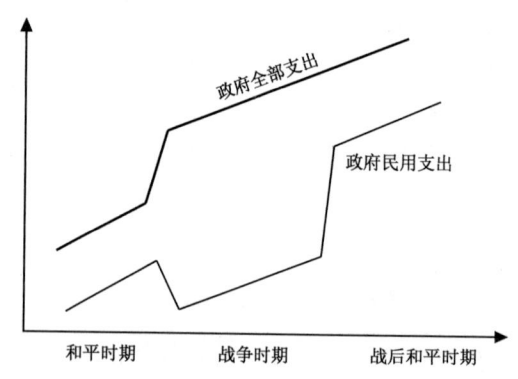

图2-2 替代—规模效应理论的解释

(三) 经济发展阶段论

马斯格雷夫和罗斯托用经济发展阶段论来解释公共支出增长的原因。这一理论在罗斯托的《经济成长的过程》《经济成长的阶段》等著作中得到了集中体现。他们认为:

(1) 在经济发展的早期阶段,由于公共产品尤其是经济发展所必需的社会基础设施(如公路、铁路、桥梁、电力、环境卫生、供水系统、通信等)供给不足,政府公共投资往往要在社会总投资中占有较高比重。因为这些公共投资对于帮助早期阶段的经济"起飞",以至进入发展的中期阶段来说,是必不可少的前提条件。

(2) 当经济发展进入中期阶段后,社会基础设施供求趋于均衡,政府公共投资在社会总投资中的比重有可能降低。但公共支出总规模并不一定下降甚至有可能继续上升,其原因在于:当经济、社会发展进入中期阶段以后,市场失灵问题日益突出,并成为阻碍经济发展进入成熟阶段的关键因素。这就要求政府加强对经济的干预,以矫正、补充、完善市场机制的不足。但是政府对经济干预范围的扩大和干预力度的加强必然引致财政支出规模的增长。

(3) 随着经济发展由中期阶段进入成熟阶段，公共财政支出结构将以教育、保健和社会福利为主，购买性支出相对下降，转移性支出相对上升。从长期看，公共支出结构的这种变化趋势，引致了公共支出规模的不断扩大。

(四) 官僚行为增长论

这种理论从制度角度解释了财政支出规模与官僚行为的关系。按照公共选择理论的观点，官僚是指负责执行通过政治制度做出集体选择的代理人集团，或更明确地说是指负责政府提供服务的部门。经济学家们认为，个人是以追求自身利益为最大目标，企业以追求利润最大化为目标，而官僚的行为是竭力追求机构规模最大化，机构规模越大，官僚们的权力越大。正因为官僚机构以机构规模最大化作为目标，导致财政支出规模不断扩大，甚至财政支出规模增长超出了公共物品最优产出水平所需要的支出水平。官僚机构通常以两种方式扩大其预算规模：第一，他们千方百计让政府相信他们确定的产出水平是必要的。第二，利用低效率的生产技术来增加生产既定的产出量所必需的投入量（增加预算、附加福利、工作保障，减少工作负荷），这时的效率损失不是由于官僚服务的过度提供导致的，而是由投入的滥用所致。由此可见，官僚行为从产出和投入两个方面迫使财政支出规模不断膨胀。

三、影响财政支出规模的因素

根据当今世界各国财政支出变化的实际情况并结合前人的分析，我们不难总结出影响财政支出规模的主要因素：

(一) 经济性因素

1. 经济发展的要求。虽然经济的发展不完全取决于投入的增加，还同原有的生产能力的发挥、效益的高低有关，但要维持一定的增长速度，必须有一定的投入来保证。不可否认，二者之间存在一定的依存关系。在公有制经济为主体的国家中，国有资产的建设规模，直接影响着经济增长速度，因此，经济增长的要求越高，财政的生产性投资支出越要增加。同时，由于经济增长引起的非公有制经济活动对诸如交通运输、通讯、邮电设施等"公共生产的外部条件"的需求不断扩大，财政支出也需相应增加。另外，随着技术进步，产业结构中资本密集型产业比重的不断提高，需要有更多的公共设施与公共事业与之相配合，由于公共设施的建设和公共事业的发展离不开财政支持，因此财政支出规模也随之扩张。

2. 经济发展水平。财政支出的增加在某种程度上是由经济发展要求引起的，但财政支出能否增加的制约因素却是一定时期的经济发展水平。因为财政主要是对社会剩余产品进行分配，剩余产品越多，能供财政分配的数量也就越多。经济发展水平的高低直接决定着剩余产品率的高低，因而也制约着财政支出的规模。前面讲到的马斯格雷夫和罗斯托的分析，就说明了经济发展水平对财政支出规模和结构变化的影响。经济发达国家的财政支出规模普遍要比经济发展落后的国家高，这就是经济发展水平决定财政支出规模的明显例证。

3. 经济体制及分配体制。经济体制及与之相适应的分配体制的选择对财政支出规模的影响非常重要。一般说来，实行计划经济体制的国家的职能和财政分配范围都比较宽，因而财政支出规模都比较大。相反，实行市场经济体制的国家，财政支出的规模则相对较小。与经济体制相适应，实行计划经济体制的国家，分配体制的集中度都比较高，因此，财政支出的规模就比较大。反之，实行市场经济体制的国家，分配体制相对分散，其财政支出规模就较小。

4. 政府的经济干预政策。如果政府的经济干预主要是通过管制而非通过财政的资源配置或收入分配活动实现时，它对支出规模的影响并不明显。这是因为，政府通过管制或各种规则干预经济活动时，并未发生政府的资源再配置或收入再分配活动，即财政支出规模基本不变。很明显，政府干预经济活动时，采取法律或行政手段与采取财政等经济手段，具有不同的资源再配置效应和收入再分配效应。同样，即使政府是采用的财政手段来干预经济，不同的财政手段干预的效应也是不同的。比如，财政资金的全额投资可以带动社会的配套资金，但也可采取财政贴息、财政补贴等手段投入，则可能以少量的财政资金带动更多的社会资金投入，并引导社会资金的使用方向，即发挥财政"四两拨千斤"的效应。

5. 价格水平。财政分配是在一定的物价水平基础上进行的。价格变化虽然不影响社会产品的实物量，却会影响同等数额货币的支付能力，进而影响财政支出的规模。也就是说，如果货币贬值，物价上涨，政府的购买性支出和转移性支出的规模都要扩大，所以，物价上涨也是财政支出规模不断膨胀的一个因素。当然，在通货紧缩时期，情况则相反。不过，政府为了实现一定的社会经济目标，也会有意识地增加或减少财政支出规模。

6. 财政收入规模。一定时期政府的支出规模在很大程度上要受其收入规模的制约。财政支出与收入之间存在着相互制约的关系。财政支出对财政收入的制约主要表现在确定收入预算环节，即一定时期财政收入预算应该考虑财政支出的需要，遵循"量出为入"的原则；而当收入已经确定，支出的安排就要考虑收入所提供的可能，如果不顾收入在量上的制约，无限扩大财政支出，就会使支出在实现过程中缺乏基础。

（二）政治性因素

1. 政府的职能范围。财政分配主要是围绕政府职能的实现来进行的，财政支出的直接目的是为实现政府职能服务的。即政府职能范围决定了政府活动的范围和方向，也因此决定了财政支出的范围和规模。从社会经济发展的历史来看，政府职能的大小始终是制约财政支出规模的重要因素。在自由竞争的资本主义时期，政府主要执行防止外来敌人入侵以及维护国内治安两项职能，也就是政府是"守夜人"，因此财政支出规模较小；当资本主义社会经历大危机后，政府开始干预经济，政府的职能扩大了，财政支出规模就较大；在实行计划经济体制时期，政府的职能范围较大，因而财政支出规模较大；反之，在市场经济体制下，财政支出规模就较小。

2. 国际环境。国防费用是用来抵御外来侵略、保卫国家主权和领土完整的。因此，国防费用的规模受国际环境尤其是周边国家环境的制约。同时，国际环境又影响到国内政局的稳定和社会的安定，这对国防支出、国家安全支出、武装经费、治安经费和社会管理费用等影响很大。

3. 政体结构的行政效率。如果一国的行政机构臃肿，人浮于事，效率低下，经费开支必然增多。

（三）社会性因素

人口状态、文化背景等社会性因素也在一定程度上影响财政支出规模。财政支出规模同人口因素有着更为直接的关系。如果维持原有的消费水平不变，那么支出规模会因人口增加而扩大；如果要提高消费水平，那么支出规模将会更加膨胀。随着人口的增加，要求政府提供更多的就业机会，政府对教育、文化、卫生、体育等项支出随之增加，行政管理和社会管理方面的费用也相应提高。发展中国家人口基数大，增长快，相应的文教科卫支出等压力较大。特别是对于我国这样的发展中的人口大国，随着人口老龄化问题的不断凸显，人口因素对财政支出规模的影响更是不容忽视。而发达国家的人口老龄化、公众要求改善社会生活质量等问题突出，也会对支出提出新的需求。

四、我国财政支出规模的变化趋势

目前我国实行全口径预算，全口径预算支出包括一般公共预算支出、政府性基金预算支出、国有资本经营预算支出和社会保险基金预算支出。这里在分析财政支出规模变化趋势时，用的是一般公共预算支出的统计数据。表2-2显示了我国1978—2021年财政支出规模。

表2-2　　　　　　我国财政支出规模（1978—2021年）

年份	GDP（亿元）	全国财政支出（亿元）	财政支出占GDP的比重（%）
1978	3678.7	1122.09	30.50
1980	4587.6	1228.83	26.79
1985	9098.9	2004.25	22.03
1990	18872.9	3083.59	16.34
1995	61339.9	6823.72	11.12
1996	71813.6	7937.55	11.05
1997	79715.0	9233.56	11.58
1998	85195.5	10798.18	12.67
1999	90564.4	13187.67	14.56
2000	100280.1	15886.50	15.84
2001	110863.1	18902.58	17.05
2002	121717.4	22053.15	18.12
2003	137422.0	24649.95	17.94
2004	161840.2	28486.89	17.60
2005	187318.9	33930.28	18.11
2006	219438.5	40422.73	18.42

续表

年份	GDP（亿元）	全国财政支出（亿元）	财政支出占GDP的比重（%）
2007	270092.3	49781.35	18.43
2008	319244.6	62592.66	19.61
2009	348517.7	76299.93	21.89
2010	412119.3	89874.16	21.81
2011	487940.2	109247.79	22.39
2012	538580.0	125952.97	23.39
2013	592963.2	140212.10	23.65
2014	643563.1	151785.56	23.59
2015	688858.2	175877.77	25.53
2016	746395.1	187755.21	25.15
2017	832035.9	203085.49	24.41
2018	919281.1	220904.13	24.03
2019	986515.2	238858.37	24.21
2020	1013567.0	245679.03	24.24
2021	1143669.7	246322.00	21.54

资料来源：国家统计局官网。

（1）从2000年起，财政支出中包括国内外债务付息支出。

（2）与以往年份相比，2007年财政收支科目实施了较大改革，特别是财政支出项目口径变化很大，与往年数据不可比。2007年起财政支出采用新的分类指标。

（3）按照我国国内生产总值（GDP）数据修订制度和国际通行做法，在第四次全国经济普查后，对2018年及以前年度的GDP历史数据进行了系统修订。

我国自1978年改革开放以来至1995年这段时间，由于财政支出增长速度慢于GDP增长速度，导致财政支出占GDP的比重不断下降，这种下降趋势直到1996年才停止，1997年开始回升。导致财政支出占GDP的比重不断下降的最直接的原因是经济体制的转变。在经济体制改革以前，财政支出占GDP的比重比较高，原因是在高度集中的计划经济管理体制下，在GDP分配上实行"统收统支"的制度，对个人实行"低工资、高就业"的政策，许多个人生活必需品由国家低价乃至无偿供给；国有企业的利润甚至折旧基金几乎全部上缴国家，相应地国家要拨付国有企业的固定资产和流动资金。这样一来，导致财政支出占GDP的比重较高。经济体制改革以后，不再实行"统收统支"的制度，提高了个人的工资，对企业放权让利，与此相适应，国家也减少甚至取消了一些项目的支出，财政支出占GDP的比重自然会出现下滑趋势。当改革到了一定程度，体制已经没有大的变化的情况下，经济体制改革作为一个影响因素便不再重要了。经济体制迈上市场经济的运行轨道后，这种下滑趋势就会扭转。近几年，我国财政支出规模呈现的变化趋势受到经济、政治、社会等综合因素的影响。

第三节 财政支出效益

一、财政支出效益的含义及特殊性

(一) 财政支出效益的含义

所谓效益,从经济学的一般意义上讲,是指人们在有目的的实践活动中"所费"和"所得"的对比关系。所费,就是活劳动和物化劳动的消耗和占用;所得,就是有目的的实践活动所取得的有用成果。**所谓提高经济效益,就是"少花钱、多办事、办好事"**。财政支出效益是研究财政支出规模多大、怎样的支出结构才能使经济和社会发展最快。所以通常所说的财政支出的规模应当适当,结构应当合理,其根本目标就是提高财政支出效益。

财政支出效益可从不同角度考察:(1)财政支出总量效益,是指财政支出在总量上应该多大才合适,如何确定适度的财政支出规模,以促进经济更快发展,这要分析财政支出占 GDP 的比重。(2)财政支出结构效益,是指财政支出项目间的组合效益。财政支出各项目不同的使用比例,会带来不同的效益。(3)财政支出项目效益,是指具体支出项目所产生的效益,是支出效益的细化。

(二) 财政支出效益的特殊性

财政支出效益和微观经济主体支出效益存在重大差别:(1)两者计算所费和所得的范围不同。微观经济主体只计算发生在自身范围内的直接的和有形的所费和所得,政府除了要计算直接的和有形的所费和所得之外,还计算长期的、间接的和无形的所费与所得。(2)**两者择优的标准不同**。微观经济主体追求的是利润最大化,所选方案要能够带来尽可能大的经济效益。政府追求的是整个社会的最大效益,不仅考虑经济效益,还要考虑社会效益,不回避可能的、必要的局部亏损。(3)**两者效益的表现形式不同**。微观经济主体支出效益的表现形式单一,即只需采用货币计算的价值形式;而政府财政支出的效益表现形式具有多样化特征,除价值形式以外,还可以通过其他如政治的、社会的、文化的等多种形式表现出来。所以,政府在提高财政支出效益的过程中,面临的问题更为复杂。

二、衡量财政支出效益的主要方法

财政支出项目多种多样,针对不同类别的财政支出项目,就有不同的财政支出效益的衡量方法。**一般包括:"成本—效益"分析法、最低费用选择法和公共定价法等**。有一些财政支出项目,如生产性投资之类,成本易于衡量,其效益是经济的、有形的,可以用货币计量,对于这类财政支出,可以采用"成本—效益"分析法。另有一些财政支出,如行政管理、国防等方面的支出,成本易于计算,但效益难以衡量,而且通过此类支出所提供的商品或服务,不可能以任何形式进入市场交换,对于这类支出，可以采用"最低费用选择法"。还有介入两者之间的一些项目，如基础设施等，其成本易于衡量，效益却难以计算，但通过这类支出所提供的商品或服务，可以部分或全部地进入市场交易，对于这类支出，可以采用公共定价法。通过这些方法，可以对不同的财政支出项目方案做出决策。

（一）成本—效益分析法

所谓成本—效益分析法，就是针对政府确定的项目目标，提出若干建设方案，详列各种方案的所有预期成本和预期效益，并把它们转换成货币单位，通过比较分析，确定该项目或方案是否可行。成本—效益分析法最早产生于美国的《1936年防洪法案》，如今，这种方法已经得到了广泛的应用。

成本—效益分析法一般分为六个基本步骤：

第一步：确定政府项目要实现的目标。政府支出项目的目标看起来很容易确定，但实际上是一个比较复杂的过程。这种复杂性主要表现在以下三个方面：

（1）在众多的目标之间做出选择。政府支出项目通常被期望实现很多目标，而且最好是同时实现这些目标。比如增加收入总量和消费总量；公平收入分配；稳定物价；降低失业水平；改善国际收支等。

（2）要考虑目标实现的时间跨度。在政府所要实现的众多的目标当中，有即期目标，也有远期目标，目标实现的时间跨度因其所要实现的性质不同而差异很大。

（3）目标之间可能会发生冲突。追求一个目标可能牺牲另一个目标，或者至少以另一个目标不能完全实现为代价。例如，使当前消费最大化可能会减少未来消费水平，因为这样会减少当前储蓄和投资的数量。但是，各种目标间的冲突并不意味着在政府投资决策的形成过程中只追求一个特定的目标而排除其他所有目标。

第二步：列举成本和效益。在政府项目目标确定之后，就要列举与该项目有关的所有成本和效益。

在列举成本和效益项目之前，首先必须正确认识政府项目中成本和效益的含义。（1）这里所说的成本不同于支出。即使某一活动没有任何直接支出，但其真实成本可能很大。（2）这里所说的效益不等于收入。尽管政府项目的产品销售收入是效益的重要组成部分，但并不是全部，还有由此而产生的大量的外溢效益。因此，成本—效益分析法所说的成本可以分为直接成本和间接成本，效益可分为直接效益和间接效益。

直接成本是指政府实施其项目所使用的直接投入物的成本，比如该项目所投入的劳动力、资本等的成本。间接成本是指政府实施其项目所导致的外部成本，通常表现为给人们带来不便、不舒服、不愉快或境况变差。比如，政府修路期间会有噪音、灰尘，会使交通更加拥挤，给人们的出行带来不便，这些都属于该项目的间接成本。直接效益是指政府实施其项目所导致的产出增加或生产率提高并由该项目产品的直接使用者享有的效益。比如，某一农田水利设施的建设，其直接效益就是在一定时期内获得灌溉的土地产量的净增加。间接效益是指政府项目产品的非使用者所获得的外部效益。比如，政府修路会促进周围地区的经济发展。

第三步：测算成本和效益。在确认应该包括哪些成本和效益之后，接下来就需要找到计算成本和效益值的方法。作为公共支出项目，既然不能仅从项目自身的成本和效益考虑，那么，在计算其成本和效益值的时候，也就不能仅以市场价格为依据。公共部门要从社会福利最大化角度考虑现有的市场价格是否符合帕累托效率条件，要对被种种因素扭曲的市场价格加以调整，计算所谓"影子价格"，即当社会经济处于某种状态下，能够反映社会消耗、资源稀缺程度和最终产品需求情况的价格。很多公共项目提供的产品或服务往往不存在市场，也就没有现成的市场价格可以利用，这时需要设法创造出"影子价格"来。

第四步：计算贴现成本和效益。很多项目的成本和效益都是在不同的年度发生的。如我国兴建的三峡工程和南水北调工程，建设周期需要几十年；兴建初期要发生大量支出，而其效益和成本则分布于该工程的整个寿命期。为了估价项目的整个寿命期内效益是否大于成本，成本—效益分析要把将来的成本和效益贴现成现值，即收益现值（PVB）和成本现值（PVC），而后才能进行比较。在这里，涉及一个社会贴现率的问题。社会贴现率一般比私人企业的投资收益率高。因为社会贴现率是站在国家宏观经济角度，对其投资所应达到的收益率标准，它不但要考虑该项投资在当代的收益，还要考虑下一代人的获益；即使不考虑下一代的因素，私营部门也往往较为短视，因而将投资的收益率估计过低，最后公共支出项目会带来外部效应，这种外部受益也应纳入项目效益之中。

第五步：选择决策标准。成本—效益分析法的最终目的是要帮助政府决策者选出最优的财政支出项目方案，这就需要选择科学的支出项目评估标准，常用的标准有净现值标准、收益—成本比率标准和内部收益率标准。

（1）净现值标准。B_t为第t年的收益，C_t为第t的成本，T为该项目的实施年限，r为实际社会贴现率，贴现一个项目发生在每一年的收益和成本，并把它们的现值加总，一个项目的净现值（NPV）就是收益现值减去成本现值。

$$NPV = \sum_{t=0}^{T} \frac{B_t}{(1+r)^t} - \sum_{t=0}^{T} \frac{C_t}{(1+r)^t}$$

如果一个项目的净现值是正值，该项目就被认为是可取的。

（2）收益—成本比率标准。收益—成本比率（BCR）就是项目的收益与成本的比率，准确地说，是项目的收益现值与成本现值的比率：$BCR = \frac{PVB}{PVC}$。收益—成本比率的计算公式为：

$$BCR = \frac{\sum_{t=0}^{T} \frac{B_t}{(1+r)^t}}{\sum_{t=0}^{T} \frac{C_t}{(1+r)^t}}$$

根据BCR标准，如果一个项目的BCR大于1，该项目就是可取的。

（3）内部收益率标准。内部收益率（IRR）是让一个项目的NPV为零的贴现率。随着贴现率的提高，净收益的现值降低，终究会在某一点上恰好等于成本的现值，这时的贴现率称为内部收益率。因此，计算IRR与计算NPV不同：在计算NPV时，社会贴现率是既定的，IRR的计算则是让贴现率的值作为要找的未知变量。内部收益率的计算公式为：

$$NPV = 0 = \sum_{t=0}^{T} \frac{B_t}{(1+IRR)^t} - \sum_{t=0}^{T} \frac{C_t}{(1+IRR)^t}$$

如果求解出来的 IRR 大于基点利率，比如社会贴现率，该项目就是可取的；否则，该项目就不可取。

第六步：选定项目。成本—效益分析法就是要在各种项目或方案之间做出选择，事实上，不同的决策标准会给出不同的结果，选定决策标准是选定要实施的项目的前提。

在实践中，最常用的决策标准是净现值标准，净现值标准是决定实施还是放弃一个项目的良好标准，因为它衡量的是该项目创造的对经济财富的净增加。政府的效率目标就是要使本国的经济财富尽可能地增加。在多种项目之间做出选择时，收益—成本比率标准通常不能给出正确的答案；就内部效益率标准而言，当项目的规模不同时，不能提供可靠的比较基础，IRR 高的项目可能还不如 IRR 低的项目，因为前者的净收益也许大大低于后者。而且，一个项目有时可能不止有一个内部收益率。

由于相当多的财政支出的成本与效益都难以准确衡量，有的甚至根本无法衡量，不能运用"成本—效益"分析法，因此就要使用其他的方法进行比较和分析。

（二）最低费用选择法

最低费用选择法的主要特点是，不能用货币单位来计量备选的财政支出项目的社会效益，而只计算每项备选项目的有形成本，并以成本最低为择优的标准。

运用最低费用选择法的步骤大体如下：第一，根据政府确定的目标，提出多种备选方案。第二，以货币单位为统一尺度，分别计算出各备选方案的各种有形费用的和。在计算费用的过程中，如果财政支出的项目需要多年才能完成，也要用贴现法折算出现值，以保证备选方案的可比性。第三，按照费用的高低排出顺序，以供决策者选择。在目标既定的情况下，费用最低的备选方案为最优方案。

最低费用选择法主要用于军事、政治、文化、卫生等财政支出项目上。运用这种方法确定最优支出方案，技术上不难做到，难点在于被选方案的确定。因为，所有备选方案应能无差别地实现同一个既定目标，根据这点再选择费用最低的方案，但要做到这一点是很困难的。

（三）公共定价法

社会经济活动主体在进行活动时都采取使自我利益（企业是利润，消费者是福利或效用）最大化的行为，价格成为行为信号，价格机制是实现最优资源配置的主要机制。政府也提供大量的满足社会公共需要的"市场性物品"，这些物品（包括服务）也涉及同其他商品和服务一样的价格确定的问题。**公共定价就是指政府相关管理部门通过一定程序和规则制定提供公共物品的价格和收费标准。**从定价政策看，公共定价实际上包括两个方面：一是纯公共定价，即政府直接制定自然垄断行业（如能源、通信、交通等公用事业和煤、石油、原子能、钢铁等基本品行业）的价格；二是管制定价或价格管制，即政府规定竞争性管制行业（如金融、农业、教育和保健等行业）的价格。政府通过公共定价法，能够提高整个社会资源的配置效率，使这些物品和服务得到最有效的使用，从而提高财政支出的效益。

公共定价的一般方法包括：

1. **边际成本定价法**。对于自然垄断行业，政府按边际成本定价，满足社会公共需要的产量最大，此时，企业处于亏损状态，但却提供了较多的满足社会公共需要的基础性产品和服务。这一亏损可以由政府的补贴来补偿。从效率方面来考虑，边际成本定价相比垄断企业自行定价有所改进，垄断的效率损失被消除了。但企业亏损需要政府补贴，政府补贴需要通过税收筹集资金，而征税过程会发生税收成本以及税收的效率损失。所以，从效率方面来评价边际成本定价法的关键在于征税的超额负担有多大。从公平方面来考虑，边际成本定价使垄断企业的超额利润转化为该产品消费者的利益。一般说来，消费者的人数总是比垄断企业的资本所有者的人数多，而且后者往往是高收入阶层，因此定价有助于改善收入分配的公平。但另一方面，政府补贴意味着一般公众纳税为这一特定产品的消费者承担部分价款。这种收入再分配的公平与否取决于：谁是这一产品的消费者；在该产品的消费量中，不同收入水平的群体所占的比例如何。如果低收入者在消费者中占较大的比重，或者他们的消费量在该产品的总消费量中所占比例不低于他们占总人口的比例，那么这种补贴就有助于公平；反之则背离公平。

2. **平均成本定价法**。按平均成本定价，企业可以获得正常利润，但是与边际成本定价相比，存在效率损失，然而与垄断定价相比已有很大改善。另外，采用平均成本定价，产品的消费者自己承担所消费产品的全部成本，在收入分配上是中性的。

3. **二部定价法**。这是一种由两种要素构成的、反映成本结构的定价体系：一是与使用量无关的按月或按年支付的"基本费"，它弥补企业的固定成本；二是按使用量支付的"从量费"，它弥补企业的可变成本。所以其定价水平虽然是平均成本，但效率更高，当然其效率取决于人们不会因为"基本费"的收取而退出消费。从收入分配的角度看，消费量低的人的平均成本高，存在小额消费者补贴大额消费者的现象，可能会不公平。

4. **负荷定价法**。这种定价体系是对不同时间段或时期的需要制定不同的价格。在电力、煤气、自来水和电话等行业，按需求的季节、月份、时区的高峰和非高峰的不同，有系统地制定不同的价格，以调节供求。这样有利于充分利用资源和效率的提高。在收入分配方面，负荷定价的影响是中性的。

5. **保护价**。在某些竞争性的行业（农业、金融业、教育、保健等）中，出于维护微观市场稳定的目的，需要对某些产品或服务进行价格管制。

以农产品的保护价为例，可以防止价格和产量的长期大幅度波动，使供求实现平衡。制定保护价时可能的三种情况是：（1）保护价恰好是农产品的长期均衡价格，会使资源有效配置，对收入分配的影响中性。（2）保护价低于长期均衡价格，会导致农产品供给不足，限量供应，从而损害效率。而且保护价低还直接导致农民收入降低，扩大与高收入者的收入差距，不利于社会公平的实现。（3）保护价高于长期均衡价格，虽然有利于提高农民的收入水平，有利于社会公平原则，但是会导致长期生产过剩，政府持续收购而加重财政负担，造成资源不能有效配置。

第四节 财政支出绩效评价

一、财政支出绩效评价的含义

财政支出绩效评价是指财政部门和预算部门（单位）根据设定的绩效目标，运用科学、合理的绩效评价指标、评价标准和评价方法，对财政支出的经济性、效率性和效益性进行客观、公正的评价。 财政支出绩效评价通过科学的指标对财政支出进行评价，它既是提高公共部门运行效率、增强公共部门责任意识的需要，又是提高公共部门信息的透明度、加强公众监督和推进社会民主建设的需要。

各级财政部门和各预算部门（单位）是绩效评价的主体。预算部门（单位）是指与财政部门（单位）有预算缴拨款关系的国家机关、政党组织、事业单位、社会团体和其他独立核算的法人组织。

财政资金具体使用单位应当按照规定提交绩效报告，财政部门和预算部门（单位）开展绩效评价并撰写绩效评价报告。绩效报告和绩效评价报告应当依据充分、真实完整、数据准确、分析透彻、逻辑清晰、客观公正。

绩效评价结果应当采取评分与评级相结合的形式，具体分值和等级可根据不同评价内容设定。财政部门和预算部门（单位）应当及时整理、归纳、分析、反馈绩效评价结果，并将其作为改进预算管理和安排以后年度预算的重要依据。对绩效评价结果较好的，财政部门和预算部门（单位）可予以表扬或继续支持。对绩效评价发现问题、达不到绩效目标或评价结果较差的，财政部门和预算部门（单位）可予以通报批评，并责令其限期整改。不进行整改或整改不到位的，应当根据情况调整项目或相应调减项目预算，直至取消该项财政支出。绩效评价结果应当按照政府信息公开有关规定在一定范围内公开。

二、财政支出绩效评价的对象和内容

财政支出绩效评价一般以预算年度为周期，对跨年度的重大（重点）项目可根据项目或支出完成情况实施阶段性评价。

（一）财政支出绩效评价的对象

绩效评价的对象包括纳入政府预算管理的资金和纳入部门预算管理的资金。按照预算级次，可分为本级部门预算管理的资金和上级政府对下级政府的转移支付资金。

部门预算支出绩效评价包括基本支出绩效评价、项目支出绩效评价和部门整体支出绩效评价。绩效评价应当以项目支出为重点，重点评价一定金额以上、与本部门职

能密切相关、具有明显社会影响和经济影响的项目。有条件的地方可以对部门整体支出进行评价。

上级政府对下级政府的转移支付包括一般性转移支付和专项转移支付。一般性转移支付原则上应当重点对贯彻中央重大政策出台的转移支付项目进行绩效评价；专项转移支付原则上应当以对社会、经济发展和民生有重大影响的支出为重点进行绩效评价。

(二) 财政支出绩效评价的内容

财政支出绩效评价的内容包括：绩效目标的设定情况；资金投入和使用情况为实现绩效目标制定的制度、采取的措施等；绩效目标的实现程度及效果；绩效评价的其他内容。

财政部门负责拟定绩效评价规章制度和相应的技术规范，组织、指导本级预算部门、下级财政部门的绩效评价工作；根据需要对本级预算部门、下级财政部门支出实施绩效评价或再评价；提出改进预算支出管理意见并督促落实。预算部门（单位）负责制定本部门（单位）绩效评价规章制度；具体组织实施本部门绩效评价工作；向同级财政部门报送绩效报告和绩效评价报告；落实财政部门整改意见；根据绩效评价结果改进预算支出管理。根据需要，绩效评价工作可委托专家、中介机构等第三方实施。财政部门应当对第三方组织参与绩效评价的工作进行规范，并指导其开展工作。

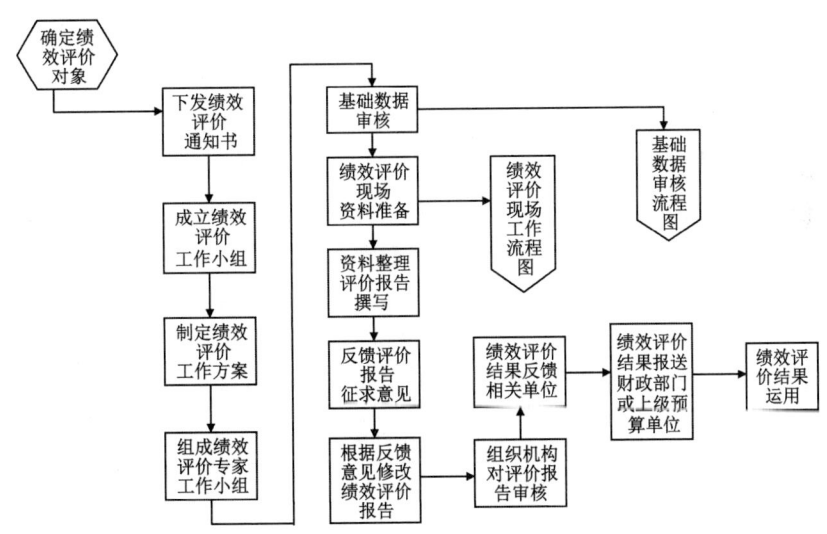

图2-3 财政支出绩效评价工作流程图

三、财政支出绩效评价的目标和评价指标

(一) 财政支出绩效评价的目标

绩效目标是绩效评价的对象计划在一定期限内达到的产出和效果，由预算部门（单位）在申报预算时填报。预算部门（单位）年初申报预算时，应当按照本办法规定的要求将绩效目标编入年度预算；执行中申请调整预算的，应当随调

整预算一并上报绩效目标。

绩效目标应当包括以下主要内容：预期产出，包括提供的公共产品和服务的数量；预期效果，包括经济效益、社会效益、环境效益和可持续影响等；服务对象或项目受益人满意程度；达到预期产出所需要的成本资源；衡量预期产出、预期效果和服务对象满意程度的绩效指标。

财政部门应当对预算部门（单位）申报的绩效目标进行审核，符合相关要求的可进入下一步预算编审流程；不符合相关要求的，财政部门可以要求其调整、修改。绩效目标一经确定一般不予调整。确需调整的，应当根据绩效目标管理的要求和审核流程，按照规定程序重新报批。绩效目标确定后，随同年初预算或追加预算一并批复，作为预算部门执行和项目绩效评价的依据。

（二）财政支出绩效评价指标

财政支出绩效评价指标是指衡量绩效目标实现程度的考核工具（见表2-3）。绩效评价指标的确定应当遵循以下原则：

1. 相关性原则。应当与绩效目标有直接的联系，能够恰当地反映目标的实现程度。

2. 重要性原则。应当优先使用最具评价对象代表性、最能反映评价要求的核心指标。

3. 可比性原则。对同类评价对象要设定共性的绩效评价指标，以便于评价结果可以相互比较。

4. 系统性原则。应当将定量指标与定性指标相结合，系统反映财政支出所产生的社会效益、经济效益、环境效益和可持续影响等。

5. 经济性原则。应当通俗易懂、简便易行，数据的获得应当考虑现实条件和可操作性，符合成本效益原则。

财政支出绩效评价指标分为共性指标和个性指标。共性指标是适用于所有评价对象的指标。主要包括预算编制和执行情况、财务管理状况、资产配置、使用、处置及其收益管理情况以及社会效益、经济效益等。个性指标是针对预算部门（单位）或项目特点设定的，适用于不同预算部门（单位）或项目的业绩评价指标。共性指标由财政部门统一制定，个性指标由财政部门会同预算部门（单位）制定。

表2-3　　　　　　　　　　财政支出绩效评价指标框架

一级指标	二级指标	三级指标	指标解释
项目决策	项目目标	目标内容	目标是否明确、细化、量化
	决策过程	决策依据	项目是否符合经济社会发展规划和部门年度工作计划；是否根据需要制定中长期实施规划
		决策程序	项目是否符合申报条件；申报、批复程序是否符合相关管理办法；项目调整是否履行相应手续
	资金分配	分配办法	是否根据需要制定相关资金管理办法，并在管理办法中明确资金分配办法；资金分配因素是否全面、合理
		分配结果	资金分配是否符合相关管理办法；分配结果是否合理

续表

一级指标	二级指标	三级指标	指标解释
项目管理	资金到位	到位率	实际到位/计划到位×100%
		到位时效	资金是否及时到位；若未及时到位，是否影响项目进度
	资金管理	资金使用	是否存在支出依据不合规、虚列项目支出的情况；是否存在截留、挤占、挪用项目资金情况；是否存在超标准开支情况
		财务管理	资金管理、费用支出等制度是否健全，是否严格执行；会计核算是否规范
	组织实施	组织机构	机构是否健全、分工是否明确
		管理制度	是否建立健全项目管理制度；是否严格执行相关项目管理制度
项目绩效	项目产出	产出数量	项目产出数量是否达到绩效目标
		产出质量	项目产出质量是否达到绩效目标
		产出时效	项目产出时效是否达到绩效目标
		产出成本	项目产出成本是否按绩效目标控制
	项目效益	经济效益	项目实施是否产生直接或间接经济效益
		社会效益	项目实施是否产生社会综合效益
		环境效益	项目实施是否对环境产生积极或消极影响
		可持续影响	项目实施对人、自然、资源是否带来可持续影响
		服务对象满意度	项目预期服务对象对项目实施的满意程度

【资料】

全面推进绩效评价信息公开，促进提高财政资金使用效益

2022年7月，102个中央部门集中在本部门网站和财政部网站、中国政府网，公开2021年度决算情况，接受全社会查询。2011年中央部门首"晒"收支账本以来，到今年已经连续12年向社会公开决算。较之以往，今年中央部门绩效信息公开范围更广、力度更大，项目绩效自评结果、重点项目绩效评价报告公开数量继续增加，并首次对国有资本经营预算绩效评价情况进行说明。

财政部有关负责人介绍，今年随同中央决算向全国人大常委会报送的项目绩效自评表的数量增长到586个，比上年增加93个。财政部聚焦科技、文化等重点领域，对72个项目开展财政重点绩效评价，涉及资金1.3万亿元，项目数量和资金规模大幅增加。同时，首次将中央本级基建投资项目、中央本级国有资本经营预算项目、地方政府专项债券项目等纳入评价范围，新增工业和信息化部、生态环境部、农业农村部等部门开展整体支出绩效评价试点。今年财政部选择36个重点项目绩效评价报告，随同2021年中央决算报告提交全国人大常委会参阅，报告数量比上年增加7个，涉及资金6000多亿元。根据《国务院关于2021年中央决算的报告》要求，将对绩效评价较低的项目和考核结果较差的部门，在安排2022年预算时按照一定幅度分档压减，同时推动解决存在的问题，形成评价、反馈、整改、提升的良性循环。

资料来源：《中央部门晒出收支"明白账"》，人民日报2022年7月27日。

【资料分析】 部门决算是由各部门依据国家有关法律法规规定及其履行职能情况编制、反映部门所有预算收支和结余执行结果及绩效等情况的综合性年度报告，是改进部门预算执行以及编制后续年度部门预算的参考和依据。绩效信息是部门决算的重要部分，直接反映了预算资金执行的效果。

财政部门在建设有为政府的过程中，不断提高财政资源配置效率和财政资金使用效益，增加决算公开内容，扩大绩效评价信息公开范围，能更加充分地展示预算资金的产出和效果，及时反映积极财政政策的执行情况，有利于促使各部门重视财政资金使用绩效，助力当前稳增长政策落地见效。

复习思考题

1. 简述财政支出分类的依据和内容。
2. 影响财政支出规模的主要因素有哪些？
3. 解释瓦格纳法则，并能够用瓦格纳法则分析财政支出规模的变化趋势。
4. 简述衡量财政支出效益的几种方法。
5. 简述财政支出绩效评价的对象、内容和意义。

第三章 购买性支出

购买性支出直接表现为政府购买商品和服务的活动，包括财政消费性支出和财政投资性支出。财政消费性支出就是我们通常讲的"吃饭财政"，指政府用于日常政务活动所需的购买支出，如政府各部门的事业费。财政投资性支出即"建设财政"，则指用于国家投资所需的支出，如政府各部门的投资拨款。这两类支出的目的和用途虽然有所不同，但在必要的限度内，它们都是为社会再生产的正常运行所必需的。而且它们具有一个共同点：财政在付出了货币资金的同时，购得了商品与服务，并运用这些商品和服务，实现国家的职能。在购买性支出中，政府如同其他经济主体一样，从事等价交换的活动，购买性支出体现的是政府的市场性再分配活动。

第一节 财政消费性支出

一、财政消费性支出概述

（一）财政消费性支出的含义及其本质

1. 财政消费性支出的含义。**财政消费性支出是指维护政府机构正常运转和政府提供公共服务所需的经费的总称**。财政消费性支出与投资性支出的主要区别在于：投资性支出的使用通常形成资产，进而带来经济收益；消费性支出则是消耗性支出，使用后不形成任何资产。

2. 财政消费性支出的本质。就其本质来说，财政消费性支出提供纯公共物品，满足的是纯社会共同需要，因此它也构成了财政这一经济现象存在的主要依据。财政消费性支出具有极端的正外部效应的特征，因此，资金的筹措不能遵循一般商品交换的原则，而只能通过税收方式。在财政支出安排上，首先，保证这些支出项目必要的支出，是财政工作的基本职责。财政消费性支出是国家执行政治职能和社会职能的保证。一国政府不仅要为公民提供国家防务和社会安定，还要通过法律、行政和社会管理处理和协调公民之间的相互关系，维系正常的社会关系以及商务关系。其次，随着经济的不断增长，政府还必须保证各项社会事业的相应发展，实现经济社会的可持续发展，扩展社会发展空间，不断提高居民的生活质量。

（二）财政消费性支出的内容

在国家财政支出项目中，属于财政消费性支出的有行政管理费，国防费，文教、科学、卫生事业费，还有工交商农等部门的事业费等。

在不同国家的不同时期，财政消费性支出的项目、规模也有所不同。自由资本主义时期，强调靠"看不见的手"调节经济，提倡"廉价政府"。当时的财政支出主要是行政管理、国防和少量基础设施，支出规模较小，占 GDP 的比重较低。随着市场经济的不断发展，国家对经济的干预逐渐强化，也产生了一些新的政府的政治职能和社会职能，相应地社会消费性支出项目不断增加，规模不断扩大。

从世界各国的一般发展趋势来看，财政消费性支出的绝对规模总的是呈现一种扩张的趋势，相对规模在一定发展阶段也是扩张趋势，达到一定规模则相对停滞。当然其中有些项目增长较快，相对规模在上升，而有些项目增长较慢，相对规模在下降。

二、行政管理和国防费

（一）行政管理费、国防费的属性和经济意义

1. 行政管理费、国防费的属性。行政管理费是指财政用于国家各级权力机关、行政管理机关以及外事机构行使其职能所需要的经费支出。国防费是指财政用于国防建设、国防科研事业、军队正规化建设等方面的经费支出。行政和国防提供的服务，具有典型的非排他性和非竞争性的特征，是最为典型的公共物品。这使得行政管理和国防保护所产生的效用具有显著的社会性，可以为一个国家范围内的全体成员共同享用，而且这种效用不能为任何人所分割。由于这一特点，行政和国防服务不能作为一种商品由市场来提供。

行政管理和国防是国家的基本职能，行政管理和国防费也是政府开支的基本内容。国家是阶级统治的工具，国家一经产生就需要设立行政管理、公安司法、经济管理等各类行政机构，因而行政管理费就构成国家支出的基本内容之一。同时，国家必须执行的另一项基本职能就是防御外敌侵犯，保卫国家安全，为此就需要建立军队和军事设施，由此也就有了国防费。综合起来看，失去行政管理和国防这两种职能，国家就不成其为国家了。

2. 行政管理费、国防费的经济意义。行政活动和国防活动是非直接生产性劳动，不直接创造社会财富，是社会财富的"虚耗"，就此而论，这两类支出越少越好。但适度的行政管理费和国防费是必要的，为财富生产提供良好的社会条件。国防保护了人民生产与生活的安全，行政活动维持了生产与生活的秩序。如果没有行政管理和国防提供良好的社会条件，社会财富的生产就难以进行。从这个角度讲，这两类活动的支出并不是在"虚耗"社会财富。

（二）行政管理费

1. 行政管理费的内容。行政管理费是财政用于国家各级权力机关、行政管理机

关和外事机构行使其职能所需的费用,包括行政管理费、公检法司支出、武装警察部队支出、国家安全支出、外交外事支出和对外援助等。其中,行政管理费包括党政机关经费、行政业务费、干部训练费及其他行政费等;公检法司支出包括各级公安司法检察机关经费、公安司法检察业务费、司法警察学校和公安司法检察干部训练学校经费及其他经费等;武装警察部队支出包括武装警察部队经费、业务费等;国家安全支出包括安全机关经费、安全业务费等;外交外事支出包括驻外机构经费、出国费、外宾招待费和国际组织会费等。

实际研究中鉴于数据可得性的考虑,我国行政管理费规模的把握往往与政府收支分类改革紧密相连并以 2007 年为界。2007 年以前的旧支出分类使用了"行政管理费"来报告政府的行政管理支出,然而,问题的复杂性在于"行政管理费"在 2007 年之前的财政统计中,至少在四种不同的统计口径下使用。详见表 3-1。

口径一（Ⅰ）：即最宽的统计口径,是在"国家财政分费用类别支出"或"国家财政按功能性质分类"表中报告的行政管理费。在该表中,财政支出被划归经济建设费、社会文教费、国防费、行政管理费以及其他五大类予以报告。具体为表 3-1 中的行政成本Ⅰ（= 行政管理费 + 其他部门事业费 + 公检法司支出 + 外交外事支出 + 对外援助和武装警察经费）。

口径二（Ⅱ）：即次宽的统计口径,是在"国家财政主要支出项目"表中报告的行政管理费用。在该表中,财政支出按如下类别予以报告:基本建设、增拨企业流动资金、挖潜改造、地质勘探费、公交、流通部门事业费、支农支出、文教、科学、卫生支出、社会保障支出、国防支出、行政管理费、政策性补贴支出,其中行政管理费中包括公检法司支出和外交外事支出。具体为表 3-1 中的行政成本Ⅱ（= 主要支出项目表中的行政管理费用 = 行政管理费 + 公检法司支出 + 外交外事支出）。

口径三（Ⅲ）：即最窄的统计口径,是预算会计分类,其数据通常出现在政府年度财政收支决算表中。中国的预算会计把国家财政收入和支出按"类、款、项、目"四级科目予以分类并报告。行政管理费是与基本建设、企业挖潜改造资金、教育支出等 30 余类并立的类科目,其中在这 30 余个类科目中有一个"其他部门事业费"（有的年份叫税务等部门事业费）的类科目所反映的内容虽然与行政管理费有所不同,但完全属于政府行政成本的范畴。因此,在测算 2007 年之前的中国政府的行政成本规模时,必须使用行政管理费和其他部门事业费的加总数据。具体为表 3-1 中的行政成本Ⅲ（= 行政管理费 + 其他部门事业费 + 外交外事支出）。

口径四（Ⅳ）：2007 年以后的新支出分类使用了"一般公共服务支出"来近似代表政府的行政管理支出,但是又不能完全对应。因为一般公共服务之外,现有的 23 个支出大类中教育、科技、医疗卫生、社保、环保等支出,仍然含有事务性支出,即行政管理费。故我们将 2007 年以后的"一般公共服务支出"称为口径四,即行政成本Ⅳ（= 一般公共服务支出）。详见表 3-1。

表 3-1　　　　　　　　　中国政府行政成本：1998—2020 年①　　　　　　　　单位：亿元

1998—2006 年									
年份	1. 行政管理费	2. 其他部门事业费	3. 公检法司支出	4. 外交外事支出	5. 对外援助	6. 武装警察支出	7. 国债利息支出	行政成本Ⅲ 1+2+4	行政成本Ⅱ 1+3+4	行政成本Ⅰ 1+2+3+4+5+6
1998	725.53	552.48	554.01	47.23	37.2	139.22	不详	1325.24	1326.77	1600.27
1999	822.87	642.56	648.31	54.50	39.2	158.44	不详	1519.93	1525.68	2020.60
2000	965.47	777.83	760.50	61.61	45.88	202.24	730.9	1804.91	1787.58	2768.22
2001	1212.52	955.43	916.19	68.81	47.11	220.73	798.97	2236.76	2197.52	3512.49
2002	1801.84	824.46	1101.57	76.01	50.03	247.41	678.55	2702.31	2979.42	4101.32
2003	2417.00	937.14	1301.33	78.00	52.23	264.21	963.87	3073.49	3437.68	4691.26
2004	2058.35	1114.29	1548.06	94.85	60.69	287.09	759.03	3626.14	4059.91	5521.98
2005	2883.49	1275.34	1852.89	99.05	74.7	326.87	815.01	4257.88	4835.43	6512.34
2006	3355.81	1461.6	2174.23	109.01	82.37	388.03	975.39	4926.42	5639.05	7571.05

2007—2020 年									
年份				行政成本Ⅳ（一般公共服务支出）					
2007	8514.24	2010	9337.16	2013	13755.13	2016	14790.52	2019	20344.66
2008	9795.92	2011	10987.78	2014	13267.5	2017	16510.36	2020	20061.10
2009	9164.21	2012	12700.46	2015	13547.79	2018	18374.69		

资料来源：《中国财政年鉴》1999—2016 年；《中国统计年鉴》2002—2007 年。

除此之外，行政管理费按最终用途划分，可分为人员经费和公用经费两部分。人员经费是指用于保证行政人员正常行使其职能的费用支出，包括上述政府权力机关、行政机关和外事机构的工作人员的工资、福利费等；公用经费是指用于保证政府机构正常开展公务而花费的支出，包括公务费、修缮费、业务费和购置费等。

2. 行政管理费规模变化的一般规律。

（1）行政管理费规模的影响因素。影响一国行政管理费规模的因素众多，主要有一国的经济增长水平、财政收支水平、政府职能范围及其相应的机构设置、行政管理经费的使用效率等等。从长期观察来看，前两个因素与行政管理费规模应呈正相关和比较稳定的关系，否则，会影响一国资源配置的效率和收入分配的公平。而由于政府职能范围的大小，机构设置的多少，以及由此而决定的机关工作人员的多少，直接决定了行政管理费的使用效率，因此，政府职能范围及其相应的机构设置是决定行政管理费规模的关键因素。

（2）行政管理费的绝对规模不断增长，但行政管理费占财政支出总额的比重却呈下降趋势。从行政管理费包含的内容看，行政管理费的增加显然是党政机关规模扩大的结果。原有机关的扩大和机关新设，都会使机关经费——"人员经费"和"公

---

① 该表 1998—2006 年部分转引自张光：测量中国政府的行政成本，《甘肃行政学院学报》2015 年第 5 期。对表中数据的详细解读请看原文。

用经费"增加。随着社会经济的发展,经济活动日趋复杂,"公共事务"日益增多,机构扩张是个必然趋势。如行政管理费及公检法司、安全支出是用于维持社会秩序的。随着社会经济活动的日趋复杂,社会交往的规模增大以及"城市化"进程的发展,用于维持秩序的机关的增大以及相应的经费的增长也就不可避免。而国际交往也会随着经济发展和外事活动的频繁而增多起来,因此,驻外机构的费用、国际交往的支出也将呈不断增加的趋势。另一方面,各国的财政实践表明,行政管理费占财政支出总额的相对比重呈下降趋势。

3. 我国行政管理费支出。

(1) 近期我国行政管理费规模变化及现状。依据口径四(行政成本Ⅳ),2007年以来,我国行政管理费用绝对规模呈持续增长态势,2020年达到20061.10亿元。通过行政管理费用占财政支出比重可以间接判断行政管理挤占其他财政职能实现的程度,即行政管理费用占财政支出比重过高会相对减少建设性支出和社会性支出的财力,削弱财政的资源配置职能和收入分配职能。2007年以来,该比重虽然持续下降,但2020年仍达到8.17%。通过行政管理费用占GDP的比重可以间接判断实现"政府自身运行"需要从GDP中集中多大的份额。2007年以来的数据显示,这一份额在持续下降,这也反映出近年来我国政府在控制行政管理费用方面成效显著(见表3-2)。

表3-2 2007—2020年行政管理费规模变化及其占财政支出和GDP的比重 (单位:亿元,%)

年份	一般公共服务支出	财政支出	GDP	占财政支出比重	占GDP比重	一般公共服务支出增速	财政支出增速	GDP增速
2007	8514.24	49781.35	270092.3	17.10	3.15			
2008	9795.92	62592.66	319244.6	15.65	3.07	15.05	25.74	18.20
2009	9164.21	76299.93	348517.7	12.01	2.63	-6.45	21.90	9.17
2010	9337.16	89874.16	412119.3	10.39	2.27	1.89	17.79	18.25
2011	10987.78	109247.79	487940.2	10.06	2.25	17.68	21.56	18.40
2012	12700.46	125952.97	538580.0	10.08	2.36	15.59	15.29	10.38
2013	13755.13	140212.10	592963.2	9.81	2.32	8.30	11.32	10.10
2014	13267.50	151785.56	643563.2	8.74	2.06	-3.55	8.25	8.53
2015	13547.79	175877.77	688858.2	7.70	1.97	2.11	15.87	7.04
2016	14790.52	187755.21	746395.1	7.88	1.98	9.17	6.75	8.35
2017	16510.36	203085.49	832035.9	8.13	1.98	11.63	8.17	11.47
2018	18374.69	220904.13	919281.1	8.32	2.00	11.29	8.77	10.49
2019	20344.66	238858.37	986515.2	8.52	2.06	10.72	8.13	7.31
2020	20061.10	245679.03	1015986.2	8.17	1.97	-1.39	2.86	2.99

资料来源:国家统计局网站。

（2）控制我国行政管理费规模的基本思路。行政管理费严重膨胀的结果导致财政支出结构的扭曲。意味着政府从 GDP 中集中份额越来越多地用于行政管理费，从而必然挤占实现其他财政职能的财力，特别是相对减少了建设性支出和社会性支出的财力，削弱了财政的资源配置职能和收入分配职能。鉴于数据的可得性和可比性，我们对比了各国"中央政府"的行政管理费用情况，发现我国中央政府支出中行政管理费用占比并不高，仅为 7.72%，远低于美国的 14.18%、俄罗斯的 15.94%、英国的 11.58%、澳大利亚的 17.38%（见表 3-3）。但值得注意的是我国政府行政管理费用更多地用于地方政府，中央政府所占份额甚少（见表 3-4）。因此，政府行政管理费用膨胀问题是需要时刻警惕和持续关注的。

表 3-3　　　　　中央政府行政管理费用占中央财政支出比重情况　　　　（单位：%）

国别	中国	以色列	新加坡	泰国	美国	南非	阿根廷	巴西
比重	7.72	9.73	8.39	27.16	14.18	45.10	20.33	29.65
年份	2018	2019	2019	2020	2018	2019	2019	2020
国别	俄罗斯	西班牙	土耳其	乌克兰	英国	澳大利亚	新西兰	
比重	15.94	37.84	17.48	31.92	11.58	17.38	8.4	
年份	2020	2019	2020	2019	2019	2020	2020	

资料来源：2021 年《国际统计年鉴》。

表 3-4　2007—2020 年行政管理费用（一般公共服务支出）的央—地分布情况

（单位：亿元，%）

年份	中央—地方合计	中央		地方	
		绝对值	比重	绝对值	比重
2007	8514.24	2160.17	25.37	6354.07	74.63
2008	9795.92	2344.55	23.93	7451.37	76.07
2009	8161.60	924.16	11.32	7237.44	88.68
2010	9337.16	837.42	8.97	8499.74	91.03
2011	10987.78	903.01	8.22	10084.77	91.78
2012	12700.46	998.32	7.86	11702.14	92.14
2013	13755.13	1001.46	7.28	12753.67	92.72
2014	13267.50	1050.43	7.92	12217.07	92.08
2015	13547.79	1055.30	7.79	12492.49	92.21
2016	14790.52	1209.15	8.18	13581.37	91.82
2017	16510.36	1271.46	7.70	15238.90	92.30
2018	18374.69	1503.68	8.18	16871.01	91.82
2019	20344.66	1985.16	9.76	18359.5	90.24
2020	20061.1	1735.21	8.65	18325.89	91.35

资料来源：相关年份《中国财政年鉴》。

前文已述，政府职能范围及其相应的机构设置是影响行政管理费使用效率的直接和决定因素。我国在较长时间内政府职能界定不清、政府机构和人员过分膨胀，是导致行政管理费过多、增速过快的主要原因。因此，根本的解决之道在于：实行机构改革，削减政府机构，转变政府职能。

从财政角度来讲，财政部门必须对行政管理费加强管理和监督，规范行政管理费的供应范围，完善行政经费定额和考核办法，坚持支出程序，加强检查监督，走向法制化、规范化轨道；行政管理费向公用经费倾斜的同时，强化预算约束软化，尤其要强化对公费旅游、公款招待、公车消费以及会议、电话等开支的监督约束。而参照各国的经验，对行政管理费的绝对规模或其占财政支出的比重规定一个具有法律效力的指标，并由国家立法机关和国家审计部门对之施行严格的审计监督和立法监督。

4. 我国的政府机构改革。政府机构是政府职能得以有效行使的载体，保障政府的有序运行和降低行政运行成本是政府机构设置的基本目标。在降低行政运行成本、适应政府职能转变和构建现代政府治理体系等目标的推动下，改革开放至今我国的政府机构设置经历了 8 次改革（1982 年、1988 年、1993 年、1998 年、2003 年、2008 年、2013 年、2018 年）。不同历史时期的机构改革，承载着特定的改革任务，从一个侧面反映了我国行政管理体制改革历程的全貌。

1982 年的机构改革。1978 年是改革开放的元年，经济建设重新回到党和国家各项工作的重心。国务院设立了许多直接管理经济事务的管理部门，国务院的机构设置和人员编制数量开始出现大幅度增长，行政运行成本支出日渐增多。在此背景下，我国 1982 年启动了改革开放以来的第一次政府机构改革，其主要内容是压缩国务院的机构数量，减少各级政府和部门的领导职数。经过本次机构改革，国务院的机构数量从 100 个减少到了 61 个，特别是办事机构的数量得到了大幅度的精简，国务院编制数量也由之前的 5 万多人减少到了约 3 万人。

1988 年的机构改革。上一次机构改革成效并未保持多久，国务院设置的机构数量又开始增加，政府机构设置出现"膨胀——精简——再膨胀"的怪圈。在此背景下，我国 1988 年启动了以转变政府职能为中心任务的机构改革，这次改革强化了与经济体制改革关联密切的经济管理部门，撤销了煤炭、石油、核工业等几个直接管理经济的部门，使得政府经济管理职能逐渐从直接管理向间接管理转变。经过这次政府机构改革，国务院设置的部委数量减少到 41 个，国务院直属机构的数量从 22 个减少为 19 个，人员编制数量得到了进一步压缩。

1993 年的机构改革。1992 年我国确立了社会主义市场经济体制改革的目标。在此背景下，我国 1993 年开启了以转变政府职能、构建符合市场经济要求的政府为目标的政府机构改革。此次机构改革将国务院组成部门的数量压缩到了 41 个，人员编制数量减少了近 20%。

1998 年的机构改革。需要继续转变政府职能、构建符合市场经济要求的政府。在此背景下，我国开启了以建立办事高效、运转协调、行为规范的行政管理体系为目标的机构改革。这次撤销了电力工业部等 10 个工业经济管理部门，组建了由国家发展计划委员会、国家经济贸易委员会、财政部、中国人民银行组成的宏观调控体系，与市场经济体制相适应的政府机构体系基本建立了起来。经过此次政府机构改革，国务院组成部门由之前的40个减少为29个,机构改革力度之大在新中国成立以来的历次政府机构改革中是罕见的。

2003年的机构改革。经过之前的数次机构改革,已经初步搭建起了适应市场经济体制需要的政府机构体系,但由于改革的力度较大、步伐较快,导致政府机构设置上仍存在需要强化和完善的地方。在此背景下,我国启动了2003年的政府机构改革,这次将国家发展和计划委员会改为国家发展和改革委员会,设立了国资委、银监会,将国家经贸委和外经贸部合并组建了商务部,国务院组成部门的数量变为28个。

2008年的机构改革。需要继续强化和完善机构设置。在此背景下,2008年我国启动了以大部制改革为特色和重点的机构改革。这次以改善民生为重点,加强及整合社会管理和公共服务部门。这次改革使政府宏观调控部门的职能配置更加合理,政府职能得到了进一步的转变,国务院正部级机构减少了4个,国务院组成部门数量减少为27个。

2013年的机构改革。政府在国家治理体系中扮演着越来越重要的角色,但根据政府机构设置和政府职能的履行情况来看,与实现政府治理体系和治理能力现代化的要求尚存在一定的差距,政府机构改革的系统性、整体性和协同性仍有待提升。在此背景下,2013年我国开启了以构建现代政府治理体系为核心和以着力提升政府治理能力为目标的政府机构改革。这次改革通过撤销铁道部而彻底实现了政企分离。同时,通过整合部分职能相似的部门,使得大部制改革不断完善,政府治理体系得以进一步优化。经过这次改革,国务院设置的正部级机构减少了4个,国务院组成部门数量减少到了25个(国务院办公厅除外)。

2018年的机构改革。在需要继续全面推进国家治理体系和治理能力现代化的背景下,我国启动2018年的政府机构改革,这次是与党的机构改革同步推进的,对于职能相近、相似的部门和机构实行党政合署办公,对于职能相近、相似的政府机构和部门实现合并重组,政府的部分职能得到强化,政府机构设置更加科学合理,现代政府治理体系的框架基本成型。经过这次改革,国务院的正部级机构减少了8个,副部级机构减少了7个。

(三) 国防费

1. 国防费的内容。我国的国防费包括国防费、国防科研事业费、民兵建设费以及用于专项工程和其他的支出。按用途可分为维持费和投资费两大部分。维持费主要用于维持军队的稳定和日常活动,提高军队的战备程度,是国防建设的重要物质基础。它包括军队人员经费、军事活动维持费、武器装备维修保养费和教育训练费等。投资费主要用于提高军队的武器装备水平,是增强军队战斗力的重要条件。它主要包括武器装备的研制费、武器装备的采购费、军事工程建设和国土防空费。

2. 国防费的合理规模。一国的国防费规模是同一个时期的国际形势和该国的国防政策直接相关的。国防费根据国际和国内形势的变化而变化,和平时期趋减,发生战争骤增,国防费规模及其占财政支出和GDP比重变化有时平缓,有时则波动较大。

从技术上来讲,国防费的合理规模可按"计划—方案—预算"的方法实现。具体来讲，一国首先确定所需的军事打击力量规模，然后为此制订军事措施计划，再为执行各个计划项目拟订各种可以替代的实施方案，对各个方案的成本效益进行分析比较，选定成本最小而效益最大的方案，最后，根据被选定方案所需的资金，编制国防费的预算。这种制度最早由美、英等国在第二次世界大战期间使用。"计划—方案—预算"制度广泛运用于军费预算上：(1) 可用于重大军事行动的资源配置。例如，面对核战争或常规战争，面对全面战争和局部战争，如何安排支出最有效率。(2) 战役安排上，可用于进行军事配置，如选择作战武器、军事基地、作战人员、供应通道、通信联络系统等。(3) 用于安排各种武器和军事工程的研究和发展。比较这三种用途，前两种受不确定因素影响较大，因而只能预算出约数，后一种则可较精确地实行。

3. 我国的国防开支。我国国防费全部纳入国家预算，实行财政拨款制度，按《预算法》实施管理，国防费预、决算由全国人民代表大会审批，由国家和军队的审计机构实施严格的审计和监督。详见表3-5。

表3-5　　1978—2020年国防费规模及其占财政支出和GDP的比重　　(单位：亿元，%)

年份	国防费	国防费增速	国防费占财政支出的比重	国防费占GDP的比重
1978	167.84	12.6	15	4.63
1985	191.53	6	9.6	2.14
1990	290.31	15.4	9.4	1.57
1995	636.72	15.6	9.3	1.09
1996	720.06	13.1	9.1	1.06
1997	812.57	12.8	8.8	1.09
1998	934.7	15	8.7	1.19
1999	1076.4	15	8.2	1.31
2000	1207.54	12.2	7.6	1.35
2001	1442.04	19.4	7.6	1.5
2002	1707.78	18.4	7.7	1.63
2003	1907.87	11.8	7.7	1.64
2004	2200.01	15.3	7.8	1.61
2005	2474.96	12.5	7.3	1.35
2006	2979.38	20.4	7.4	1.17
2007	3554.91	16.88	11.77	1.41
2008	4178.76	17.72	11.3	1.16
2009	4951.1	18.48	6.49	1.42
2010	5333.37	7.72	5.93	1.29
2011	6027.91	13.02	5.52	1.23

续表

年份	国防费	国防费增速	国防费占财政支出的比重	国防费占GDP的比重
2012	6691.92	11.02	5.31	1.24
2013	7410.62	10.74	5.29	1.24
2014	8289.5	11.86	5.46	1.29
2015	9087.84	9.63	5.17	1.32
2016	9765.84	7.46	5.20	1.31
2017	10432.37	6.83	5.14	1.25
2018	11280.46	8.13	5.11	1.23
2019	12122.1	7.46	5.08	1.23
2020	12918.77	6.57	5.26	1.27

资料来源：相关年份《中国统计年鉴》及国家统计局网站。

我国国防费总体趋减，一般滞后于财政支出和GDP的增幅。中国国防费的总体水平在世界上也相对较低。2020年中国国防费预算为12918.77亿元，同比增长6.57%，占当年全国财政支出预算的5.26%，占国内生产总值的1.27%左右，在全球属于中等的程度。由于历史的原因，我国的国防费相对于经济投入来说欠账较多。随着国民经济快速增长，国家加大了国防投入。中国国防费主要是维持军队和国家安全防务的正常运转，而有限的军事力量完全是为了维护国家主权和领土完整。

三、文教科卫支出

（一）文教科卫支出的经济属性

1. 文教科卫支出的内容。文教科卫支出是文化、教育、科学、卫生支出的简称。文教科学卫生支出按部门划分，包括以下内容：

一是文化事业费，指文化和旅游部、地方文化部门的事业费，包括艺术表演团体经费、图书馆经费、群众文化经费等。

二是教育事业费，主要指各级教育部门的事业费，包括教育部门举办的各类中小学及幼儿教育经费、国家批准设立的各类全日制普通高等学校经费、教育部门举办的成人高等教育以及广播电视教育经费等。

三是科学事业费，指各级科委、科协和社会科学院及其归口管理部门的事业费，包括各科研管理机构经费、科学研究经费、科普活动经费、国际学术交流经费等。

四是卫生事业费，指卫生部及地方卫生部门的事业费，包括医院经费、防治防疫事业费、妇幼保健费、合作医疗补助费等。

五是体育事业费，指国家体委及地方体委系统的事业费。

六是通讯事业费，指新华通讯社及专业通讯社的事业费。

七是广播电视事业费，指中央和地方的广播电视部门的事业费，包括广播电台经费、电视台经费、县广播站经费等。

此外，文教科学卫生事业费还包括出版、文物、档案、地震、海洋、计划生育等项事业的事业费支出。

文教科学卫生支出按用途不同，可以分为人员经费支出和公用经费支出。它们分别用于文教科学卫生等单位的人员经费开支和公用经费开支。

（1）人员经费支出。人员经费支出主要用于文教科学卫生等单位的工资、补助工资、职工福利费、离退休人员费用、奖学金等开支项目。其中，工资是人员经费支出中最主要的内容。

（2）公用经费支出。公用经费支出用于解决文教科学卫生等单位为完成事业计划所需要的各项费用开支。公用经费开支项目主要包括：①公务费，指文教科学卫生等单位进行日常业务工作所发生的费用，包括办公费、邮电费、水电费、工作人员差旅费、会议费、机动车船用油和燃料费、公路养路费等；②设备购置费，指文教科学卫生等单位购置不够基本建设投资额度、按固定资产管理的设备所发生的费用，包括办公用一般设备及车辆购置费、教学及科研等单位的专业设备购置费、图书购置费等；③修缮费，指文教科学卫生等单位因维修房屋、设备等固定资产所开支的费用以及零星土建工程费用；④业务费，指文教科学卫生等单位为完成某项专业而开支的消耗性费用以及购置低值易耗品所支付的费用，包括为进行防治防疫而使用的消耗性医药卫生材料费、科学考察研究费、学校的教学实验费及生产实习费等。

2. 文教科学卫生支出的性质。从内容上看，文教科学卫生支出绝大部分用于支付文教科学卫生等部门工作人员的工资和公用经费，仅指财政用于文教科学卫生等部门的经常性支出，不包括财政向这些部门拨付的基本建设支出、科技三项费用等投资性支出。所以，从总体上说，文教科学卫生支出属于一种财政消费性支出。

文化、教育、科学、卫生事业在现代社会经济发展中发挥着日益重要的作用，各国政府无不投入大量资金，而且支出规模越来越大。

（二）教育支出

1. 教育支出的性质。从经济性质看，教育服务一般被看作是一种混合物品。然而，教育是分初、中、高几个层次的，而多数国家根据本国经济发展程度，通过宪法对初级教育规定若干年的义务教育。所谓义务教育，是保证公民基本素质的教育，既是每个公民的一种权利，也是每个公民的一种义务，带有强制性。既然是国家通过立法安排的义务教育，每个公民都可以无差别地享受这种教育，那么这种服务理所应当由政府来提供和保证，而政府不能保证义务教育足够的经费，应视为政府的失职。从这个角度来看，义务教育并非混合物品，而是纯公共物品。至于义务教育以外的高层次教育，主要有高等教育、职业教育和成人教育等，则具有两面性。一方面，高层次教育是提高公民素质的教育，可以为国家培养建设人才，从而促进社会经济的发展，因而也属于公共物品范畴。但还有另一个方面，就是受教育者可以从高层次教育中获得更多更高的知识和技能，为将来找到一份较好的职业、获得较高的收入、拥有较多的晋升机会奠定基础。也就是说，个人从高级教育中得到的利益是内在化和私人化的，而且一个人接受高级教育，就会减少另一些人接受高级教育的机会。因此，按照公共物品理论，义务教育以外的高层次教育，不属于纯公共物品，而是属于混合物品。

教育支出在整个西方国家的政府支出中占据了越来越重要的地位，在财政消费性支出中已超过了国防费，成为最大的支出；在整个政府支出中，教育支出一般是仅次于社会保障支出的第二大支出。

2. 教育支出的提供方式。教育服务的混合物品性质，决定了教育不能像国防和国家安全一样，完全由政府免费提供，而应该向受教育者部分地收费，而且也可以由私人举办。

但从实践上看，各国政府特别是发展中国家的政府一般在提供教育服务方面发挥了主导作用。之所以如此，是因为教育具有以下三个特点：一是当今社会已进入知识经济时代，科技进步已成为经济增长的动力，而科技进步又来源于教育。二是避免因收入差距而形成受教育机会的不公平。如果教育服务主要由私人部门提供，学费必然被抬高，则收入较低家庭的子女即使天资聪颖也会被拒之于校门以外。而主要由政府提供教育服务，就可以为所有社会成员提供同等的受教育机会，从而保证教育机会的公平，并避免流失优秀的人才资源。三是教育资本市场的不发达和不完善。对于家庭来说，用于教育的支出是一种人力资本投资，如果低收入家庭暂时无力支付学费，照理可以向金融部门申请贷款。问题是人力资本市场是一个不完全的资本市场，金融部门与借款者之间存在着信息不对称问题，人力资本投资究竟有没有回报或者回报率有多高，事先是难以确定的，因而金融部门不愿轻易发放贷款，由政府主办教育服务并为教育贷款提供担保则有助于弥补教育资本市场的不足。

3. 我国的教育支出。

（1）我国的教育经费规模及其来源结构。近年来，我国教育经费规模不断增长。截至2019年，全部教育经费占GDP的比重已达到5.09%，国家财政性教育经费占GDP比重已达到4.06%，但同世界发达国家和某些发展中国家比较，仍然存在差距。如果按在校学生人均教育经费来比较，差距则更大。表3-6反映了我国教育经费包括政府用于经费的投入情况。

表3-6　　　　　　　　我国政府教育投入情况　　　　　　　　（单位：亿元，%）

年份	全部教育经费		国家财政性教育经费		国家财政预算内教育经费		
	数额	占GDP比重	数额	占GDP比重	数额	增速	占财政支出比重
1999	3349	4.08	2287.2	2.79	1815.8	15.98	13.77
2000	3849.1	4.31	2562.6	2.87	2085.7	14.86	13.13
2001	4637.7	4.83	3057	3.19	2582.4	23.81	13.66
2002	5480	5.21	3491.4	3.32	3114.2	20.59	14.12
2003	6208.3	5.29	3850.6	3.28	3453.9	10.91	14.01
2004	7242.6	4.53	4465.9	2.79	4027.8	16.62	14.14
2005	8418.8	4.58	5161.1	2.81	4665.7	15.84	13.75
2006	9815.3	4.65	6348.4	3.01	5795.6	24.22	14.34
2007	12148.1	4.72	8280.2	3.22	7654.9	32.08	24.4
2008	14500.74	3.48	10449.63	2.51	9685.56	26.53	15.47

续表

年份	全部教育经费		国家财政性教育经费		国家财政预算内教育经费		
	数额	占 GDP 比重	数额	占 GDP 比重	数额	增速	占财政支出比重
2009	16502.71	4.73	12231.09	3.50	11419.30	17.90	14.97
2010	19561.85	4.74	14670.07	3.55	13489.56	18.13	15.01
2011	23869.29	4.88	18586.70	3.80	16804.56	24.57	15.38
2012	28655.31	5.30	23147.57	4.28	20314.17	20.88	16.13
2013	30364.72	5.10	24488.22	4.11	21405.67	5.37	15.27
2014	32806.46	5.09	26420.58	4.10	22576.01	5.47	14.87
2015	36129.19	5.24	29221.45	4.24	25861.87	14.55	14.70
2016	38888.39	5.21	31396.25	4.21	27700.63	7.11	14.75
2017	42562.01	5.12	34207.75	4.11	29919.78	8.01	14.73
2018	46143.00	5.02	36995.77	4.02	31992.73	6.93	14.48
2019	50178.12	5.09	40046.55	4.06	34648.57	8.30	14.51

资料来源：相关年份《中国统计年鉴》。

从我国教育经费来源构成来看，以政府投入为主。2019 年国家财政性教育经费占全部教育经费的 79.81%，占 GDP 的比重达 4.06% 左右。2019 年预算内教育经费占全部教育经费的 69.05%，占财政支出的比重为 14.51%。除政府投入外，目前已经形成政府投入、社会团体和公民个人办学、社会捐资和集资办学、收取学费和杂费及其他经费等多种形式、多元化教育资金来源。

（2）我国教育支出的结构和效益。理论和实践都证明，教育支出的规模和结构是影响教育经费效益的主要因素。我国目前不仅教育经费规模仍然偏低，而且教育经费在初等教育、中等教育和高等教育之间分布的级次结构也不尽合理。在重视高等教育快速发展的同时，忽视初级教育，特别是农村的普及教育长期处于落后的困境。据有关国际组织的调查研究说明，初等教育的投资比中等教育投资更有效率，更加公平，而中等教育的效率和公平则优于高等教育。因此，对于那些初等教育入学率低于 75% 的国家，初等教育应是公共教育投资的优先项目。发展中国家的经验教训告诉我们，发展中国家当前教育支出改革的关键在于加大对初等教育的投资，提高初等教育经费在教育经费中比重。

（三）科学研究费支出

1. 科学研究的经济意义。20 世纪以来，科技进步与扩散的速度和方式都发生了巨大的变化，知识密集型产业日益成为经济增长中长期稳定的主导因素，尤其是 20 世纪 90 年代以来，科技作为生产力中最关键因素的作用日益明显。相关研究表明，1929—1978 年间，美国经济增长率的 40% 来源于科技进步，到 20 世纪 80 年代，经济发达国家的技术贡献更高达 60%~80%。另一方面，20 世纪 90 年代以来，高增长、低失业、低通胀的美国经济中以网络技术、生物工程技术等为代表的"知识经济"占了 60% 以上。科技进步作为一个连续不断的过程，其产生及扩散所具有的乘数效应,可放大其他生产要素的作用。由于科技进步对经济增长与社会进步的促进作用,极大地激发了人们对科技带头人、制度创新与文化转型的热情和动力。如何在不断增加科技投入的同时,界定政府投入和私人投资的边界,确定合理的政府投资规模和结构,提高投入的效果,不仅关系到科技水平和国际竞争力的提高,更关系到经济增长和社会进步的进程。

2. 科学研究费支出的性质及其提供方式。从经济性质来讲,科学研究属于混合物品。科学研究是可以由个人或某一集体去完成的,一般地说,科学研究的成果也可以有偿转让,但有一些情况会使这种买卖十分困难。科学研究是为社会共同需要的,但由于一部分科学研究的成本与运用科研成果所获得的利益不易通过市场交换对称起来。所以,用于那些外部效应较强的科学研究活动如基础科学的经费应由政府承担,而那些可以通过市场交换来充分弥补成本的科学研究则主要是应用性研究,其经费可由微观主体来承担。

3. 我国科学研究经费开支。我国财政科学研究支出主要包括科学支出、科研基建费、科技三项费用和其他科研事业费几个项目。我国财政科学研究支出占财政支出和GDP的比重基本上是逐年提高的,见表3-7。此外,我国政府还通过税收优惠、财政补贴和政府采购等多种措施,支持企业大力发展高新技术,改造传统产业,支持重点的技术改造,推动经济结构调整和产业结构升级,促进我国经济增长模式逐步由粗放式外延扩张型向集约式的内涵增长型转变。

表3-7　　　　　　　　　财政用于科学研究支出　　　　　　　（单位:亿元,%)

年份	科学研究支出	占财政支出比重	占GDP比重
1998	438.6	4.06	0.56
1999	543.9	4.12	0.66
2000	575.6	3.62	0.64
2001	703.3	3.72	0.73
2002	816.2	3.7	0.75
2003	975.5	3.96	0.83
2004	1168.6	4.1	0.85
2005	1334.9	3.93	0.73
2006	1688.5	4.18	0.8
2007	1783.04	3.58	0.69
2008	2129.21	3.4	0.71
2009	2744.52	3.60	0.79
2010	3250.18	3.62	0.79
2011	3828.02	3.50	0.78
2012	4452.63	3.54	0.83
2013	5084.3	3.63	0.86
2014	5314.45	3.50	0.83
2015	5862.57	3.33	0.85

续表

年份	科学研究支出	占财政支出比重	占GDP比重
2016	6563.96	3.50	0.88
2017	7266.98	3.58	0.87
2018	8326.65	3.77	0.91
2019	9470.79	3.97	0.96
2020	9018.34	3.67	0.89

资料来源：相关年份《中国财政年鉴》《中国统计年鉴》。

我国科学研究投入虽有较快的增长，但与发达国家占GDP 2%~3%的水平仍存在较大的差距，比某些科技进步较快的发展中国家也有差距。今后继续增加科技投入并加大鼓励企业增加科技投入的财政政策的力度，仍是财政政策的一个重要方向。

科学技术研究活动经费的来源结构和支出结构也直接影响着科学研究费用支出结构的效益。随着科技、财政、企业和金融体制改革的进行，财政在科技方面的支出占全部研究开发经费的比例有所下降，但企业的科研投入不足，企业的科研能力有待改善，以企业为中心的科技创新体系有待加强。

（四）卫生支出

1. 公共卫生支出的性质及其提供。1993年世界银行在《世界银行发展报告》中提出了政府对卫生事业进行干预的三条理由："第一，减少贫困是在医疗卫生方面进行干预的最直接的理论基础；第二，许多与医疗卫生有关的服务是公共物品，其作用具有外部性；第三，疾病风险的不确定性和保险市场的缺陷是政府行为的第三个理论基础。"

公共卫生领域是具有很大外部效应的纯公共物品，包括安全饮用水、传染病与寄生虫病的防范和病菌传播媒介的控制等。由于这些物品具有非排他性，即不能将不付费者从这种服务的利益中排除出去，因而私人根本不会提供或者不会充分提供。公共卫生支出还包括提供卫生防疫一类的活动，而卫生信息是一种具有外部效应和非排他性的公共产品，市场不可能充分提供卫生、免疫、营养以及计划生育等信息方面的免费服务。

政府提供公共卫生的另一个重要理由是公平的收入分配。市场是以个人对劳动和资本贡献的大小来分配收入的，而劳动的贡献是以个人的健康为前提的，卫生条件以至于疾病却是对健康和劳动能力的一种极大的威胁。在市场规则下，疾病会使劳动者的收入减少甚至丧失劳动能力，而贫困者又难以抵御疾病风险的侵袭，这样就会陷入"贫困的循环"。现在，人们越来越认为，卫生保健是一种人人应有的权利，而不是一种基于经济基础上的特权。政府卫生政策的目标包括缓解和消除因收入差距对健康形成的不良影响。

此外，疾病的风险是最难以确知的，在私人市场上，人们化解风险的方法是购买商业保险，但商业保险的趋利性必然产生"逆向选择"，即选择低风险的保险对象，而政府的公共卫生服务带有社会保险的性质，让疾病的社会风险在更大的范围内由政府承担，高风险者不受排斥，为劳动者提供了可靠的后盾。

2. 我国卫生总费用的筹资情况及其阶段性特征。表3-8反映了2000—2020年间我国卫生总费用的变化情况。整体来看，我国卫生筹资总量逐步提高。2020年全国卫生总费用达到72175亿元。卫生总费用逐年增加为我国卫生事业的可持续发展提供了可靠的资金支持。卫生总费用占GDP比重揭示了一个国家或地区对于卫生事业及居民健康的重视程度。世界卫生组织提出卫生总费用占GDP的比重至少在4%~5%。目前我国对卫生事业的投入总量逐年增加，卫生总费用占GDP比重显著提高，表明国家对卫生事业发展的日益重视。

同时，我国卫生筹资结构逐步转变为以公共筹资为主，居民个人负担有所缓解。2000—2020年间，政府卫生支出占卫生总费用比重持续扩大，从15.47%增加到30.40%；社会卫生支出占比也稳步提高，从25.55%增加到41.94%；个人卫生支出占比从58.98%一路下降为27.65%，政府、社会、个人大致形成了30∶42∶28的构成格局。按照国际惯例，卫生总费用要实行"3∶4∶3"结构机制，即社会卫生支出占40%，政府和个人卫生支出各占30%。我国的卫生筹资机构在2015年就实现了该目标，并且2015年个人卫生支出占比首次低于30%。

卫生总费用的筹资结构变化反映了不同时期我国卫生事业发展及卫生政策的变化。卫生总费用在一定时期内受卫生政策影响较大。把基本医疗卫生制度作为公共产品向全民提供，政府卫生支出和社会卫生支出比例逐渐提高，个人卫生支出比例持续下降。具体来看经历了以下四个阶段：

第一阶段（2003—2008年）。卫生总费用占GDP比重均低于5%，卫生事业发展较为滞后。这一阶段的卫生总费用增长主要依靠个人卫生支出，该阶段个人卫生支出占卫生总费用比重高达55%，居民个人负担较为沉重。我国分别于1998年、2003年、2007年建立城镇职工基本医疗保险、新型农村合作医疗、城镇居民基本医疗保险，该阶段我国医疗保障建设处于初步阶段。据2009年《中国卫生统计年鉴》数据显示，2008年底居民医保参保人数为11826万人，新农合参保人数为81517.55万人，职工医保参保人数为19996万人。在新农合试点初期的2003—2007年个人最低缴费标准保持不变（10元/人），财政补助标准由2003年的20元增加到2007年的40元，2007年居民医保与新农合的财政补贴标准和个人缴费水平大致相同，个人缴费标准为10元/人，财政补助标准为40元。这一阶段我国基本医疗保障体系初步形成，但以上3种保险制度都只是比较初级的保障形式，存在制度统筹层次低、保障能力有限、整体运行呈现出制度分散等问题，未能有效解决百姓"看病难、看病贵"的困境，居民个人负担较为沉重。

第二阶段（2009—2011年）。个人卫生支出占比较前一阶段有所下降，但仍高于同期政府卫生支出占比。2009年中共中央、国务院发布《关于深化医药卫生体制改革的意见》和《2009—2011年深化医药卫生体制改革实施方案》，亮点在于明确政府在卫生事业发展中的职责，政府逐步加大对卫生事业的财政投入，同时放宽社会资本和外资进入医疗服务领域的门槛。2011年我国基本医疗保险覆盖人口已经超过13亿人，占全国总人口的比重超过95%，基本实现了医疗保险全民覆盖。这段时期属于基本医疗保障制度的完善时期，虽然基本实现了医疗保险全民覆盖，但筹资水平远远低于居民年人均卫生支出。

第三阶段（2012—2014 年）。这一阶段社会卫生支出与卫生总费用关系最为密切，超过了个人卫生支出。2012 年国家发改委等六部委发布《关于开展城乡居民大病保险工作的指导意见》，引入市场机制来构建大病保险制度，减轻城乡居民的大病负担。2013 年和 2014 年国务院陆续发布《国务院关于促进健康服务业发展的若干意见》《国务院关于加快发展现代保险服务业的若干意见》《国务院办公厅关于加快发展商业健康保险的若干意见》，加速了商业健康保险的发展，商业健康保险对卫生总费用的增长贡献逐渐加大。

第四阶段（2015—2022 年）。2015 年我国实现了个人卫生支出占比下降到 30% 的目标，个人卫生支出与卫生总费用增长密切程度下降，转变为最不密切，社会卫生支出与卫生总费用关系最为密切。2015 年国务院出台《关于全面实施城乡居民大病保险的意见》，大病保险在全国全面实施。2016 年国务院出台《国务院关于整合城乡居民基本医疗保险制度的意见》，将新农合与城镇居民医保相整合，建立统一的城乡居民基本医疗保险制度。至此中国医疗保障制度逐渐形成以城镇职工医保和城乡居民医保为核心、以大病保险为补充、以医疗救助为托底的多层次医疗保障体系。随着我国医疗保障制度的完善，筹资水平及保障力度的提高，个人现金卫生支出逐步下降，政府承担起在卫生事业发展中的职责，社会资本力量活跃，公共筹资体系基本形成，进入中国特色医疗保障体系的新时期。

表 3-8　　　　　　　　　　我国卫生总费用及资金来源结构　　　　　　　　　　（单位：亿元）

年份	卫生总费用	政府卫生支出		社会卫生支出		个人现金卫生支出	
		数额	比重	数额	比重	数额	比重
2000	4586.63	709.52	15.47	1171.94	25.55	2705.17	58.98
2001	5025.93	800.61	15.93	1211.43	24.10	3013.88	59.97
2002	5790.03	908.51	15.69	1539.38	26.59	3342.14	57.72
2003	6584.1	1116.94	16.96	1788.5	27.16	3678.67	55.87
2004	7590.29	1293.58	17.04	2225.35	29.32	4071.35	53.64
2005	8659.91	1552.53	17.93	2586.4	29.87	4520.98	52.21
2006	9843.34	1778.86	18.07	3210.92	32.62	4853.56	49.31
2007	11573.97	2581.58	22.31	3893.72	33.64	5098.66	44.05
2008	14535.4	3593.94	24.73	5065.6	34.85	5875.86	40.42
2009	17541.92	4816.26	27.46	6154.49	35.08	6571.16	37.46
2010	19980.39	5732.49	28.69	7196.61	36.02	7051.29	35.29
2011	24345.91	7464.18	30.66	8416.45	34.57	8465.28	34.77
2012	28119	8431.98	29.99	10030.7	35.67	9656.32	34.34
2013	31668.95	9545.81	30.14	11393.79	35.98	10729.34	33.88
2014	35312.4	10579.23	29.96	13437.75	38.05	11295.41	31.99

续表

年份	卫生总费用	政府卫生支出		社会卫生支出		个人现金卫生支出	
		数额	比重	数额	比重	数额	比重
2015	40974.64	12475.28	30.45	16506.71	40.29	11992.65	29.27
2016	46344.88	13910.31	30.01	19096.68	41.21	13337.90	28.78
2017	52598.28	15205.87	28.91	22258.81	42.32	15133.60	28.77
2018	59121.91	16399.13	27.74	25810.78	43.66	16911.99	28.61
2019	65841.39	18016.95	27.36	29150.57	44.27	18673.87	28.36
2020	72175.00	21941.90	30.40	30273.67	41.94	19959.43	27.65

资料来源：相关年份《中国财政年鉴》《中国统计年鉴》。

第二节　财政投资性支出

一、财政投资性支出概述

（一）政府投资的内涵、特点和范围

1. **政府投资的内涵**。政府投资和非政府投资一样，是社会总投资的重要内容。一般而言，**财政投资即为政府投资**，是指政府为了实现经济和社会发展战略，将一部分财政资金转化为公共部门资产的行为和过程。有别于一般财政消费支出，财政投资当期的投入，将带来未来的产出。在《政府收支分类科目》政府"支出经济分类科目"中设置基本建设支出和其他资本支出。各国财政投资主要用于道路、桥梁、港口、码头、农业等基础设施方面的投资。

我国基本建设支出始终是财政支出的一个重要支出项目，很长一段时期，基本建设支出规模一直是逐年增长的，增长率和占财政支出的比重各年有所波动，但随着经济体制改革的深化和政府职能的转变，总的趋势是增长率逐步减缓，占财政支出的比重逐步下降。改革开放之初的1978年基本建设支出占财政支出比重曾高达56.3%，2005年下降为11.9%。这里需要说明的是，过去基本建设科目的内涵较广，不仅包括基础设施投资，还包括预算内资金投入基础产业和支柱产业的投资，改革开放后这部分投资逐渐由政府性基金所替代。

2. **政府投资的特点**。政府投资与非政府投资相比有其明显的特点：

（1）**追求的目标不同**。非政府投资追求微观上的营利性，而政府投资则追求国民经济的整体效益。非政府投资是由具有独立法人资格的企业或个人从事的投资，作为商品生产者，它们的目标是追求营利，而且，它们的盈利是根据自身所能感受到的微观效益和微观成本计算的；而政府由于居于宏观调控主体的地位，则是从社会效益

和社会成本角度来评价和安排自己的投资。

(2) **资金的来源方式和投资方向不同**。企业或个人主要依靠自身的积累和社会筹资来为投资提供资金，一般难以承担规模宏大的建设项目，而且要追求营利，一般主要从事周转快、见效快的短期性投资；政府投资资金来源于税收、国债等方式，财力雄厚，可以投资于大型项目和长期项目。

(3) **在国民经济中的地位和作用不同**。市场经济条件下，投资主要依赖于企业，但企业囿于一行一业，且投资不可能顾及非经济的社会效益，如果完全依靠非政府投资，一国的投资结构则很难优化；而政府由于在国民经济中居于主导地位，可以从事社会效益好而经济效益一般的投资，可以、而且应该将自己的投资集中于那些"外部效应"较大的公用设施、能源、通信、交通、农业以及治理大江大河和治理污染等有关国计民生的产业和领域，进而调整国民经济结构，打破经济发展的制约"瓶颈"。

3. 政府投资的范围。

(1) **各国政府投资差异的影响因素**。各国政府投资的范围、政府投资占社会总投资的比重存在着相当大的差异，**影响的因素主要有两个：一是**，经济体制的不同。一般地说，实行市场经济，非政府投资在社会投资总额中所占的比重较大，投资的领域也就较宽；实行计划经济或政府主导型的市场经济，政府投资所占比重较大，投资的领域也较宽。**二是**，经济发展阶段的不同。一般说来，发达国家的非政府投资占社会总投资的比重较大，欠发达国家和中等发达国家的政府投资所占的比重较大。

(2) **市场经济条件下的政府投资范围**。在市场经济条件下，属于市场活动的非政府投资在资源配置中起基础性作用，而政府投资主要在基础设施、关系国计民生的基础产业、支柱产业和高新产业领域发挥作用。形成这种投资格局的差异，主要不在于政府投资规模的大小，而在于经济运行机制的不同。实行市场经济的国家，其经济活动主要由千万个独立的法人商品生产者去组织，投资当然也主要由他们执行，政府的经济职能主要是根据宏观经济目标对非政府部门的经济活动进行调节。在经济发达国家，市场机制已经走向完善和成熟，主要通过市场的充分竞争实现经济的有效运行，政府主要是通过间接手段进行宏观调控。而欠发达国家和处于经济体制转轨时期的国家，仍然需要政府通过政府投资等直接手段培育市场，调整经济结构，并维持适度的经济增长速度。

（二）**财政投资的方式**

政府投资的项目有些是纯粹公共产品（如生态工程等），而许多并不是纯粹公共产品（如收费公路、有线电视、污水处理厂等），因此**政府投资可采取两种方式：一种是纯政府预算供应，即政府直接投资；另一种是混合供应方式，它有两种选择：或由私人投资，政府补贴，或者是政府投资，并对私人收费。**

由于市场在微观运行上具有比政府部门更高的效率，西方国家已越来越多地采用市场化的混合方式进行基础设施和环境保护方面的建设。比如许多基础设施改由私人企业投资建造、维护并按市场管理，政府则对企业项目的外溢性进行一定的补贴；在治理污染方面，政府通过对排污者课税或罚款以筹集资金建设排污设施，或对私人企业投资防污、治污项目的外溢性给予财政补助，鼓励该事业的发展。这和政府直接投资的方式相比，不但可减少政府支出的压力，而且降低了整个社会的环保成本。

(三) 我国的政府投资

1. 我国的政府投资规模的变化。长期的计划经济体制下，我国的政府投资占社会总投资的比重较大。在向市场经济体制转型的过程中，政府投资下降较快，近年来基本稳定下来。表3-9反映了我国社会固定资产投资资金来源的构成及预算内投资占全社会投资比重的变化情况。从表3-9可知，改革开放以后，随着投资主体和投资格局的多元化，社会固定资产投资资金来源构成发生了急剧的变化，预算内投资占全部投资的比重不断下降，国内贷款和利用外资比重均有所上升，而自筹和其他投资的比重最大。所谓自筹和其他投资，是指单位报告期内收到的、用于固定资产投资的上级主管部门、地方和本单位自有资金以及其他用于固定资产投资的资金。改革开放后，由于居民收入占GDP的比重上升较快，带来了居民储蓄和银行资金来源的急剧增长，随之银行扩展了投资贷款领域。同时，预算外资金也急剧增长，这些资金分散到各行业和各主管部门，替代并削弱了财政配置资源的职能。随着对预算外资金的清理整顿和税费改革的进展以及积极财政政策的实施，预算内投资的比重将有所回升。

表3-9　　　　　全社会固定资产投资资金来源构成　　　　　（单位:%）

年份 项目	1981	1985	1990	1995	2000	2001	2002	2003	2004	2005	2006	2007	2008	2009	2010	2011	2012	2013	2014	2015
预算内	28.1	16	8.7	3	6.4	6.7	7	4.6	4.4	4.4	3.9	3.9	4.3	5.1	4.6	4.3	4.6	4.5	4.9	5.3
国内贷款	12.7	20.1	19.6	20.5	20.3	19.1	19.7	20.5	18.5	17.3	16.5	15.3	14.5	15.7	15.4	13.4	12.6	12.1	12.0	10.5
利用外资	3.8	3.6	6.3	11.2	5.1	4.6	4.6	4.4	4.4	4.2	3.6	3.4	2.9	1.8	1.6	1.5	1.1	0.9	0.7	0.5
自筹及其他	55.4	60.3	65.4	65.3	68.2	69.6	68.7	70.5	72.7	74.1	76.0	77.4	78.3	77.4	78.4	80.9	81.7	82.5	82.3	83.8

资料来源：国家统计局网站。

2. 政府对投资的宏观调控方式的变化。政府对投资的宏观调控通过间接和直接两种方式进行。所谓间接调控，就是通过产业政策的引导，通过政府投资的导向作用，并通过税收、财政补贴、折旧政策等，来制定政府投资的条件，调控非政府投资的方向、规模与结构。所谓直接调控，就是依据宏观经济政策目标，结合非政府投资的状态，安排政府自身投资的方向、规模与结构，从而使全社会的投资达到优化状态。

适应投资主体和投资格局的变化，我国政府对投资的宏观调控方式也发生了变化。在传统体制下，政府对投资的宏观调控主要通过调节自身的投资进行直接调控。而在社会主义市场经济体制下，我国政府投资的宏观调控功能主要体现在两个方面：一是直接调节自身投资规模，间接调节非政府投资规模，使两者加总起来的总量与国民经济稳定增长需求的投资总量相吻合；二是调节自身投资的结构，纠正非政府投资结构的偏差，使全社会的投资结构符合国家产业政策的要求。

二、基础设施的财政投资

(一) 基础设施的含义、性质及财政投资的必要性

1. 基础设施含义、性质。基础设施是支撑一国经济运行的基础部门，它决定着

工业、农业、商业等直接生产活动的发展水平。一国的基础设施越发达,该国的国民经济运行就越有效,人民的生活也越便利,生活质量相对来说也就越高。经济学界对基础设施的概念还没有统一的认识,发展经济学在讨论基础设施时,使用"社会分摊资本"和"社会先行资本"两种说法。一般来讲,**狭义的基础设施**,是指经济社会活动的公共设施,主要包括交通运输、通信、水、供电、机场、港口、桥梁和城市供排水、供气等。**广义的基础设施**,还包括:提供无形产品或服务的科学、文化、教育、卫生等部门。

从经济性质来看,基础设施从总体上可以归类为混合物品。基础设施投资形成的固定资产,一定程度上,它不能被某单个生产者独家使用,它不是独占性地处在某个特殊的生产过程中,不能被卖者当作商品一次性地将整体出售给使用者。基础设施部分地具有"公共物品"的一般特征。

2. 基础设施财政投资的必要性。在社会经济活动中,基础设施与其他产业相比,具有不同的经济意义。从整个生产过程来看,基础设施为整个生产过程提供了"共同生产条件"。马克思把生产条件区分为共同生产条件和特殊生产条件,与此相对应,把固定资本也分为两类:"以机器的形式直接进入生产过程的那种固定资本";"具有铁路、建筑物、农业改良、排水设备等形式的固定资本"。马克思指出了后一类固定资本的特点:"作为生产资料来看,固定资本在这里与机器一类的东西不同,因为它同时被不同的资本当作它们共同的生产条件和流通条件来使用(我们在这里还没有涉及消费本身)。固定资本不是表现为被包含在特殊生产过程中的东西,而是表现为各特殊资本的大量这类生产过程的联络动脉,它就是由这些特殊资本一部分一部分地消耗掉的。因此,在这种场合,对于所有这类特殊资本就其特殊生产过程来说,固定资本是一种特殊的同它们相分离的生产部门的产品,但是,在这里不能像机器的买卖那样,即一个生产者不能把它作为流动资本售出,另一个生产者也不能把它作为固定资本买进来;相反,它只有以固定资本自身的形式才能出售。"①

基础设施特别是大型基础设施,大都属于资本密集型行业,需要大量的资金投入,建设周期比较长,投资形成生产能力和回收投资的时间往往需要许多年,这些特点决定了大型的基础设施很难由个别企业的独立投资来完成。尤其在经济发展的初期阶段,没有政府的强有力支持,很难有效地推动基础设施的发展。在经济发展过程中,各国政府均对基础设施实行强有力的干预政策,不过干预的程度在发展的不同阶段有较大的差别。由于经济发达的国家经历了工业化的发展过程,基础设施已有了相当的基础,因而政府的干预程度相对较弱。而经济欠发达国家在经济增长过程中常常经受基础"瓶颈"的困扰,由于民间经济的财力有限,政府只能通过财政集中动员一部分资源,以加快基础"瓶颈"部门的发展。实际上,发展中国家的财政,除具有一般弥补"市场失灵"的作用外,还部分地充当着社会资本原始积累的角色。在我国经济发展过程中,长时间内存在着结构性矛盾,基础设施的短缺长期成为社会经济发展的主要制约因素,能源特别是电力供应长期不足的"瓶颈"作用曾经十分突出。1998年以来,我国实施积极的财政政策,通过增发国债,重点用于大江大河的

---

① 马克思恩格斯全集,第46卷(下),北京:人民出版社,1972:241.

治理、农林水利、交通通信、环境保护、城乡电网改造、粮食仓库和城市公用事业等基础设施建设，公共设施的落后状态大有改观。

(二) 基础设施的提供方式

从"混合物品"的经济性质来看，基础设施可以由政府、由市场来提供，也可以采取混合提供的方式。但在发展中国家，关系国计民生的大型工程一般是采取以政府为主、吸收社会资本参与的混合提供方式。

从我国的实践来看，基础设施投资的提供方式主要有以下几种形式：

1. 政府筹资建设、免费提供或收取使用费。由政府独资建设的项目主要出于三种考虑：一是关系国计民生的重大项目，诸如长江三峡工程、青藏公路、南水北调之类关系国家社会经济发展以及人民的当前和长远利益的重大项目，只能由政府采取多种渠道集资来提供；二是维护国家安全的需要，如宇航业、核电站、战备公路等；三是反垄断的需要，垄断排斥竞争，垄断利润可能以损害社会福利为代价的，例如垄断行业可能提供高的垄断价格和低质的服务。因此对垄断行业政府可以通过公共定价严加管理，也可以由政府直接承担投资责任。还有一些基础设施，诸如市区道路、上下水道、过街天桥等，具有明显的非排他性或很高的排他成本，单项投资不大，数量众多，也适于作为纯公共物品由政府投资提供。

2. 私人出资、定期收费补偿成本并适当盈利，或地方主管部门筹资、定期收费补偿成本。典型的例子是地方性公路和桥梁等公共设施的建设，如"贷款修路，收费还贷"就是这种提供方式。

3. 政府与民间共同投资的提供方式。对于具有一定的外部效应、盈利率较高或风险较大的项目，政府可以采用投资参股、优惠贷款、提供借款担保、低价提供土地使用权、部分补贴和减免税收等方式，与民间共同投资，混合提供。如高速公路、集装箱码头及高新技术产业等基础设施建设就适于采取这种提供方式，政府在其中主要发挥资金诱导和政策支持作用。

4. 政府投资，法人团体经营运作。这种提供方式有两个优点：一是政府拥有最终的决策权，又可以使政府从具体的经营活动中解脱出来；二是法人团体拥有经营自主权，责任明确，可以提高成本效益的透明度，提高服务质量。道路、港口甚至中小型机场等适于采用这种提供方式。

5. BOT 投资方式（建设—经营—转让投资方式）。BOT 投资方式是近年来发展和兴起的一种基础设施的提供方式。是指政府将一些拟建基础设施建设项目通过招商转让给某一财团或公司，组建项目经营公司进行建设经营，并在双方协定的一定时期内，由项目经营公司通过经营，偿还债务，收回投资并盈利，协议期满，项目产权收归政府。这种投资方式的最大特点是，鼓励和吸引私人投资者特别是外国直接投资者对发电厂（站）、高速公路、能源开发等基础设施进行投资。

三、财政对农业的支出

(一) 财政农业支出的主要内容

财政对农业的支出既包括经常性支出，也包括投资性支出。列入国家预算支出的支农资金，主要包括以下内容：

1. 农林、水利、气象等方面的基本建设投资支出。对农业和农垦部门的基本建设投资，主要包括对国有农场和生产建设垦区的基本建设投资；对林业的基本建设投资，主要包括建设场房、购买设备、种苗和栽树等费用；对水利的基本建设投资，主要包括根治大河、修筑水库、桥梁等基本建设费用；对气象方面的基本建设投资，主要包括建设气象台、站和购买设备等费用。此外，还包括属于上述系统的事业单位的基本建设投资。

2. 农林企业挖潜改造资金支出。这是指国家财政用于农垦、农牧、农机、林业、水利、水产、气象等企业的挖潜改造资金。

3. 农林部门"科技三项费用"。这是指国家财政用于农业、畜牧、农机、林业、水利、水产、气象等部门的新产品试制费、中间试验费和重要科学研究补助费等科学技术三项费用。

4. 农林、水利、气象等部门的事业费支出。这是财政用于农垦、农场、农林、畜牧、农机、林业、水利、水产、气象、乡镇企业，以及农业资源调查和土地管理等方面的事业费。

5. 支援农业生产支出。这是国家财政对农村集体经济单位和农户的各项生产性支出的支援。主要包括：小型农田水利和水土保持补助费、支援农村合作生产组织资金、农技推广和植保补助费、农村草场和畜禽保护补助费、农村造林和林树保护补助费、农村水产补助费、农业发展专项资金和发展粮食生产专项资金支出等。

除此之外，国家还利用信贷、价格以及税收优惠等多种手段，全方位地支援农业生产发展。信贷支援是指财政向银行增拨信贷资金，作为银行自有资金来源，而后由银行向农村发放各种农业贷款的支农方式。这笔信贷资金由农业银行负责运营。此外，财政还对银行发放的某些农业贷款提供贴息补助。价格支援是指国家通过提高农副产品的收购价格、降低农用生产资料的销售价格来支援农业发展的一种方式。农副产品收购部门及农用生产资料生产部门由此产生的亏损由财政予以补贴。税收优惠是指国家利用减免税手段支援农业发展的方式。新中国成立以来，我国政府对农业部门一直实行"稳定负担，增产不增税"的轻税政策。在遇到自然灾害或其他意外事件时，则常常采取减税或免税措施，支援农业生产的恢复。对农村兴办的乡镇工商企业，在税收上也给予减免优惠。这些措施大大减轻了农业生产的负担。

(二) 财政用于农业投资的范围和重点

各国政府都很重视对农业的财政投入，往往以立法的形式规定财政对农业的投入规模和环节，使农业的财政投入具有相对稳定性。各国政府农业财政投资的内容略有不同，但其基本原则却是基本一致的，即凡是具有"外部效应"以及牵涉面广、规模巨大的农业投资，原则上都应由政府承担。具体投资的重点有：

1. 财政主要投资以水利为核心的农业基础设施建设、农业科技推广、农村教育和培训等方面。应当明确，政府从事农业投资的必要性，并不只在于农业部门自身难以产生足够的积累，以及生产率较低的现状难以承受贷款的负担，更重要的是许多农业投资只适宜于由政府来进行。农业固定资产投资，如大江大河的治理、大型水库和各种灌溉工程等施工，其特点是投资额大，投资期限长，牵涉面广，投资以后产生的效益不易分割,而且投资的成本及其效益之间的关系不十分明显。由于具有上述特点,农业固定资产投资不可能由分散的农户独立承担。在理论上,似乎存在着一种按"谁受益,谁投资"的原则由农户集资投资的可能,但由于衡量农户的受益程度十分困难,集资安排多半很难贯彻。对于此类大型固定资产投资项目来说,按地区来度量受益程度,从而分地区来负担项目费用似乎是可以做到的,但在这种安排下,地区应负担的费用多半要由地方财政安排支出,而这在概念上就已属于政府投资的范畴了。

2. 注重农业科研活动,推动农业技术进步。改造传统农业的关键在于引进新的农业生产要素。新的农业生产要素不可能从天上掉下来,必须要有农业科研。科研成果应用于农业生产,必须经过推广的程序,为了使农户接受新的生产要素,还需对农户进行宣传、教育和培训。为完成这一系列任务,需要筹集大批资金。这里就存在着典型的"外部效应"的情形。以农业科研为例,一项科研成果的推出,将会使全部运用这项成果的农户受益,但从事这项科研活动的单位却无论如何也不可能将这项科研成果所产生的全部收益据为己有。农业科研单位的研究成果所产生的利益是"外溢"的,但是,进行这项科研活动所需的一切费用却只能由科研单位自己承担。不仅如此,科研活动可能失败,研究所需的时间可能经年累月,简言之,科研活动存在着风险,而这些风险也只能由科研单位独力承担。科研的费用及其失败的风险构成科研成果的成本。将科研成果产生的利益同科研成果的成本两相比较就不难看出,在这里,得益(别人得益)与成本(自己负担)是不对称的。诸如此类的农业科研、科学技术推广、农户教育之类的对农业发展至关重要的农业投资,依靠单个的甚至是组织成为较大集体的农户来办,是很困难的,这些投资只能由政府来承担。适宜由农户来承担的投资主要是流动资金投资(农药、化肥、薄膜、除草剂等)以及类似如农机具及供农户使用的农业设施等固定资产投资。这些投资从规模上看是农户能够承担的,投资后产生的效益很容易分割,成本与效益的对应关系也比较明显。

(三) 我国财政对农业的支出

1. 我国财政农业投入的现状。我国财政支农支出主要包括:农业基本建设投资、农业科技三项费用、农业科研、支援农村生产、农业综合开发、农林水等部门事业费、农产品流通补贴、农业生产资料补贴、财政扶贫和农业税收减免等项支出。

2. 政府财政支农资金使用与管理中存在的突出问题。我国政府对农业的财政资金支持总量仍是低水平的,政府财政支农资金投入结构存在诸多不合理之处,政府财政支农资金管理体制也不够完善,资金使用效果不理想:

(1) 政府财政支农资金投入总量不足。近年来,在减免农业税的基础上,政府进一步加大了农业财政投入尤其是补贴的力度,政府财政农业投入总量大幅提高,但与我国农业的重要地位和发展要求相比,政府对农业的支持还需进一步加强。例如,2003年,中国、欧盟、美国、日本的农业生产增加值分别为(折合成人民币)17068亿元、10934亿元、9452亿元和5717亿元。中国农业生产增加值最多,而农业财政投入较少,因此农业财政投入占农业增加值的比例仅为10%,而美国、欧盟、日本的农业财政投入占增加值的比例分别达到61%、44%和30%。

(2) 政府支农资金投入结构存在诸多的不合理之处。一是政府财政农业支出用于人员供养及行政开支部分大体维持在70%左右，而用于建设性的支出比重不高。二是在财政农业建设性资金中，用于大中型带有社会性的水利建设比重较大，而农民可以直接受益的中小型基础设施建设的比重较小。三是在政府农业投入中，直接用于流通环节的补贴过高。1998年以来，政府支援农业投入中，每年用于粮、棉、油、糖流通的补贴在500亿～700亿元，占政府农业支持总量的30%以上。而一些关系农业发展全局的基础性、战略性、公益性项目，如农业品质改良、重大病害控制、食品安全保障、执法体系建设、社会化服务体系建设等，或者没有财政立项支持，或者缺乏足够的投入保障。

(3) 政府财政支农资金管理体制不完善，资金使用效果不理想。一是财政支农投入高度依赖中央政府，中央政府和地方政府之间农业投入职责划分不清，地方政府对农业的投入严重不足。中央财政预算安排的财政农业支出约占整个农业财政支出的65%。地方财政尤其是地（市）、县级以下财政大多为吃饭财政，自身财力连"吃饭"都不能保证，很难再向经济效益相对较低的农业追加投入。农业和农村经济发展既是中央政府的事权，也是地方政府的事权。什么项目应由中央政府投资，什么项目应由地方政府投资，对此没有明确的界定。这种体制增加了资金安排使用过程中的随意性，地方政府想方设法把支农职责压在中央一级。二是财政农业支出实行分块管理，部门分割严重，有限的资金不能形成合力。目前政府对农业的投入渠道较多，农业财政支出分部门管理。这种管理模式存在的问题是，不同渠道的投资在使用方向、实施范围、建设内容、项目安排等方面有相当程度的重复和交叉，但由于分属不同部门管理，因而不同程度地存在条块分割、相互之间协调不够、重复投入等问题。这种体制造成了政府各部门之间职责不清，政出多门，多头管理，力量分散，不利于统一监督、管理和协调，不能形成合力。三是政府财政支农资金使用监督机制落后，资金使用效果差。目前，政府投资的农业项目实行按投资额度确定权限，审批手续繁杂、程序较多。项目审批制度化、公开化、科学化不够，存在一定的盲目性和随意性。财政支农工作的主要内容往往是分资金、下指标，重资金分配、轻资金管理。农业项目的管理存在诸多漏洞，使得很多项目的实施效果较差。

3. 完善政府财政农业投入政策的若干建议。

(1) 继续加大农业基本建设投资力度。与中央财力增长相适应，应逐年增加一部分中央预算内投资，重点用于农业建设，保证农业投资有一个正常稳定的来源，确保中央农业基建投资保持在较高水平。

(2) 逐步减少对流通环节的补贴，增加对农民收入的直接补贴制度。一是逐步将主要农产品市场风险基金（如粮食风险基金）转为对农民收入的直接补贴。国家可以继续保留保护价这一指导性价格，但粮食市场是放开的，国有粮食购销企业与其他经批准入市的企业一样，进入农村市场，随行就市收购粮食，国家不再对国有粮食购销企业进行补贴。当市场粮食价格低于保护价时，由国家将市场价与保护价的差价直接补贴给农民。补贴的重点是粮食主产区，补贴的依据是种粮面积和粮食商品量。二是在主产区建立对农民使用先进技术的直接补贴制度。这种补贴方式，一方面可以形成对农民收入的直接补贴，另一方面鼓励、支持农民、农业生产者使用优良品种，是一举两得的方式，可以随财力的增强逐步扩大，在重点产区建立良种推广补贴制度。对农民购买农机及农用燃油等投入品也可以给予一定的补贴。三是逐步将一部分农产品出口补贴转为对农民的直接收入补贴。我国政府已做出了不使用农产品出口补贴的承诺，应该将这一部分补贴转为对产粮、产棉地区农民的直接收入补贴。四是增加对农民的生态环境补贴。要抓住粮食仍供大于求的有利时机，增加对农民退耕还林还草的补助。对渔民和牧民生态移民和转产转业等，也应给予直接补贴。五是继续加大对受灾地区农民的收入补贴。

（3）充分利用WTO的"绿箱"政策，增加农业科研和推广、质量安全和检验检测、农产品流通设施、农民培训等方面的投入。一是逐渐增加农业科研和推广投资。集中支持农业基础研究和公益性项目，尤其是动植物品种资源、转基因技术、节水灌溉技术、旱作农业技术的研究，增加科技储备，加速农业科技进步。进一步加大种子工程、畜禽水产良种工程、动植物保护体系建设投入，加快品种引进和改良。扶持建设农业科技示范园区和现代农业示范基地，加快农业现代化步伐。加大对农业科技推广项目及服务体系建设的支持力度。二是增加对农业社会化服务体系、农产品市场信息体系和农产品质量安全体系的投入。三是积极支持农业结构调整。加快高效、专用农产品生产基地建设，发展名、特、优农产品生产。支持我国有比较优势的畜牧、水产和蔬菜、水果、花卉等产品改进品种，提高质量。要重点向优势产品优势区域集中投资。

（4）调整水利投资方向和重点，建立稳定的水利支农投入渠道。目前，水利支农投资缺少统一、长远的规划和考虑，大部分资金被应急投到了防洪、抗旱、灌溉等救急性工程项目上，对农业节水技术推广、生态环境不断恶化等问题重视和投入不够。应适时调整水利投资的方向和重点，加大水利支农资金投入力度。

（5）逐步将县以下以改善农民基本生产条件和生活质量为重点的中小型基础设施建设纳入各级政府基本建设投资的范畴。特别要重点支持与农业生产和农民增收关系密切的节水灌溉、人畜饮水、乡村道路、农村水电、农村沼气、草场围栏等农村小型基础设施建设。

（6）整合财政支农投入，完善政府财政支农资金管理体制。应对现有农业项目、资金进行整合，相对集中。对于目前由不同渠道管理的农业投入，尤其是用于农业基础设施建设的财政资金投入，要加强统筹协调和统一安排，防止项目重复投资或投资过于分散，使有限的资金发挥出最大的效益。能够归并的支出事项建议由一个职能部门统一负责。要对各分管部门的职能和分工加以明确，以确保农业财政资金的有效配置。

合理划分中央和地方政府财政在农业和农村发展中的事权。在投资责任方面，总的原则是按照项目规模和性质实行分类管理。凡属地方项目或中央补助投资的地方性项目，其投资、建设、管理和职责完全下放给地方；属于中央项目的，其投资、建设和管理均由中央政府或有关部门负责，也可通过某种方式委托地方建设或管理。建立规范的政府财政支农资金管理制度，包括项目的立项、选择、实施、竣工、后续管理等整个资金运行全过程管理的规范化。

(7) 拓宽支农资金来源渠道，建立多元化的投融资体制。从发展趋势来看，我国通过鼓励社会投资者投资农业、发展证券市场、利用外资筹集农业发展资金潜力很大。要逐步建立以农民个人投资为主体，国家财政性投资为引导，信贷、外资等各类资金为补充的多渠道、多元化的农业投资格局。为了提高社会资本投资农业的吸引力，需要通过发挥农业财政支持和导向功能，进一步建立农业投入的激励机制。要调整和优化农业财政支出结构，强化农业基础性投入。为吸引社会资金投向农业，国家要在税收、补贴、贴息等方面对农业投资给予优惠和奖励。要改变财政投入方式，减少政府直接办项目，加大对农民和社会办项目的补助。

四、财政投融资制度

(一) 财政投融资的概念、特征及意义

1. 财政投融资概念。财政投融资制度于 20 世纪 40 年代后期产生于日本，是一个财政与金融有机融合的独特的经济范畴，并以其独特的作用受到世界各国政府的重视。日本财务省出版的《财政投融资》一书，对财政投融资有如下定义："**财政投融资是以国家的制度、信用为基础，以邮政储蓄、年金等各种公共资金为来源，为实现国家的政策目标，并从国家整体的角度，对应由受益者负担的领域，有偿、统一、有效地分配资金的政府投融资活动。**"也就是说，它是政府为实现一定的产业政策和其他政策目标，通过国家信用方式筹集资金，由财政统一掌握管理，并根据国民经济和社会发展规划，以出资（入股）或融资（贷款）方式，将资金投向急需发展的部门、企业或事业的一种资金融通活动，所以它也被称为"政策性金融"。

2. 财政投融资的基本特征。

(1) **财政投融资是一种政府投入资本金的政策性融资**。它是在大力发展商业银行的同时构建的新型投融资渠道。随着社会主义市场经济体制的逐步建立和完善，市场融资的份额将扩大，把专业银行的政策性业务分离出来，也有助于实现专业银行商业化。

(2) **财政投融资的目的性很强，范围有严格限制**。如上文所述，财政投融资制度应用的领域，从性质上来讲，属于"混合物品"领域。主要为基础设施和基础产业部门融资，也为国家特定政策服务。当然，财政投融资的适用范围也随着具体的经济发展阶段、国情而有所调整。例如，随着经济的发展、体制改革的深化，我国大多数基础工业产品现在已经退出了财政投融资的领域，进入市场、价格放开，并通过组建股份公司和企业集团形式谋求发展。

(3) **计划性与市场机制相结合**。一方面，财政投融资的政策性和计划性很强，对市场的配置起补充调整作用；另一方面，它并不是脱离市场，而是以市场参数作为配置资金的主要依据，如政策性优惠贷款利率要以市场利率为基础。

(4) **财政投融资的管理由国家设立的专门的政策性金融机构负责统筹管理和经营**。政策性金融机构既不是一般意义上的金融企业，也不是制定政策的机关。实际上是一种执行有关长期性投融资政策的机构，是政府投资的代理人。财政投融资由政策性金融机构负责统筹管理，可以避免有偿性投资与一般性投资相混淆，提高政府投资运作的总体效率。

（5）**财政投融资的预算管理比较灵活**。在预算年度内，国家预算的调整（削减预算或追加预算）需要经过人民代表大会审批通过，而财政投融资预算在一定范围内（比如50%）的追加，无须主管部门的审批。

3. 财政投融资的意义。政府投资并不意味着完全的无偿拨款。国际经验表明，采取将财政融资良好的信誉与金融投资的高效运作有机地结合起来的办法，进行融资和投资，即财政投融资，是发挥政府在基础设施投资中作用的最佳途径。在我国市场经济发展的现阶段，构建财政投融资体制具有重要的现实意义：

（1）财政投融资是我国经济发展初级阶段的需要。根据"经济发展阶段论"，市场经济条件下，一国经济发展的初级阶段，政府财政投资在国民总投资中占有相当高的比重，为经济和社会发展"起飞"奠定了基础。我国尚处在经济发展的初级阶段，市场化改革的时间还不长，"市场失灵"的问题还相当突出，因而运用财政投融资手段调节资金的运行，是必不可少的。

（2）财政投融资的特点既体现政府政策取向，又按照信用原则运营。投资的主要领域是混合物品。混合物品如若完全依赖财政无偿投资，因财力有限势必出现"瓶颈"制约；如若完全依靠企业本身筹资或银行融资因准公共物品的"外部性"，又会出现供给不足，甚至无人投资。所以，财政投融资填补了财政无偿投资和商业金融投资的空白，填补了混合物品投资的空白。

（3）财政投融资可以形成对企业和商业银行投资的诱导机制。财政投融资对经济增长的作用不仅表现为短期内"数量增加"，更表现为长期内"质量的提高"。如我国1996年的经济调整成功地实现"软着陆"后，经济结构失调凸显。当时预算内财力拮据，力不从心，而利用财政投融资作为一个融资体系，直接把资金引入优先领域，形成一种"财政投融资先行——商业银行投融资跟踪——企业投资随后"的连锁反应机制，从而有力地促进了经济结构的调整和经济增长方式的转变。

（二）财政投融资制度的应用

财政投融资制度应用的领域，属于混合物品领域。这些领域获得了财政投融资制度的资助后，可以打破国民经济发展的"瓶颈"，有助于国民经济的健康、稳定和快速发展。基础设施是财政投融资制度运用的主要领域。基础设施领域具有初始投资大、建设周期长、投资回收慢的特征，是国民经济的短缺部门。财政投融资制度一方面通过财政信用筹措资金，能够确保基础设施领域资金供应，另一方面，通过政策性信贷也使得资金运用效率得到保证。财政投融资制度运用于农业，保证了农业投资资金的充足，也提高了农业投资资金的使用效率。同样，财政投融资制度应用于居民住房保障、高新科技产业和中小企业发展，以及支持某些经济主体的进出口活动，可以有效地支持国家的特定政策。对许多发展中国家来说，基础设施项目的建设显得尤为重要。但是，由于基础设施投资所需的数额往往很大，单纯依靠财政投资，很难完全满足社会经济发展对于基础设施项目的需求。在这种情况下，有必要以财政资金为主，鼓励和吸收各方参与共同投资。

财政投融资典型的做法是：按照统一规划，先由国家开发银行等政策性银行，通过财政投融资和金融债券等渠道筹集资金,然后采取政府控股、参股和政策性优惠贷款等形式进行投资。从项目管理级次上说,中央政府一般负责国家重大项目的建设,地方政府则负责地区性的项目建设。在基础设施项目的建设和经营上,项目法人主体对项目的筹划、筹资、建设,直至日常运营、归还贷款本息以及对资产保值增值的全过程负责。

(三) 我国的政策性银行

1. "三大"政策性银行概况。我国的财政部门以至各主管部门实际上都存在不同形式的投融资活动,但政府投融资的典型代表和主要承担者是1994年成立的三大政策性银行:国家开发银行、中国农业发展银行、中国进出口银行。

国家开发银行。国家开发银行是中国三家政策性银行中最大的一家,注册资本500亿元人民币,100%政府拥有,直属国务院领导,主要领导人均由国务院任命。国家开发银行的主要业务职能包括支持基础设施、基础产业和支柱产业项目建设,支持国家区域发展政策,承担国际金融组织转贷款业务等。开发银行的资金来源主要包括政府投入的资本金、人民币债券和外债。开发银行除了支持国家产业政策的一般投融资业务(主要包括办理政策性国家重点建设的贷款及贴息业务)以外,为了提高盈利能力,还增加了两项一般政策性机构不具有的业务,即作为政府或企业的咨询顾问和承销大型企业的债券。

中国农业发展银行。中国农业发展银行的主要业务职能,是承担国家粮棉油和农副产品合同收购、农业开发等业务中的政策性贷款,代理财政支农资金的拨付及监督使用。中国农业发展银行在若干农业比重大的省、自治区设派出机构(分行和办事处)和县级营业机构,资金来源除财政核拨资金外,主要面向金融机构发行金融债券,并使用农业政策性贷款企业的存款。

中国进出口银行。中国进出口银行作为贯彻国家外贸政策的政策性银行,其主要业务职能是为大型机电设备进出口提供买方信贷和卖方信贷,为成套机电产品出口提供信贷贴息及信用担保。中国进出口银行的信贷业务由中国银行和其他商业银行代理,但可在个别大城市设派出机构(办事处和代表处),负责调查统计、监督代理业务等事宜。进出口银行的资金来源除国拨资金外,主要以财政专项资金和金融债券为主,其业务活动由有关部门组成监事会进行监督。

2. 我国政策性银行的特点。

(1) 业务职能的政策性。政策性银行的政策性不言而喻,开发行多年来为之奋斗的目标正是充当"配合国家宏观政策,重点向基建设施等发放贷款"的角色。开发行发放的贷款为国债项目提供了配套资金,大大支持了国家大中型项目建设。进出口银行在带动机电新产品、成套设备出口的境外加工贸易和资源合作开发等对外投资项目,以及为对外承包工程项目提供出口信贷、出口信用保险和对外担保等多方面的政策性金融支持方面,可谓功勋卓著。农发行则在支持国有粮食企业按保护价敞开收购农民余粮,以及农业基建等方面大显身手。

(2) 资金来源的政府性与市场性相结合。我国政策性银行资金来源结构的演变值得回顾。自1994年我国政策性银行成立以来,除财政拨付的资本金外,主要是通过人民银行下达指令性派购计划、由商业金融机构定向购买金融债券筹集资金。1998年下半年开始,政策性银行市场化筹资工作开始试点,市场化发行金融债券 410 亿元。截至目前，政策性银行市场化筹资已经成为其最重要的资金来源方式。而资金来源的政府性则主要体现在三个方面：一是财政借款。即由政府组织资金再转借给政策性金融机构使用。实际上，财政借款正是政策性银行区别于商业银行的独特手段，构成了政策性银行长期稳定低成本的资金来源。这些资金的优点主要在于期限较长，一般都在 15 年以上。从日本政策性银行看，主要包括政府借款、央行借款和国外借款。二是财政贴息。主要是政府从每年预算中划拨贴息资金，对特殊行业、特殊项目提供低利率贷款。三是税收减免。由于得益于政策性银行的"政策"二字，政策银行长期享有特殊的税收优惠政策。与政府性相比，市场化的发行方式则能在市场的调控机制之下，使供求双方都自愿的前提下达到资金供求的均衡，而且市场化可以增加政策性银行经营的透明度。但对市场化方式抱有疑虑主要是基于融资风险性的考虑，其中主要是市场利率的不确定性。尽管如此，如果综合考虑融资的数量以及融资的供需满足程度及市场融资所带来的后继影响，市场融资可能是一种更佳选择。因此，只有把政府融资和市场化融资方式相结合才能使财政投融资获得有保证的资金来源。

为了借鉴，这里不妨介绍一下国外政策性银行运营的特点。国外政策性银行的运营具有五个鲜明的特点：（1）以国家信用为背景。政策性银行具有主权或准主权级信用等级，而享有国家信用的实质是"政府的担保"。德国复兴信贷银行（KFW）法的第一章就明确规定了"德国政府的担保"义务。（2）国家财政提供有力支持。政策性银行是国家所有，资本金由财政拨付，并随时追加，资本充足率高于商业银行（日本政策投资银行（DBJ）为 11%，韩国产业银行（KDB）为 17.59%），并享有特殊的税收减免、利差补贴、亏损补偿等政策，政策性银行可以向财政借款或向央行随时借款。（3）自主决策、自主经营、自担风险。依法设立和运营，是自主决策、自主经营、自担风险的独立法人。（4）保持合理盈利水平。奉行不亏损原则，并保持合理盈利水平。（5）运用新的金融手段。运用多元化金融手段，立足于政策性服务领域，具备较强的专业化水平。

（四）我国政策性银行体制有待进一步完善的问题

随着市场经济体制逐步完善和金融体制改革的深入，我国的财政投融资体制特别是政策性银行暴露出了一些亟待解决的问题，特别是法规建设滞后、功能定位不明等制度缺陷已明显制约了经济和金融体系发展。如何完善政策性职能，对政策性银行进行规范化改革，已成为当前金融改革的紧迫课题，也是完善中国投融资制度的重要保障。

针对现行财政投融资体制存在的问题，进一步完善的思路主要是：

1. 财政投融资体制的法制化。应尽快制定财政投融资法，用法律、法规规范财政投融资活动，使之纳入法制化管理轨道。

2. 融资渠道多元化。除原有资金渠道外，财政投融资的支撑点是国家信用，今后应逐步建立和完善政府担保债券和政府担保的借款制度，进一步引进外资和吸收社会及个人资金，扩大融资量。

3. 加强财政投融资管理，促进投资环节的严谨高效。避免重复建设，盲目上项目，提高财政投资的效率，是完善财政投融资体制的核心问题之一。

4. 完善财政投融资和市场投融资的协调机制。一是虽然财政投融资体制强调自上而下一致的政策导向机制，财政投融资活动要严格遵照市场经济的信用原则；二是发挥财政投融资的政策性导向作用，对市场投融资的方向、规模、时间发挥引导效应，使市场投融资纳入国民经济良性运行的轨道。

【资料】

《政府和社会资本合作（PPP）信息公开管理暂行办法》解读

党的十八届三中全会通过的《关于全面深化改革若干重大问题的决定》提出了坚持依法治国、发挥市场在资源配置中的决定性作用和更好发挥政府作用，推进国家治理体系和治理能力现代化等现代治国理政纲领。PPP改革是一项推进国家治理体系和治理能力现代化的重大制度创新，是一次体制机制的变革。党中央国务院高度重视PPP改革工作，把PPP改革作为增加公共产品和服务供给、吸引鼓励民间投资、促进财政投融资体制改革的一项重要举措。自2014年以来，PPP作为一种创新的公共产品与服务供给模式，在市政工程、交通运输、片区开发、环境治理、医疗养老、文化教育等19个领域得到应用。推动PPP信息公开是规范PPP项目运作、转变政府职能、实现信息对称管理、提高公众参与度管理的重要手段。国务院办公厅转发财政部、发展改革委、人民银行《关于在公共服务领域推广政府和社会资本合作模式指导意见的通知》（国办发〔2015〕42号）中指出，推广PPP模式要坚持公开透明的基本原则，实行阳光化运作，依法充分披露政府和社会资本合作项目重要信息，保障公众知情权，对参与各方形成有效监督和约束。为贯彻落实PPP信息公开，财政部建立国家PPP综合信息平台，为推动PPP信息公开，促进PPP市场科学、规范和可持续发展奠定了重要基础。

资料来源：2017年2月3日 来源：财政部网站：PPP中心。

【资料分析】 PPP是Public-Private-Partnership的字母缩写，通常被称为"政府和社会资本合作"，是政府与社会资本为了合作建设城市基础设施项目，或为提供公共产品或服务而建立的"全过程"合作关系，以授予特许经营权为基础，以利益共享和风险共担为特征；通过引入市场竞争和激励约束机制，发挥双方优势，提高公共产品或服务的质量和供给效率。

政府和社会资本合作模式是在基础设施及公共服务领域建立的一种长期合作关系。通常模式是由社会资本承担设计、建设、运营、维护基础设施的大部分工作，并通过"使用者付费"及必要的"政府付费"获得合理投资回报；政府部门负责基础设施及公共服务价格和质量监管，以保证公共利益最大化。当前，我国正在实施新型城镇化发展战略。城镇化是现代化的要求，也是稳增长、促改革、调结构、惠民生的重要抓手。立足国内实践，借鉴国际成功经验，推广运用政府和社会资本合作模式，是国家确定的重大经济改革任务，对于加快新型城镇化建设、提升国家治理能力、构建现代财政制度具有重要意义。

复习思考题

1. 财政消费性支出的含义和本质属性是什么?财政消费性支出包含哪些内容?
2. 行政管理费和国防费的属性和经济意义?
3. 分析我国行政管理费的增长变化原因,并思考控制行政管理费的思路和措施。
4. 简要分析文科卫支出的经济性质。
5. 简要分析目前我国教育支出的规模和结构、教育支出的提供方式有哪些?
6. 公共卫生必须由政府提供的理论依据是什么?
7. 如何对文科卫支出加强管理,提高效益?
8. 简述财政投资的特点和范围。
9. 试分析基础产业发展与财政投融资的关系。
10. 财政对农业投资的重点是什么?
11. 简述财政投融资的特征、具体形式及其实际运行。

第四章 转移性支出

转移性支出是一种无法直接获得等价补偿的公共支出,它代表着经济资源经政府之手,从经济的某个部分、集团或个人转移到另一部分、集团或个人手中,政府部门并不真实地消耗这些资源,它不反映公共部门占用社会资源的要求。事实上,转移性支出只是在社会成员之间的资源的再分配,公共部门只是起中介人的作用。转移性支出主要包括社会保障支出、财政补贴支出、税式支出、捐赠支出以及债务利息支出等。其中,社会保障支出一般是发达市场经济国家最大的独立公共支出项目,在各国的政府支出中占据着举足轻重的地位。

第一节 社会保障支出

一、社会保障的含义和内容

(一) 社会保障的含义

社会保障是指国家依据一定的法律和法规,在劳动者或全体社会成员因年老、疾病、伤残丧失劳动能力或丧失就业机会以及遇到其他事故而面临生活困难时,向其提供必不可少的基本生活保障和社会服务。《中华人民共和国宪法》规定:中华人民共和国公民在年老、疾病,或者丧失劳动能力的情况下,有从国家和社会获得物质帮助的权利。

(二) 社会保障的特征

社会保障作为一种经济保障形式,具有以下几个基本特征:

1. **覆盖面的社会广泛性**。社会保障的实施主体是国家,目的是满足全体社会成员的基本生活需要,因此社会保障的受益范围就是广泛的,保障的辐射角度也是全方位的。完整的社会保障体系犹如一张安全网,应覆盖社会经济生活的各个层次、各个方面。从原则和道义上讲,任何一个社会成员都不应被排斥或遗漏在这张安全网之外。

2. **参与上的强制性**。虽然社会保障事业惠及每一位社会成员,但每个人对社会保障的需求程度和社会保障对不同个人所产生的边际效用高低却各不一样,甚至有很大差别。这样,在经过付出与收益之间的比较权衡之后,一些社会成员可能会宁愿选择不参与社会保障,这显然不利于社会整体利益。因而,此时的强制参与就是必要的,并且应以法律形式加以确定。

3. **制度上的立法性**。社会保障作为政府的社会政策,在为全体社会成员提供保障的同时,也要求全社会共同承担风险,这就牵扯到社会的各个方面,涉及各种社会关系。为了使社会保障具有权威性,正确地调整各阶层、群体以及个人社会保障利益关系,就必须把国家、集体(雇主)、个人(雇员)在社会保障活动中所发生的各种社会关系用法律形式固定下来。

4. **受益程度的约束性**。社会保障只涉及基本生存方面的风险,它所直接带来的不是享受,而只是满足基本生活保障的需要。受益程度的约束性是由社会保障存在的前提和基本出发点决定的。由于社会保障的项目、水平及制度的健全与否都受到社会化大生产发展程度的制约,因此,过多过滥的保障项目或受益水平过高会影响效率,也会影响社会成员的劳动积极性,从而不利于公平的兼顾及为社会成员创造相对平等的机会。

(三) 社会保障体系的内容

由于各国的政治、经济、文化、价值观以及实行社会保障制度的各项具体规定不同,各国的社会保障内容体系存在很大的差异。但是从各国实践来看,主要都包括社会保险、社会救助、社会福利以及社会优抚和安置等四个方面。

1. **社会保险**。社会保险依法由国家、集体和个人共同筹集资金,以确保公民在遇到生、老、病、死、伤、残、失业等风险时,获得基本生活需要和健康保障的社会保障计划。社会保险是社会保障的核心内容。

社会保险一般包括以下内容:(1)社会养老保险。是指国家以立法形式确立的劳动者在年老失去劳动力或退出就业领域后享有的领取退休养老金的权利,通常以企业、劳动者、政府和社会为资金来源。(2)社会医疗保险。是由国家以立法形式确立的劳动者所享有的疾病预防和治疗的权利,主要以劳动者缴费和政府补助为经费来源。(3)失业保险。是由国家以立法形式确立的劳动者在失业时享有的权利,用以维持劳动者的基本生活水平。(4)工伤保险。是由国家以立法形式确立的劳动者因工作而负伤、致残、死亡时,给劳动者本人或者其直系亲属提供资金与物质帮助的保险制度。(5)女工生育险。是由国家以立法形式确立的女工在生育期间中断劳动或工作时给予其帮助的一种社会保险制度。

2. **社会救助**。社会救助是国家通过财政拨款,向生活确有困难的城乡居民提供资助的社会保障计划。社会救助不需交费,只向符合条件的需要者发放,如残疾人、儿童、贫困妇女、无依无靠的老人等,它是社会保险的重要补充。主要包括贫困补助、赡养补助、住房补助、医疗补助、食品券、幼儿日托、法律服务、学校午餐等不同项目。这些对于以社会政策托底来扶助弱势群体、实现社会公平、维护社会稳定,有重要的作用。

3. 社会福利。社会福利是国家和社会在保障和维持全体社会成员基本生存权利的基础上，通过兴建社会公共福利设施、实施社会服务以及各类社会公共福利事业，来增进和提高社会成员的物质和文化生活水平的保障计划。广义的社会福利是指提高社会成员生活水平的各种政策和社会服务，旨在解决广大社会成员在各个方面的福利待遇问题。狭义的社会福利是指对生活能力较弱的儿童、老人、单亲家庭、残疾人、精神病人等的社会照顾和社会服务等。广义的社会福利所包括的内容十分广泛，不仅包括生活、教育、医疗方面的福利待遇，而且包括交通、休闲、体育、文化艺术欣赏等方面的待遇。

4. 社会优抚和安置。社会优抚和安置是社会保障体系中一种带有褒扬、优待、抚恤和安置性质的保障计划。主要是指国家和社会依照法律、法规，给予优抚对象提供一定的生活补助资金、物资和服务的特殊社会保障举措。主要包括死亡抚恤、伤残抚恤、在乡复员退伍军人生活补助、义务兵优待，以及军队移交政府的离退休人员安置、军队转业干部安置等。

二、市场经济体制下社会保障制度的经济意义

社会保障制度是市场经济体制的重要的不可或缺的内容，市场经济体制下社会保障制度具有三个方面的经济意义：

（一）社会保障制度可以弥补市场收入分配差距过大的缺陷，它是政府收入再分配的重要工具

市场经济是一种效率型经济，可以使社会经济资源得到有效的配置。然而，市场经济也存在种种缺陷，其中之一就是市场的分配机制必然拉大社会成员之间的收入差距，出现分配不公，甚至使一部分人最终在经济上陷入贫困。市场分配承认个人对财产的占有和劳动者个人天赋与能力的差别，从经济的角度看，这种分配机制可以刺激人们不断开拓创新，勇于进取，对于提高经济效益是有益的；但从社会的角度看，这种分配机制会使财产占有和劳动能力的弱者以及丧失就业机会和丧失劳动能力的老弱病残，在激烈的竞争中遭到无情的裁决。所以，市场分配机制所形成的收入差距保持在一定限度内是合理的，也有利于提高经济效益，但一旦超过合理的限度，是社会所不能接受的，并且也不利于经济效率的提高。现代经济社会下，人们已经基本达成共识，即人的生老病死以及人的最低生活需要，不应当由市场来裁决，或者说，市场的裁决不应该是最终的，政府应该有所作为。在市场经济中，政府虽然不能通过行政手段在初次分配领域干预收入分配，但可以采取收入再分配措施来缩小人们的收入差距，矫正市场分配的不公。正像有的学者所说的："社会虽然不能制止老天下雨，但却可以生产雨伞"。这里的"下雨"，是指人们的收入差距拉大，而"雨伞"则是指政府的社会保障制度。

从政府的收入再分配手段来看，税收固然是一个重要工具，如通过开征累进的所得税和财产税，可以把高收入者的一部分收入征收上来，限制收入差距的扩大。但只有税收手段还是不够的，因为税收只能使高收入者"穷"一些，而不能使低收入者"富"一些，更不能从根本上解决低收入者的生活保障问题。所以，政府要实施收入

再分配还必须使用财政支出手段,即通过财政支出,向低收入或无收入者转移收入,这样才能使低收入阶层有一个基本的生活保障。

(二) 市场经济下社会保障制度具有"内在稳定器"的作用

由于社会保障的各个方面都是制度化的,社会保障的收支(特别是支出)与财政收支以及国民经济的运行构成某种函数关系。基于这种联系,社会保障支出随经济周期而发生的反向变化,可能弱化经济周期的波幅。经济学家津津乐道社会保障支出的"内在稳定器"作用,即繁荣的年代,失业准备基金不但增长,而且还对过多的支出施加稳定性的压力;相反,在就业较差的年份,失业准备基金使人们获得收入,以便维持消费数量和减轻经济活动的下降。

(三) 政府可以实施私人保险市场不能完全胜任的社会保障职责

私人保险市场的局限性主要表现在以下几个方面:

1. 私人保险市场存在逆向选择和道德风险问题,会导致私人保险市场失灵。比如,个人面临的风险水平是不同的,如果保险费率按平均风险水平确定,则低风险的个人就会选择退出保险计划,这将使保险计划不得不再次提高保险费率,其结果必然会使更多的低风险个人脱离保险计划。逆向选择问题又是由信息不对称造成的,即每个个人可以确实把握个人的风险程度,而保险公司却只能掌握并不完全的信息,如果保险公司根据所观察到的平均风险程度来确定保费,就有可能会发生低风险个人向高风险个人转移收入的再分配,这样低风险者就会退出私人保险计划,一旦出现了这种逆向选择问题,私人保险市场也就很难单纯向高风险的个人提供保险。另外,由于加入了私人保险,个人就可能淡薄了风险防范意识,甚至可能出现故意发生受保事故的道德风险问题。

2. 私人保险无法解决个人储蓄不足以及"免费搭车"的问题。比如,社会上难免存在那么一些短视的个人,他们过分注重工作期的消费,忽视为自己的养老进行储蓄。尽管有私人养老保险市场,也可能不会自愿地加入养老保险,而进入老龄时期则会给社会和国家增添负担,借助于"免费搭车"。这种现象实际上是一种储蓄的道德风险问题。为此,政府就有必要举办一种强制性的养老保险计划,让每个年轻人都参加进来,保证每个公民老有所养。

3. 私人保险市场难以抗御系统性风险。比如,高通货膨胀时期养老金会发生贬值,而且每个投保人受通货膨胀损失的程度是不同的,显然,私人保险公司抵御养老金遭受损失的能力是比较弱的,也不能将损失在个人之间进行风险分摊,而政府却可以保证养老金的实际价值,使受保人免受损失。

4. 私人保险市场无法进行有目的的收入再分配。比如,私人意外保险只能在发生意外事故与没有发生意外事故的受保人之间进行再分配,私人养老保险只能在长寿者和短寿者之间进行再分配,而政府举办的养老社会保险则可以通过种种措施实现高收入受保人与低收入受保人之间的收入再分配。

三、世界各国社会保障制度的建立和发展

现代社会保障制度最早于 19 世纪诞生于德国,至今只有百余年的历史。但这百余年的历史却包含了人类几千年的梦想。在西方,从柏拉图的《理想国》到托马斯·莫尔的《乌托邦》，无不寄托了人类对人人丰衣足食、生老病死皆有保障的幸福生活的憧憬。这与古代中国人对"大同社会"的追求是一样的。但是直到19世纪末以后，尤其是"二战"以来西方大力推行实施所谓"福利国家"政策之后，人类才逐步让这个理想变得比较现实起来，这主要归功于社会保障制度的建立和完善。西方现代社会保障制产生与发展的历程大致可分为如下三个阶段：

（一）19世纪至20世纪30年代——社会保障制度的初步建立阶段

在政府设立的社会保障出现之前，早期解决贫富对立的办法主要是教会、慈善机构或政府的济贫行动，商业保险对缓解市场风险也有积极的作用。随着工业化的发展，贫富矛盾和社会冲突加剧，政府的社会保障成为解决问题的主要办法。世界上最早由政府建立系统的社会保障制度的国家是德国。19世纪德国的"铁血宰相"俾斯麦以社会保险法稳定了德国，缓减了社会矛盾，保证了德国工业化的迅速实现。自从德国在1889年初步建立起现代最早的社会保障制度之后，在1908年和1910年，英国和法国也建立了类似的计划；1913年和1919年，瑞典和意大利也实施了此类计划。美国于1935年在罗斯福总统施行"新政"时，建立了一个以强制纳税制度为资金来源的涉及失业、残疾、养老等内容的收入保障计划。到20世纪30年代，主要西方国家都初步建立了这一制度。世界第一部正式的社会保险法典于19世纪末产生于德国，包括1883年《疾病保险法》、1884年《工伤事故保险法》、1889年《老年及残废保险法》。世界第一部全国性强制《失业保险法》于1911年诞生于英国。世界第一个国家健康保险体系于1912年在英国建立，其演变进程是：1801年的《济贫法》、1834年的《济贫法》修正案、1911年的《失业保险法》。世界第一部全面的《社会保障法》于1935年诞生于美国。

（二）20世纪40年代至70年代——社会保障制度的扩大与完善阶段

1942年英国著名社会学家威廉·贝弗里奇推出了在西方社会保障史上颇有名的《贝弗里奇报告》，并提出了两个基本思想：一是社会保障应体现基本保障的原则，二是社会保障应体现普遍和全面的原则。这一报告为现代福利国家奠定了基础。"二战"后西方各国开始新一轮社会保障立法。20世纪50年代到70年代是资本主义经济历史上的第二个"黄金时代"。为了缓和阶级矛盾，对抗社会主义意识形态，西方国家依靠其雄厚的经济基础纷纷推行建立福利国家的政策，他们以福利经济学和凯恩斯主义为理论支柱，采行适当的财政税收政策，如社会保险、社会福利救济等，通过重新分配国民收入，普遍提高人民生活，大大缓解了社会贫困和两极分化问题。在建立福利国家的过程中，西方国家逐步完善了它们的社会保障制度，建立了西方世界引以为荣的"从摇篮到坟墓"的社会保障制度，这一制度在北欧福利国家几乎达到登峰造极的地步。1972年随着日本开始实行由国家主办的社会福利计划，西方各主要国家也就完成了跨入现代福利国家行列的历史任务。

（三）20世纪80年代以来——社会保障制度的改革调整阶段

20世纪80年代以来，随着美苏对立的缓和，世界进入了以经济竞争为主的新时代，由此牵动了整个西方社会的大改革与大调整。激烈的国际竞争终于使福利国家的神话破灭，被誉为西方福利国家橱窗的瑞典模式失去耀眼光环。高额保障产生的"福利陷阱"和"福利病"迫使西方国家纷纷进行社会保障制度的改革与调整，效率与公平的天平开始向效率一方倾斜。

如今发达国家的社会保障制度已形成相当大的规模,且十分完整和稳定。从财政收入一方看,社会保障税(包括社会保障捐助)业已成为仅次于所得税的第二大税类;从财政支出一方看,社会保障支出亦已超过其他各个项目而独占鳌头。

西方各国社会保障制度的实施及运筹资金的方式各有特色,共同的特点可概括为如下几点:(1)保障项目名目繁多。西方学者曾把这样的社会保障制度概括为"从摇篮到坟墓",也就是说,社会保障涉及从生到死、从物质到精神、从正常生活到遭受变故等多个方面。(2)社会保障资金有确定的来源。用于提供社会保障的资金主要来自社会保障税,该税由取得工资收入的职工和职工的雇主各缴纳一半,采取"源泉扣缴法"课征。社会保障税不足社会保障支出部分,由政府从财政收入中弥补。(3)社会保障支出依法由政府集中安排。在西方国家,尽管具体管理社会保障项目的机构很多,既有政府机构(中央的和地方的),也有民间团体和私人企业,但从总的倾向上看,社会保障项目是由政府集中管理的。(4)社会保障法制化程度高。实施社会保障制度的一切细节,从资金来源、运用的方向,直至保障的标准、收支的程序,大都有明确的法律规定。

四、我国社会保障制度的发展和成就①

(一)我国社会保障制度的发展

根据经济社会发展进程,中国社会保障制度的发展大体划分为两个发展阶段:改革开放前建立的是国家—单位保障型的传统社会保障制度,它与计划经济体制相适应;改革开放后逐渐形成的是国家—社会保障型的新型社会保障体系,它与市场经济体制相适应。

1. 改革开放前社会保障的探索与发展。 从新中国成立到改革开放前的30年间,我国的社会保障经历了1949年和1950年实行应急性救济、1951—1967年建立传统社会保障制度并在不断调整中发展、1968—1970年从劳动保险到企业保险蜕变后定型、1971—1977年进一步延续发展的过程。

1951年制定并实施了面向城镇企业职工并惠及其家属的《中华人民共和国劳动保险条例》,标志着现代社会保障在中国的正式制度化,这一综合型社会保障制度包括了职工养老、医疗、工伤等多项保障。1952年建立了面向机关事业单位工作人员的公费医疗制度,1955年建立机关事业单位工作人员和现役军官退休养老制度,同一时期还建立了职工福利制度与多项社会福利制度。农村则在1956—1960年建立了"五保"制度和合作医疗等集体福利制度。至此,城乡有别的传统社会保障制度得以成型。1968—1970年,我国的社会主义建设进入艰辛探索时期,传统社会保障制度也发生了一些蜕变,即面向城镇居民的社会保障进一步走向单位化,国家仍然决定着社会保障政策并通过指令性计划加以实施,但劳动保险筹资机制改为企业各自承担,社会保障的具体组织实施亦由各个单位包办。当然,由于政府始终承担着最终责任,城镇居民的福利保障权益继续得到维护。这一时期农村"五保"制度得到巩固,合

---

① 郑功成:新中国70年社会保障发展的理论与实践逻辑光明网,《光明日报》2019年10月8日。

作医疗与免费型初等教育因城镇知识青年上山下乡提供了规模庞大的人力支持而迅速发展，农村缺医少药、文盲遍地的状态迅速改变。

透过传统社会保障制度的发展历程，可以发现如下基本逻辑：

其一，社会主义公有制是传统社会保障制度的制度基础。在这样的背景下，国家和单位对社会成员的生活提供保障被视为社会主义制度的应有之义和优越性的具体体现，并与各个单位或集体的劳动分配和劳动者及其家属的生活活动交织在一起，初次分配与再分配连成一体，形成的是低工资（报酬）、多福利、追求平等的社会分配机制，社会保障在其中占有非常重要的地位。

其二，计划体制构成了传统社会保障制度的政治与社会背景。在城镇，以全民所有制企业为主体，加上少数集体所有制企业，它们既是经济社会部门，也是社会保障和公共服务部门，城镇劳动者既从企事业单位获得工资报酬，又和家属一起享受公有制下的各种生活福利保障；在农村，集体所有制的人民公社、生产大队、生产小队以"一大二公"为基本特征，既是生产单位又是基层政权组织，还是无所不包的社会组织，既管生产性事务又管农村社会成员的社会事务与集体福利，农村居民的收入与福利保障几乎全部来自集体分配。同时，在高度集中的计划体制下，面向劳动者的各项劳动保险与职业福利，以及面向城镇居民的各种补贴与福利设施均按国家统一计划加以实施，且均采取免费型福利供给的方式。

其三，城乡分割与单位（或集体）分割构成了传统社会保障制度的基本特征。严格的户籍制度与职业身份管制，以及附加在城镇户籍之上的各种福利政策，固化了城乡二元分割和单位（或集体）分割，进而形成了企业保障、机关事业单位保障与农村集体保障等不同的制度安排。从今天的视角来看，这种制度结构将社会成员紧紧捆绑在不同的单位或集体，限制了劳动者的自由流动和人力资源的优化配置。同时，伴随着国有企业劳动者老龄化而出现了不同单位（或集体）负担畸轻畸重的现象。

需要指出的是，传统社会保障制度虽然标准不高，经历过局部波折，但总体上仍是不断发展的。这种通过福利分配来追求平等的直接效果是居民收入差距不大，改革开放前夕我国的城镇基尼系数在 0.2 以下、农村在 0.21～0.24 之间，表明当时的中国是一个均等化程度很高的社会。

2. 改革开放后社会保障的探索与发展。 1978 年中国拉开了改革开放的帷幕。进入 20 世纪 80 年代后，伴随经济改革的推进，一些国有企业因不堪承受医疗费用支出的膨胀开始自发尝试让职工分担部分医疗费用，一些地区因国有企业无力自行承担支付退休职工养老金而自发对某些行业（如纺织业）的退休费用进行跨单位统筹，这可以视为传统社会保障制度变革前的准备。

真正意义上的社会保障改革始于 1986 年。这一年，第六届全国人大第四次会议通过的《国民经济和社会发展第七个五年计划》，首次单独设章阐述社会保障改革与社会化问题；同年国务院发布的《国营企业实行劳动合同制暂行规定》《国营企业职工待业保险暂行规定》和《关于发布改革劳动制度四个规定的通知》，正式用符合市场经济体制的劳动合同制替代了计划经济时期的终身就业制，首次为失业工人建立失业保险制度，对劳动合同制工人退休养老实行社会统筹，并开始在外商投资企业试水缴费型社会保险制度。这些事件标志着我国的社会保障开始从"单位化"走向"社会化"。不过,当时的变革主要是为了推进国有企业改革,社会保障改革不可避免地打上了为国有企业改革配套的烙印,新制度在传统社会保障制度框架内缓慢生长。

1993年党的十四届三中全会通过《关于建立社会主义市场经济体制若干问题的决定》,将社会保障确定为市场经济正常运行的维系机制和市场经济体系的五大支柱之一;1994年、1995年国务院先后推进医疗保险、养老保险改革试点,均实行社会统筹和个人账户相结合,这使得社会保障改革呈现出鲜明的效率取向。1998年党中央、国务院整合全国社会保险管理体制,强力推进"两个确保、三条保障线",以切实维护离退休人员的养老金权益和保障下岗、失业工人及城镇贫困人口的基本生活,并将建立独立于企事业单位之外的社会保障体系、筹资渠道多元化、管理服务社会化作为建设新制度的明确目标。这些重大举措使社会保障改革继续坚持维护社会公平的取向,新型社会保障制度得以快速成长。

2009年,国务院以全民医保和人人享有养老金为目标,实施"三年医改"方案,同年启动农村居民养老保险试点,并大规模推进城镇保障性住房建设,这标志着新型社会保障制度进入全面建设时期。2010年第十一届全国人大常委会制定《社会保险法》并于2011年实施,明确了中国新型社会保障体系是以权利与义务相结合的社会保险为主体的制度安排。2017年党的十九大报告明确提出"全面建成覆盖全民、城乡统筹、权责清晰、保障适度、可持续的多层次社会保障体系"。2018年国务院机构改革重构了整个社会保障管理体制,为新型社会保障体系建设提供了有力的组织保障。

经过改革开放以来的制度变革,与市场经济相适应的新型社会保障体系替代了与计划经济相适应的传统社会保障制度。在社会保险制度方面,传统的非缴费型退休金制度转化为缴费型的社会养老金制度,缴费型社会医疗保险全面替代原有的免费型公费医疗、公费医疗与农村合作医疗;工伤保险制度从单位负责制走向社会保险制,新创的失业保险制度在国有企业改革与市场竞争中发挥了有益作用。在社会救助方面,从传统的政策性救济走向法制化的最低生活保障制度,进而发展成为综合型社会救助制度,这一制度有效地保障了低收入困难群体的基本生活,维护了底线公正;在住房保障方面,从原来的福利分配经过商品化改革再回归到适度保障,使大多数居民的居住条件得到改善。

概括而言,改革开放以来中国社会保障改革走过的是一条从被动变革到主动变革、从自下而上探索到自上而下推进、从个别地区试点到全面总结经验推广、从单项改革到综合改革、从服务并服从于经济改革与发展到独成体系的发展、从注重效率取向到以维系和促进社会公正为己任的渐进式发展路径。改革目前已取得了巨大成就,但各项制度尚未真正成熟,深化改革的任务还十分繁重。

(二)我国社会保障发展的主要成就

总结中国社会保障制度的发展成就,主要可以概括为以下四个方面:

1. 实现了从传统社会保障制度到新型社会保障体系的全面转型。 1949年新中国刚成立时,国家"一穷二白",自然灾害频发,全国受灾人口数以千万计,城镇失业工人几乎占全国在职职工的一半,如何帮助灾民与失业工人度过生活危机成为摆在新生的人民政权面前的紧迫任务。1949年12月、1950年6月,中央人民政府先后发布《关于生产救灾的指示》《关于救济失业工人的指示》两个社会保障政策文件,全面展开了大规模的救济灾民与失业工人行动,不仅迅速化解了灾民与失业工人的生存危机,稳定了灾区和重要城市的社会秩序,而且对巩固新生的人民政权、促进新中国的经济社会建设起到了非常重要的作用。

从1951年制定并实施《中华人民共和国劳动保险条例》开始,党和政府相继建立起了一套与计划经济体制相适应的社会保障制度,包括劳动保险、公费医疗、社会津贴、城镇社会福利、农村合作医疗、农村"五保"制度等,其显著特征是国家—单位(或集体)保障制,它与社会主义公有制紧密结合,虽限于异常薄弱的财力而采取了城乡有别的方式,但城镇居民均被社会保障制度所覆盖,农村居民由集体经济支撑建立了互助性质的初级保障体系,人民群众从这套制度中受惠并感受到社会主义制度的优越性。

改革开放后,伴随经济改革的全面推进,以往的社会保障制度也成为改革的重要对象,经过不断探索,能够适应市场经济体制与社会发展进步要求的新型社会保障体系逐渐建立起来。新的社会保障制度仍然是国家主导,但多方分担责任取代了过去的政府、单位(或集体)的单一责任主体,缴费型保障替代了过去的免费型保障,社会化保障机制替代了单位(或集体)包办的封闭式保障机制,多层次保障体系正在替代过去的单一层次保障体系。社会保障制度的全面转型与日益健全,有力地维护了经济改革的顺利推进,促进了社会公正,维系着国家发展与民生质量的持续提升。

2. 从主要面向城镇居民发展成为全民共享的福利制度。从国际经验来看,发达国家普遍实现了社会保障制度全覆盖,发展中国家往往只有补缺型的社会救助制度和覆盖面窄的社会保险制度,因此,覆盖范围的大小通常被视为衡量一个国家社会保障制度发达程度的核心指标。新中国成立以来,最初的社会保障主要是面向灾民与失业工人实行救济政策,20世纪50年代建成的传统社会保障制度主要面向城镇居民,农村居民主要依靠集体内部的互助,遇到大的自然灾害时国家出面给予相应救济。因此,改革开放之前的传统社会保障制度事实上只覆盖了全国总人口的约18%。

改革开放以来,伴随社会保障制度整体转型,特别是近年来的快速发展,我国的社会保障制度实现了覆盖全民的目标,已经从主要面向城镇居民提升为全民共享的福利制度。不仅如此,计划经济时期城乡分割的格局也已被完全打破,城乡居民的养老保险、医疗保险、社会救助等基本实现了一体化。截至2018年末,全国参加基本养老保险人数为94293万人,领取养老金待遇者达27696万人,每个老年人均能按月领取数额不等的养老金;全国参加基本医疗保险人数为134459万人,参保率稳定在95%以上,全民医保目标基本实现;在社会救助方面,全国享受最低生活保障待遇者4526万人,享受特困人员救助者483万人,得到临时救助者1108万人,接受门诊和住院医疗救助5361万人次,实现了应救尽救;养老服务、残疾人福利、儿童福利事业也在全面发展。

中国是一个发展中国家,但社会保障的覆盖面已接近发达国家的水平。作为一个世界人口大国,中国社会保障的这一成就,将全球社会保障覆盖率从50%提升到了60%以上,为当今世界的社会保障发展做出了重大的贡献,得到了国际社会的高度认可,国际社会保障协会于2016年将"社会保障杰出贡献奖"授予了中国政府。

3. 从应急性救济走向适度保障,人民福祉不断增进。新中国成立初期的社会保障立足于应急性地解决灾民与失业工人的生存危机;计划经济时期的社会保障在城镇可以勉强维持居民温饱,在农村只能满足初级医疗卫生需要和在居民饥饿状态下施以有限救济。改革开放后,特别是近年来,我国的社会保障水平伴随国民经济与社会发展进步呈现出"水涨船高"的态势,全体人民均能够通过社会保障制度安排合理地分享到国家发展的成果。

以养老金为例,我国企业离退休人员的养老金已实现连续15年增长,从2004年的人月均700多元提高到2018年的2800多元;城乡居民养老金也从2009年试点的人月均55元增长到100多元。在医疗保险方面,享受医保待遇者从2010年的12.3亿人次增长到2018年的19.8亿人次,职工医保政策范围内住院费用基金支付比达81.6%,城乡居民实际住院费用医保基金支付比达56.1%,疾病后顾之忧持续大幅度减轻。在社会救助方面,城镇居民低保标准从2000年的人月均157元增长到2018年的579.7元,农村低保标准从2005年人月均76元增长到2018年的403元;其他各项保障待遇均在同步增长。

4. 从单纯的民生保障发展成为能够长久支持经济增长的重要机制。社会保障通常被视为保障民生的基本制度安排,在发展落后、保障不足的阶段,这一制度只能定位在提供最基本的民生保障上,对经济增长的贡献有限。但改革开放以来特别是近年来的实践表明,日益健全的社会保障制度能够通过转移支付直接增加城乡居民的即期收入,直接减轻乃至解除城乡居民在养老、医疗、贫困、失业、天灾人祸等方面的后顾之忧,进而减少其为应对未来生活风险的储蓄,这不仅增强了人民群众的消费信心,也极大地提高了人民群众的消费能力,促进了消费增长与消费升级,使中国经济发展具有了恒久的动力。

党的十八大以来,伴随社会保障实现全民覆盖、保障水平持续提高,居民家庭消费也在急剧增长,全国商品性消费继2008年、2012年先后突破10万亿元、20万亿元后,2019年社会消费品零售总额达到40万亿元。最终消费(包括居民家庭消费和政府消费)对中国经济增长的贡献率从2014年48.8%上升到2018年76.2%,成为名副其实且能够长久支撑中国经济增长的第一引擎,这一现象显然与社会保障制度具有密切的内在关联性。

五、社会保障支出及其资金的筹集

(一) 我国社会保障支出

我国社会保障支出主要由财政社会保障支出(即一般公共预算中社会保障和就业支出)和社会保险基金支出两部分组成,当然农林水支出、住房保障支出、粮油物资储备支出等其他功能支出里面也实际包含了部分社会保障支出。

1. 财政社会保障支出的规模和结构。我国社保体系构建过程中,由于我国的养老、医疗和失业等社会保险政策各地差别大,统筹层次低,且社会保险收支不列入公共财政预算内,因而直接由一般公共预算(即小口径财政)安排的社会保障支出仍然不多。表4-1列示了一般公共预算中直接用于社会保障方面的主要支出项目,包括社会保险基金补助支出、就业补助支出、行政事业单位离退休支出、城市和农村居民最低生活保障支出等。可以看出,公共财政对社会保障事务的支出主要包括社会保险基金补助支出以及行政事业单位离退休支出,而财政用于就业补助和城乡居民最低社会保障等项目的资源比较有限。

表 4-1　　　　　　　　　财政社会保障支出的规模和结构　　　　　　（单位:亿元）

年份	一般公共预算支出中社会保障和就业支出	其中:				
		社会保险基金补助支出	就业补助支出	行政事业单位离退休支出	城市居民最低生活保障支出	农村居民最低生活保障支出
1998	595.63	—	6.48	274.36	8.86	—
1999	1197.44	169.66	4.12	393.92	17.95	—
2000	1517.57	298.65	6.35	478.57	26.48	—
2001	1987.40	342.97	6.81	624.72	45.74	—
2002	2636.22	517.29	11.38	788.83	101.63	—
2003	2655.91	493.90	99.24	894.97	160.63	—
2004	3116.06	519.77	130.12	1028.11	178.83	—
2005	3698.86	577.23	160.91	1164.83	198.21	—
2006	4394.11	888.95	345.37	1330.20	241.01	—
2007	5447.16	1275.00	370.90	1566.90	296.04	109.10
2008	6804.29	1630.88	414.55	1812.49	411.70	228.70
2009	7606.68	1776.73	511.31	2092.95	517.85	363.00
2010	9130.62	2309.80	624.94	2353.55	539.53	446.59
2011	11109.40	3152.19	670.39	2737.75	675.06	665.48
2012	12585.52	3828.29	736.53	2848.84	666.36	698.71
2013	14490.54	4403.14	822.56	3208.43	763.38	861.04
2014	15968.85	5042.83	870.78	3668.01	737.47	869.00
2015	19018.69	6596.19	870.93	4360.95	753.81	931.53
2016	21591.45	7633.54	784.98	5234.64	643.10	1014.50
2017	24611.68	7448.66	817.37	7578.95	572.24	903.59
2018	27012.09	8271.39	845.19	8529.86	525.68	936.81
2019	29379.08	8633.04	916.17	9687.59	461.70	991.43
2020	32568.51	9405.97	938.86	11230.29	477.47	1202.41

资料来源:各年度《中国财政年鉴》,财政部网站。

1998—2020 年期间,我国各年度财政社会保障支出占一般公共预算支出的比重,基本都在 10% 以上,2018 年以来则超过 12%。财政社会保障支出占 GDP 的比重也呈上升势头,1999 年超过 1%,2007 年达到 2%,2020 年则超过 3%。如果将不列入一般公共预算的社会保险基金支出计算在内,2020 年我国社会保障支出总额占 GDP 的比重则已超过 10%。从国际比较来看,欧盟各国的社会保障支出占 GDP 的比重自 20

世纪80年代以来就已超过16%，我国的指标虽然低于欧盟国家，但已超多数发展中国家。

2. 社会保险基金支出的规模与结构。社会保险基金支出是中国社会保障支出的主体，采取部分基金制运转方式。社会保险基金并不体现在一般公共预算中，2013年及以前一直作为预算外收支项目，由各地自收自支。直到2014年以后，才在独立的社会保险基金预算中反映。表4-2给出了1989—2020年期间社会保险基金支出情况。

表4-2　　　　　中国财政社会保险基金支出的规模与结构　　　　　（单位：亿元）

年份	社会保险基金支出	基本养老保险基金支出	失业保险基金支出	医疗保险基金支出	工伤保险基金支出	生育保险基金支出
1989	120.9	118.8	2.0	0	0	0
1990	151.9	149.3	2.5	0	0	0
1991	176.1	173.1	3.0	0	0	0
1992	327.1	321.9	5.1	0	0	0
1993	482.2	470.6	9.3	1.3	0.4	0.5
1994	680.0	661.1	14.2	2.9	0.9	0.8
1995	877.1	847.6	18.9	7.3	1.8	1.6
1996	1082.4	1031.9	27.3	16.2	3.7	3.3
1997	1339.2	1251.3	36.3	40.5	6.1	4.9
1998	1632.6	1511.6	51.9	53.3	9.0	6.8
1999	2108.1	1924.9	91.6	69.1	15.4	7.1
2000	2385.6	2115.5	123.4	124.5	13.8	8.3
2001	2748.0	2321.3	156.6	244.1	16.5	9.6
2002	3467.6	2842.9	182.6	409.4	19.9	12.8
2003	4016.4	3122.1	199.8	653.9	27.1	13.5
2004	4627.4	3502.1	211.3	862.2	33.3	18.8
2005	5400.8	4040.3	206.9	1078.7	47.5	27.4
2006	6477.4	4896.7	198.0	1276.7	68.5	37.5
2007	7887.8	5964.9	217.7	1561.8	87.9	55.6
2008	9925.1	7389.6	253.5	2083.6	126.9	71.5
2009	12302.6	8894.4	366.8	2797.4	155.7	88.3
2010	14818.6	10554.9	423.3	3538.1	192.4	109.9
2011	18054.7	12764.9	432.8	4431.4	286.4	139.2
2012	22181.6	15561.8	450.6	5543.6	406.3	219.3
2013	26567.9	18470.4	531.6	6801.0	482.1	282.8
2014	33002.7	23325.8	614.7	8133.6	560.5	368.1
2015	38988.1	27929.4	736.4	9312.1	598.7	411.5
2016	46888.4	34004.3	976.1	10761.1	610.3	530.6

续表

年份	社会保险基金支出	基本养老保险基金支出	失业保险基金支出	医疗保险基金支出	工伤保险基金支出	生育保险基金支出
2017	57145.6	40423.8	893.8	14421.8	662.3	744.0
2018	67792.7	47550.4	915.3	17823.0	742.0	762.0
2019	75346.6	52342.3	1333.2	20854.2	816.9	
2020	78611.8	54656.5	2103.0	21032.1	820.3	

资料来源：各年度《中国统计年鉴》，国家统计局网站。

注：由于计算过程中存在四舍五入，总项不是百分之百等于分项和；2019年起，生育保险基金正式并入职工基本医疗保险基金。

如表4-2所示，1989年以来，社会保险基金呈指数形态增长，始终保持了迅速的增长趋势。2020年基金支出是1989年的650倍，是2000年的33倍。其中，养老保险基金是最重要的社保基金，养老基金支出占总基金支出的比例约为70%。

（二）社会保障资金的筹集

社会保障项目众多且各具有不同的特点，因此，各项目资金筹集模式、手段也就各有差异。

1. 社会福利、社会救助和社会优抚的资金筹集。这几类保障项目所要保障的风险具有一定的偶然性和特殊性，不是每一个社会成员一生都可能遇到的，其资金的需要量没有一定的规律，且数量相对较少，而且接受资助的社会成员或无力缴纳社会保障费用，或无须缴纳相关费用。鉴于此，社会福利、社会救助和社会优抚类保障项目可以不需要建立专门的资金筹措制度，其资金直接来源于政府的一般税收收入，而支出项目则列入政府的一般经费预算，并通过政府的有关管理部门直接或委托经办机构提供相关服务，以及将补助金转移到受助人手中。

2. 社会保险的资金筹集。社会保险相比其他保障项目更具有普遍性，其所保障的主要风险几乎是每一个社会成员都会遭遇到的，社会保险费用具有需求数量大、支出有规律性的特点，这就要求社会保险项目一定要有广泛而稳定的资金来源。可见，社会保险的资金筹集是社会保障支出和社会保障制度能否正常运行的前提条件和物质基础。

纵观世界各国的社会保险资金筹措模式，由于社会制度、经济发展水平、文化背景的不同而有所差异，但归纳起来有三种：

（1）**基金制**。基金制是采用预筹积累方式来筹集资金，在若干年里，按规定的一定比例逐年逐月缴纳而积累形成的。其基本原则是事先提留、逐年积累、到期使用。其具体办法是在社会保障机制中引入激励机制，采用个人账户积累资金，且谁积累谁受益、多积累多收益。由于个人账户产权清晰，可以调动人们进行积累和劳动的积极性，避免了"吃大锅饭"的弊端。

基金制筹资模式具有费率高、对应性强，能形成预筹资金，不存在支付危机的特点。但基金制也面临着如何使预筹基金免受通货膨胀的威胁，不断保值增值的问题。同时，采用个人账户方式进行预筹积累，依赖大量的信息，并要对庞大的信息系统进行管理,这就对管理人员的素质和科技水平提出了较高的要求。目前,中国香港、新加坡、智利、阿根廷等国家和地区的社会养老保险采用基金制模式。

(2) 现收现付制。现收现付制是通过社会保险税来筹集社会保险资金的一种模式,即当年筹集的保险资金只用于满足当年支出的需要,而不为以后年度的社会保险储备基金。社会保险税是为筹集特定的社会保险款项,对一切发生工薪收入的雇主、雇员,就其支付、取得的工资、薪金收入为课税对象而征收的一种税。社会保险税借助税收的强制性、固定性来筹集社会保险资金,使其具有了稳定、可靠的来源,有利于统一管理,提高社会保障的社会化程度。社会保险税具有税率调整灵活、社会公平性强、易于操作、资金不受通货膨胀和利率波动影响的优点。但它也存在着税率不稳定、"代际转嫁"的缺陷。特别是在人口老龄化、退休人员相比就业人员的比例日益提高的情况下,为保证越来越多的退休人员的社会养老保险保障的水平不会降低,就必须不断调高养老保险税的税率,不断加重在职人员的负担。从世界各国的情况来看,主要有医疗、生育、失业等短期项目采用这种模式。

通过社会保险税来筹集社会保险资金的方式实质上是一种现收现付方式。社会保险税起源于美国。1935年,美国通过了《社会保险法案》,为筹集社会保险基金开征了薪给税。社会保险税在美国的率先开征并取得成功,对西方税收体系产生了自开征所得税以来的又一次重大影响,自此以后,西方国家普遍开征社会保险税,掀起了20世纪第二次较大的税制改革浪潮。社会保险税虽是一个年轻的税种,但在德国、法国、荷兰、瑞典等国家已经成为了头号税种,其占税收收入的比重多在30%~50%之间。而在部分发展中国家,如罗马尼亚和巴西,社会保险税占中央财政收入的比例也相当高。目前,已有160多个国家和地区建立了社会保障制度。其中有80多个国家和地区开征了社会保险税或类似税种,其覆盖面大于增值税。

(3) 混合制。混合制是指根据社会保障内容的不同特征,资金筹集的一部分采用基金制,一部分则依赖现收现付制模式。其中个人账户基金积累部分有助于激励个人缴费,在社会养老保险中便于应对老年化的挑战,而现收现付的社会统筹资金则有助于实现社会公平。其特点是在一定程度上可以尽量避免单一实行上述两种筹资模式的缺点。但采用混合制,有可能造成社会成本的提高,即既要有一部分人来从事社会保险税的征收和分配,又要有一些人去管理个人账户的业务。这无疑消耗了更多的资源来实现特定水准的社会保险,加大了成本开支。目前,中国、俄罗斯等国家的社会养老保险采用混合制筹资模式。

第二节 财政补贴

一、财政补贴的含义和分类

(一) 财政补贴的含义

财政补贴是一国政府根据一定时期政治经济形势及制定的方针政策,为达到特定的目的，对指定的事项由财政安排的专项资金补助支出。

作为一种转移性支出，财政补贴支出同社会保障支出有很多相似性。从政府角度看，无论是以补贴形式还是以社会保障形式拨付支出，都不能换回任何东西，支付都是无偿的。从领取补贴者的角度看，无论以什么名目得到政府的补贴，都意味着实际收入的增加，因而经济状况都较之前有所改善。然而，这两类转移性支出也有差别，差别主要体现在同相对价格体系的关系上。财政补贴总与相对价格的变动联系在一起：或者是补贴引起价格变动，或者是价格变动导致财政补贴。因为有这种联系，很多人索性就把财政补贴称为价格补贴。社会保障支出则不与产品和劳务的价格发生直接联系，固然人们获得保障收入后用于购买，可能使购买商品的价格发生变化，但这种影响既不确定，又是间接的。因为与相对价格结构有直接关联，财政补贴便具有改变资源配置结构、供给结构与需求结构的影响，而社会保障支出则很少有这种影响。

根据上述分析，我们也可以把财政补贴尤其是价格补贴理解为一种影响相对价格结构，从而可以改变资源配置结构、供给结构和需求结构的政府无偿支出。

（二）财政补贴的分类

财政补贴可依据不同标准进行分类：

1. 从补贴的功能和涉及的主要领域划分，财政补贴可以分为生产性补贴和社会福利性补贴。生产性补贴主要为支持保护或引导促进特定产业发展，针对作为生产者的企业和个人，如农业补贴、新能源汽车补贴等，对提供公共产品和服务的企业给予成本或利益方面的补偿等。社会福利性补贴主要为保障和改善民生、提高社会福利水平，针对特定的居民或者特定机构，如就业支持补贴、社会救济补贴和社会保障补贴等。

2. 从补贴对象划分，财政补贴可以分为个人补贴和企业生产经营补贴。

3. 从补贴的环节划分，财政补贴可以分为生产环节补贴、流通环节补贴和消费环节补贴。

4. 从补贴的透明度划分，财政补贴可以分为明补和暗补。我国的财政补贴，无论是对个人生活还是对企业生产经营，都有明补和暗补两种形式。明补直接在财政支出中列支，直接支付给受补者，透明度高；而暗补则采取冲减财政收入的方式进行财政补贴，透明度相对较低。

我国财政补贴根据预算管理分类通常包括以下内容：

（1）价格补贴。价格补贴是国家为了弥补因价格体制或政策原因，造成人民生活水平降低或企业利润减少而支付的补贴。价格补贴在财政补贴中所占比重最大，是财政补贴的主要内容。

（2）企业亏损补贴。企业亏损补贴又称国有企业计划性（政策性）亏损补贴，主要是指国家为了使国有企业能够按照国家计划生产经营一些社会需要但由于客观原因生产经营中将出现亏损的产品，而向这些企业拨付的财政补贴。原则上，财政只对国有企业的政策性亏损予以补贴，对经营性亏损不予补贴。导致企业计划性亏损的原因，主要是产品计划价格水平偏低，不足以抵补本行业的平均现金成本而造成的亏损。

（3）财政贴息。财政贴息是指国家财政对使用某些规定用途的银行贷款的企业，对其支付的贷款利息提供的补贴。也就是财政代企业向银行支付全部或部分利息，是政府对重点企业或项目给予的政策扶持。

（4）税式支出。税式支出是指国家财政对某些纳税人和课税对象给予的税收优惠，包括减税、免税、退税、税收抵免等。税收优惠从表现上看是减少国家的财政收入，但究其实质是国家给享受税收优惠纳税人的一种补贴。

在我国政府的财政统计中，财政补贴主要有价格补贴和企业亏损补贴两大类，除此之外还有专项补贴和财政贴息等。随着经济体制改革的不断深化，近年来，企业亏损补贴急剧下降，但价格补贴非但没有减少，反而大幅度增加。

（三）WTO 关于财政补贴的规定

一国的财政补贴会影响出口商品价格，因而涉及国际贸易问题。WTO 为了维护世界贸易中非歧视、自由透明和公平竞争的秩序，专门制定了《补贴与反补贴措施协议》（简称 SCM Agreement）。该协议对财政补贴的定义是指成员政府或任何公共机构向某一企业或某一产业提供财政补助（financial contribution）或对价格或收入的支持，结果直接或间接增加从其领土输出某种产品或减少向其领土内输入某种产品，或者因此对其他成员利益造成损害的政府性行为或措施，是一种促进出口、限制进口的国际贸易手段。财政补贴具有的特征是：（1）补贴是一种政府行为，也包括政府干预的私人机构的补贴行为。（2）补贴的对象主要是国内生产与销售企业，但不一定仅指出口补贴，还包括对国内各产业部门、行业、企业或地区、科研部门的财政补助。（3）补贴的方式可以是多种多样的，既可以通过行政行为，也可以通过立法方式，既可以是金钱货物的直接给付，也可以通过免税、优惠贷款等间接渠道，既可以是现金的支付，也可以是货物的转移。（4）补贴的结果是利益的得失，对补贴方而言，表现为授予受补贴方某种利益，对受补贴方而言，则表现为从收入、成本或税额的增减中获得利益。（5）补贴的根本目的是增强有关产品在国内外市场上的竞争力。（6）补贴具有专项性，根据《补贴与反补贴措施协议》第 2 条的规定，专向性（specificity）补贴是指成员方政府有选择、有差别地而非普遍地给予某一企业或产业或者一组企业或产业的补助。

WTO 的《补贴与反补贴措施协议》则按照可能对国际贸易造成的危害程度，将补贴分为禁止性补贴、可诉补贴和不可诉补贴三类。

（1）禁止性补贴。《补贴与反补贴措施协议》第 3 条规定：法律或事实上视出口实绩为唯一或其他多种条件之一而给予的补贴，视使用国产货物而非进口货物的情况为唯一条件或其他多种条件之一而给予的补贴，为禁止性补贴。概括起来，禁止性补贴包括出口补贴和进口替代补贴两类。禁止性的财政补贴一旦被证实存在，无须证明其是否对其他成员方造成损害或损害威胁，都必须取消，否则会招致其他成员方实施的经 WTO 争端解决机构授权的反补贴措施或征收反补贴税。

（2）可诉补贴（又称"黄箱"补贴）。可诉补贴是指在一定范围内可以实施的补贴，但如果使用此类补贴的成员方在实施过程中对其他成员方的经济利益造成不利影响，则受损的成员方可以向使用此类补贴的成员方提起申诉。因此，《补贴与反补贴措施协议》第 5 条、第 6 条对使用可诉补贴的"度"做出了具体界定。可诉补贴并不一定意味着必须取消，一般来说只有同时具备下列三个条件，该种可诉补贴才需要被取消：第一，该种补贴必须具有专向性——企业专向性、产业专向性和地区专向性；第二，该种补贴必须被某个成员方起诉；第三，该补贴必须被证明对成员方造成了实质损害或实质损害威胁。

（3）不可诉补贴（又称"绿箱"补贴）。主要包括不具有专向性的补贴、给予基础研究的援助性补贴、给予贫困地区的补贴、为适应新环境而实施的补贴，以及用于鼓励农业研究与开发、鼓励农民退休等方面的补贴。

二、财政补贴的经济影响

（一）财政补贴经济影响的机理分析

1. 财政补贴可以改变需求结构。财政补贴在各国都被当作一种重要的调节经济手段，因为它可以通过改变商品和服务的相对价格结构，进而改变需求结构。决定人们需求结构的因素主要有两个：一是人们所需要的商品和服务的种类；二是各种商品和服务的价格。一般说来，商品和服务的价格越低，需求越大；商品和服务的价格越高，需求越小。居民对消费品的需求以及企业对投入品的需求，莫不如此。既然价格的高低可以影响需求结构，那么，能够影响价格水平的财政补贴便有影响需求结构的作用。在苏联和东欧国家，因为存在对面粉、面包生产、消费的大量财政补贴，曾经发生农民购买面包喂牛的事情，原因很简单，面粉、面包的销售价格极为低廉，购买面包喂牛比购买玉米、燕麦等饲料要经济得多。

2. 财政补贴可以改变供给结构。财政补贴可以通过改变企业购进的产品价格（供给价格或销售价格加补贴），从而改变企业盈利水平，进而改变供给结构。众所周知，在我国的供给结构中，农产品的供给曾有过若干次反复。探究一下反复的原因就不难发现，农产品供给状况改善的时候，总是政府向农业部门提供补贴或增加农业部门补贴的时候。提高农产品价格补贴，使从事农业生产有利可图，农产品供给自然增加，而农产品的增加对改善我国的供给结构，有着举足轻重的作用。现代经济已经进入"知识经济"时代，科技进步成为经济发展的重要动力，因而各国都将财政补贴更多地用于科学研究和高新技术的开发，推动基础科研，改造传统产业，发展新兴产业。这种财政补贴对调整产业结构和产业升级的显著作用，已经为人们所共识，并且得到广泛的应用。

3. 将外部效应内在化。对科学研究的补贴是矫正外部效应的一个典型例证。一般说来，由私人部门去承担应用科学研究和高新技术开发更有效率，然而任何一项有突破性的应用科学研究和高新技术开发成果会对许多领域产生影响，比如电子科研与开发的投入很多，成功率却很低，而且从事研究、开发的机构和个人不可能获得全部的收益，而财政给予补贴，可以降低研究与开发成本，缓解风险，实际是将外部效应内在化，从而推进科研与开发的开展。

（二）财政补贴的正面经济影响

任何一个国民经济的实际运行都是由一套稳定的经济制度（财产制度、价格制度、收入分配制度、财政收支制度等）所规定的运行机制和一套灵活的调节手段体系共同发挥作用的综合结果。从主导方面说，国民经济的正常运行，主要是依赖既定的经济制度及运行机制的有规律的自动作用，它保证了社会经济能够实现自己的主要社会目标。

但是，社会经济所要实现的目标是多重的，有些目标可能居于次要位置，但并非无须顾及，而既定的经济制度及其运行机制即便十分完善，也只能实现一个或几个主要的社会目标。就此而论，任何经济制度及其运行机制都存在着固有的缺陷。为了克服这些缺陷，亦即为了全面实现社会目标，作为宏观调控主体的政府，有必要运用调节手段体系去纠正既定经济的运行机制所产生的不利后果，或部分地修正既定的经济运行机制，财政补贴就是可利用的重要调节手段之一。从这个意义上说，财政补贴有其存在的必然性，是不能也不应被取消的。财政补贴的正面经济影响包括如下几个方面：

1. 可以有效地贯彻国家的经济政策。财政补贴的对象可以是国有企业，可以是集体企业甚至是私人企业，也可以是城乡居民，但不论补贴对象是谁，最终目的是顺利实施国家的方针政策。比如，对公共交通以及供水、供电和供气等国有企业或事业单位给予适当补贴，是为了平抑物价，减轻居民负担，提高服务质量；当年粮食短缺，给予粮食部门或给予居民以补贴，是为了促进粮食生产，如今粮食有余了，按保护价格收购，同样是为了保证粮食供给，同时维护农民利益等等。

2. 财政补贴可以用少量的财政资金带动社会资金，扩张财政资金刺激经济增长。财政资金毕竟是有限的，一些事业必须由财政出资来办，但一些事业可以由财政来办也可以由民间出资来办，而凡民间不太热衷的事业，财政给予补贴，只要财政花费少量的资金就可以将民间资金调动起来，发挥所谓"四两拨千斤"的作用。特别是经济低迷时期，这种作用就更为显著。

3. 加大技术改造力度，推动产业升级。产业结构优化过程中，财政补贴支出扮演着十分重要的角色。以我国 1998 年实施的积极财政政策为例，各级政府共对 880 个民品技术改造项目进行财政贴息，带动了更多的银行配套贷款，调动了企业进行技术改造的信心和积极性，实施了一大批技术改造、高科技产业化和装备的国产化项目，启动了一批对产业结构调整有重大影响的项目，安排了一批可大量替代进口、扩大出口的项目，有力地推动了大中型国有企业技术改造和产业结构的升级。

4. 消除"排挤效应"。比如，我国的积极财政政策实施中，经常采取增加公共工程支出的措施，在货币供应量不变的条件下，会直接增加对货币的需求量，从而提升市场利率水平，利率的提高会加大私人部门的融资成本从而导致私人投资的萎缩，这就是所谓的"挤出效应"。如果对私人部门给予补贴，就可以降低私人部门的融资成本，消除这种排挤效应，增强民间投资的意愿，加快民间投资的恢复和增长。

5. 社会经济稳定的效应。在我国的财政补贴中，稳定社会经济往往是首要目的。如对于企业的亏损补贴，在很大程度上是在产业调整过程中，稳定被调整的产业的收入并诱导其进行更积极的调整；对居民支付的各类价格补贴，是用于弥补居民因调价所带来的收入损失，基本的功能也是保持社会与经济的稳定；值得一提的是，在 2020 年以来的新冠肺炎疫情中，中央和地方政府对交通业、餐饮业、旅店业等受严重冲击的行业进行了相应的补贴和优惠政策，从效果来看，这些措施对保持中国经济的持续发展有非常重要的意义。

（三）财政补贴的负面经济影响

财政补贴既然是一种调节手段，就不应当在国民经济的运行中扮演主要角色，其使用范围及规模就要有一个限度。在国民经济运行的制度性基础和调节手段之间，调节手段只是辅助性的。也就是说，如果国民经济的运行对财政补贴的依赖过大，以至于没有它，便很难有效地组织生产、流通和消费，那就说明，现行的经济体制及其运行机制已经难以实现社会的基本目标，对之进行改革已成当务之急。换言之，财政补贴规模急剧增大和补贴范围急剧扩展的现象，反映出的本质是经济体制及其运行机制的不完善和不合理，因而，扭转财政补贴过多局面的根本出路在于变革经济体制。

过多运用财政补贴手段带来的消极经济影响，主要表现为以下几点：

1. 财政补贴项目偏多，规模偏大，会加重财政负担。这是导致长期存在财政赤字的重要原因之一，虽然从局部来看它起到了经济调节作用，但却会从总体上削弱国家财政的宏观调控能力。

2. 长期的财政补贴不可避免地会使受补贴的单位产生依赖思想，影响经济效率和资源配置效率，人为地加剧企业的不公平竞争。由于财政补贴采用无偿普惠形式，受补者往往不珍惜地使用，造成低效与浪费并存，而且"政策性亏损"掩盖了部分企业由于经营不善而引起的"经营性亏损"，不利于提高企业生产经营效率，有时甚至起到了保护落后的作用。

3. 长期过多过广的财政补贴人为地扩大了经济体系中的政府行为，相应地缩小了市场活动覆盖的范围。财政补贴成为受补贴单位的既得利益，往往易上难下，当经济改革一旦触动受补单位的既得利益，它将会演变为经济改革顺利进行的阻碍。

4. 某些补贴不当扭曲了价格体系，扭曲了合理的消费结构，加大了宏观调控的难度。补贴把一些重要商品和劳务的价格维持在一个较低的水平上，使价格偏离了价值，又不反映供求关系，处于扭曲状态。这不仅不利于这些产业自身的发展，也容易引发对这些产品和劳务的过度需求甚至浪费，加剧供求的结构矛盾，加大了宏观调控的难度。

三、我国财政补贴的调整和改革[①]

党的十八大以来，国务院和各级地方政府认真贯彻党中央决策部署，完善宏观经济治理，加强财政资源统筹，不断调整和完善财政补贴政策，多层次多领域利用财政补贴这一重要政策工具和财政支出方式，增强国家重大战略任务财力保障，推动有效市场和有为政府更好结合，在促进产业发展、落实国家战略、保障和改善民生等方面发挥了重要引领支持和保障作用。

（一）我国财政补贴的规模和结构

我国财政补贴种类繁多、分布广泛、数量庞大，涉及生产、流通、分配、消费等各环节，几乎涵盖了各个领域。根据补贴的功能和涉及的主要领域，2019 年，我国财政补贴规模约为 42227 亿元，占一般公共预算支出的比重为 17.7%。其中，生产性补贴 21844 亿元，占比为 51.7%；社会福利性补贴 20383 亿元，占比为 48.3%（见表 4-3）。

[①] 全国人民代表大会常务委员会预算工作委员会，关于财政补贴管理与改革的专题调研报告，中国人大网，2021 年 12 月 31 日。

表 4-3　　　　　　　　　　2019 年财政补贴基本情况　　　　　　　　　（单位：亿元）

类别	财政补贴		占一般公共预算支出的比重
	规模	结构	
生产性补贴	21844	51.7%	9.2%
社会福利性补贴	20383	48.3%	8.5%
合计	42227	100%	17.7%

说明：(1) 相关数据来自全国人民代表大会常务委员会预算工作委员会关于财政补贴管理与改革的专题调研报告。(2) 由于我国目前缺乏权威的财政补贴管理口径，还没有建立比较规范的财政补贴统计制度，因此无法提供财政补贴准确数据，相关数据是梳理分析一般公共预算科目获得了的财政补贴数据，财政补贴数据不包括税收优惠等间接性补贴的情况。

1. 生产性补贴。从行业分布看，主要集中在农业、节能环保、交通运输和基础设施建设等领域。主要包括：（1）支持保护类。如，农业作为需要重点支持保护的基础产业，2019 年补贴规模为 5861 亿元，其中，中央财政安排农业支持保护补贴 1442 亿元，农田建设补助 671 亿元，玉米和大豆生产者补贴 399 亿元，农业保险保费补贴 226 亿元等。（2）产业发展类。例如，节能环保补贴约 2380 亿元，其中节能减排补助资金 520 亿元；工业和信息产业支持资金 327 亿元；中小企业发展专项资金 520 亿元；利用利息补贴等撬动金融支持中小微企业、实体经济和特定产业发展，金融业利息费用补贴规模为 670 亿元。（3）公共补偿类。例如，2019 年通过预算决算科目反映的公共交通运营补助规模为 676 亿元，中央财政安排邮政普遍服务和特殊服务补贴 63 亿元（见图 4-1）。

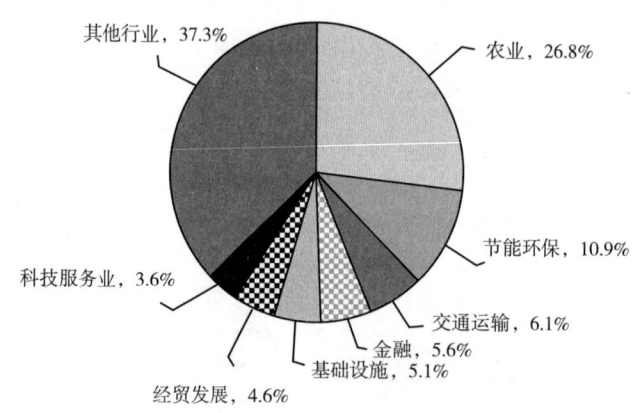

图 4-1　2019 年生产性补贴的行业分布

2. 社会福利性补贴。主要包括：（1）社会保障性补贴。2019 年补贴规模为 18040 亿元，占社会福利性补贴比重为 88.5%。其中，对基本养老保险基金相关补助 12114 亿元，占比 59.4%；基本医疗保险基金相关补助 5864 亿元，占比 28.8%。（2）社会救济性补贴。补贴规模为 1427 亿元，占比为 7.0%。通常直接补助给居民个人。（3）就业支持性补贴。补贴规模为 916 亿元，占比为 4.5%。这类补贴既可以补助给个人，也可以补助给提供就业帮助的企业和单位（见图 4-2）。

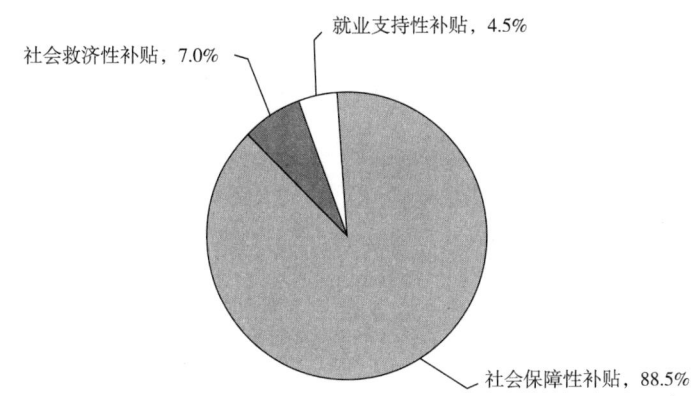

图 4-2 2019 年社会福利性补贴的结构分布

(二) 我国财政补贴的特点

一是财政补贴作为一种重要的财政支出方式，在财政支出结构中占比较高。从全国来看，2019 年财政补贴占财政支出的比重达 17.7%。

二是从层级来看，中央生产性补贴虽然项目数量少但补贴金额占比高。生产性补贴中，中央、省、市、县的补贴项目数量占比分别为 0.2%、6%、24%、69.8%；补贴金额占比分别为 44.4%、17.0%、19.1%、19.5%（见图 4-3）。

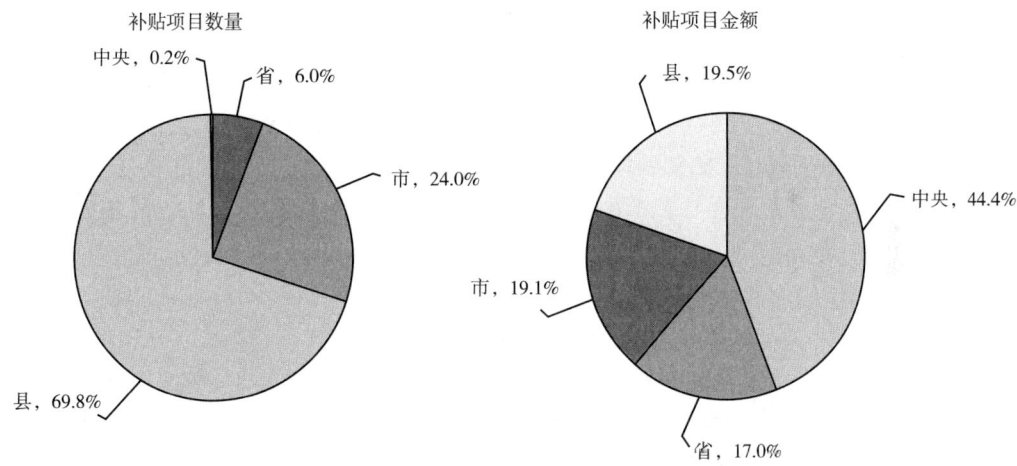

图 4-3 2019 年生产性补贴的层级分布

三是农业补贴和社会福利性补贴占比较大。无论是中央还是地方，农业补贴与用于支持就业和民生保障的社会福利性补贴是财政补贴的主体。"十三五"时期，黑龙江省、江苏省的农业补贴与就业和民生保障类补贴合计占比分别达到 93.4%、91.4%。

四是不同类别财政补贴的资金来源渠道有所不同，中央财政补贴是农业补贴和社会福利性补贴的主要资金来源。总的来看，中央财政资金占比较高，黑龙江省、河北省张家口市、四川省丹棱县的财政补贴，来自中央财政资金的比例分别为 80.1%、72.1%、57%。农业补贴和社会福利性补贴更是以中央财政的资金为主要来源。三个省市县农业补贴中，中央财政资金比例在 80% 以上；社会福利性补贴中，中央财政资金比例在50%以上。用于支持特定产业和城市公用事业发展的补贴则以省级及以下政府财政资金为主。如河北省张家口市、四川省丹棱县的产业发展类补贴中,来自省以下的资金比例分别为56.4%、98.2%;供水、供气、城市交通等城市公用事业补贴,来自省以下的资金比例分别为46.7%、97.1%。

五是不同地区在补贴结构方面存在一定差异。整体来看,东部地区用于支持就业和民生保障的社会福利性补贴比例较高;西部地区、东北地区,用于支持农业、特定产业和城市公用事业发展的补贴比例较高。

(三)财政补贴管理与改革情况

1. 财政补贴管理体制和管理工作。从实践来看,我国各级政府根据履职需要,都有权制定补贴政策、设立补贴项目。一些重要的补贴政策和补贴项目有中央文件或者法律法规作为依据,但大部分补贴为政府自主决定。设立财政补贴通常遵循"部门提、财政审、政府批"的工作程序,由业务部门根据政策法律法规要求和特定领域发展需要提出建议,财政部门对资金安排等进行审核,报本级政府批准后实施。业务主管部门主要负责组织相关补贴项目的具体实施和监管等工作;财政部门通过年度预算安排补贴资金,负责支出政策审核、资金拨付和预算执行监管等。财政部门会同相关业务部门共同开展绩效管理。对于上级政府设立的补贴项目,需要下级政府按照规定的权限和程序等要求负责做好具体实施工作。目前对于财政补贴这一财政支出方式,还没有建立专门的统一规范的管理制度。主要依托预算管理通过专项资金管理、项目管理、绩效管理等方式进行管理。

(1)在具体补贴项目资金管理方面,出台了一些具体的管理办法。国务院有关部门针对中央财政设立的一些具体补贴项目,通常制定相关资金管理办法等规范性文件。如通过《制造业高质量发展资金管理办法》《中小企业发展专项资金管理办法》《农业生产发展资金管理办法》《农业资源及生态保护补助资金管理办法》等,规范特定领域或特定项目补贴资金的分配、管理和使用等。各级地方政府也出台了一些规范本级专项补贴资金管理的制度。通过制定制度办法,对政策目标、适用对象、资金分配方式或申领方式、补贴标准及监督管理等做出规定。

(2)探索实施补贴项目清单管理。2020年,国务院有关部门首次发布就业补贴类政策清单,包括鼓励企业(单位)吸纳就业政策和支持劳动者就业创业政策两部分,共明确10类就业补贴的补贴对象、补贴标准、政策依据等。江苏、福建、广东等省级政府也公布了涉及有关补贴支出的专项资金目录清单。

(3)加强绩效管理。对于农业补贴,国务院有关部门制定相关转移支付资金的绩效管理办法,将政策目标实现情况、任务清单完成情况、资金使用管理情况等纳入指标体系,组织开展绩效评价,并将考核结果与次年资金安排挂钩。对于特定产业领域补贴,加强全过程绩效管理,预算编制时合理设定绩效目标并加强审核,预算执行时根据资金特点抓好绩效运行监控,预算完成后组织开展绩效自评。对于公共补偿类补贴,北京市推动地面公交、供热、供水领域实施成本绩效管理,建立健全行业服务规范和成本足额控制标准,建立将财政补贴与运营效率、服务质量挂钩的绩效考核机制等。

按照世贸规则要求,建立定期向世贸组织通报和公开机制。根据世界贸易组织

（WTO）制定的《补贴与反补贴措施协定》关于补贴的定义和标准，我国相关部门定期统计全国相关财政补贴情况，向 WTO 通报并公开。

2. 补贴项目的管理改革。党的十八大以来，对一些重要领域的补贴项目，适时推出了一些改革措施。遵循非歧视原则，推进产业补贴政策由差异化、选择性向普惠化、功能性转变，对国有企业不实行基于所有制的补贴等。

（1）进一步改革完善农业补贴政策体系。按照高质量绿色发展要求，推动建立新型农业补贴政策体系。实施"三补合一"政策改革，将原良种补贴、种粮农民直接补贴、农资综合补贴合并为农业支持保护补贴，政策目标调整为支持耕地地力保护和粮食适度规模经营；完善农产品价格支持政策，先后取消棉花、大豆、玉米等临时收储政策，探索实行玉米和大豆生产者补贴制度，深化棉花目标价格改革；建立农业绿色发展补贴政策体系，启动实施耕地轮作休耕补贴政策，实施新一轮草原奖补政策，推动农业投入品减量增效和农业废弃物资源化利用等；加快完善政策性农业保险支持政策，推动农业保险由"保直接物化成本"转向"保收入"等。相关改革进一步完善了农业补贴结构，大幅提高了"绿箱"补贴规模，更加适应农业补贴的发展趋势，进一步提高了农业补贴的效能。

（2）改革补贴分配方式，创新补贴核算办法。为更好发挥市场机制作用，生产性补贴更多采取竞争性立项方式分配，通过专家评审、竞争性谈判、公开招标等方式选择符合要求的企业或单位作为补贴对象。产业发展类补贴综合运用直接补助、奖补、投资补助、贷款贴息等形式，引导激励企业加大相关领域投入。在公共服务补贴方面，北京市创新补贴核算方式，通过建立财政补贴与成本监审联动机制等改革，逐步推动地面公交、供水、供热等城市公用事业领域建立"补价差"（即政府核定成本与政府定价之差）的补贴方式，改变原有"补亏损"（即企业成本减收入）的补贴方式。有效激活了公共服务企业加强成本核算、降本增效的内生动力，实现了降低财政负担、降低服务成本、提高公共服务质量老百姓得实惠"三赢"的局面。推进国有企业承担普遍性服务和政策性服务补贴制度改革，探索推进针对公共服务的分账核算制度，对商业性业务与非商业性业务实施"分账管理"，解决交叉补贴问题。

（3）完善补贴机制，优化补贴要素。根据补贴实施情况和相关领域发展变化，完善补贴机制，适时调整补贴标准等。对残疾人生活和护理补贴，在统筹考虑当地城乡居民收入增长、物价变动、社会救助和保障标准调整等变化基础上，推动各地建立补贴标准动态调整机制。对新能源汽车补贴，根据新能源汽车技术发展和市场变化，适时调整补贴技术标准、提高技术门槛，并建立补贴退坡机制。对惠民惠农领域所有直接兑付到人到户的财政补贴，逐步实现通过"一卡通"方式发放，让群众更方便、更明白地享受。

（四）财政补贴改革思路

随着新时代以绩效为导向的财政管理改革不断深化，财政补贴的管理与改革工作取得了一定进展和成效。但在财政支出方式改革优化，特别是政府购买服务、政府和社会资本合作（PPP）、政府投资基金等新型财政支出方式不断涌现的情况下，对于财政补贴的认识和定位缺乏系统深入的研究，仍未建立起全面系统、规范有效的管理体制机制，补贴项目设立过多过滥，补贴规模底数不清，一些具体补贴项目要素设计不够科学合理，资金分配、使用、监管等存在不少问题，亟待认真研究解决。改革建议如下：

1. 正确把握财政补贴的功能定位，加快构建现代财政补贴体系。要深刻认识我国已经进入全面建设社会主义现代化国家的新发展阶段，准确把握更好发挥政府作用和市场在资源配置中发挥决定性作用的关系，坚持按照完整准确全面贯彻新发展理念的要求转变财政支持经济社会发展方式，进一步厘清政府和市场、政府和社会的作用边界。要正确界定财政补贴的功能定位，精准把握财政补贴的领域、环节、方式、力度等，推动构建科学有度、标准系统、规范透明、安全高效的现代财政补贴体系，聚焦在宏观层面服务国家战略目标、优化市场和发展环境，规范和引导相关主体行为，尽量减少对微观层面特别是资源配置的直接干预、过度干预，支持优先发挥市场机制和社会力量的作用。有效发挥财政补贴对提升社会整体福利的功能作用，优化民生领域补贴结构，突出增进特定人群福利、适当补助相关主体、加大就业培训补贴力度等以"人"为本的支出逻辑，处理好财政补贴带来的公平和效率的关系。

（1）准确把握补贴适用范围。要正确认识财政补贴不同于其他财政支出方式的无偿性、转移性、辅助性等特点，合理确定使用范围。在落实产业政策、支持特定产业发展方面，优先选择税收优惠、政府投资基金等形式，促进在遵循市场规则运作的同时，通过政府作为股权代表进一步强化责任意识和跟踪效果。在公共服务和公共产品提供方面，优先选择政府购买服务等形式，推动明确主体责任，强化成本—效益分析，提高公共服务提供质效。

（2）开展清理整合。建议国务院相关部门组织开展财政补贴专项清理整合，对现行财政补贴情况进行全面梳理，摸清财政补贴项目和金额情况，综合分析研究，进行分类处置，该保留的要保留，该调整的要调整，该清理的要进行清理。福利类等涉及居民直接利益的应当积极稳妥推进整合，保障存量利益；产业类、科研类等涉企补贴要集中财力、聚焦重点、侧重成效，促进对中小企业"撒胡椒面"式直接补贴向完善营商环境、优化信贷条件等间接补贴转变。加强区域协调，规避"补贴竞赛"带来的恶性竞争、同质化竞争，推动建设国内统一大市场。

2. 加强财政补贴制度建设，提高规范性。加快健全基本制度，国务院有关部门要抓紧研究规范财政补贴的基本概念和使用条件、口径、范围、分类、标准等，提出明确统一的制度要求；对设立补贴的依据、主体、程序，以及补贴管理的原则、体制、机制等，也应建立规范的管理制度，改变随意设立、混乱低效的局面。

（1）深化预算科目体系改革。财政部等国务院有关部门应当进一步研究完善预算科目体系，清理规范相关财政补贴科目，适应统计分析和加强预算管理的需要。要进一步拓展经济性质分类改革，细化编制中央财政经济性质分类预算决算，并指导各级地方编制，尽早实现编报全国经济性质分类决算的目标。

（2）研究建立全国统一的财政补贴管理信息平台。利用财政预算管理一体化系统，建立全国统一的补贴信息系统和负面清单，推动规范设立财政补贴的程序、标准和机制，推动加强对违反市场公平竞争、与国际惯例衔接的审查和监督，加强不同部门之间、不同层级之间财政补贴的统筹衔接，促进清理整合，原则上同一事项只设一项财政补贴。

（3）强化具体制度建设。要加强资金管理办法等制度建设，明确具体财政补贴项目的支持范围、对象、标准、方式等基本要素，尽量减少因制度不明确带来的执行差异。要完善财政补贴的设立、执行、评估、调整到退出等全生命周期管理，做实定期评估和动态调整、退出等机制，规范预期。

3. 改进财政补贴要素设计，提高科学性。完善补贴要素设计，进一步加强财政补贴的政策目标、范围、标准、方式等要素管理，按照规范明确、标准科学、合理高效的原则，完善补贴要素设计。按照财政补贴的功能定位，提高补贴项目政策目标的科学性合理性；研究完善耕地地力保护补贴等存在的补贴对象不够精准的问题，使补贴真正落实到生产粮食的耕地和种粮农民；根据不同的补贴项目，科学确定补贴的标准，要发挥好补贴的技术标准对推动产业技术进步的引领促进作用；合理确定与补贴项目相适应的补贴方式。认真做好财政补贴出台前广泛征求意见、出台后加强定期评估优化等工作，建立补贴项目论证和预先审查制度，加强公平竞争审查，探索开展补贴受益对象满意度调查，推进及时完善相关要素，提高补贴质量。

研究完善长期补贴项目补贴规模控制机制。分析可再生能源补贴在补贴规模测算、补贴标准设定、补贴规模控制等方面可能存在的问题，查找导致产生大量补贴缺口的原因。在研究解决补贴缺口问题的同时，研究完善类似长期补贴制度的相关机制，如根据技术发展情况，建立动态调整机制和财政补贴规模控制机制等。既合理控制财政负担，又发挥补贴对技术进步的引领推动作用。

做好社会福利性补贴特别是养老保险补贴的中长期规划。根据社会福利性补贴相关制度改革趋势，结合编制中长期财政规划，加快社会保险基金特别是养老保险基金中长期精算平衡，开展社会福利性补贴的中长期规划分析，对未来刚性支出提前谋划资金来源安排。对全国统一的社会福利性补贴，适当增加中央财政支出责任，减轻地方财政压力。

（五）加强财政补贴实施监管，提高政策绩效

切实转变"重支出、轻监管"的理财理念，绝不能因财政补贴具有无偿性就"一分了之""一支了之"，强化"为国理财、为民服务"的责任意识，强化对财政补贴政策实施的监管。

进一步完善财政补贴全链条监管机制。严把"入口关"，加强项目库建设，扎实做好前期工作，规范和细化项目库入库、审查、选用的标准和程序，保障入库项目质量；优化"过程关"，使用财政补贴的企业、单位都应当接入财政监管系统，运用现代信息技术，强化大数据分析和远程监管，并合理调动社会组织力量持续跟踪；守好"出口关"，强化对财政补贴产出的监管，对低效无效的应当及时调整。

完善绩效评价制度。按照可操作、可考核的原则，细化、量化绩效目标，完善评价指标体系，并推动向整体政策绩效评价拓展，为优化调整补贴政策提供依据。

强化协同监管。利用好全国统一的补贴信息系统，由财政部门牵头建立相关部门间的沟通协作机制，加强信息共享，形成工作合力。要严格政策执行监督和财经纪律监管，加大问责力度，对恶意骗补的企业或个人加大惩戒力度。

（六）加强法治建设，提升治理能力

加强法治建设。在健全财政补贴基本制度的基础上，加快推进财政补贴基本法律的立法进程，研究制定财政补贴法。在财政补贴法出台前，可通过行政法规、地方性法规等形式来规范，进一步提升财政补贴依据的法律效力层级。

推进财政补贴公开。以全国统一的财政补贴管理信息平台为依托，搭建并公开全国财政补贴"一张表"，让全社会看清楚、看明白。同时有序推进补贴决策过程的公开，建立公众参与机制，公开征求意见、实行听证制度等。

加强人大审查监督。所有财政补贴都应当按照预算法要求纳入年度预算安排，年度新增补贴项目要在预算批准前提出，在预算草案中做出安排和说明，执行中确需出台新的补贴政策的，应当严格按照预算法的相关规定进行。加强对财政补贴的专项审查监督和重点补贴项目的审查监督，推动完善预算决算编报，集中专项反映财政补贴的分类、目标、安排、效果等。按照全国人大常委会加强中央预算审查监督决定的要求，应当加强对社会保险基金财政补助等重点补贴情况的年度审查监督。

第三节 税式支出

一、税式支出的理解

（一）税式支出提出的由来及其含义

税式支出，也称税收支出。在税收理论和实践上，税式支出是一个提出时间并不长的概念。尽管在具体表现形式上，税式支出与税收优惠并无实质区别，但从税收优惠概念到税式支出概念，并不是简单的词汇变换，而是理论认识上的一次深化。在多年的税收实践中，人们逐渐认识到，对于实现特定的政策目标而言，减少或放弃纳税人应缴税款与先将这部分税款上缴国家，然后再通过预算支出方式拨付给纳税人相比，其结果并无根本区别。因此，税收制度上的某些税收优惠项目的安排，具有与预算支出相同的性质。这样，对税收优惠问题就不仅可以从税收收入的角度（更具体地说是收入损失或放弃的角度）来研究，而且可以从支出的角度，把税收与支出结合起来进行研究。

上述思想就是税式支出概念提出的由来。1967年美国财政部部长助理、哈佛大学教授萨里（Stanley S. Surrey）首先提出了税式支出概念，并给出了定义：在税制结构正常部分之外，凡不以取得收入为目的而是放弃一些收入的各种减免税优惠的特殊条款就是税式支出。其后，税式支出概念和理论迅速在世界范围内得以接受并广泛加以研究。

从西方国家对税式支出概念的研究来看，不同的国家对此有着不同的表述。如美国的定义是："与现行税法的基本结构背离而通过税收制度实现的支出计划"；德国的定义是："由于与主要税收准则概念的特殊偏离而减少的收入"；法国的定义是：

"与在基准税制之下产生的结果相比,如果某项法律或者管理措施的使用会导致政府收入的损失和纳税人负担的减轻,就可以认定为税式支出";西班牙的定义是:"与基准税制结构相背离的任何税收鼓励或者补贴";经济合作与发展组织(OECD)财政事务委员会专题报告的定义是:"为了实现一定的经济和社会目标,通过税收制度发生的政府支出"。

尽管上述对于税式支出的具体表述不尽一致,但其中依然存在着大家共同认可的部分,即把税式支出定义为"**税收支出是政府给予纳税人以各种税收优惠而形成的收入损失或放弃的收入**"。

(二)税式支出的基本内容

1. 税式支出有着具体的政策意图和目标。税式支出的目的是激励特定的行为,即通过减少部分纳税人的负担,从而影响其经济行为,对社会经济活动起到特殊的调节作用。从税制来看,税式支出的运用是有目的地影响资源配置的税收政策选择,而另一个税收政策的选择是保持税制的"中性",实际就是通过基准税制的安排以不影响资源配置。

2. 税式支出是一项特殊的政府支出,在一定情况下可以与预算直接支出相互替代。政府的支出方式有两种:一是通过国家预算的直接支出,表现为预算拨款和现金支付;另一种是通过税收制度规定的各种减免条款,即税式支出,表现为对税收收入的放弃,这是一种特殊形式的间接的政府支出。两类支出具有相类似的性质,并在一定情况下可以相互替代。

3. 税式支出是对基准税制的一种偏离,其结果造成政府收入的损失。从税收来看,税制或税法是由两类不同性质并相互对立的要素所组成:一类是标准性条款,称为基准税制,它们明确了税基、税率、纳税人、纳税期限及统一的税收政策等,并以此有效地取得收入;另一类是与基准税制相背离的特殊条款,即政府为特定目的而制定的旨在优待特定行业、特定活动或特定纳税人的各种税收宽免措施,这些条款导致税收收入的损失或减少。

(三)税式支出的深入理解

应该说明的是,深入理解税式支出的概念,还应注意以下几方面问题:

1. 造成政府收入损失的原因除税制外,还有税收管理的因素。如果排除由于税收管理的能力和水平所导致的偷漏税等税收流失情况外,由于税收管理上自由裁量所造成的税收损失是否也能构成税式支出?实际上在上面法国的税式支出定义中便已经包含了管理的因素,其他一些国家和地区也将税收管理因素引到税式支出之中。

2. 税制安排与基准税制相偏离的结果不仅仅是减少收入,也有可能因增加税负(如加成征收)而增加政府收入。如果我们将减少收入的这种结果确定为税式支出,那么增加收入的结果就可以称为"负税式支出"或"税收惩罚"。例如,经济合作与发展组织财政事务委员会的专题报告在列出税式支出表的同时,也给出了税收惩罚表。

3. 税式支出项目在确定上存在很大的主观性。由于基准税制的界区有一定的模糊性,因此,税式支出项目与基准税制的区分并非仅凭税式支出的一般定义就能简单判断。这就要求在税式支出的一般定义确定之后,还须有一定的确定办法和准则,才能把税式支出项目与基准税制区分开来。税式支出项目的确定因不同的观点、主张、目的及对税式支出定义的具体角度方面的差异而不同，在这方面，各国做法不尽相同且争议较大。

此外，理论上所定义的税式支出与实际管理中的税式支出还存在着区别。由于某些税式支出项目无法估计其精确数量、某些项目在基准界定上存在争议以及某些项目数量相对较小，因此在实际操作中被排除。

根据上述分析，回过头再看税式支出与税收优惠，两者还是有细微差别的：第一，税收优惠可以包含在基准税制之中，也可以在基准税制之外，否则，对基准税制的认定就不会因其模糊性而引起争议。而税式支出一定在基准税制之外，因此，税收优惠范畴大于税式支出范畴。换句话说，并不是所有的税收优惠都能纳入税式支出进行管理或控制。第二，税收优惠可以是泛量（不确定的量），而税式支出却应该是可以计量的，否则，对税式支出便无从管理或控制，税式支出也就失去了独立存在的必要性。因此也可以这样说：**税式支出是税收优惠中应该而且能够加以计量并进行管理或控制的部分。**

二、税式支出的分类及具体形式

（一）税式支出分类

从税式支出所发挥的作用来看，可分为照顾性税式支出和刺激性税式支出。**照顾性税式支出**，主要是针对纳税人由于客观原因在生产经营上发生临时困难而无力纳税所采取的照顾性措施。例如，国有企业由于受到扭曲的价格等因素的干扰，造成政策性亏损，或纳税人由于自然灾害造成暂时性的财务困难，政府除了用预算手段直接给予财政补贴外，还可以采取税式支出的办法，减少或免除这类纳税人的纳税义务。这类税式支出，目的在于扶植国家希望发展的亏损或微利企业以及外贸企业，以求国民经济各部门的发展保持基本平衡。但是，需要我们特别注意的是，在采取这种财政补贴性质的税式支出时，必须严格区分经营性亏损和政策性亏损，要尽可能地避免用税式支出的手段去支持因主观经营管理不善所造成的财务困难。**刺激性税式支出**，主要是指用来改善资源配置、提高经济效率的特殊减免规定，主要目的在于正确引导产业结构、产品结构、进出口结构以及市场供求，促进纳税人开发新产品、新技术以及积极安排劳动就业等。这类税式支出是税收优惠政策的主要方面，税收调节经济的杠杆作用也主要表现于此。刺激性税式支出又可分为两类：一是针对特定纳税人的税式支出；二是针对特定课税对象的税式支出。前者主要是那些享受税式支出的特定纳税人，不论其经营业务的性质如何，都可以依法得到优惠照顾，如我国对城市知青或伤残人创办的集体企业以及所有的合资、合作经营企业，在开办初期给予减免税照顾；而后者则主要是从行业产品的性质来考虑，不论经营者是什么性质的纳税人，都可以享受优惠待遇，如我国对农、牧、渔业等用盐可减征盐税等。

（二）税式支出的形式

尽管各国对税式支出已规定出明确的定义，但在实践中，真正把税式支出项目与正规的税制结构截然区别开来，并非易事。许多国家一般把直接支出作为区分标准：如果能用直接支出替代的减免项目就列为税式支出，否则，就不能算作税式支出。例如，根据所得税制的构成原则，本不属于课税范围的一些扣除和减免项目，诸如个人生活费用的扣除，为取得所得而支出的成本扣除等，就不能列入税式支出的范围。税式支出项目的具体确定虽然困难重重，但还是有一定规律可循的。就刺激经济活动和调节社会生活的税式支出而言，其一般形式大致有税收豁免、纳税扣除、税收抵免、优惠税率、延期纳税、盈亏相抵等。

1. **税收豁免**，是指在一定期间内，对纳税人的某些所得项目或所得来源不予课税，或对其某些活动不列入课税范围等，以豁免其税收负担。至于豁免期和豁免税收项目，应视当时的经济环境和政策而定。最常见的税收豁免项目有两类：一类是免除关税与货物税；另一类是免除所得税。免除机器或建筑材料的进口关税，可使企业降低固定成本；免除原材料以及半成品的进口关税，可增强企业在国内外市场的竞争能力；免除货物税同样也可降低生产成本，增强市场的价格竞争力。至于免除所得税，一方面可以增加新投资的利润，使企业更快地收回所投资本，减少投资风险，以刺激投资，例如，对企业从治理污染中取得的所得不计入应税所得中，激发企业治理污染的积极性；另一方面可以促进社会政策的顺利实施，以稳定社会正常生活秩序，诸如对慈善机构、宗教团体等的收入不予课税。

2. **纳税扣除**，是指准许企业把一些合乎规定的特殊支出，以一定的比率或全部从应税所得中扣除，以减轻其税负。换言之，纳税扣除是指在计算应课税所得时，从毛所得额中扣除一定数额或以一定比率扣除，以减少纳税人的应课税所得额。在累进税制下，纳税人的所得额越高，这种扣除的实际价值就越大。因为，一方面，有些国家的纳税扣除，是按照纳税人的总所得，以一定的百分比扣除，这样，在扣除比率一定的情况下，纳税人的所得额越大，其扣除额就越多；另一方面，就某些纳税人来说，由于在其总所得中扣除了一部分数额，使得原较高税率档次降低到低一级或几级的税率档次，这等于降低了这部分纳税人的课征税率。

3. **税收抵免**，是指允许纳税人从其某种合乎奖励规定的支出中，以一定比率从其应纳税额中扣除，以减轻其税负。对于这种从应纳税额中扣除的数额，税务当局可能允许也可能不允许超过应纳税额。若在后一种情况下，它被称为"有剩余的抵免"；若是在前一种场合，即将没有抵尽的抵免额返还给纳税人，就称之为"没有剩余的抵免"。在西方国家，税收抵免的形式多种多样，其中最主要的有两种形式，即投资抵免和国外税收抵免。（1）投资抵免因其性质类似于政府对私人投资的一种补助，故亦称之为投资津贴。其大概含义是指，政府规定凡对可折旧性资产投资者，其可由当年应付公司所得税税额中，扣除相当于新投资设备某一比率的税额，以减轻其税负，借以促进资本形成并增强经济增长的潜力。通常，投资抵免是鼓励投资以刺激经济复苏的短期税收措施。（2）国外税收抵免，常见于国际税收业务中，即纳税人在居住国汇总计算国外的收入所得税时，准予扣除其在国外的已纳税款。国外税收抵免与投资抵免的主要区别在于，前者是为了避免国际双重征税，使纳税人的税收负担公平；后者是为了刺激投资，促进国民经济增长与发展，它恰恰是通过造成纳税人的税收负担不平等来实现的。

税收抵免与税收扣除的不同之处在于：前者是在计算出应纳税额后，从中减去一定数额；后者则是从应税收入中减去一定金额。由于税收抵免可以减轻纳税人的税收负担,增加其税后所得,故而它通常作为一种政府的政策工具在实践中加以应用,以实现政府的某些政策目标。因此,美国的外交政策影响税收规定也就不足为怪了。比如,美国的税收抵免与"反恐"挂钩,税收抵免制度明确规定,美国纳税人在支持恐怖主义的国家缴纳的税收,一概不得进行税收抵免。而且,即使纳税人的收入是在第三国获得的,但该笔收入的原始来源地是支持恐怖主义的国家,那么这笔收入在第三国所缴纳的税收也不能得到抵免。

4. **优惠税率**,是对合乎规定的企业课以较一般为低的税率。其适用的范围,可视实际需要而予以伸缩。这种方法,既可以是有期限的限制,也可以是长期优待。一般来说,长期优惠税率的鼓励程度大于有期限的优惠税率,尤其是那些需要巨额投资且获利较迟的企业,常可从长期优惠税率中得到较大的利益。在实践中,优惠税率的表现形式很多,例如,纳税限额即规定总税负的最高限额,事实上就是优惠税率的方式之一。

5. **延期纳税**,这种方式亦称"税负延迟缴纳",是允许纳税人对那些合乎规定的税收,延迟缴纳或分期缴纳其应负担的税额。这种方式一般可适用于各种税,且通常都应用于税额较大的税收上。在施以这种办法的场合,因可延期纳税,纳税人等于得到一笔无息贷款,能在一定程度上帮助纳税人解除财务上的困难。采取这种办法,政府的负担也较轻微,因为政府只是延后收款而已,充其量只是损失一点利息。

6. **盈亏相抵**,这种方式是指准许企业以某一年度的亏损,抵消以后年度的盈余,以减少其以后年度的应纳税款;或是冲抵以前年度的盈余,申请退还以前年度已纳的部分税款。例如,美国现行税法第172条规定,允许纳税年度产生的净营业亏损无限期向未来年度结转;我国台湾地区则有前4年后5年的规定。这种方式对具有高度冒险性的投资有相当大的刺激效果。因为在这种方式下,如果企业发生亏损,按照规定就可从以前或以后年度的盈余中得到补偿。当然,正因为这种方式是以企业发生亏损为前提,它对于一个从未发生过亏损但利润确实很小的企业来说,没有丝毫鼓励效果;而且就其应用的范围来看,盈亏相抵办法通常只能适用于所得税方面。

7. **加速折旧**,是指在固定资产使用年限的初期提列较多的折旧。采用这种折旧方法,可以在固定资产的使用年限内早一些得到折旧费和减免税的税款。例如,1954年美国税法规定企业可按放宽了的条款来计算折旧费,使得企业在一项新的固定资产使用年限的前一半时间内收回的投资,要比按直线法计提折旧时能收回的投资多出将近50%。加速折旧,是一种特殊的税式支出形式。虽然它可在固定资产使用年限的初期提列较大的折旧,但由于折旧累计的总额不能超过固定资产的可折旧成本,所以,其总折旧额并不会比一般折旧高。折旧是企业的一项费用,折旧额越大,企业的应课税所得越小,税负就越轻。从总数上看,加速折旧并不能减轻企业的税负,政府在税收上似乎也没损失什么。但是,由于后期企业所提的折旧额大大小于前期,故税负较重。对企业来说,虽然总税负未变,但税负前轻后重,有税收递延缴纳之利,亦有政府给予一笔无息贷款之效;对政府而言,在一定时期内,虽然来自这方面的总税收收入未变,但税收收入前少后多,有收入迟滞之弊。政府损失了一部分收入的"时间价值"。因此,这种方式同延期纳税方式一样,都是税式支出的特殊形式。

8. **退税**，是指国家按规定对纳税人已纳税款的退还。退税的情况有很多，诸如多征、误征的税款、按规定提取的地方附加、按规定提取代征手续费等方面的退税。这些退税都属于"正规税制结构"范围。作为税式支出形成的退税是指优惠退税，是国家为鼓励纳税人从事或扩大某种经济活动而给予的税款退还。其中包括两种形式：出口退税和再投资退税。出口退税是指为鼓励出口而给予纳税人的税款退还：(1) 退还进口税，即用进口原料或半制成品，加工制成成品后，出口时退还其已纳的进口税；(2) 退还已纳的国内销售税、消费税、增值税等。再投资退税是指为鼓励投资者将分得的利润进行再投资，而退还纳税人再投资部分已纳税款。

三、税式支出的发展

西方国家的税式支出概念与理论大致始于 20 世纪 60 年代末。1967 年美国财政部负责税收政策的部长助理、哈佛大学教授斯坦莱·S. 萨里（Starlleg S. Sarrey）在一次讲话中第一次使用了税式支出这个词。1968 年，美国财政部根据实践的需要迅速将其运用于预算分析，公布了美国第一个税式支出预算。此后，许多国家相继开始对税式支出进行研究并在实际中进行运用。1976 年和 1977 年，国际财政学会、国际财政协会大会分别将税式支出作为大会的主题进行讨论和研究。经济合作与发展组织（OECD）对此也给予极大关注。西班牙（1978 年）、英国（1979 年）、加拿大（1979 年）、奥地利（1979 年）、法国（1980 年）、澳大利亚（1981 年）等国都先后编制并公布了本国的税式支出预算或税式支出一览表。1984 年，来自 OECD 6 个国家的财政学者共同完成了这些国家税式支出制度的首次比较研究；1996 年，OECD 财政事务委员会对 14 个成员国税式支出制度进行了调查，分析了各国做法的差异及差异的理由，并形成了根据各国资料整理的税式支出数量估算表。20 世纪 90 年代以后，税式支出已经发展成为一个世界性的财政经济范畴。不仅绝大多数发达国家编制了税式支出表，建立了税式支出制度，而且许多发展中国家也逐步接受了税式支出概念，并尝试着编制自己的税式支出表，建立适合本国实际的税式支出制度。

四、税式支出的预算控制

如前所述，用来贯彻国家政治经济政策的税收减免，之所以逐渐被称为"税式支出"，一方面是强调在鼓励效果上各项税收减免措施与直接政府支出相类似；另一方面是确认各项税收减免措施和其他政府支出一样，必须经过国家预算控制程序方可实施。因此，早在 20 世纪 70 年代初，萨里提出"税式支出"概念之时，目的就在于把大量的税收优惠以预算形式管理控制起来，将各种税式支出列入国家预算，以明其得失，并赋予其同直接预算支出一样的评估和控制程序。接下来的问题是，如何对税式支出进行预算控制？或者说税式支出预算控制采取哪些方式？综观世界各个国家的实践，尽管做法不一，但仍可归纳为三种类型：

1. 全面的预算管理。即对各种税式支出项目严格规定统一的税式支出账户，按年度定期编报，连同主要的税式支出成本的估价，附于年度预算报表之后。美国、加拿大和澳大利亚实行这种管理方式。

2. 重点项目的预算控制。即国家只对那些比较重要的税式支出项目规定编制定期报表,赋予初步的预算管理程序,但未建立起系统、严格的税式支出账户,也未形成完备或正规的税式支出预算控制过程。荷兰实行这种管理方式。

3. 非制度化的临时监督与控制。即政府在政策实施过程中,认为有必要利用税式支出来考察和分析某一特殊问题,并决定用税式支出代替直接支出(如对有关地区、部门或行业提供财政补助)时,才对因此而放弃的税收收入仿效预算方法进行估价和控制。这种做法实际只是预算控制方法在税收优惠管理上的临时应用,并未真正形成统一、定期和系统的制度化的税式支出预算管理程序。实行这种管理方式的国家有波兰等。

在上述三种方式中,全面的预算管理方式最为完善,对税式支出的控制最严;重点项目的预算控制方式次之;非制度化的临时监督和控制管理效果最差,还不能称得上是真正意义的预算管理。具体管理方式的选择取决于各国的具体国情、对税式支出的认识以及实行税式支出历史的长短。对于我国来说,税式支出预算管理尚处于起步阶段,许多方面还有待于根据中国的国情特色和发展目标来探索和选择。就税式支出预算管理方式而言,实行第一种管理方式的条件短期内是达不到的,选择第三种管理方式的意义又不大,因此,较好的选择是第二种方式,即对重点项目的税式支出实行预算管理和控制。

为了实现我国税式支出的预算控制,我们目前亟待完成的工作是研究分析现行税收法规,对各种税收优惠项目进行归类,形成与预算支出项目的对照关系。(1) 对现行税法条款进行认真梳理和分析,将那些出于优惠目的而制定的可能减少税收收入的法令条款开列出来。(2) 在此基础上,划分确定出正规的税制结构,进而确定税式支出的范围和内容。在我国,全部的税收减免大致可分为三类,即固定普遍性减免、补贴照顾性减免和经济调节性减免。固定普遍性减免虽然在我国也包括在所谓的"减免税"中,但它不能算作税式支出,因为它基本上属于"正规税制结构",如"免税额"即是。(3) 对认定为税式支出的各种减免项目进行归类,建立税式支出的控制体系。

【资料】
中储粮集团公司:疫情大考下,努力保障粮食供应的"大国粮仓"

2020年初,一场突如其来的新冠肺炎疫情在武汉爆发,各地口罩、医用酒精纷纷断货,但是,粮油食品却供应充足,给每一个中国人"手中有粮,心中不慌"的安心感,让我们的社会始终保持安定有序。是谁一直在背后默默保障我们的粮油供应呢?它就是中储粮集团公司。

面对危机,中储粮集团公司湖北分公司第一时间与武汉市疫情防控指挥部取得联系,全力做好粮油应急保供支持。中储粮集团公司加大政策性粮食投放和中央储备粮轮出销售,及时为各地加工企业提供原粮保障,积极履行"大国粮仓"的责任担当。通过中储粮集团公司网电子交易系统,从2020年2月3日到28日组织138场竞价销售,成交中央储备粮375.24万吨。

由于交通运输受阻、企业推迟复工等原因,南方部分地区饲料加工企业面临原料供应紧张问题,国家下达了296万吨一次性储备玉米销售计划。中储粮集团公司通过及时投放中央储备轮换玉米和政策性玉米,来满足饲料企业用粮需求。

资料来源:和讯网 2020-03-03。

【资料分析】中储粮总公司成立于2000年,注册资本166.8亿元,在国家计划、财政中实行单列。受国务院委托,中储粮总公司具体负责中央储备粮(含中央储备油)的经营管理,同时接受国家委托执行粮油购销调存等调控任务,在国家宏观调控和监督管理下,实行自主经营、自负盈亏。

我国建立粮食储备制度,就是为了确保粮食安全。依靠中央储备粮库和财政补贴,国家可以方便地调配资源、稳定市场;同时也可以保护粮农的利益。而为了保证国家储备粮的质量,国有粮库的粮食是需要定期轮换的。例如,国有粮库的小麦3年轮换一次,稻谷2年轮换一次,玉米也是2年轮换一次。为了保障中央储备中储粮总公司粮库每收购一吨"托市粮"可获得收购手续费、保管费、陈粮轮换销售手续费补贴,此外还有差价补贴。

在市场经济条件下,财政补贴是一个重要的财政工具。正是由于财政补贴的恰当使用,才使得中储粮总公司这样的企业在市场经济中活力不减,在危机中发挥出粮油稳价保供的作用,为经济社会稳定做出了至关重要的贡献。

复习思考题

1. 简述社会保障体系的主要内容。
2. 简述市场经济体制下社会保障制度的经济意义。
3. 简述我国社会保障制度的发展与改革。
4. 简述财政补贴经济影响的机理及财政补贴的经济影响。
5. 简述我国财政补贴的调整与改革。
6. 什么是税式支出?如何控制税式支出?

第五章 财政收入概述

在现代社会,政府可以通过征税、收费或发行公债等多种形式获得收入,而税收是政府获得财政收入最主要的形式。政府通过筹集财政收入,不仅能够满足政府履行职能的需要,还可以影响和改变微观经济主体的经济行为。财政收入规模往往受政治、经济、社会以及历史文化传统和特殊国情等多方面制约,对财政收入的分析是财政理论的重要组成部分,通过研究影响财政收入的各种因素,寻求增加财政收入规模的途径。

第一节 财政收入含义及分类

一、财政收入的含义

财政收入是政府为满足其支出的需要,依据一定的权力,通过一定的形式和渠道集中起来的一种货币资金。财政收入既是一定量的资金,也是财政分配的一个过程。财政分配包括两个阶段,即收入和支出。财政收入,作为一个过程,它是财政分配的第一个阶段,即组织收入、筹集资金阶段。财政收入通过对一部分 GDP 的占有,以货币形式表现一定量的资金,它是政府各项职能得以实现的物质保证。

财政收入分为广义的财政收入和狭义的财政收入。广义的财政收入是指各级政府所支配的全部财源,包括政府的一切进项或收入。我国现行《预算法》明确要求政府所有收入纳入全口径预算,即一般公共预算、政府性基金预算、国有资本经营预算、社会保险基金预算,广义的财政收入即为上述四本预算对应的财政收入之和,又称全口径财政收入。狭义的财政收入仅指一般公共预算收入,又称小口径财政收入,代表了政府统筹用于保障和改善民生等公共支出的可支配财力,是我国财政收入体系的主体部分。

此外，从财政理论上说，还存在一种隐蔽的财政收入形式，即通货膨胀税，或称为通货膨胀收入，它是指政府通过通货膨胀的再分配而增加的收入。

二、财政收入的分类

（一）按照财政收入形式分类

按收入形式分类是我国当前财政收入的主要分类方式。按财政收入形式分类，是指以财政收入的形式依据为标准进行分类。收入依据不同，财政收入的表现形式也不同。从世界各国来看，取得财政收入的最主要形式是税收，除此之外，其他收入都可以划归为广义的非税收入。其他非税收入的形式，因各国政治体制、经济结构和财政制度的不同而有所区别。当前，我国财政收入的形式主要有以下几类。

1. **税收收入**。税收是国家依据政治权力，强制、无偿地取得财政收入的方式，是征收面最广、最稳定可靠的财政收入形式。目前在我国，税收收入占一般公共预算收入的80%左右，是财政收入的最主要形式。税收之所以成为财政收入最重要的形式，是由于税收不同于一般的分配形式，税收是一种特殊的分配形式，它的特殊性表现为税收是凭借国家政治权力而不是凭借所有者权力实现的分配。国家征税不受所有权的限制，对一般社会成员都可以适用，这就使得税收具有征收的普遍性和稳定性，也决定了税收在财政收入中处于重要地位。

2. **国有资产收益**。国有资产收益是指国家作为国有资产的所有者，凭借对国有资产的所有权以及对国企利润的分配权等取得的收入。广义的国有资产，包括经营性国有资产、非经营性国有资产和资源性国有资产。无论哪一类国有资产，其收益都是国有资产的出资者或所有者代表的国家权益追索权的实现。不同类的国有资产，其收益的具体取得方式不同。经营性国有资产取得收益的形式，包括国有企业出售收入、上缴利润、分派股利等；非经营性国有资产取得收益的形式，包括国有资产占用费等；资源性国有资产取得收益的形式，包括土地出让金收入等。国有资产收益是国家作为资产所有者身份取得的，凭借的是对上述国有资产的产权形式，而非政治权力，它与税收等其他收入形式相比具有独特性。

3. **债务收入**。债务收入是国家通过信用方式从国内外有偿取得收入的一种形式。例如，国内发行的国库券、经济建设公债，向外国政府和国际组织的借款等取得的收入都属于债务收入。债务收入是特殊的财政收入形式，其特殊之处在于它与税收相比不仅具有偿还性，还有自愿性和灵活性。从这个意义上看，债务收入不应作为国家经常性财政收入。政府通过发行公债，除了可以弥补财政赤字外，还可以有效地动员和重新配置社会资源，目前，债务收入已经成为世界各国进行宏观调控的重要手段。

4. **公共收费**。公共收费是政府取得收入的一种形式，收费遵循的原则是受益原则和补偿原则，一般来讲，政府可以通过收费来取得一部分收入，但它一般只能向公共服务或公共产品的受益人，以及使用公共资源的消费者收取，不享受公共服务的是不需要缴纳费用的，它收取的范围受到一定程度的限制，不具有普遍性。社会成员享用行政事业单位提供的特定服务的数量和质量与其支付的费用具有对称性。**公共收费主要有规费和使用费两种。规费是指政府在提供体现政府管理职能的某些特定公共服**

务（如证照办理及司法审判、执行、诉讼等）时，向消费者收取的手续费和工本费。如工商执照费、商标注册费、商品检验费、护照费、刑事诉讼费等；**使用费**是指政府在提供体现某种市场交易性质的准公共品（如文化娱乐设施、自来水供应、高速公路等）时，对使用者按照一定标准收取的费用。如水费、电费、煤气费、公立大学学费、公立医院收费、停车费、公园门票等。公共收费与税收相比，更能体现受益性原则，即谁受益、谁付费。在市场经济条件下，由于政府仍然提供准公共产品，因此收费仍有存在的必要，但应对收费进行规范化管理，防止乱收费行为的泛滥。

5. **其他收入**。其他收入是指上述主要财政收入以外的一些零星的杂项收入，其他收入在财政收入中占的比重不大，但包括的项目多、政策性强。主要有罚没收入、专项收入、捐赠收入等。罚没收入，是指工商、税务、海关、公安、司法等国家机关和经济管理部门依法收缴的罚款和没收款，以及各部门、各单位依法处理追回的赃款和赃物变价收入；专项收入，属于专款专用项目，同财政支出中的"专项支出"相对应，其目的是调动各级财政和有关部门组织专项收入的积极性，保证专项事业的发展，如教育费附加收入、三峡库区移民专项收入、专项收益上缴收入等；捐赠收入，包括国际组织捐赠、外国政府捐赠以及企业个人的捐赠等。

（二）**按财政收入的管理方式分类**

由于我国仍处于经济体制改革不断深化过程中，财政收入项目经常有所变动，特别是收费项目较多，管理方式不一，财政统计也不够规范。我国财政管理制度改革取得重大成果是全面取消预算外资金，将所有政府性收入全部纳入预算管理。**与目前我国政府预算体系中的四种具体预算相对应，我国财政收入可分为四类，分别是一般公共预算收入、政府性基金预算收入、国有资本经营预算收入和社会保险基金预算收入。一般公共预算收入**是以税收为主体，可以统筹安排用于民生支出、提供一般公共产品和服务的财政收入，包括全部的税收收入和若干种非税收入；**政府性基金预算收入**，是国家各级政府通过向企业和社会成员征收专项收费以及通过出让土地使用权、发行彩票等方式取得的，用于支持特定基础设施建设和社会事业发展的财政收入。实际工作中，一般公共预算收入与政府性基金预算收入之间的界限并非十分固定，随着政府性基金预算的统筹力度不断加大，收入比较稳定的政府性基金会及时纳入到一般公共预算管理，如2015年，有11项政府性基金统一划入了一般公共预算；**国有资本经营预算收入**，是国家以所得者身份依法取得的国有资本收益，主要包括国有独资企业按规定上缴国家的利润，国有控股、参股企业国有股权（股份）获得的股利、股息，企业国有产权（含国有股份）转让收入，国有独资企业清算收入（扣除清算费用）和国有控股、参股企业国有股权（股份）分享的公司清算收入（扣除清算费用），其他收入等；**社会保险基金预算收入**，是根据国家社会保险和预算管理法律法规取得的社会保险缴款和其他方式筹集的财政收入。

第二节 财政收入规模分析

一、衡量财政收入规模的指标

财政收入规模是指一国政府在一定时期内，财政收入的总体水平。考察一个国家财政收入规模的常用指标有绝对数指标和相对数指标。绝对数指标一般用财政收入总额（亿元）表示；相对数指标一般用财政收入占 GDP 的比重或财政收入占国民收入的比重来表示。

财政收入规模用绝对数表示反映了国家在一定时期内的经济发展水平和财力集散程度，体现了政府运用各种财政收入手段调控经济运行、参与收入分配和资源配置的范围和力度。从动态考察，即把财政收入规模的绝对量连续起来分析，可以看出财政收入规模随着经济发展、体制改革以及政府调控经济运行过程中的变化趋势；财政收入规模用相对数表示，反映了国家在一定时期内的 GDP 中由国家以财政方式筹集和支配使用的份额，它综合体现政府部门与非政府部门之间占有和支配社会资源的关系，提高这一比重意味着社会资源中归政府部门支配使用的部分增大，归非政府部门支配和使用的部分减少。反之，降低这一比重，则意味着社会资源中归政府部门支配使用的部分减少，非政府部门支配和使用的部分增大。财政收入占 GDP 比例不是固定不变的，而是随着经济的发展、国家职能和活动范围的变化而变化的。

目前，一般使用财政收入占 GDP 的比重而较少使用财政收入占国民收入的比重来反映财政收入的规模，主要原因：一是从统计学角度来说，我国核算体系已由 MPS 体系转向 SNA 体系，在 SNA 体系中，主要用财政收入占 GDP 的比重来反映财政收入的规模。二是 GDP 反映整个国民经济的最终生产成果，传统的国民收入只反映物质生产部门的净产值，而财政收入来源于整个国民经济（包括物质生产部门和非物质生产部门）。因此，财政收入占 GDP 的比重比财政收入占国民经济的比重更科学、更合理。三是从财政收入规模的国际比较来看，通常使用财政收入占 GDP 的比重来反映。

二、影响财政收入规模的因素

一国的财政收入规模不是由政府的意愿决定的，而是由本国政治、经济、社会以及历史文化传统和特殊国情等诸多因素综合作用而形成的，因而各国财政收入规模水平不尽相同且差距较大。而经济因素是决定和制约财政收入规模的首要因素，它既是决定一个国家财政收入规模的基本因素，也是使得一国财政收入规模相对稳定在一定水平并在一定区间内上下波动的主要因素。一般而言，影响财政收入规模的经济因素主要包括：经济发展水平、生产技术水平、政府职能范围、政府收入分配政策及价格因素等。

(一) 经济发展水平

经济发展水平是影响一个国家财政收入规模的决定性因素。经济发展水平反映一个国家社会产品的丰富程度和经济效益的高低。经济发展水平越高意味着社会产品越丰富，国内生产总值或国民收入越多，则可供财政分配的物质基础越雄厚，财政收入不仅总额增大，财政收入占国内生产总值或国民收入的比重也较高。经济发展水平对财政收入的制约是最综合性、基础性的因素，二者之间存在着源与流、根与叶的关系，源远则流长，根深则叶茂，反映了经济对财政的决定作用。从世界各国的现实状况考察来看，发达国家的财政收入规模大多高于发展中国家，而在发展中国家，中等收入国家又大都高于低收入国家，绝对指标如此，相对指标也是如此。一般地说，随着经济发展水平的提高，各国的财政收入规模都会呈现上升的趋势。

衡量经济发展水平的另一个重要指标是生产技术水平。生产技术水平是内含于经济发展水平之中的，一定的经济发展水平总是与一定的生产技术水平相适应的，较高的经济发展水平往往是以较高的生产技术水平为支柱，实际上对生产技术水平的分析是对经济发展水平影响财政收入规模分析的深化。**生产技术水平是指生产中采用的先进技术的程度**，它对财政收入规模的制约主要表现在：一是技术进步会直接加快生产速度，使产品数量和产品质量得到提高，从而使社会产品和GDP增长加快，为财政收入的增加提供了充分的财源；二是技术进步必然带来物耗降低，会大幅度提高劳动生产率，降低单位产品的成本，增加剩余产品价值所占的比重，而财政收入主要来自剩余产品价值，在其他条件不变的情况下，随着剩余产品价值占GDP比重的提高，财政收入也会有较快的增长。根据国际一些经济学家的测算，在发达国家经济增长的诸因素中，技术进步所占比重由20世纪初的5.2%，上升到20世纪中叶的40%，70年代进一步上升到60%以上，其中，美国、日本等发达国家已达80%左右。可以看出，生产技术水平对财政收入规模的影响是不能忽视的。

(二) 政府职能范围和收入分配政策

政府取得财政收入是为了履行其职能，满足社会公共需要，一国政府职能范围越大，需要的财政投入越多，所需要的财政收入规模也就越大。在计划经济条件下，政府职能渗透到微观经济的各个环节，政府部门是社会资源配置的主体，形成的政府职能范围是大而宽的，几乎囊括了生产、投资乃至消费的各个方面，这就要求政府通过财政占有更多的社会产品。在这种体制下，政府财政收入规模占GDP的比重自然会高一些。反之在市场经济条件下，市场是资源配置的主要机制，政府的主要职责是为社会提供公共产品，其职能范围仅限于市场不宜和市场不能的领域，与此相适应，国民收入主要向市场主体倾斜，财政收入占GDP的比重也就降低一些。

收入分配政策也是影响财政收入规模的重要因素。收入分配政策是一国政府对收入进行再分配所采取的政策措施，一国政府在收入分配中越是追求公平，政府进行收入再分配的力度就会越大，政府要求掌握的财力就会越多。收入分配政策对财政收入规模具有关键性影响，它决定着社会资源在政府部门与非政府部门之间的分配。如荷兰、瑞典等部分欧洲国家，由于政府负担着较大的社会福利职能，其收入分配政策向政府倾斜较多，其财政收入规模较大，一般都占GDP的50%以上。

改革开放以来我国进行了经济体制改革和实行各项分配政策，使财政收入占

GDP的比重出现逐年下滑的趋势，主要原因是国家实施了一系列**收入分配政策**，使经济转轨过程中GDP分配格局急剧变化。这些政策措施主要有：**一是调整价格**，特别是调整农副产品的收购价格。这一措施增加了农民的收入，但在销售价格不变的条件下，往往会使农副产品的购销价格倒挂，使一些粮食部门或以农副产品为原料的企业利润减少甚至亏损，国家需要对其进行价格补贴。而对有些农副产品提高收购价格的同时也相应提高其销售价格，在当时实行低工资、低收入制度的情况下，无疑会增加居民的负担。为了不使居民生活水平因涨价因素而有所降低，国家采取了对居民进行财政补贴或提高其工资的方式。这些措施最终反映到财政上，不是减少财政收入，就是增加财政支出。**二是调整职工工资**。在劳动生产率不变的情况下，提高企业职工工资会增加企业成本，相应地减少企业的盈利，从而减少财政收入；而给国家行政事业单位的人员涨工资会直接增加财政支出，因此，增加职工收入水平对财政的影响必然是增支减收。**三是调整国家与国有企业之间的财政分配关系**。改革开放初期，国家与企业分配关系的改革，一直是本着"放权让利"的思路进行的，其结果是微观经济主体支配的财力逐步增加，政府集中的财力不断下降。

（三）价格因素

财政收入是一定量的货币收入，它是在一定的价格体系下形成的，按一定时点的现行价格水平计算而得，没有扣除通货膨胀的影响。而按现行价格计算的财政收入只是名义的财政收入，即当年账面上实现的财政收入，在其他条件一定的情况下，某年度物价上升，该年度的名义财政收入就会增加，但这种财政收入的增加是由物价上升造成的，并不能反映财政收入的实际增长规模。针对我国曾一度出现物价上涨幅度较大的情况，学术界曾讨论财政收入的名义增长而实际负增长的问题，实际就是指由于物价上涨导致财政收入的贬值现象。财政收入名义增长率、财政收入实际增长率和物价上涨率三者之间的关系是：财政收入实际增长率是以名义增长率剔除物价上涨因素后的真实增长率，用公式可以表示为：

财政收入实际增长率 = 财政收入名义增长率 - 物价上涨率

财政收入名义增长率与财政收入实际增长率之间的关系主要表现为以下几种情况：

1. 当财政收入名义增长率高于物价上涨率，财政收入名义和实际都是增长的，但财政收入名义增长大于财政收入实际增长。1978年至2021年期间，以一般公共预算收入为例（下同）：1978年，1982—1985年，1990—1993年、1995—1997年、2000—2001年，2003—2008年，2010—2019年，2021年都属于这种情况。2021年财政收入名义增长率为10.7%，CPI上涨率为0.9%。

2. 当财政收入名义增长率低于物价上涨率，财政收入名义上增长，实际是负增长。如：1980—1981年，1987—1989年，1994年，2020年都属于这种情况。2020年财政收入名义增长率为-3.9%，CPI上涨率为2.5%。

3. 当出现持续的物价下跌、物价上涨率为负数时，财政收入实际增长率大于财政收入名义增长率。如1998—1999年，2002年，2009年就属于这种情况。2009年财政收入名义增长率为11.7%，CPI上涨率为-0.7%。

4. 财政收入名义增长率与物价上涨率大体一致，财政收入名义上增长，实际上不增不减，如 1979 年和 1986 年基本上属于这种情况。1986 年，财政收入名义增长率为 5.8%，CPI 上涨率为 6.5%，两者相差在 1% 以内。

可见，在价格波动较大的年份，会出现财政收入名义增长率和实际增长率的背离。在因物价上升而形成名义增长但无实际增长的情况下，财政收入的增长就是通过价格再分配机制实现的。此时财政收入的增量通常可分为两部分：一是 GDP 正常增量的分配所得；二是价格再分配所得（即通常所说的通货膨胀税）。在市场经济条件下，物价上涨是世界各国的普遍现象。如果财政赤字是通货膨胀的主要原因，当流通中的货币量是为了弥补财政赤字时，国家财政会占用 GDP 的更大份额，即所谓的"通货膨胀税"。如果财政赤字不是通货膨胀的主要原因，那么财政在再分配中有得有失，而且可能所失大于所得，即财政收入实际下降。

另外，财政收入体制中的税收制度对于物价上涨的反应也是不同的。当一国实行累进所得税为主体的税制时，纳税人会由于名义收入的增长而适用较高的税率，比以前缴纳更多的税收，从而增加了财政收入。当一国实行以比例税率的流转税为主体的税制，意味着税收收入的增长与物价上涨率是同步的，从而使财政收入在通货膨胀下只有名义增长，而不会有实际增长。如果实行的是定额税率，当出现通货膨胀时，税收收入的增长必然低于物价上涨率，从而财政收入即使有名义增长，而实际也是下降的。

除了价格总水平外，产品比价关系变动也会引起财政收入的变化。产品比价变动会引起货币收入在企业、部门和个人各经济主体之间的转移，形成 GDP 的再分配，使财源分布结构发生变化。另外，财政收入在企业、部门和个人之间的分布呈非均衡状态，或者说各经济主体对财政收入的贡献比例是不一样的，从而整体财政收入会发生变化。

三、我国财政收入规模分析

（一）我国财政收入规模水平

全口径的财政收入规模可全面地反映政府从微观经济主体的企业和个人手中取得收入和集中资源的状况，反映政府对整个社会财富的集中程度。表 5-1 展示了 2013 年至 2021 年我国全口径财政收入的规模情况。需要注意的是，为更客观反映全口径财政收入规模，社会保险基金预算从一般公共预算中获得的财政补贴收入，需要在四本预算收入总和的基础上予以扣减。

表 5-1　　　　　　全口径财政收入规模（2013—2021 年）

年份	一般公共预算收入（亿元）	政府性基金预算收入（亿元）	国有资本经营预算收入（亿元）	社会保险基金预算收入（亿元）	扣减：一般公共预算对社会保险基金预算的补助（亿元）	总计（亿元）	国内生产总值 GDP（亿元）	全口径财政收入占 GDP 比重（%）
2013	129142.90	52238.61	1651.36	34515.56	7371.50	210176.93	592963.2	35.4
2014	140349.74	54093.38	2023.44	39186.46	8446.35	227206.67	643563.1	35.3
2015	152216.65	42330.14	2560.16	44660.34	10198.15	231569.14	688858.2	33.6

续表

年份	一般公共预算收入（亿元）	政府性基金预算收入（亿元）	国有资本经营预算收入（亿元）	社会保险基金预算收入（亿元）	扣减：一般公共预算对社会保险基金预算的补助（亿元）	总计（亿元）	国内生产总值GDP（亿元）	全口径财政收入占GDP比重（%）
2016	159552.08	46618.62	2601.84	48272.53	11104.34	245940.73	746395.1	33.0
2017	172566.50	61462.49	2578.69	55380.16	12264.49	279723.35	832035.9	33.6
2018	183351.84	75404.50	2899.95	72649.22	16776.83	317528.68	919281.1	34.5
2019	190382.23	84515.75	3960.42	80844.09	19392.61	340309.88	986515.2	34.5
2020	182894.92	93488.74	4777.82	72115.65	20946.94	332330.19	1013567.0	32.8
2021	202538.88	98023.71	5179.55	94734.74	23248.00	377228.88	1143669.7	33.0

数据来源：《关于2013（2014—2021）年中央和地方预算执行情况与2014（2015—2022）年中央和地方预算草案的报告》及国家统计局官网。

具体到狭义的财政收入规模，主要是用一般公共预算收入占GDP的比重来反映。表5-2展示了1978年至2021年我国财政收入规模情况，由于债务收入实际上是将未来的收入提前使用，因而表5-2统计的数据未计入国内外债务收入。

表5-2　　　　　　　　我国财政收入规模（1978—2021年）

年份	财政收入（亿元）	财政收入增速（%）	国内生产总值GDP（亿元）	财政收入占GDP的比重（%）
1978	1132.3	29.5	3678.7	30.8
1979	1146.4	1.2	4100.5	28.0
1980	1159.9	1.2	4587.6	25.3
1981	1175.8	1.4	4935.8	23.8
1982	1212.3	3.1	5373.4	22.6
1983	1367.0	12.8	6020.9	22.7
1984	1642.9	20.2	7278.5	22.6
1985	2004.8	22.0	9098.9	22.0
1986	2122.0	5.8	10376.2	20.5
1987	2199.4	3.6	12174.6	18.1
1988	2357.2	7.2	15180.4	15.5
1989	2664.9	13.1	17179.7	15.5
1990	2937.1	10.2	18872.9	15.6
1991	3149.5	7.2	22050.6	14.3
1992	3483.4	10.6	27194.5	12.8
1993	4349.0	24.8	35673.2	12.2
1994	5218.1	20.0	48637.5	10.7
1995	6242.2	19.6	61339.9	10.2

续表

年份	财政收入（亿元）	财政收入增速（%）	国内生产总值GDP（亿元）	财政收入占GDP的比重（%）
1996	7408.0	18.7	71813.6	10.3
1997	8651.1	16.8	79715.0	10.9
1998	9876.0	14.2	85195.5	11.6
1999	11444.1	15.9	90564.4	12.6
2000	13395.2	17.0	100280.1	13.4
2001	16386.0	22.3	110863.1	14.8
2002	18903.6	15.4	121717.4	15.5
2003	21715.3	14.9	137422.0	15.8
2004	26396.5	21.6	161840.2	16.3
2005	31649.3	19.9	187318.9	16.9
2006	38760.2	22.5	219438.5	17.7
2007	51321.8	32.4	270092.3	19.0
2008	61330.4	19.5	319244.6	19.2
2009	68518.3	11.7	348517.7	19.7
2010	83101.5	21.3	412119.3	20.2
2011	103874.4	25.0	487940.2	21.3
2012	117253.5	12.9	538580.0	21.8
2013	129209.6	10.2	592963.2	21.8
2014	140370.0	8.6	643563.1	21.8
2015	152269.2	5.8	688858.2	22.1
2016	159605.0	4.5	746395.1	21.4
2017	172592.8	7.4	832035.9	20.7
2018	183359.8	6.2	919281.1	19.9
2019	190390.1	3.8	986515.2	19.3
2020	182913.9	-3.9	1013567.0	18.0
2021	202538.9	10.7	1143669.7	17.7

资料来源：国家统计局官网。

将我国的财政收入规模与其他国家的情况进行比较，有助于更进一步准确判断我国的财政收入规模。如果按狭义财政收入口径进行国际比较，存在着明显的口径上的差异，而且所计算出的财政收入相对规模不仅远远低于发达国家，与发展中国家相比也是偏低的。发达国家财政收入占GDP的比重一般都在40%以上，瑞典、丹麦和挪威等北欧国家这一比重可达50%以上。发展中国家财政收入占GDP的比重一般都在30%以下，大部分在20%~25%，而我国目前这一比重仅达到20%左右。

进行国际比较更合理的方式是将我国财政收入规模调整为全口径的财政收入占GDP的比重，由此计算的相对规模已经接近或达到发展中国家的平均水平。从全口径和小口径财政收入规模的综合比较来看，我国目前的情况是，小口径财政收入规模偏低，全口径的财政收入规模并不低。由此可以进一步得出我国目前的财政收入不足引起的宏观调控能力减弱，实质是一种结构性的困难，即国家统一支配的公共财力较少，而在政府财政控制之外，由政府各部门自己支配的公共财力并不少。解决目前财政收入规模偏低的问题，必须遵循集中财力的方针，调整财政收入结构，坚决取缔乱收费，继续进行税费改革，统筹管理政府的各种财政收入，提高小口径财政收入规模，增强国家可支配财力。

（二）**财政收入规模偏低的原因分析**

造成财政收入占 GDP 比重偏低的原因是多方面的：**一是**从生产力发展因素角度看，我国目前生产力发展水平不高，人均收入水平较低，并且我国尚处于经济起飞的初级阶段，我国政府的集中程度不可能太高。**二是**从政府组织收入的角度看，虽然世界各国的财政收入中也有一定数量的收费，但比重都较小，其主要来源仍是税收。税、费是两种不同性质的收入形式，收费是财政收入的重要补充，但规模一般都比较小。而我国改革开放以来，由于预算内资金拮据，难以满足各部门正常的公共需要，于是各部门另辟蹊径，纷纷出台各种收费和基金项目，预算外以及随之而来的制度外资金迅速膨胀，出现了收入分配秩序混乱、乱收费的现象，严重侵蚀了税基，减少了财政收入。**三是**在中国现行税制下，伴随着中国经济发展进入新常态，财政收入也由高速增长转为中低速增长的新常态。近几年来，中国财政收入自 2014 年呈现一位数增长的减速态势，经济下行压力对财政收入增长形成制约，疫情形势变化也加大了财政收入的不确定性。我国间接税的比重高，资本货物、原材料、制造业等传统产业税收贡献较大，所得税和财产税等直接税占比偏低，财政收入增长受物价波动的影响很大。随着经济增速放缓，财政收入增速的下滑幅度更大。**四是**长期以来，我国出台了一系列的税收优惠政策，一方面促进了经济和社会各项事业的发展，另一方面也使税基变窄，宏观税负趋于下降。近年来，在经济下行压力较大、地方财政收入增速下滑明显的情况下，中央统一出台的小微企业税收减免等政策，尽管从全国来看减税规模并不大，但对一些基层市县的财力受此影响则很大。

从保证中央及地方政府职能部门运转及满足财政支出的角度看，在我国目前的体制转轨时期，政府职能的界定尚不规范和清晰，存在一些不应由政府承担、但政府却包揽过多的职能。改革开放以来，虽然我国财政收支逐年增长，但政府履行其职能的财力却明显不足，财政赤字不断增长。财力不足也影响了中央政府宏观调控能力的发挥，转移支付力度不够，进行政府职能的履行缺乏相应的财力保证。

（三）**合理调节财政收入规模的基本思路**

1. 正确理解和处理政府与市场的关系，是合理调节财政收入规模的前提。我国目前的经济发展水平、当前政府职能以及长远社会经济发展战略，是确定我国合理财政收入规模的直接因素。作为人口众多的发展中国家，我国人均收入已经达到中等收入国家的水平，目前又处于奔向全面小康的快速发展时期，因而我国财政收入规模适当高于发展中国家的平均水平是必要和可能的。同时，我国实行社会主义市场经济体制，要求更大程度地发挥市场在资源配置中的决定性作用，因而正确处理政府与市场在资源配置中的关系非常关键，为此需继续完善国家宏观调控体系，加快政府职能转变。

因此，从完善市场经济体制的角度思考，我国的财政收入规模需要控制在适度的空间。

2. 对现行税制和税收政策继续有增有减的结构性调整。一般公共预算收入主要来自税收收入，而近几年来税收收入的快速增长带来了财政收入的快速增长，对税收的快速增长必须有一个清醒的认识。我国税收收入占 GDP 的比重从 1995 年开始转为上升，这种恢复性的上升也是正常的，但随后自 1997 年直线上升，每年几乎上升 1 个多百分点，这种超常增长现象不能视为一种规律性，不应当也不可能长期继续下去。因为税收增长大幅度超过 GDP 的增长是一定时期的特有现象，而不是普遍规律，这种情况持续时间过长，会对经济增长起到一定的抑制作用。当我国市场经济体制进一步完善，经济稳定增长，税收与 GDP 将趋于同步增长。即税收收入主要依靠经济增长带来的自然增长，税收占 GDP 的比重将趋于相对稳定。2008 年，为了应对国际金融危机，我国实行了积极的财政政策，对现行税制进行有增有减的结构性调整，通过税基和税率的调整达到适当控制税收大幅度增长的目的。

3. 坚决取缔乱收费，继续进行税费改革，控制政府性基金收入的增长。继续清理整顿滥收费、防止乱设政府性基金，确保税基，保证税收的合理增长；继续推进税费改革，将可以规范为税收的收费转化为征税，并纳入一般公共预算；完善土地政策，制止土地出让收入的非正常增长；完善政府性基金预算的编制和执行，加强预算管理。

4. 发展经济，扩大财政收入来源。提高财政收入占 GDP 的比重，关键是要增强经济发展提供财政收入的能力。经济发展水平是制约财政收入规模的基本因素，当经济发展伴随着社会财富的增加，公共部门可支配的资源也就增加了，从而扩大了财政收入的来源。实际上财政收入的规模和增长取决于经济发展规模和增长速度，而发展经济的关键在于提高生产技术水平，生产技术水平的高低直接决定了一个国家投入和产出的关系。在面对资本投入不足的发展中国家来说，提高生产技术水平是最佳的选择。当前，我国经济发展进入新常态，需要推进供给侧结构性改革，以推动我国经济朝着更高质量、更有效率、更加公平、更可持续的方向发展。

5. 调节财政收入规模的有效手段是随时观测相关财政指标。一般而言，财政收入增长在一定时期内总是存在一定的正常增长空间，但不同年份却可能存在较大的波动，而弹性系数和边际增长倾向则可以显示波动的程度和趋向。其中，全口径财政收入的增长弹性系数显示全口径财政收入增长率是 GDP 增长率的比例关系，边际增长倾向显示了 GDP 增长中被财政收入所吸取的比例关系，若这两个指标数值较高，则反映了当年财政收入超常增长，应当及时采取适当的措施加以调节。

第三节 财政收入结构分析

一、财政收入来源的税收收入与非税收入

财政收入主要由税收收入和非税收入两部分组成。其中，**广义的非税收入**是指政

府通过合法程序获得的除税收以外的一切收入；**狭义的非税收入**是指由各级政府、国家机关、事业单位、代行政府职能的社会团体及其他组织依法利用政府权力、政府信誉、国家资源、国有资产或提供特定公共服务和准公共服务取得的财政收入。

在我国财政制度运行中，非税收入曾长期以预算外资金存在，游离于预算管理之外。2010 年，财政部发文明确从 2011 年 1 月 1 日起将按预算外资金管理的收入全部纳入预算管理。在《2022 年政府收支分类科目》中"一般公共预算收入科目"列出的类级科目含有"非税收入"，除此之外，独立编制预算的政府性基金预算和国有资本经营预算，其收入科目中列出的类级科目也含有"非税收入"。可见，我国的非税收入按管理方式的不同可分为公共财政预算管理的非税收入、纳入政府性基金管理预算的非税收入、纳入国有资本经营预算管理的非税收入。上述非税收入占财政收入的比重大大高于世界各国的水平，这是目前我国财政收入和财政体制的一个重大特点，且非税收入在一般公共预算内的比重较小，主要在一般公共预算之外。表 5-3 是我国一般公共预算收入中税收收入与非税收入规模及占比情况。

表 5-3　我国一般公共预算收入中税收收入与非税收入规模及占比（2007—2021 年）

年份	非税收入合计（亿元）	占比（%）	税收收入合计（亿元）	占比（%）
2007	5699.8	11.1	45622.0	88.9
2008	7106.6	11.6	54223.8	88.4
2009	8996.7	13.1	59521.6	86.9
2010	9890.7	11.9	73210.8	88.1
2011	14136.0	13.6	89738.9	86.4
2012	16639.2	14.2	100614.3	85.8
2013	18678.9	14.5	110530.7	85.5
2014	21194.7	15.1	119175.3	84.9
2015	27347.0	18.0	124922.2	82.0
2016	29244.24	18.3	130360.73	81.7
2017	28222.90	16.4	144369.87	83.6
2018	26956.98	14.7	156402.86	85.3
2019	32389.62	17.0	158000.46	83.0
2020	28601.59	15.6	154312.29	84.4
2021	29808.4	14.7	172730.5	85.3

说明：2007 年开始实行新的政府收支分类科目。2011 年起，预算外收入（教育收费除外）纳入预算管理，因此 2011 年非税收入规模比 2010 年增加较多。

资料来源：《中国财政年鉴（2021）》和《关于 2021 年中央和地方预算执行情况与 2022 年中央和地方预算草案的报告》。

在非税收入实际管理和运行中，一些矛盾和问题逐渐暴露，如规模偏大、管理政出多门、违规收费和设立基金等。为了加强非税收入管理，在制度建设方面，《彩票管理条例》（2009 年）《政府性基金管理暂行办法》（2010）《政府非税收入管理办法》（2016年）等相继发布。近年来国家加大了收费基金清理和改革力度，如2015年对小微企业免征42项行政事业性收费、取消或暂停征收57项中央级行政事业性收费等。2016年停征价格调节基金等3项政府性基金，整合归并散装水泥专项资金等7项政府性基金。2021年相继取消港口建设费、普通护照加注收费，将航空公司应缴纳民航发展基金的征收标准，在降低50%的基础上再降低20%，并加大对各类违规涉企收费的整治力度，严控非税收入不合理增长。通过清理、规范政府性基金和收费，将有效减轻企业和个人负担，规范政府行为，使财政性资金管理纳入统一规范的轨道。

二、财政收入来源的所有制结构

目前，我国经济是以国有经济为主导的、多种经济成分并存的经济结构，这必然要反映到财政收入上来。财政收入按经济成分分类，有来自全民所有制经济的收入、集体所有制经济的收入、私营经济的收入、个体经济的收入、外资企业的收入、中外合资经营企业的收入等。国有经济在国民经济中具有十分重要的地位，与此相适应，国有经济一直是我国财政收入的主要来源。尽管近年来国有经济在国民经济中的比重有所下降，但这并不动摇国有经济的主导地位。

近年来，国有经济的比重已经下降到30%左右，但其对财政收入的贡献率仍高达50%以上。主要原因是一些税率高的企业，如烟酒行业等主要是国有企业，国有垄断企业上缴财政收入的比重较大。另外，集体经济和个体经济小型企业居多，税收征管难度加大，存在税收征管上的"抓大轻小"的倾向。随着市场经济的不断完善和发展，来自其他经济成分的财政收入及其比重也呈逐步上升的趋势。研究财政收入的所有制构成，是国家制定财政政策、制度，正确处理国家同各种所有制经济之间财政关系的依据。

三、财政收入来源的经济部门结构

财政收入按传统意义上的经济部门分类，可分为来自农业、工业、建筑业、交通运输业，以及商业和服务业等部门的收入。这种分类可以反映产业结构以及与之相关的价格结构变化对财政收入的影响，便于根据各部门的发展趋势和特点，合理地组织财政收入，开辟新的财源。

农业是国民经济的基础，农业的状况会影响整个国民经济的发展，从这个意义上说，农业也是财政收入的基础。农业对财政收入的影响主要表现在以下两个方面：第一，直接来自农业的收入，主要是农业税。由于我国农业劳动生产率比较低，以及长期以来对农民贯彻稳定负担政策和轻税政策，因此，农业税在全部财政收入中占的比重一直很小，2006年全国又全面取消农业税，随着农业税的取消，对财政收入的整体影响已微乎其微，但适时取消农业税，顺乎民意、合乎民情，对从根本上减轻农民负担，提高农民生活水平，扩大消费市场，促进经济的发展将会起到明显作用。第二，间接来自农业的收入，主要表现在由于工农业产品交换中存在着剪刀差，是农业部门创造的一部分价值转移到以农产品为原料的轻工业部门实现。

工业是国民经济的主导。我国财政收入的大部分直接来自工业，因此工业对财政收入的状况起决定作用。由于过去我国工商税收主要在生产环节征收,所以工业部门提供的财政收入在整个财政收入中所占比重较高,税制改革前能达到60%以上。随着税制的改革,特别是实行增值税之后,工业部门提供财政收入所占比重虽有所下降,仍是财政收入的龙头。因此,加快企业改革特别是国有大中型企业的改革,提高经济效益,减少亏损,仍是财政收入增长的关键。财政收入中来自重工业和轻工业的比重决定于这两个部门所实现的纯收入的比例。轻工业对财政收入具有特别重要的意义,这是因为轻工业具有投资少,建设周期短,收效快等特点,相对投资来说,能为社会提供更多的积累。

建筑业是一个特殊的工业部门。建筑业也创造产品和价值,但其产品生产方式和价值实现方式都不同于一般工业。目前,随着建筑业的发展和建筑业产品的商品化及其价格结构的改革,来自建筑业的财政收入比以前大大增加。

交运输业是沟通工农业生产和城乡物资交流,内外交流的中介,是国民经济的重要部门之一。交通运输的特点是,本身不创造新的物质产品,而是通过客、货运业务改变物质的存在场所,从而创造价值;同时,交通运输业的价值生产和价值的消费是同一个过程,这对物资供求平衡问题有其特殊性。目前,随着交通运输业的大力发展和适当提高了其收费价格,来自交通运输业的财政收入比重有所提高。

商业物资部门属于再生产过程的流通环节,它的职能在于使生产部门创造的价值在流通中得到实现,从而参与其中一部分剩余产品价值 M 的再分配。商业物资部门的盈利是通过购销差价形成的。商品的售价高于购价的差额叫作毛利。毛利扣除流通费用和营业外损失之后,即为商业物资部门的盈利,它是提供财政收入的来源。购销差价是形成商业物资部门盈利的基础,其大小决定于我国的价格结构和工商利润的分配关系。

现代产业结构分类与传统的部门结构是不同的,但又是相互交叉的。按现代意义上的产业分类,分为第一产业、第二产业和第三产业。第一产业包括农业、牧业、林业、渔业等。第二产业包括工业和建筑业。第三产业包括除上述一、二产业以外的其他各业,主要有交通运输、金融保险、教育文化、军队和警察等服务性部门。三大产业在国民经济中的地位不同,在财政收入中地位也不相同。按产业结构进行分类是我国改革后的现行核算方法的分类,更具有实践价值。在发达国家,第三产业产值占 GDP 的比重已达 60% 以上,提供的财政收入占全部财政收入的比重 50% 以上。目前我国第三产业已经显露出迅速增长的态势,很多发达地区,如北京、上海 2021 年第三产业产值占 GDP 的比重分别为 81.7% 和 73.3%。随着改革的深化和经济的发展,第三产业将以更快的速度增长,并成为财政收入的主要来源。

四、财政收入来源的价值结构

财政收入来源于整个国民经济,既包括物质生产部门,也包括非物质生产部门。从物质生产部门来分析,物质生产部门所创造的物质财富的总和是社会产品。其货币形态表现为社会产品价值,从它的价值构成来看,不外是 C、V、M 三部分。C 是补偿生产资料消耗的价值部分;V 是新创造的价值中归劳动者个人支配的部分；M 是新创造的归社会支配的剩余产品价值部分。研究财政收入的价值构成，是为了根据不同价值构成的不同性质和特点，制定相应的财政政策，寻求增加财政收入的途径。

从我国实际情况来看，M 是财政分配的主要对象，是财政收入的主要来源。但是，目前也有一部分财政收入来自 V，历史上也曾经有财政收入来自 C。

（一）来自 V 的财政收入

财政收入中来自价值 V 的部分，一般是指以劳动报酬形式付给劳动者个人的部分。目前我国来自 V 的财政收入主要有以下几个方面：第一，直接向个人征收的税。如个人所得税、个人缴纳的房产税、契税等。第二，直接向个人收取的规费收入（如户口证书费、护照费等）和罚没收入等。第三，居民购买的公债。第四，国家出售高税率的消费品转嫁税负给消费者所获得的一部分收入，实质上是由 V 转移来的。第五，服务行业和文化娱乐业等企事业单位上缴的税收，其中一部分是通过对 V 的再分配转化来的。

从我国目前情况来看，V 虽然可以构成财政收入，但过去它在全部财政收入中所占的比重较小。这是因为我国过去实行低工资制，劳动者个人的收入普遍较低，国家不可能从 V 中筹集更多的资金。而目前西方资本主义国家，普遍实行高工资政策和以个人所得税为主体税的财税制度，财政收入主要来自 V。我国个人所得税占税收总收入的比重 2021 年已达到 8.1%。今后，随着我国经济体制改革的逐步深入和经济的发展，人民生活水平的不断提高以及个人所得税的改革与完善，财政收入来自 V 的部分还会不断增长。

（二）C 对财政收入的影响

财政收入中来自价值 C 的部分，过去仅限于国有企业上缴财政的折旧基金部分。折旧基金属于补偿基金，但它又具有积累基金的属性，因为在国有固定资产报废更新之前，这部分折旧基金是以货币准备金的形式存在着，可以进行追加投资，即可以当作积累基金使用。这种属性，使得折旧基金有可能通过财政在全社会范围内进行再分配。因此，在传统的高度集中的财政体制下，国有企业的折旧基金曾经全部或部分的上缴财政，成为财政收入的一个来源。目前，根据社会主义市场经济的要求，折旧基金仍然属于固定资产的简单再生产，属于企业经营管理权限的范围，已将其留给企业管理使用。这就有必要具体分析一下 C 中的各因素，即物耗、折旧和财政收入之间的关系。

1. 物耗对财政收入的影响。C 和 M 在量上是此消彼长的关系。成本中的 C 是由两部分组成的，一部分是流动资金耗费的价值，它的实物形态是原材料等劳动对象。在实际生活中，称作材料消耗，简称物耗。在保证产品质量的前提下，这部分耗费越少，成本就越低，M 就越大。这就要求不断改进生产，提高工艺，尽可能地降低材料消耗定额。此外，采用代用品，也可以起到减少物耗，降低成本，增加盈利和财政收入的效果。

2. 折旧对财政收入的影响。C 中的另一部分是固定资产耗费的价值，称为折旧，它的实物形态是厂房、机器设备等劳动手段。在其他条件不变的情况下，降低产品成本中的折旧就可以相应地扩大 M，从而增加财政收入。降低折旧费可以有两种途径：

一条是在规定的固定资产使用年限内,通过提高设备利用率增加产品产量,从而降低单位产品成本中的折旧,这是正确的途径。另一条是通过人为地降低折旧率来实现的。折旧率的高低同 M 的大小以及财政收入的多少成反比例变化,即在其他条件不变的情况下,折旧率低,成本中的折旧额就小,从而剩余产品价值 M 部分就大,财政收入就增多;反之,折旧率高,成本中的折旧额就大,从而剩余产品价值 M 部分就小,财政收入就减少。因此,执行正确的折旧政策,确定一个合理的折旧率是很重要的。如果折旧率定得过低,在一定时期内虽然也可以增加财政收入,但实际上这是一种把老本当收益的做法,即把企业应当提取的折旧费部分人为地转化为企业的盈利。通过这种办法虽然增加了财政收入,但从长远看由于固定资产不能及时更新,长期处于陈旧落后状态,必然影响整个国民经济的技术进步,最终还是要影响生产发展速度和财政收入增长速度的。另一方面,也不能人为地提高折旧率,不加分析地实行快速折旧的政策,那样会增加成本中的折旧,从而减少 M,相应地减少财政收入。正确的折旧政策,应当使折旧率的高低同本国的生产力发展水平和科学技术水平相适应,既要考虑固定资产更新改造的需要,又要考虑新机器设备供应的可能和国家财力的可能。

（三）M 对财政收入的影响

M 是劳动者为社会创造的剩余产品价值,是财政收入的主要来源,财政收入的规模大小直接受到 M 的制约。因此,要增加财政收入,就必须想办法增加 M。在国民经济中,影响 M 增减变化的因素主要有三个:生产、成本和价格。生产是从绝对量上来影响 M 的。在成本和价格一定的情况下,扩大生产、增加产量和产值必然同时也增加 M。因此,生产发展的规模和速度,以及实现的产品产量和产值是决定财政收入规模和增长速度的基础。在产品产量和价格不变的情况下,成本和 M 成反比例变化,即成本提高,则 M 减少,财政收入也相应减少;反之,成本降低,则 M 增大,财政收入也相应增多。因此,要增加财政收入,根本的途径就是增加生产和厉行节约,即降低成本。降低成本是提高经济效益的问题,这是我国今后发展经济的主要方向,也是增加财政收入的主要方向。

（四）工资变动对财政活动的影响

工资与 M 在量上也是一种此消彼长的关系。在现实生活中,职工工资一般包括企业职工工资和行政事业单位职工工资两部分。企业职工的工资虽然不直接纳入财政分配,但它与财政分配有密切关系。在劳动生产率不变的情况下,提高企业职工工资会增大成本中 V 的份额,相应地会减少企业的盈利 M,从而减少上缴国家的财政收入。而国家行政事业单位的人员工资则是直接由国家财政支出的,因此,提高工资的结果,往往是一方面减少财政收入,另一方面则是增加财政支出。在劳动生产率不断提高而价格不变的情况下,工资变动对财政收入的影响,取决于工资增长幅度与劳动生产率增长幅度之间的关系。当工资的增长幅度高于劳动生产率的增长幅度时,产品成本中的工资 V 所占比重会相对提高,从而会使企业的盈利下降,上缴国家的财政收入减少;反之,当工资的增长幅度低于劳动生产率的增长幅度时,产品成本中的工资 V 所占比重会相对降低,从而会使企业的盈利增长,上缴国家的财政收入增加。可见,在处理调整工资与国家财政的关系上,既不能单纯为了保财政收入而使工资长期冻结,影响职工生活水平的不断提高；又不能脱离国家财力的制约而任意提高工资。必须把财政收支的安排同工资增长的幅度密切结合起来。在其他条件不变的情况下，处理好调整工资与国家财政的关系，保证工资随着国民收入的增长而增长，唯一正确的途径就是提高劳动生产率，减少单位产品成本中的工资含量来增加 M，从而增加财政收入。

我国传统意义上的社会产品是由物质生产部门创造的物质产品，通常不包括劳务服务，更不包括精神产品。而在国民经济核算体系（SNA）中，生产活动不限于物质生产部门，而且也包括非物质生产部门。因为在西方经济学看来，政府也是经济行为的一个主体，它也创造价值。因此，政府机关、教育卫生、军队警察、环保、防疫等部门，由于向社会提供各种服务，其活动也属于生产活动的范围。我国目前的核算体系已由 MPS 体系转向 SNA 体系，SNA 体系最基本的指标是国民生产总值（GNP）和国内生产总值（GDP）。传统的社会总产值指标只反映物质生产部门的劳动成果，而现在用 GDP 反映整个国民经济的最终生产成果，不仅包括物质生产部门的劳动成果，也包括非物质生产部门的劳动成果，财政收入来源于整个国民经济，这样能更全面、更科学、更合理地反映出财政收入的来源。

【资料】
2021 年财政收入突破 20 万亿元　民生等重点领域保障有力

2022 年 1 月 25 日，我国 2021 年财政收支年报正式出炉。财政部数据显示，2021 年全国一般公共预算收入 20.25 万亿元，突破 20 万亿元。全国一般公共预算支出 24.63 万亿元，增长 0.3%。与此同时，2021 年，新增减税降费超 1 万亿元。坚持政府过紧日子，民生保障有力有效。财政部表示，2022 年将积极推出有利于经济稳定的政策，政策发力适当靠前。将针对市场主体需求，实施新的更大力度组合式减税降费。精准聚焦制造业高质量发展，精准聚焦支持中小微企业、个体工商户纾困解难。

资料来源：经济参考报 2022 - 01 - 27。

【资料分析】 财政收入规模是衡量国家财力和政府在社会经济生活中职能范围的重要指标。2021 年全国一般公共预算收入实现恢复性增长，全年完成预算并有一定超收。其中，税收收入 17.27 万亿元，增长 11.9%；非税收入 2.98 万亿元，增长 4.2%，税收收入的增长是主体。财政部副部长许宏才在 2021 年全年财政收支情况新闻发布会上表示，财政收入增加的主要原因是经济持续稳定恢复和价格上涨带动，2021 年各项减税降费政策得到有效落实，没有通过增加市场主体税费负担的方式增加收入。在执行当中还通过让企业提前享受或者对有些特定的行业采取一些缓税的方式，所以是在这样一种减税降费都能够得到切实落实的情况下来完成的，反映了我国经济的恢复确实是达到了新的水平。同时要理性客观看待财政收入的超收。虽然 2021 年财政收入实现超收，但是与 2019 年相比，财政收入增长 6.4%，两年平均增长 3.1%，增幅低于 GDP 增长，财政收入占 GDP 的比重持续下降，财政支撑经济社会发展的压力仍然较大。展望 2022 年，面对需求收缩、供给冲击、预期转弱等多重压力，应更加注重提升财政效能，加强财政资源统筹。

复习思考题

1. 什么是财政收入？财政收入的主要形式有哪些？
2. 分析影响财政收入规模的因素。
3. 技术进步对财政收入规模起决定作用？
4. 分析价格因素对财政收入的影响。
5. 什么是非税收入，可分为哪几类？
6. 来自 V 的财政收入有哪些？
7. 分析合理调节我国财政收入规模的思路。

第六章 税收原理

税收的历史同国家一样久远,自古以来,税收都是国家取得财政收入的重要形式。马克思把税收界定为:"赋税是政府机器赖以存在并实现其职能的物质基础,而不是其他任何东西","国家存在的经济体现就是捐税"。税收征税依据的是国家政治权力,政府通过征税,不仅可以获得财政收入,还可以影响人们的经济行为。税收征收应遵循公平与效率原则,要合理界定一定时期的税收负担。

第一节 税收概述

一、税收的概念及属性

税收是国家为满足社会公共需要,凭借政治权力,按法定标准向社会成员强制、无偿地取得财政收入的基本形式。税收属于分配范畴,这是税收的基本属性。税收的分配主体是国家,税收是最早出现的一个财政范畴,它是随着国家的产生而产生的。税收与国家的存在有本质的联系,马克思把税收界定为:"赋税是政府机器赖以存在并实现其职能的物质基础,而不是其他任何东西"[1],"国家存在的经济体现就是捐税"[2]。税收是以国家为主体进行的分配,而不是社会成员之间的分配。它是由国家将一部分社会产品集中起来,再根据社会公共需要,通过财政支出分配出去。国家满足社会公共需要是面向整个社会公众的,它所带来的利益并不局限于个别社会成员。在征税过程中,居于主体地位的总是国家,纳税人居于从属地位。

税收征税依据的是国家政治权力。在对社会产品的分配过程中,存在着两种权力:一种是财产权力,也就是所有者的权力,即依据对生产资料和劳动力的所有权取

---

[1] 马克思恩格斯全集,第19卷,北京:人民出版社,1972:32.
[2] 马克思恩格斯全集,第4卷,北京:人民出版社,1972:342.

得产品;另一种是政治权力,依据这种权力把私人占有一部分产品变为国家所有,这就是税收。税收是一种特殊的分配,其所以特殊,就在于它是凭借国家政治权力而不是凭借财产权力实现的分配。国家征税不受所有权的限制,对不同所有者普遍适用。税收是财政收入的一种主要形式。在国家财政收入中,税收始终占重要地位。税收是国家取得财政收入的一种手段,在不同的历史时期,在不同性质的国家都普遍存在,并且一直在国家财政收入中占有重要的地位。2020年我国税收收入154312.29亿元,占一般公共预算收入的84.36%,[①] 充分显示了其重要地位。

二、税收的特征

税收的特征通常被概括为"三性",是指税收这种财政收入形式区别于其他财政收入形式的基本标志。即税收作为一种分配形式,同其他分配形式相比,具有强制性、无偿性和固定性的特征。

(一) 税收的强制性

税收的强制性是指税收是国家以社会管理者的身份,凭借政治权力,通过颁布法律来进行强制征收,负有纳税义务的单位和个人(也就是纳税人),都必须依法纳税,否则就要受到法律的制裁。税收的强制性表现为国家征税的直接依据是政治权力而不是生产资料的直接所有权,国家征税是按照国家意志依据法律来征收,而不是按照纳税人的意志自愿缴纳。税收的强制性并非国家的暴政,征税主体和纳税主体都被纳入国家的法律体系之中,是一种强制性与义务性的结合。

(二) 税收的无偿性

税收的无偿性是指国家征税以后,税款即为国家所有,既不需要偿还,也不需要对纳税人付出任何报酬。正如列宁所说:"所谓赋税,就是国家不付任何报酬而向居民取得东西。"税收的这种无偿性特征,是针对具体的纳税人来说的,即税款缴纳后和纳税人之间不再有直接的返还关系,税收的无偿性使得国家可以把分散的资财集中起来统一安排使用,满足国家行使其职能的需要。然而,国家征税并不是最终目的,国家取得税收收入还要以财政支出的形式用于满足社会公共需要。每个纳税人都会或多或少地从中获得收益,尽管其所获收益与所纳税款在量上不对等。因此,税收的无偿性不是绝对的,从长远看税收是"取之于民,用之于民"的。

(三) 税收的固定性

税收的固定性是指税收是按照国家法律规定的标准征收的,即对什么人征、对什么客体征、征多少等都是由税收法律预先规定好的,同时这个法定标准有一个比较稳定的适用期间,非经国家法律修订,征纳双方都不得违背或者改变。国家通过制定法律来征税,就要保持它的相对稳定性,而不能"朝令夕改",这样有利于纳税人依法纳税。当然,对税收固定性的理解也不能绝对化,随着经济社会的发展,税收法律制度也会随之调整,不可能永远固定不变。因此,税收的固定性也是相对的。税收的固定性有利于保证国家财政收入的稳定,也有利于维护纳税人的法人地位和合法权益。

---

① 资料来源:《中国统计年鉴2021》。

税收的这三个基本特征不是孤立的，而是密切联系的。首先，无偿性是税收本质的体现，必然要求税收征收的强制性，强制性是实现税收无偿征收的强有力保证。因为税收是无偿征收的，纳税人不能直接获得利益补偿，大多数纳税人为了个人利益不可能自愿、自觉地纳税，所以税收必须依法强制征收。其次，税收的无偿性和强制性决定了税收的固定性。否则，如果国家可以不受法律的约束随意征税，就会侵犯纳税人的合法利益，对经济社会带来严重的影响。因此，税收的强制性、无偿性和固定性是密切联系和缺一不可的，它们共同统一于税收法律制度。

税收的"三性"反映了一切税收的共性，它不会因社会制度的不同而有所改变，是区别税与非税的重要依据。判断什么是税，什么不是税主要看它是否同时具备这三个特征。例如，罚没收入也可以构成财政收入，也是强制的和无偿的，但其征收标准却不一定是固定的，因此不能称之为税收。

三、税制要素

税制要素即税收制度的基本内容，包括对什么征税、向谁征税、征多少税和如何征税。税制要素一般包括纳税人、课税对象、税率、计税依据、减免税和违章处理等。

（一）纳税人

纳税人是税法规定的直接负有纳税义务的单位和个人，它是缴纳税款的主体。纳税人可以是自然人，也可以是法人。所谓自然人，一般指的是公民个人。他们以个人身份来承担法律规定的纳税义务。所谓法人，是指依法成立并能独立行使法定权利和承担法律义务的社会组织。法人一般应当具备下列条件：一是依法成立；二是有必要的财产和经费；三是有自己的名称、组织机构和场所；四是能够独立承担民事责任。与纳税人相关的有两个概念：负税人和扣缴义务人。

1. **负税人。负税人是最终负担税款的单位和个人。**它和纳税人之间的关系非常密切，在纳税人能够通过各种方式把税款转嫁给别人的情况下，纳税人只起了缴纳税款的作用，纳税人并不是负税人。如果税款不能转嫁，纳税人同时又是负税人。

2. **扣缴义务人。扣缴义务人是税法规定的，在其经营活动中负有代扣税款、并向国库缴纳税款义务的单位和个人。**税务机关按规定给扣缴义务人代扣手续费，扣缴义务人必须按税法规定代扣税款，并按规定期限缴库，否则依税法规定要受到法律制裁。显然，扣缴义务人不是纳税人，不负纳税义务，但负有代扣代缴义务，它要接受税务机关委托代扣纳税人税款，并将其收取的税款缴库。

（二）课税对象

课税对象又称征税对象，是指税法规定的征税的目的物，是征税的根据，即对什么征税，是纳税的客体。课税对象是一种税区别于另一种税的主要标志，一种税区别于另一种税，主要是由于课税对象不同。

课税对象与税目关系密切，税目是征税对象的具体化，反映具体的征税范围，体现了征税的广度。通过确定税目划定征税的具体界限，凡列入税目者征，不列入税目者不征。通过这种分类便于贯彻国家的税收政策，即对不同的税目进行区别对待，制定高低不同的税率，为一定的经济政策目的服务。

与课税对象相关的另一个概念是税源,税源是指税收的经济来源或最终出处。有的税种的课税对象和税源是一致的,如所得税的课税对象和税源都是纳税人的所得。有的税种的课税对象与税源是不一致的,如财产税的课税对象是纳税人的财产,而税源往往是纳税人的收入。课税对象解决对什么征税的问题,税源则表明纳税人的负担能力。由于税源是否丰裕直接制约着税收收入规模,因而积极培育税源始终是税收工作的一项重要任务。

(三) 税率

税率是税额与课税对象数额之间的比例。税率是计算税额的尺度,反映征税的深度。在课税对象既定的条件下,税额的大小就决定于税率的高低。税率是税收制度的中心环节,税率的高低,直接关系到国家财政收入和纳税人的负担,是国家税收政策的具体体现。我国现行税率可以分为三种:

1. 比例税率。**比例税率**是对同一课税对象,不论其数额大小,统一按一个比例征税。在比例税率下,同一课税对象的不同纳税人的负担相同,具有鼓励生产,调动生产者积极性,有利于税收征管的优点。但比例税率也有缺点,就是有悖于量能负担原则,对调节个人所得的效果不太理想。比例税率一般应用于商品课税。

2. 累进税率。**累进税率**是就课税对象数额的大小规定不同等级的税率。课税对象数额越大,税率越高。实行累进税率,可以有效地调节纳税人的收入。累进税率一般应用于所得课税。

累进税率按累进程度不同又分为全额累进税率和超额累进税率两种。

(1) 全额累进税率,是课税对象的全部数额都按照与之相适应的等级的一个税率征税 (见表 6 - 1)。

表 6 - 1 全额累进税率表

级次	应税所得额级距	税率
1	500 元以下 (含 500 元)	5%
2	超过 500 ~ 2000 元	10%
3	超过 2000 ~ 5000 元	15%
4	超过 5000 ~ 10000 元	20%
5	超过 10000 ~ 40000 元	25%
6	40000 元以上	30%

全额累进税额的计算如下:假设某纳税人应税所得额为 2500 元,按照上面全额累进税率表,全部收入都按与之相应的税率 15% 征税,应纳税额 = 2500 × 15% = 375 元。

(2) 超额累进税率,是把课税对象按数额的大小划分为若干不同等级部分,对每个等级部分分别规定相应的税率,分别计算税额,一定数额的课税对象可以同时使用几个等级部分的税率。

超额累进税额的计算如下:假设某纳税人的所得额仍为 2500 元,如果按超额累进税率计算（税率见表 6-1），则纳税人的应纳所得税额为：500×5% + 1500×10% + 500×15% = 250 元。

（3）全额累进税率与超额累进税率相比具有不同的特点，主要表现在：①在名义税率相同的情况下，全额累进税的累进程度高，税负重；超额累进税的累进程度低，税负轻。如上例，2500 元的所得额，名义税率都是 15%，按全额累进税率征收，税额为 375 元，而按超额累进税率征收，税额为 250 元。②在所得额级距的临界点附近，全额累进会出现税负增加超过所得额增加的不合理现象；超额累进则不存在这个问题。假设纳税人甲应税所得额为 500 元，纳税人乙应税所得额为 501 元，按全额累进税率计算，纳税人甲应税所得额为 500 元，对应的税率为 5%，应纳税额为 500×5% = 25 元，纳税人乙应税所得额为 501 元，对应的税率为 10%，应纳税额为 501×10% = 50.1 元。即乙所得额比甲多 1 元，而乙应纳税额则要比甲多缴 25.1 元，这显然是极不合理的。③在计算上，全额累进计算简便，超额累进计算复杂。但这只是技术上的问题，可采取"速算扣除数"的办法予以解决。所谓"速算扣除数"，即为按全额累进税率计算的税额减去按超额累进税率计算的税额之间的差额。用公式表示是：

速算扣除数 = 全额累进税额 − 超额累进税额

根据所得额级距和相应税率，运用上述公式，可以预先计算出各级距的速算扣除数，然后用应纳所得额乘以适用税率，再减去速算扣除数，即为超额累进税额。其公式是：

超额累进税额 = 应纳所得额 × 适用税率 − 速算扣除数

通过比较全额累进税率与超额累进税率的特点可以看出，超额累进税率比全额累进税率具有较大的优越性，因此，在实际运用上，一般都采用超额累进税率。

累进税率的优点在于能够体现公平税负的原则，即所得多的多征，所得少的少征，无所得的不征，最适合调节纳税人的收入水平。累进税率的缺点在于计算比较复杂。

3. 定额税率。**定额税率**是按单位课税对象直接规定一个固定税额，而不采取百分比的形式。如资源税，直接规定每吨税额多少或每升税额多少。土地使用税，按使用土地的面积，规定每平方米税额多少，它实际上是比例税率的一种特殊形式。定额税率和价格没有直接联系，它一般适用于从量定额征收，因而又称为固定税额。定额税率在计算上更为便利，但是由于它是一个固定的数额，随着税基规模的增大，纳税的比例变小，故此税率具有累退的性质，对纳税人来说，税负不尽合理，因而只适用于特殊的税种。

（四）计税依据

计税依据是指国家征税时的实际依据。国家征税时出于政治和经济政策的考虑，并不是对课税对象的全部进行课税，往往允许纳税人在税前扣除某些项目，如个人所得中的基本生计费用以免征额方式扣除，以扣除后的余额为实际征税的依据。计税依据的设计一般要考虑课税对象的性质、课税目的以及社会环境等多种因素。

（五）附加、加成和减免税

纳税人负担的轻重，主要是通过税率的高低来调节的，除此之外，还可以通过附加、加成和减免等措施来调整纳税人的负担。

附加和加成是属于加重纳税人负担的措施。附加是在正税以外，附加征收的一部分税款。通常把按国家税法规定的税率征收的税款称为正税，而把在正税以外征收的附加称为副税。加成是加成征税的简称，是对特定纳税人的一种加税措施。有时为了实现某种限制政策或调节措施，对特定的纳税人实行加成征税。加一成等于加正税税额的10%，加二成等于加正税税额的20%，依此类推。

属于减轻纳税人负担的措施有：**减税、免税以及规定起征点和免征额**。减税就是减征一部分税款。免税就是免缴全部税款。减免税是为了发挥税收的奖励作用或照顾某些纳税人的特殊情况而做出的规定。

起征点和免征额的规定：**起征点是税法规定的课税对象开始征税的最低界限**。课税对象未达到起征点的，不征税；但达到或超过起征点时，全部课税对象都要征税。**免征额是课税对象中免于征税的数额**。起征点和免征额有相同点，即当课税对象小于起征点和免征额时，都不予征税。二者也有不同点，即当课税对象大于起征点和免征额时，采用起征点制度的要对课税对象的全部数额征税，采用免征额制度的仅对课税对象超过免征额的部分征税。在税法中规定起征点和免征额是对纳税人的一种照顾，但二者照顾的侧重点不同，起征点照顾的是低收入者，免征额则是对所有纳税人的照顾。

税法具有严肃性，而税收制度中关于附加、加成和减免税的有关规定则把税收法律制度的严肃性和必要的灵活性密切地结合起来，使税收法律制度能够更好地因地因事制宜，贯彻国家的税收政策，发挥税收的调节作用。

（六）违章处理

违章处理是对纳税人违反税法行为的处置，它对维护国家税法的强制性和严肃性有重要意义。

纳税人的违章行为通常包括偷税、漏税、抗税、骗税、欠税等不同情况。其中偷税、抗税、骗税一般为违法行为。偷税是指纳税人有意识地采取非法手段不缴或少缴税款的违法行为。漏税是指纳税人出于无意而未缴或少缴税款的违章行为。抗税是指纳税人以暴力、威胁等方法对抗国家税法拒绝纳税的违法行为。骗税是指纳税人采取对所生产或经营的商品假报出口等欺骗手段骗取国家出口退税款的行为。欠税即拖欠税款，是指纳税人不按规定期限缴纳税款的违章行为。对纳税人的违章行为，可以根据情节轻重的不同，分别采取不同方式进行处理：如批评教育，强行扣款，加收滞纳金，罚款，追究刑事责任等。

四、税收的分类

（一）按课税对象的性质分类

按照课税对象的性质分类，可将我国现行税种分为商品课税、所得课税、资源课税、财产课税和行为课税五大类。这是常用的主要分类方法。

1. **商品课税，又称流转课税，是指以商品（货物和劳务）为课税对象的税类**。商品课税的经济前提是商品生产和交换，其计税依据是商品销售额或营业收入额等。我国目前属于商品课税的税种主要有增值税、消费税和关税等。商品课税是目前大多数发展中国家普遍采用的一种税,并且在税收总额中占较大比重。在我国商品课税是主体税种,占税收收入的50%以上,是目前我国最大的税类。

2. **所得课税**,又称收益课税,是指以所得(或收益)为课税对象的税类。所得课税可以根据纳税人的不同分为对企业所得课税和对个人所得课税两大类,前者称为企业所得税,后者称为个人所得税。我国目前属于所得课税的税种主要有企业所得税、个人所得税、土地增值税等。在西方国家,社会保障税、资本利得税等一般也列入此类。所得税是大多数西方国家的主体税。

3. **资源课税**,是指以自然资源为课税对象的税类。资源课税的目的是对从事自然资源开发的单位和个人所取得的级差收入进行适当调节,以促进资源的合理开发和使用。由于级差收入也是一种所得,因此有些国家也将资源税并入所得课税。我国目前属于资源课税的税种主要有资源税、耕地占用税和土地使用税等。

4. **财产课税**,是指以纳税人拥有或支配的财产为课税对象的税类。我国目前属于财产课税的税种主要有房产税、契税、车船税等。西方国家的一般财产税、遗产税、赠与税等属于财产课税。

5. **行为课税**,是指以纳税人的某种特定行为为课税对象的税类。开征这类税一方面可以增加财政收入,另一方面可以通过征税对某种行为加以限制或加强管理监督。我国目前属于行为课税的税种主要有印花税、城市维护建设税等。

西方国家按课税对象性质一般将各税种分为所得课税、商品课税和财产课税三大类。

(二) 按税收与价格的关系分类

按税收与价格的关系分类,可将税收分为价内税与价外税。**凡是税金构成价格组成部分的,属于价内税。凡是税金作为价格以外附加的,则属于价外税**。与之相适应,价内税的计税价格称为含税价格,价外税的计税价格称为不含税价格。西方国家的消费税大都采用价外税的方式。我国的商品课税以价内税为主,但现行的增值税采用价外税。

(三) 按税负能否转嫁分类

按税负能否转嫁可将税收分为直接税与间接税。**凡是税负不能转嫁的税种,属于直接税**。直接税是由纳税人直接负担各种税收,纳税人就是负税人。如所得税和财产税属于直接税,税负不能转嫁。**凡是税负能够转嫁的税种,属于间接税**。间接税是纳税人能将税负转嫁给他人负担,纳税人不一定是负税人。如以商品为课税对象的消费税等,属于间接税,税负能够转嫁。税负转嫁的基本条件是商品价格能够随供求关系的变化而自由浮动。一般认为,在市场经济条件下由于实行市场价格,存在税负转嫁问题。但税负转嫁取决于客观的经济条件,有些税种看来似乎可以转嫁,但在一定的经济条件下却未必可以转嫁出去。

(四) 按税收的计量标准分类

按税收的计量标准分类,可以将税收分为从价税与从量税。**从价税是以课税对象的价格为计税依据的税类。从量税是以课税对象的数量、重量、容积或体积为计税依据的税类**。如目前我国开征的资源税、车船使用税和部分消费品的消费税等。从价税的应纳税额随商品价格的变化而变化,能够贯彻合理负担的税收政策,因而大部分税种都采用这一计税方法。从量税的税额随课税对象数量的变化而变化,具有计税简便的优点,但税收负担不能随价格高低而增减,不尽合理,因而只有少数税种采用这一计税方法。

(五)按税收的管理权限分类

按税收的管理权限分类,可分为中央税、地方税和中央地方共享税。**中央税**是指由中央政府管辖课征并支配的税种,如我国目前开征的消费税、关税等;**地方税**是指由地方政府管辖课征并支配的税种,如我国目前开征的房产税、车船税、耕地占用税等;**共享税**是指由中央政府或地方政府管辖课征,但税收收入由中央政府和地方政府共同支配的税种,即由税收收入在中央政府与地方政府之间按一定比例分成,如我国目前开征的增值税、资源税等。

中央税与地方税的划分在不同国家有所不同。有些国家(如美国)的地方政府拥有税收立法权,可以自行设立税种,并对设立的税种有开征、停征及税率调整权,这种税显然是地方税,而中央政府开征的税种属于中央税。有些国家的税种由中央政府统一设立,但根据财政管理体制的规定,为了调动地方的积极性,将其中的一部分税种的管辖权和支配权划给地方,属于地方税,而归中央管辖和支配的税种属于中央税。

(六)按征收实体为标准分类

按征收实体为标准分类,可将税收分为实物税和货币税两大类。**实物税**是以实物形式缴纳的各种税收,它是自然经济社会税收的主要分配形式。历史上奴隶社会的"布帛之征""粟米之征"都是实物税的具体形式。**货币税**是以货币形式缴纳的各种税种,它是商品经济社会税收的基本分配形式。当今世界各国的税收都主要采用货币形式。

第二节 税收原则

税收原则是政府在设计税制和实施税法过程中所遵循的准则,也是评价税收制度优劣和考核税务行政效率的基本标准。它反映了一个国家在一定时期、一定社会经济条件下的治税思想。

一、税收原则的创立和发展

在西方国家,税收原则的演进大致经历了三个阶段。一是资本主义上升时期的亚当·斯密的税收四原则。古典经济学奠基人亚当·斯密在其代表作《国民财富的性质和原因的研究》中提出了著名的税收四原则,即平等、确定、便利和最少征收费用原则。亚当·斯密的税收四原则是对税收原则最系统的阐述,它体现了资本主义上升时期经济自由发展,国家不干预或少干预的客观要求。二是资本主义垄断时期的瓦格纳的课税原则。即财政收入原则、国民经济原则、社会公正原则和税务行政原则。财政收入原则,包括充足原则和弹性原则;国民经济原则,包括税源的选择和税种的选择两方面;社会公正原则,包括普遍原则和平等原则;税务行政原则,包括确实、便利、最少征收费用原则。可以看出,进入垄断资本主义时期的税收原则已不完全等同于自由资本主义时期的税收政策。瓦格纳提出税收充足并有弹性以及普遍平等的纳税原则,是适应了当时国家从消极的"守夜者"到社会政策执行者职能转变的需要的。而且他提出税源和税种的选择要以保护税本为前提,这就把经济与税收的关系放到了突出的地位。三是现代的"公平与效率"两大税收原则。从 20 世纪 30 年代以来,随着经济形势的变化,税收原则也发生了变化。适应国家干预经济的需要而提出的现代税收原则,可以概括为公平和效率两大原则。公平强调税收在经济与社会领域的一视同仁,效率则提倡以最小的税收成本获取最大的税收利益。

二、税收的公平与效率原则

(一) 税收的公平原则

税收的公平原则是指国家征税要使纳税人承受的负担与其经济状况相适应,并使纳税人之间的负担水平保持平衡。税收的公平原则包括普遍征税和平等征税两个方面。所谓普遍征税,通常是指征税遍及税收管辖之内的所有法人和自然人。所谓平等征税,通常指国家征税的比例或数额与纳税人的负担能力相称。那么,如何来衡量税收是否公平呢?衡量税收公平的标准主要有以下两条:

1. **能力原则**,即要求按照人们的负担能力来分担税收。通常用收入水平来衡量人们的负担能力,即按照人们收入的多少进行课税。根据这一原则,所得多的负担能力强的人多纳税,所得少的负担能力弱的人少纳税。普遍征收是税收的一个基本前提,但政府征税的一个目的,就是通过政府支出改善人们的生活条件和生活环境,提高人们的生活水平,所以对那些负担能力弱或没有负担能力的人,为了保证其基本生活需要,政府不应向其征税。而且在一定条件下政府要通过财政转移支付,向他们提供必要的生活补助。此外,对于人们的负担能力也可以按照其消费支出水平或拥有的财产来衡量。

2. **受益原则**,即要求按纳税人在政府公共支出中受益程度的大小来分担税收。根据这种标准,从政府公共服务中享受相同利益的纳税人,意味着具有相同的福利水平,因此,应负担相同的税,以实现横向公平;享受到较多利益的纳税人,具有较高的福利水平,因此,应负担较高的税,以实现纵向公平。因此,谁受益谁纳税,受益多的人多纳税,受益少的人少纳税,受益相同的人负担相同的税收是非常公平的。现实生活中,如对公路、桥梁征收燃油税以及征收社会保障税等受益原则往往有所体现,但在许多情况下收益水平是不好衡量的,如国防费和行政管理费等,由于享用程度不可分解,受益原则无法适用。

(二) 税收的效率原则

税收效率原则指的是以尽量小的税收成本取得尽量大的税收收益。税收效率通过税收成本和税收收益的比率来衡量,但这种对比关系不是单一的,而是多层次的。这里的税收收益与税收成本都是一个广义的概念,税收收益不仅包括取得的税收收入,还包括因税收的调节提高了资源配置效率,优化了产业结构,促进了社会经济稳定发展的正效应即间接收益;而税收成本不仅包括税收的征收和管理费用,还包括了税收对社会经济的不当调节而产生的负效应即间接成本。因此税收效率包含两个方面的内容,首先,从税收与经济的相互关系,特别是从税收对经济的影响方面进行成本和收益的比较,即税收的经济效率;其次,是税务机关本身进行税务行政或税收管理而产生的成本和收益的比较,即税务行政效率。

1. 税收的经济效率。税收的经济效率是指政府征税应有利于资源的有效配置和经济机制的运行,即促进经济效率的提高或者对经济效率的不利影响最小。税收的经济效率是从整个经济系统的范围来看税收效率原则的,主要从征税过程对纳税人以及整个国民经济的正负效应方面来判断税收是否有效率。这就有一个税收的经济成本与经济收益的比较问题。一般来看,对税收经济效率主要从两个方面来考察:一是税收的额外负担最小化;二是税收额外收益最大化。

现代经济学运用帕累托效率来衡量经济效率。帕累托效率是指这样一种状态,即资源配置的任何重新调整都已不可能使一些人的境况变好而又不使另一些人的境况变坏,那么这种资源配置已经使社会效用达到最大,这种资源配置状态就是资源的最优配置状态,称为帕累托最优。如果达不到这种状态,就说明资源配置的效率不是最佳,还可以进行重新调整。由于现实经济生活中,大多数的经济活动都可能是通过使一部分人的境况变坏,从而使另一部分人的境况变好,但总的社会效益是变得更好。所以,效率的实际含义可以解释为:经济活动上的任何措施都应当使"得者的所得大于失者的所失",或从全社会看,宏观上的所得要大于宏观上的所失。如果做到这一点,经济活动就可以说是有效率的。一般认为,税收的征收同样存在"得者的所得大于失者的所失"的利弊比较问题。税收在将社会资源从纳税人手中转移到政府部门的过程中,势必会对经济产生影响。若这种影响限于征税数额本身,此乃为税收的正常负担;若除了这种正常负担之外,经济活动因此受到干扰和阻碍,社会利益因此受到削弱,便会产生税收的额外负担。

税收征收过程不只是经济成本的增加,也会对经济运行产生积极的影响。政府征税可以将政府的意图体现在税收制度和税收政策中,达到调节经济、稳定经济的作用,社会经济活动因此而得到促进,社会利益因此而得到增加,征税过程特别是税收政策的运用能够提高资源配置效率和宏观经济效益,这样就产生了税收的额外收益。如国家通过征税引导产业结构、矫正负的外部经济行为等,都会促进资源的有效配置,提高宏观经济效益。在经济可持续发展战略的条件下,通过征收环境税以及其他政策措施,运用税收限制环境污染的产生,鼓励环保产业的发展,使整个税制体现环保要求,抑制或减少环境污染和生态破坏,并最终实现可持续发展,这就是典型的税收产生的额外收益。因此,不仅要着眼于税收额外负担最小化,还要着眼于税收额外收益最大化,税收的效率原则就是要尽量增加税收的额外收益,减少税收的额外负担。

2. 税收的行政效率。税收的行政效率是指税收征收管理部门本身的效率。它可以通过一定时期直接征纳成本与入库的税收收入的对比来进行衡量。这里入库的税收收入是税收的直接收益。而税收的征纳成本,一是税务机关的行政费用,包括税务机关工作人员的工资、津贴等人员经费和税务机关在征税过程中所支付的交通费、办公费、差旅费等公用费用,以及用于建造税务机关办公大楼等各种费用开支;二是纳税执行费用,包括纳税人雇用会计师、税收顾问、职业税务代理人等所花费的费用、企业为个人代缴税款所花费的费用，以及纳税人在申报纳税方面发生的其他各种费用等。一般来说，税收的征纳成本与入库的税收收入之间的比率越小，税收行政效率就越高，反之则相反。

（三）税收公平与效率的两难选择

税收的公平与效率是密切相关的，从总体上讲，税收的公平与效率是相互促进、互为条件的统一体。首先，税收的公平是提高税收效率的必要条件。因为税收不公平必然会挫伤企业和个人的积极性，甚至还会引起社会矛盾，从而使社会缺少动力和活力，自然也无效率可言。只有保持税收分配的公平，防止两极分化，才能激发企业和个人的积极性，才能营造生产顺畅运行的社会环境，使税源充足，财政收入稳定足额入库。其次，税收的效率是税收公平的前提。如果税收活动阻碍了经济发展，影响了GDP的增长，尽管是公平的，也是没有意义的。因为税收作为一种分配手段是以丰裕的物质产品为基础的，只有提高税收的效率才能为税收的公平提供强大的物质基础，而没有效率的公平便成为无本之木。税收的公平与效率原则既有矛盾性，又有统一性。过分强调税收的公平原则必然会弱化利益刺激对税收效率的促进效应，过分强调税收的效率原则必然扩大贫富差别，会挫伤企业和个人的积极性。20世纪80年代以来，各国出现了世界性的税制改革浪潮。当时各国税制普遍存在一些问题：税收对经济运行的过度和过细干预，严重扭曲了正常的经济活动；过分强调税负公平特别是税负的纵向公平，造成了经济效率的低下，人们投资和工作积极性的下降；过分重视税收的经济效率而相对忽视税收行政效率，造成税制日趋复杂烦琐以及税收行政效率低下。

针对这些问题，各国对税制进行了大幅度的调整和改革，在税制改革过程中，税收原则也出现了调整和发展的新趋势。只有同时兼顾公平与效率的税收原则才是最完美的，但是税收的公平与效率的统一并不是绝对的。就具体的税种来说，两者会有矛盾和冲突，往往不是低效率、高公平，就是高效率、低公平，高效率、高公平的最优组合是少有的。如：商品课税可以通过各类奖限政策促进资源合理配置和发展生产，一般认为它是有效率的，但由于它背离了量能纳税的原则，有时会造成纳税人的苦乐不均，通常又被认为是不公平的；相反，所得课税具有负担合理、课征公平的优点，但它距离经济运转过程较远，很难直接调节生产和流通，又有效率不高的缺点。因此，对税收公平与效率的研究必须跳出具体的税种或某项税收政策的圈子，而从整个税制或税收总政策来考虑。仅就某一个税种来说，可能是以公平与效率为主的，但作为税种集合的税制，通过各税种的互相补充，完全有可能组成一个公平与效率兼备的好税制。有些国家从本国国情出发，在建设本国税制时实行以公平或效率某一方面作为侧重点的税收政策，从而形成了效率型税制或公平型税制，这样的税制往往更具实践价值。如发展中国家实行效率型税制比实行兼顾型税制更能促进本国的经济腾飞，发达国家实行公平型税制更有利于社会安定。总之，将税制的设计同本国国情和长远发展战略结合起来，显然是对税收公平与效率更高层次的兼顾。

税收原则的调整和发展的趋势，反映了各国对公平与效率关系的新思考，到目前仍影响着各国税制改革的税收政策的调整。主要体现在：一是在税收的经济效率原则上，主张由对经济的全面干预转向主张进行适度干预，避免税收对市场机制本身的干扰和破坏。二是在税收公平与效率原则的两难权衡上，由偏向公平转向更为注重效率，以刺激经济增长，摆脱经济困境。三是在税收公平原则的贯彻上，由偏重纵向公平转向追求横向公平。四是在税收效率原则的贯彻上，由注重经济效率转向经济效率与行政效率并重。

第三节 税收效应

一、税收的收入效应与替代效应

税收效应是指纳税人因政府征税而在其经济选择或经济行为方面做出的反应，或者从另一个角度说，是指国家课税对消费者的选择以至于生产者决策的影响。在市场经济条件下，纳税人作为经济活动中的投资者、生产者和经营者，税收对他们而言是政府强制、无偿的征收，因而如同原材料和工资等成本一样，是从事投资和生产经营活动时所必须付出的经济代价。因此，政府对投资和生产经营活动是全部征税、还是部分征税，在政府的征税领域，政府是采取统一税率征税，还是采取差别税率征税，对纳税人的利益会产生截然不同的影响。作为纳税人的企业和个人，是市场经济中自主经营、自负盈亏的微观经济主体，有追求自身利益最大化的内在动力，同时也面临着为了生存和发展而进行激烈竞争的外在压力。在动力与压力的相互作用下，政府课税必然会使纳税人做出相应的反应，并进行经济决策和行为选择。税收效应可分为收入效应和替代效应两种不同的类型。

（一）税收的收入效应

税收的收入效应是指国家征税对纳税人在商品购买方面的影响。因为税收减少了纳税人可支配的收入，从而降低了商品购买量和消费水平，也影响纳税人在劳动投入以及储蓄和投资等多方面的决策行为。例如，由于纳税减少了纳税人的收入，一方面会减少商品购买量，另一方面会激励纳税人比原先更加努力地工作，以赚取更多的收入，弥补由于征税而造成的损失。税收对消费者的收入效应如图6-1所示。

从图6-1看出，水平轴和垂直轴分别计量食品和衣物两种商品的数量。假定纳税人的收入是固定的，而且全部收入用于购买食品和衣物，两种商品的价格也是不变的，则将纳税人购买两种商品的商量组合连成一条直线，即图中的AB线，此时纳税人对衣物和食品的需要都可以得到满足。纳税人消费偏好可以由一组无差异曲线来表示，每条曲线表示个人得到同等满足程度下在两种商品之间选择不同组合的轨迹。AB线与无数的无差异曲线相遇，但只有与其中一条相切，即图中的L_1，切点为P_1。在这一切点上，纳税人以其限定的收入额购买两种商品所得到的效用或满足程度最大。

假定政府决定向消费者征税，其结果是该消费者购买两种商品的组合线由于消费者收入的降低，而由AB移至CD。CD与另一条无差异曲线L_2相切，切点为P_2。在

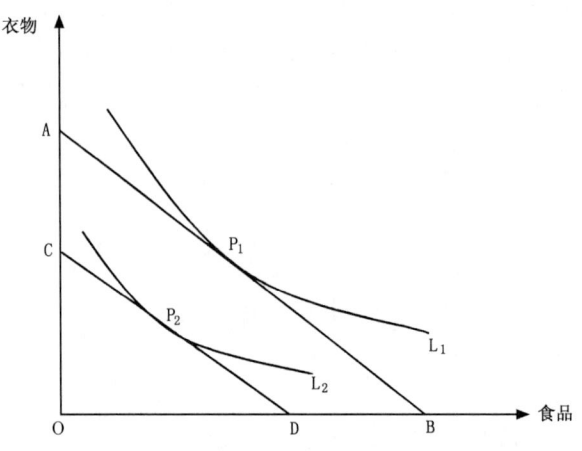

图 6-1　税收对消费者的收入效应

这一切点上,纳税人以其税后收入购买两种商品所得到的效用或满足程度最大。

由此可以看出,由于政府征税而使纳税人在购买商品的最佳选择点由 P_1 移至 P_2,这就意味着在政府征税后,消费者由于可支配收入水平的降低,而不得不相应地减少消费品的购买量。

(二) 税收的替代效应

税收的替代效应是指纳税人针对不同经济行为税收待遇的不同,而有意识采取的行为选择。 当政府对不同的商品实行征税或不征税、重税或轻税的区别对待时,会影响商品的相对价格,使纳税人减少征税或重税商品的购买量,而增加无税或轻税商品的购买量,即以无税或轻税商品替代征税或重税商品。例如,如果银行存款获得利息需要纳税,但购买国债所得利息不需纳税,在利率等其他条件相当的情况下,人们就会选择购买国债而不是银行存款。也就是说,在利益的驱动下,人们会尽量地回避征税,会选择课征低税的经济行为来替代课征高税的经济行为,以不征税的经济行为来替代征税的经济行为。税收对消费者的替代效应如图 6-2 所示。

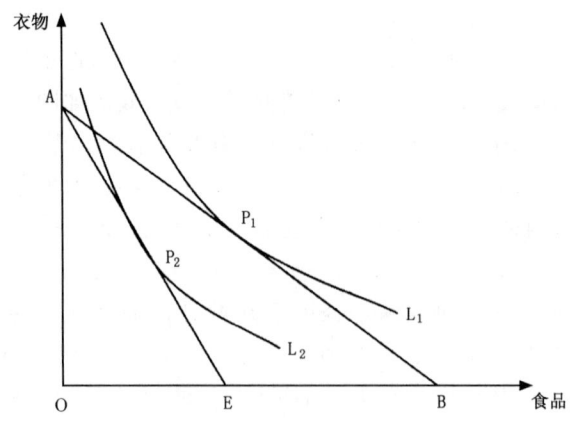

图 6-2　税收对消费者的替代效应

从图 6-2 看出,假定政府在不征税或征税前纳税人购买两种商品的组合线是

AB，最佳选择点是 P_1。假定政府只对食品征税，对衣物不征税，在这种情况下，该纳税人则会减少食品的购买量，对购买两种商品的组合线便由 AB 移至 AE，与其相切的无差异曲线则为 L_2，切点为 P_2。在这一切点上，纳税人以税后收入购买商品所得到的效用或满足程度最大。

由此看出，由于政府对食品征税而对衣物不征税，改变了纳税人购买商品的选择，其最佳点由 P_1 移至 P_2，这意味着纳税人减少了食品的购买量，从而改变了购买两种商品的数量组合，也使消费者的满意程度下降。

在市场经济条件下，纳税人的经济选择或经济行为是多方面的，主要包括商品购买、劳动投入、储蓄和投资等。而且需要注意的是，在社会化大生产和市场经济体制下，纳税人的行为不是孤立的，生产者之间、生产和消费之间、生产和投资之间都存在十分密切的联系。一个纳税人经济选择或经济行为的改变必然会影响到其他纳税人的行为，从而产生更为广泛的效应，因此对单个纳税人的税收效应的分析只是基本的方面。

二、税收的经济影响

（一）税收对劳动供给的影响

税收减少了劳动者的既得收入，政府征税会使人们对工作产生不同的反应，人们会在工作以取得收入或是闲暇之间进行选择。工作时间越多和工作质量越高，收入就越多，生活就越富裕，但要取得收入就要放弃闲暇。人们对两者的选择受许多因素影响，如个人的偏好、工资的高低以及政府征税税率等诸多的因素。税收对劳动供给的影响，是通过税收收入效应和替代效应来表现的。

税收对劳动供给的收入效应，是指征税后减少了个人可支配收入，促使其为维持既定的收入水平和消费水平而减少或放弃闲暇，增加工作时间。税收对劳动的替代效应是指由于征税使劳动和闲暇的相对价格发生变化，劳动收入下降，闲暇的相对价格降低，促使人们选择闲暇以替代工作。也就是说，政府课税会造成劳动投入量的下降，税负越重，劳动投入量越少。税收对劳动产生的这两种效应，如果是收入效应大于替代效应，征税对劳动供给主要是激励作用，它促使人们增加工作；如果收入效应小于替代效应，征税对劳动供给就会形成超额负担，人们可能会选择闲暇替代劳动。在各税种中，个人所得税对劳动供给的影响较大，在个人收入主要来源于工资收入，且工资水平基本不变的前提下，征收个人所得税通过对人们实际收入的影响，从而改变人们对工作和闲暇的选择。

我国目前是一个劳动力供给十分充裕的大国，对我国现实情况而言，税收几乎不影响劳动的供给，而且个人所得税在短期内也不会成为主体税种，因此，我国目前和今后相当长的时期内需要解决的不是如何增加劳动供给，而是如何消化劳动力过剩问题。就业问题的解决不仅需要增加劳动总需求，而且需要调整劳动需求结构，以增加就业岗位和就业机会。

（二）税收对居民储蓄的影响

影响居民储蓄行为的两个重要因素是个人收入总水平和利率水平。个人收入越多，储蓄倾向越强；储蓄利率越高，对人们储蓄的吸引力就越大。税收对居民储蓄的影响,主要是通过个人所得税、利息税等影响居民的储蓄倾向及全社会的储蓄率。

对个人所得税是否征税以及征税多少,会影响个人的实际可支配收入,并最终影响个人的储蓄行为。如果对储蓄的利息所得不征税,征收个人所得税对居民储蓄只有收入效应,即征收个人所得税会减少纳税人的可支配收入,迫使纳税人降低当前的消费和储蓄水平。如果对储蓄利息征利息税,会减少储蓄人的收益,从而降低储蓄报酬率,影响个人储蓄和消费倾向。此时的收入效应在于对利息征税降低了个人的实际收入,纳税人将用既定的收入减少当前或未来的消费;而替代效应是指在对利息征税后,减少了纳税人的实际利息,使未来的消费价格变得昂贵,降低了人们储蓄的意愿,从而引起纳税人以消费代替储蓄。

近年来,我国家庭储蓄增长速度很快,2020年我国居民人民币储蓄存款年底余额为925986亿元。① 就我国的情况而言,税收对储蓄的影响并不明显,这说明人们对储蓄的态度还取决于税收以外的诸多因素,如居民未来消费的预期、未来可支配收入的预期及其他投资渠道等。因此,政府应适当运用税收杠杆促进储蓄向投资转化。如公积金缴费免征所得税,中国人民银行推出的教育储蓄免征利息税等。虽然,从表面来看税收优惠政策会减少政府的即期收入,但实际上随着居民投资的发展,资本市场日益繁荣,居民金融资产不断升值,反过来能够促进远期消费向即期消费转化,从而推动经济增长和财政收入的增加。

(三) 税收对投资的影响

税收对企业投资决策的影响,除了其对储蓄水平的间接影响以外,这一效应主要是通过投资收益率和折旧因素的影响体现出来的。

对企业来说,税率与投资收益率是反方向变化的。在其他因素一定时,税率提高,投资收益率下降,因此,税率的变动会直接引起投资收益与投资成本的比例发生变动,并对纳税人的投资行为产生方向相反的两种效应:如果征税影响是降低了投资对纳税人的吸引力,就会造成纳税人减少投资而以消费来替代投资,即税收对投资产生了替代效应;如果征税影响是减少了纳税人的可支配收入,促使纳税人为了维持其以往的收益水平而增加投资,就产生了收入效应。同时,通过税收制度规定的税收折旧率与实际折旧率通常是不一致的。若二者相等,则税收对私人投资的影响表现为中性;若税收折旧率高于实际折旧率,则税收对私人投资的影响表现为一种激励;若税收折旧率低于实际折旧率,则税收对私人投资的影响表现为一种抑制作用。

一般来说,征税会导致投资的收益率下降,产生税收对投资的替代效应,从而抑制投资;但是,由于税法中存在一些鼓励投资的规定,如加速折旧、投资抵免等,会对投资起到激励作用。因此,政府应合理运用税收政策,调控投资需求,从而促进经济发展,实现社会总供求的平衡。

三、税收的"中性"

(一) 税收的超额负担

税收的"中性"和税收超额负担相关,或者说**税收"中性"**是针对税收的超额

---

① 资料来源:《中国统计年鉴2021》。

负担提出的，国家征税是将社会资源从纳税人转向政府部门，在这个转移过程中，除了会给纳税人造成相当于纳税税款的负担外，还可能对纳税人或社会带来超额负担。超额负担主要表现为两个方面：一是国家征税一方面减少纳税人支出，同时增加政府部门支出，若因征税而导致纳税人的经济利益损失大于因征税而增加的社会经济效益，则会发生在资源配置方面的超额负担。二是由于征税改变了商品的相对价格，对纳税人的消费和生产行为产生不良影响，则会发生在经济运行方面的超额负担。由于征税会产生税收的额外负担，税收的额外负担越大，意味着给社会经济运行带来的消极影响就越大。税收理论认为，税收的超额负担会降低税收的效率，而减少税收的超额负担的重要途径在于尽可能保持税收的中性原则。一般而言，所得税只产生收入效应，对市场的干预程度较小，商品课税也因税种和税率的设置不同而有所不同，如避免重复课税的税种和税率档次较少，对市场的干预程度也较轻。

（二）税收"中性"原则

因为税收超额负担的存在，财政学者提出了税收"中性"的原则。所谓税收"中性"，是指政府课税不扭曲市场机制的正常运行，或者说不影响私人部门原有的资源配置状况。如果政府课税改变了消费者以获取最大效用为目的的消费行为，或改变了生产者以获取最大利润为目的的市场行为，就会改变私人部门原来（税前）的资源配置状况，这种改变就被视为税收的非中性。**税收"中性"包含两种含义：一是国家征税使社会所付出的代价以税款为限，尽可能不给纳税人或社会带来其他的额外损失或负担；二是国家征税应避免对市场经济正常运行的干扰，特别是不能使税收成为超越市场机制而成为资源配置的决定因素。**

税收"中性"的较早倡导者是马歇尔。他主张增加直接税，减少间接税，而使税收保持"中性"。其后，又有经济学家对直接税的"中性"问题进行研究，得出了直接税也有干扰市场经济的不良影响的结论，主张应避免直接税的超额负担。第二次世界大战之后，西方经济学界普遍推崇凯恩斯主义的政府全面干预经济学说，认为税收可在市场失灵时具有"非中性"，即主张运用税收杠杆来纠正市场存在的缺陷，调节经济的运行。20世纪70年代以来，在政府干预市场经常部分失灵或失效的情况下，税收"中性"思潮又有复归。但现在更多的经济学家认为税收毕竟只是调节经济运行的手段之一，在什么情况下保持"中性"，什么情况下"非中性"，要由是否有利于经济有效运转来决定。

体现税收"中性"原则，并不意味着取消或忽视税收对经济的调节作用。一般认为增值税是中性税收，我国1994年的税制改革也体现出税收中性原则，既不增加企业总体税负，又不减少国家财政收入。但增值税本身也不是完全中性的。从理论上讲商品课税的税负最终是由消费者负担的，但企业在税负转嫁的过程中，由于不同商品的供求弹性不同，税负转嫁的条件也就不同，这就势必影响商品的相对价格，从而影响消费者的选择和生产者的决策。从这个意义上说，增值税就失去了中性作用。在全面推行增值税实行普遍征收的同时，世界各国一般都选择若干商品，再征一道按不同产品设置不同税率的消费税。我国在全面推行增值税的同时，选择15类商品征收消费税进行特殊调节，这是新税制中发挥税收调节产业结构的主要税种和措施。

国家征税必然对商品购买、劳动投入、储蓄和投资等诸多方面产生不同程度的影响,在现实生活中保持完全税收"中性"是不可能的。因此,提出税收"中性"原则的实践意义在于尽量减少税收对市场经济正常运行的干扰,使市场机制在资源配置中发挥基础性作用,在这个前提下,掌握好税收超额负担的量和度,有效地发挥税收的调节作用,使税收机制与市场机制两者取得最优的结合。

第四节 税收负担与税负转嫁

一、税收负担

税收负担是指纳税人因向国家缴纳税款,而承受的收入损失或经济利益损失,在数量上体现政府征收的税收收入和可供征税的对象之间的对比关系。税收负担问题是税收制度的核心问题,也是税收与经济的关系问题。合理界定一定时期的税收负担,对于保证政府履行其职能所需要的财力和促进经济发展有着重要的意义。

(一)税收负担的实质

税收负担的实质是政府与纳税人之间的分配关系。税收负担首先表现为因政府征税使纳税人承担了一定量的税额。相应减少了纳税人的一部分收入或利润,并给纳税人造成经济利益损失,其实质表现的是一种政府与纳税人之间的分配关系。这种分配关系有以下三个层次的含义:

1. 政府与单个纳税人之间的分配关系。二者对既定的剩余产品存在占有或支配的此增彼减的关系,就单个纳税人而言,在收入一定的前提下,政府对其征税越多,纳税人税后自己可支配的、用于投资或消费的收入就越少,经济利益损失就越大。

2. 私人产品与公共产品之间的配置和消费关系。从税款运动的全过程来看,政府从纳税人手中强制征收的税款,相当大的一部分通过财政支出用于生产或提供各种公共产品或公共服务,以满足企业生产和居民生活的公共需要,这实质上体现了以政府为中介调节私人产品与公共产品之间的配置结构,以满足全社会对公共产品消费需要的分配关系。

3. 纳税人相互之间的分配关系。政府在征税与不征税、多征税与少征税之间的选择,以及政府将征收的税款通过转移性支出转化为一部分社会成员的收入的过程中,客观上起到了调节纳税人相互之间对收入或财富占有关系的作用。就政府提供的公共产品而言,因公共产品在地区结构或品种结构上存在的差异,政府也不可能做到让纳税人等量损失、等量消费。因此政府的税收分配和再分配,客观上起到了调节纳税人相互之间的分配关系的作用。

(二)税收负担的分类

由于税收负担的形式比较复杂,为了研究税收负担水平、税收负担分布以及分析税收负担的经济效应和影响税收负担的各种因素,以便政府在税制建设以及制定和实施税收政策时确定合理、适度的税收负担,有效发挥税收筹集财政资金和调控经济运行的功能，有必要从不同角度、按照不同标准对税收负担进行科学的归纳和分类。

1. 按照税收负担的承受主体，可分为宏观税收负担和微观税收负担。**宏观税收负担**是指一个国家在一定时期内税收收入占国内生产总值（GDP）的比重。在考察一个国家的税收负担总水平或对不同国家的税负总水平进行比较研究时，一般采用宏观税收负担。研究宏观税收负担，旨在解决税收在宏观方面促进资源合理配置、经济稳定增长和国民收入合理分配中带有全局性和整体性的问题。

微观税收负担是指某个纳税人（自然人或法人）的税收负担，表明某个纳税人在一定时期内所承受的税款总额。衡量微观税负的指标主要有：一是企业综合税负率，是指在一定时期内企业实际缴纳的各项税款占企业收入总额的比例；二是个人税收负担率，是指在一定时期内个人实际缴纳的税款占个人收入额的比例。研究微观税收负担旨在为政府制定税收政策和税收制度进而实施对宏观经济活动的有效调控提供最基本和最直接的依据。

2. 按照税收负担的构成，可分为直接税收负担和间接税收负担。**直接税收负担**是指纳税人直接向政府纳税而最终承受的税收负担。在市场经济条件下，由于存在着税负转嫁，法律上的纳税人不一定是实际税负的承担者。如果纳税人向政府实际缴纳的税额不能以某种方式转嫁给他人时，纳税人最终承担的税额即未实现转嫁的部分便构成纳税人的直接税收负担。**间接税收负担**是指被转嫁者实际负担的由他人转嫁过来的税额。在存在税负转嫁机制的条件下，纳税人依法直接向政府缴纳的税款，并不意味着最终全部由纳税人自己负担，纳税人有可能通过某种途径全部或部分地将税收负担转嫁出去。这样，被转嫁者虽然没有直接向政府纳税，但却实际负担了一部分由他人转嫁过来的税款，即为间接税收负担。只要存在税负转嫁就存在间接的税收负担。就全社会来说，它虽然因纳税人之间税负的此增彼减，不会增加全体纳税人的税收负担，即宏观税收负担不变，但却会改变微观税收负担的最终分配结构。就某一纳税人而言，既可能作为转嫁者因实现了税负转嫁而使其实际负担的税额比向政府缴纳的税额还小，又可能本身作为被转嫁者而使其实际负担的税额比向政府缴纳的税额还大。在某些情况下可能税收的间接负担者根本就不是税法所规定的纳税义务人，但却负担了由他人转嫁过来的税款。

3. 按纳税人承受税收负担的实际情况，可分为名义税收负担和实际税收负担。**名义税收负担**是指按法定税率和计税依据计算的纳税人应承担的税款总额。名义税收负担率简称为名义税负率，它可用纳税人按法定税率和计税依据计算的应纳税额占其盈利或各项收入总额的比率来衡量。**实际税收负担**是指纳税人实际缴纳税款所形成的税收负担。实际税收负担率简称实际税负率，可用纳税人实纳税额占其盈利或各项收入总额的比率来衡量。

名义税负与实际税负从不同角度表现了纳税人的税负状况，前者侧重反映纳税人的负税承受能力，后者侧重反映纳税人实际承担的税负水平。由于各种因素的综合影响，同一纳税人的名义税负与实际税负常常存在着差异，实际税负率可能低于名义税负率，也可能高于名义税负率。导致二者偏离的因素，除了通货膨胀、避税、逃税等因素外，主要原因还包括：税收优惠和减免；税收附加和加成、执行费用等；税负转嫁。与名义税负相比，实际税负水平的变化对纳税人经济行为有着更为直接的影响，因而它是研究、制定和调整税收法律和税收政策的主要依据。

二、宏观和微观税收负担分析

(一) 宏观税收负担分析

宏观税收负担是一个国家的总体税负水平,宏观税负的高低,表明政府在国民经济总量分配中集中程度的大小,也表明政府社会经济职能及财政功能的强弱。宏观税负分析,与前面曾讨论过的财政收入规模问题,特别是财政收入占 GDP 的比重分析是大体一致的,因为大多数国家的税收收入占财政收入的 90% 以上,所以一般税收收入占 GDP 的比重称为广义的宏观税负。宏观税负是制定各项具体税收政策的重要依据,也是各项具体税收政策实施的综合体现,宏观税负是建立在微观税负基础上的,但又是制定微观税负的政策依据,对每个税种税率的确定有着制约作用。

研究税收负担以及税收与经济增长的关系,有必要介绍一下由美国供给学派的代表人物阿瑟·拉弗设计的"**拉弗曲线**"(见图 6-3)。

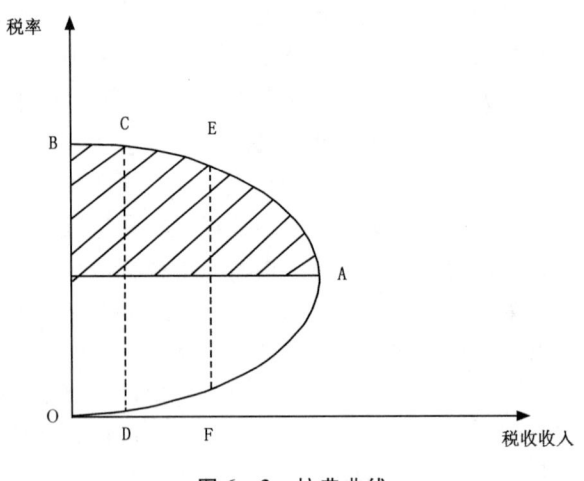

图 6-3 拉弗曲线

该曲线在于说明税率与税收收入之间的函数关系。图中的纵轴代表税率,横轴代表税收收入,原点 O 表示两者皆为零,税率逐步提高到 B 点即 100% 时,则税收收入的函数呈 OAB,即为"拉弗曲线"。当税率提高到 A 点时税收收入最大;当税率超过 A 点继续提高时,税率越高,税收收入越少;当税率提高到 B 点即 100% 时,税收收入为零。因而图中的阴影部分被视为"禁区"。

"**拉弗曲线**"对说明税率与税收收入和经济增长之间的关系有重要意义:(1) 拉弗曲线说明高税率不一定会促进经济增长,取得高收入。高收入也不一定需要高税率。因为高税率会削弱经济主体的活力,导致经济的停滞或下降,高税率还往往带来过多的减免和优惠。(2) 拉弗曲线还说明,取得同样多的收入可以采用两种不同的税率,如图中的 C 点和 D 点税收收入是相等的,而 C 点是高税率,D 点是低税率。E、F 点也是如此。(3) 税率和税收收入及经济增长之间的最优结合虽然在实践中是少见的,但曲线从理论上证明是可能的,即表现在图中的 A 点,它是税制设计的理想目标模式,也是最佳税率。

影响宏观税负的因素与前面曾讨论过的影响公共收入规模的因素是基本相同的,主要包括经济发展水平、政府职能范围、分配制度和分配政策、价格变动、税收管理水平和税收政策等,此外,一个国家一定时期的经济结构如所有制结构、产业结构、宏观经济政策,以及经济的景气周期等都是影响一国宏观税负的因素。鉴于前面已对此进行了较为详细的分析,在此就不再赘述。

界定一个国家一定时期的宏观税负水平,需要在充分考虑影响宏观税负水平的各种因素的同时,结合经济发展的实际情况进行科学的判定。从理论上讲,若要保持合理的宏观税负,在税收收入量的确定上就应符合以下标准:

1. 税收收入增长与经济增长协调、同步。税收来源于经济,只有经济发展了,税收才会有充足的来源。从财政支出增长的规律来看,财政支出是随着经济的增长、政府职能的扩大而呈现出逐步增长的态势。那么,要保证财政支出满足公共服务的需要,就要求税收规模增长速度与经济总量增长速度之间保持合适的比例关系。

2. 满足政府最低支出标准。税收收入是政府财政收入的主要来源,其收入的基本目的就是满足政府公共支出的需要。在政府职能既定的前提下,宏观税负的高低,应以所取得的税收收入是否能够满足维持政府正常运转的经费支出及公共产品最基本供给的资金需要为依据。在这里需要科学地确定一般社会公共需要量,包括纯公共产品需要量和需要政府提供的非公共产品的需要量。明确了一般社会公共需要量,就可以明确税收的使用方向及其必要量,进而确定宏观税负水平。

3. 税收收入与非税收入相结合,进行统筹安排。从各国财政收入构成看,都有或多或少的非税收入。例如日本、美国、法国、荷兰、加拿大、英国、澳大利亚等国中央政府的非税收入占税收收入的比重在10%左右。发展中国家非税收入占财政收入的比重约在15%~25%,高收入国家非税收入大约在5%、最高不超过15%的范围,所以税收负担并不是企业的全部负担,政府取得财政收入不仅仅是靠税收的一种形式。这样,在确定宏观税负时就需要考虑政府收入中的非税收规模,从而使国民经济的总体负担率处在一个合适的水平上。

4. 以一定时期剩余产品价值量为上限。税收主要来源于一定时期社会生产的剩余产品价值,因此,一定时期税收总量不能超过该时期劳动者所创造的剩余产品的价值总量,剩余产品价值总量也就成为宏观税收负担的最高数量界限。从维持社会简单再生产和扩大再生产的角度,一定时期的税收总额只能是同时期剩余产品价值量的一部分而不是全部。这里,可以通过宏观剩余产品价值率即剩余产品价值总量除以国内生产总值所得到的百分比来衡量一定时期剩余产品的生产水平,以此判断一定时期宏观税负水平是否接近或超过最高界限。

从一些经济专家对宏观税负水平的国际比较和实证分析结果来看,存在这样的一些基本观点和经验:一是在税负与经济增长的关系方面,低税国家的人均GDP增长率高于高税国家;低税国家的公共消费与私人消费的增长幅度高于高税国家;低税国家的投资增长率、出口增长率高于高税国家;低税国家的社会就业与劳动生产率的增长幅度高于高税国家。二是税收与经济增长之间存在的反方向的变量关系是:随着宏观税负的增加,经济增长率呈现下降趋势,也就是说高税收负担往往是以牺牲经济增长为代价的,这几乎成了一个普遍的规律。三是通过对各种类型国家宏观税负水平的比较分析可以看出,各国的宏观税负水平是逐步上升的,发展中国家的宏观税负水平一般要低于发达国家的宏观税负水平。

中国宏观税负近些年来稳中有降,特别是一系列减税降费措施的陆续出台,企业税负大大减轻。宏观税负通常结合政府收入构成状况,分为大、中、小口径。大口径宏观税负是指政府全部收入占GDP的比重,按照IMF统计口径测算,2012—2015年中国宏观税负接近30%,远低于发达国家42.8%的平均水平,也低于发展中国家33.4%的平均水平;中口径宏观税负是指税收收入和社会保障缴款之和占GDP的比重,按照OECD测算口径,2012—2015年中国宏观税负为23.4%,2014年OECD国家平均水平为35.5%;小口径宏观税负是指税收收入占GDP的比重,2012—2015年中国宏观税负18.5%左右,并逐年下降,按照IMF的数据测算,2013年发达国家平均为25.9%,发展中国家平均为20.4%。①

(二) 微观税收负担分析

1. 微观税收负担的衡量。微观税收负担是相对于宏观税收负担而言的,因此衡量微观税收负担的若干指标本质上与衡量宏观税收负担的指标是一致的。严格地说,微观税收负担包括直接负担和间接负担,由于间接负担的形成比较复杂,难以准确测度,因此,衡量微观税收负担的指标一般仅指直接税收负担。衡量微观税收负担的指标主要有以下两种:

(1) 企业综合税负率。它是指在一定时期内企业实际缴纳的各项税款占企业收入总额的比例。它表明政府以税收形式参与企业纯收入分配,并占有和支配纯收入的规模,反映了企业对国家的贡献程度。它还可以用来比较不同企业的总体税收负担水平,甚至可以通过对这一指标的具体分析,说明各税在企业提供的财政收入中的不同比例,为进一步完善税收制度和税收政策提供重要依据。企业综合税负率是衡量企业税收负担水平的基本指标,在此基础上,还可以划分出企业所得税税负率指标等。

(2) 个人税收负担率。它是指在一定时期内个人实际缴纳的税款占个人收入额的比例,一般可将它分为个人总收入税收负担率和个人单项收入税收负担率。个人总收入税收负担率是指在一定时期内个人缴纳的各种税收总额占同期个人各项收入总额的比例,这一指标反映个人总收入的税收负担程度;个人单项收入税收负担率是指个人就某项收入所缴纳的税额占该项收入的比例,反映各单项收入的税负程度及国家对个人的各项收入所采取的不同税收政策。

2. 影响微观税收负担的因素分析。一个纳税人(自然人或法人)税收负担水平的轻重,是由多种因素决定的,其主要因素包括:宏观税负水平、税收制度、纳税人的负担能力等。

(1) 宏观税负的影响。宏观税负水平与微观税负水平的关系,实际上是整体与部分的关系,宏观税负是微观税负的抽象与概括,微观税负是宏观税负的分解与具体化。在一定的税制体系下,宏观税负水平的升降必然对微观税负水平产生重要影响。由于宏观税负水平并不是每一个纳税人微观税负水平的简单加总,因此宏观税负水平

---

① 李万甫,《"死亡税率"引发的税负问题思考》,国家税务总局网站,http://www.chinatax.gov.cn/chinatax/n810219/n810724/c2416344/content.html。

的提高或降低并不必然导致每一个纳税人的微观税负都按同一方向和同一比例变化。

(2) 税收制度的制约。税收负担作为税收分配的核心，税负水平与税负结构的确定与调整都是通过税收制度以法律形式具体加以规范的。税收制度对微观税负水平的制约作用主要体现在以下几方面：

①税种结构。税种设置决定税收参与分配的广度和深度，从而决定纳税人的税收负担水平。在市场经济条件下，一个纳税人往往要同时缴纳多种税，而各个税种在税制体系中的地位和作用是不一样的，因此税种结构的变化会引起纳税人微观税负水平的变化。

②税率设计。税率水平的高低决定税负的深度。在计税依据等因素不变的情况下，税率同纳税人的税负之间成正比关系，即税率越高，税负越重，反之，则越轻。

③计税依据。在税率一定时，计税依据的宽窄直接决定税负的轻重，并导致名义税负率与实际税负率的背离。

④税收优惠与加成征收。由于享受各种税收优惠措施的纳税人在一定时期内可以依法少缴、免缴税款或获得退还税款等，所以纳税人的实际税负率必然会低于名义税负率。而加成征收则与税收优惠恰好相反，它实际上是税率的延伸，属于加重税收负担的措施。

(3) 纳税人的负担能力。在税制既定的前提下，纳税人的行为也会影响自身的税收负担，特别是税负转嫁会使纳税人与负税人不一致，影响纳税人的间接税收负担。在复合税制下，一个纳税人往往要同时缴纳几种税，有些税种能够转嫁，有些税种则不能够转嫁，在能够转嫁的税种中还存在着能够转嫁多少的问题。同时，每个纳税人往往既是税收负担的转嫁者，又是税收负担的被转嫁者。这样，如果某个纳税人转嫁出去的税收负担大于由他人转嫁进来的税收负担，则该纳税人的实际税收负担就减轻了，减轻程度即为转出与转入的差额部分；反之，若转出小于转入，则实际税负加重。

企业和个人的微观税负水平是由多种因素综合决定的，由于各种影响因素会经常发生变动，因此微观税负水平也不是固定不变的，而是处于经常变化之中，但往往存在着一个上下波动的弹性区间。一般而言，这个区间的上限和下限是微观税负水平不可逾越的客观界限，超出这一限度就会使纳税人的税负过重或过轻，从而给经济发展、社会安定和财政收入的长期均衡增长带来严重后果。衡量企业纳税人税收负担是否适度，可以从以下两个层次作具体分析：

(1) 企业纳税人的税收负担的上限。对于企业纳税人来说，其税收负担的最高上限是企业在一定时期内创造的剩余产品或社会纯收入。超过这个界限，就会使企业在生产过程中的要素耗费得不到足额补偿，再生产活动难以为继。为了保证企业的税收负担建立在企业创造的社会纯收入及其由此而形成的纳税能力基础上，在设计税制时应遵循课税不应侵蚀、伤及税本的原则。在这方面，所得税因对企业的营业收入或销售收入扣除成本、费用、相关税费后的余额课税而有其特殊的优点。商品课税的税负从理论上说最终也是企业纯收入的一部分，但因在税制设计上，它以商品流转额或增值额为课税对象，并在流转环节缴纳，不受成本费用高低的制约，如果商品课税宏观税负水平过高，就有可能是某一行业的多数纳税人税负过重，这应是力求避免的。

(2) 企业纳税人税收负担的下限。企业纳税人税收负担的最低下限是满足由企业积累和集团福利等引起的社会共同需要的增加。积累是企业扩大再生产的源泉,但企业扩大再生产的圆满实现又离不开良好的外部环境。如企业扩大再生产除了需要追加生产要素和劳动力外,还需要由政府提供良好的再生产的外部环境,如教育、公共交通、环境保护,以及宏观经济管理和法律制度等。如果企业没有良好的外部投资和生产经营环境,企业的积累也就无法有效实现,企业增加集体福利也是如此。这些因企业增加积累和集体福利而带来的对社会公共需要的增加,必须通过国家"税收收入——公共财政支出"机制提供公共产品或公共服务来实现,不能依靠市场机制解决。因此,企业要有效地实现自己的积累和增加集体福利,必须将其纯收入的一部分以税收形式上缴国家,满足企业扩大再生产和增加集体福利所引起的社会公共需要的增加。

三、税负转嫁与归宿

(一) 税负转嫁与归宿的含义

税负转嫁是指在商品交换中,纳税人将其缴纳的税款通过各种途径转移给他人负担的过程。税负归宿是指税收负担的最终落脚点。由于税负转嫁这种经济现象可能发生,也可能不发生,因而税负归宿也就有直接归宿与间接归宿之分。直接归宿是指纳税人所纳税款无法转嫁,完全由自己负担,即法律上的纳税义务人与经济上的实际税负承担者完全一致;间接归宿是指因为税负发生了转嫁,税负部分或全部转嫁给了他人承担,致使法律上的纳税义务人与经济上的实际税负承担者不一致,税负最终归宿到了被转嫁者身上。税负转嫁是税负运动过程的重要表现形式,对其可以从以下三个方面来理解:

1. 纳税人与负税人分离。当纳税人同时就是负税人时,不存在税负转嫁;只有当纳税人将税收负担转移给他人,纳税人不承担全部税负时,就发生了税负转嫁。

2. 税负转嫁是通过商品交易中的价格机制来实现的。税负转嫁是一种复杂的经济现象,其具体途径和形式是多种多样的。但是,税负转嫁始终离不开商品交易中的价格机制,如果脱离了商品交换中的供求关系和价格变化,税负是无法转嫁的。由此可知,商品的供求弹性是决定税负转嫁状况的关键,能够发生税负转嫁的税种,主要是一些与商品流转及其供求价格密切相关的商品税税种。

3. 税负转嫁的实质是对既定税负在纳税人之间的一种再分配,它不会改变税收收入的总量。税负转嫁是以国家征税为前提的。国家向纳税人征税在前,纳税人向其他人转嫁税负在后,无论最终的负税人是谁,国家应征的税款都不会因为税负转嫁的存在而增加或减少,这与减税、免税以及偷税和抗税不同。国家实施减免税能够减轻纳税人的负担,但以减少税收收入为代价。纳税人偷税、抗税则会造成国家税收收入的流失。税负转嫁的实质则是在宏观税收负担和税收收入一定的前提下,税负在纳税人与负税人之间通过商品交易实现的再分配,从整个社会来看,它既不会增加国家的税收总量,也不会减少国家的税收总量。

研究税负转嫁的过程,目的在于确定税收的最终归宿点,从而分析各种税收对于国民收入分配和社会经济的影响,为科学有效地制定、实施税收制度和税收政策提供依据。

(二) 税负转嫁的形式

按照经济交易过程中实现税负转嫁的不同途径分类，税负转嫁主要有四种具体形式。

1. **前转**。前转又称顺转，是指纳税人将其所纳税款通过提高商品销售价格的办法，向前转移给购买者负担的一种转嫁形式。前转是税负转嫁的最典型和最普遍的形式，大都发生在对商品和劳务的课税上，它通过提高课税商品的价格来实现。例如，在生产环节对消费品课征的税款，生产者就可以通过提高商品出厂价格把税收负担转嫁给批发商，批发商和零售商也可以用同样的方式把税负最终转嫁给消费者，消费者是税收负担的实际承担者，是负税人。

2. **后转**。后转又称逆转，是指纳税人将其所纳税款通过压低商品进价的方法向后转嫁给商品销售者负担的一种转嫁形式。后转一般是由于市场供求条件的约束，纳税人无法将其所纳税款以提高商品销售价格的方法向前转移时所选择的转嫁途径。因为商品课税后若提高销售价格，往往会导致需求量下降，商品经营者不得不降价出售，因而税负难以向前转嫁给消费者，只能采用压低进货价格的办法把税负转嫁给批发商，批发商再转嫁给生产商，生产商又通过压低原料价格、劳动力价格（工资）或延长工时等办法，把税负转嫁给原料供给者和工人等。

3. **混转**。混转又称散转，是指纳税人同时采用前转和后转的一种税负转嫁形式。前转与后转是税负转嫁的两种基本形式，但在现实经济生活中，税负无论是前转还是后转，其转嫁程度和转嫁形式都要受许多客观经济条件的限制，有时能够把全部税款转嫁出去，有时则只能部分地转嫁，有时可完全采用前转或后转，但相对容易的方式则是对同一税款，一部分采用提高销价的方式向前转嫁，另一部分则采用压低进价的方式向后转嫁。

4. **税收资本化**。税收资本化又称资本还原，是指在某些资本品（土地、房屋、股票）的交易中，商品的购买者将所购买商品的未来应纳税款，通过从购入价格中预先扣除（即压低商品的购买价格）的方法，转嫁给商品的出售者。这种情况多发生于土地买卖或其他收入来源较具永久性的财产（如有价证券）税负转嫁上。例如，政府征收土地税，土地购买者就会将预期缴纳的土地税税款折入资本，采用压低土地购买价格的方法将以后若干次应纳税额一次性地转嫁给土地出售者，此后，名义上虽有土地购买者按期纳税，但实际上税款是由土地出售者负担。

(三) 税负转嫁的实现条件

如果纳税人有独立的物质利益，那么只要有税收负担就必然会有纳税人转嫁税负的主观愿望，以减轻经济损失。但是，在现实经济生活中，税负能否转嫁以及转嫁多少，并不是以纳税人的主观意志为转移的，而是由客观经济条件决定的，这些条件包括以下几个方面：

1. **商品经济的存在和发展**。税负转嫁是在商品交换过程中通过商品价格的变动实现的。没有商品生产和商品交换的存在，就不会有税负转嫁。因此，商品经济是税负转嫁的前提条件。在自然经济条件下，由于社会生产力不发达，社会成员生活必需品的自给程度很高，产品一般不经过市场交换，而是直接从生产领域进入消费领域，自给有余的少部分产品也以物物交换、调剂余缺为主,纳税人无法转嫁税收。随着生产力的发展,尤其是资本主义生产方式在一些国家确立以后,以货币为媒介的商品交换突破了时间和地域的限制,一切商品的价值都要通过货币形式表现为价格,在经济结构中商品、货币经济占据了统治地位,这就为建立以商品流转额为课税对象的间接税体系创造了经济条件,而一切以商品流转额为课税对象的税种必然与商品价格联系在一起,并逐渐成为商品价格的有机构成部分,这就为纳税人通过压低商品购入价格或抬高商品销售价格进行转嫁税负提供了可能性和前提条件。因此,税负转嫁是商品交换发展到一定阶段的产物,是一个历史的经济现象。

2. **价格的市场化**。税负转嫁是和价格运动直接联系的,一般通过提高销货的售价或压低进货的购价来实现的。其中,有些税种的税负可以直接通过价格的变动实现转嫁;有些税种的税负是通过资本投向的改变,影响商品供求关系间接地通过价格的变动实现转嫁。无论采取哪种转嫁形式,都依赖于价格的变动。因此,价格的市场化是税负转嫁存在的基本条件。若政府实行指令性价格制度,纳税人没有定价权,那么就既无法提高售价向前转嫁,也无法降低买价向后转嫁。只有在市场经济和自由价格制度下,生产经营者才有可能完全根据市场供求关系的变化自由地确定产量和价格,税负转嫁才有可能通过价格变动得以实现。

3. **商品供求弹性**。纳税人缴纳的税款通过价格变动能够转嫁出多少,最终是由商品的供求弹性决定的。商品的供求弹性反映了商品的供给和需求数量对于市场价格升降做出反应的灵敏程度。

纳税人税收负担能否转嫁、能够转嫁多少,主要取决于商品供求弹性的大小。一般来讲,需求弹性较大,供给弹性较小的商品课税不易转嫁,税收将主要由纳税人自己承担;而需求弹性较小,供给弹性较大的商品课税较易转嫁,税收将主要由其他人负担。税负能否转嫁、完全能够转嫁或完全不能转嫁的情形,从理论上讲只能有以下四种情况:需求完全无弹性、需求完全有弹性、供给完全无弹性、供给完全有弹性。在第一种和第四种情况下,税负可以完全转嫁给购买者负担;在第二种和第三种情况下,税负完全由纳税人自己负担。当然,需求和供给完全有弹性或完全无弹性的情况都是理论上的假定,在现实生活中是罕见的。在现实经济社会中,绝大多数商品或生产要素的需求和供给是处于这两个极端之间,属于富有弹性和缺乏弹性这两种情况。因此,在税负转嫁上,完全可以转嫁或完全不能转嫁的情况基本上是不存在的,通常的情况是税收负担由纳税人与其商品的购买者分别承担,分别承担的比例取决于该商品的需求弹性和供给弹性的大小。如果需求弹性大于供给弹性,商品供给者通过提高商品售价向前转嫁税负的能力相对较弱,因而不得不减少利润,承担较多的税负,即税负会更多地落在生产者或生产要素提供者的身上;如果供给弹性大于需求弹性,则消费者接受涨价、承担税负的比例要大一些,即税负会通过提高售价更多地落在购买者身上;如果供给弹性与需求弹性相等,则税负由供需双方平均分担。

4. **课税范围的宽窄程度**。课税范围宽广的商品较易转嫁,课税范围狭窄的难以转嫁。税负转嫁必然引致商品价格的升高,若另外的商品可以代替加价的商品,消费者往往会转而代之,从而使税负转嫁失败。但若一种税收范围很广,甚至会波及同类商品的全部,消费者无法找到价格不变的代用品时,只好承受税负转嫁的损失。

5. **税收的计量标准**。一般来说,从价课税的税负容易转嫁,从量课税的税负不容易转嫁。从量课税是按课税对象的数量、重量、容积、面积、体积征税,税额不受价格变动的影响,税负不易转嫁。从价课税条件下,价格随税负转嫁而上升,购买者不易察觉,相对来说比较容易转嫁。

应当指出,企业经营都是以谋求尽可能多的利润为活动目标,税负转嫁也是为这一目的服务的。但是生产者谋求利润的目标有时与税负转嫁是相矛盾的,如企业为了把税负全部转嫁出去必须把商品销售价格提高到一定水平,而销售价格提高会直接影响产品的销售数量,进而影响企业经营总利润。这时,经营者必须比较税负转嫁所得的好处与商品销量减少所受的损失,若后者大于前者,则经营者宁愿负担一部分税款也要保证商品销量。因此,税负转嫁是有条件的,税负转嫁的愿望一定要与企业生产者谋求利润的长远目标联系起来才是现实的。

四、我国的税负转嫁

税负转嫁与设计税收制度有密切的关系。若税收制度是合理的,既有利于资源优化配置,又符合公平原则,但税负转嫁可能改变预定税负分配格局,抵消税收的经济调节作用或造成税负的不公平。因此在制定税收政策和税收制度时必须充分考虑各类商品的供求关系和价格趋势,并合理选择税种、税率以及课征范围。税负转嫁会引发纳税人的逃税行为,当税负转嫁不顺畅时,纳税人很有可能用逃税来取代税负转嫁,使财政收入受到损失。因此,税务机关要制定出切实可行的措施,防止逃税行为的发生。

目前,我国税制是以商品课税为主体的,而税负转嫁又主要发生在商品流通领域,因而深入地研究税负转嫁的机理,有着特殊重要的实践意义。税负转嫁从本质上说是物质利益的再分配,商品生产者和经营者会因税负转嫁而改变其在竞争中的地位,消费者会因税负转嫁而增加其负担。例如如果对价格放开的生活必需品课以重税,由于生活必需品需求弹性小,物价上涨消费者也不能放弃选择,纳税人很容易把税负转嫁给消费者,增加消费者负担,因此一般国家对生活必需品都采取限价政策,以满足社会成员基本生活需要和社会的安定。对于一些自然垄断行业,由于其税负转嫁居于优势,国家应加强对其进行价格管理。通常将垄断分为自然垄断和人为垄断两大类,国家可以通过支持和鼓励竞争消除或限制人为垄断,但对自然垄断则不能完全靠市场竞争来消除。由于自然垄断具有规模越大,效益越高的特征。在市场经济条件下,若国家不进行适当干预,自然垄断行业,如电力、供水、交通等行业,就会通过减产提价来获取超额利润。在市场经济条件下,自然垄断行业既要引入一定的市场调节,又不能像一般竞争行业那样主要靠市场调节。对这些行业在遵循供求规律的前提下,政府有必要在价格方面实施一定程度的干预和控制,才能有效地控制该类行业为减轻税收负担而进行不正当的税负转嫁。

我国目前是以商品课税为主体的税制结构,所得课税的比重偏低。从税制改革的方向来看,由于所得税属于直接税,不易进行税负转嫁,应该提高所得税的比重,这样有利于缩小税负转嫁的范围和空间,缓解税负转嫁的负面影响,有利于强化税收的调节作用。从商品课税来看，我国大部分商品课税属于价内税，增值税属于价外税。价内税的税收是作为价格的组成部分，表现为含税价格，价外税的税收是作为价格的附加，价格与税收分离，表现为不含税价格。从现实生活来看，消费者在购买商品的时候，价内税的税款是和价格同时支付，税款不单独列出；而价外税的税款与不含税价格分别列出，消费者非常清楚地看到所购商品中应支付的税额数。因为价内税价税合一，淡化了税负转嫁和最终归宿的透明度，混淆了纳税人与负税人的区别，使价格信号失真，不能充分地体现价格与税收的不同功能。实行价外税，是税款和价格分开，使纳税人与实际负税人分离，有利于增强税负转嫁和最终归宿的透明度，有利于培养公民的纳税意识，也有利于更好地发挥税收和价格两个经济杠杆调节经济的作用。借鉴国际上一些发达国家采取价外税的成功做法和我国的具体国情，为避免引起大的波动，我国可以有步骤地采取扩大价外税范围，使企业和消费者有一个逐步习惯的过程。

第五节 最优课税理论

一、最优课税理论概述

(一) 最优课税与次优课税理论

最优课税是指依据税收"中性"原则设置，不造成任何经济扭曲，且符合公平原则的税收。最优课税的特点是只有税收收入效应而不产生税收的替代效应，纳税人的经济行为没有因税收而发生改变。最优课税理论是建立在一系列十分严格的假设条件下的，例如政府对纳税人的信息无所不知，政府具有无限的征管能力，市场处于完全竞争状态且要素具备完全的流动性等。但是现实生活中不可能存在这种最优的情况，税收的存在必然会影响到消费者和生产者的行为和选择。最优课税理论与税收中性原则一样，只能作为税制设计和优化的参照系。

鉴于最优课税在现实经济中无法实现，西方经济学家把"次优课税原则"运用到税制建设中，提出了次优课税的概念和理论。**次优课税是指在保持一定税收收入规模的前提下，使课税行为导致的经济扭曲程度最小，所以又称最适课税理论。**简单地说，**最适课税理论是研究如何以最经济合理的方法征收某些大宗税款的理论。**站在税制结构的角度，即以怎样的方式、方法对应税行为和结果合理征税。从课税原则上说，就是以资源配置的效率和收入分配的公平性为准则，对构建经济合理的税制体系进行分析。也就是说，最适课税理论是在信息不对称、最优税收的假设条件无法满足的情况下，围绕税收的公平与效率原则，对商品税与所得税应如何组合搭配、应该对哪些商品征税、所得税应该累进到何种程度等重要问题进行深入而系统的研究，研究建设与现实条件最合适的税收制度的理论学说。

(二) 最适课税理论的主要内容

现实中的最适课税理论主要研究三方面的内容：**一是**所得税与商品税的合理搭配

问题；二是寻找一组特定效率和公平基础上的最适商品税；三是假定收入体系是以所得税为基础，确定最适所得税的累进程度，以便实现公平又兼顾效率。具体包括以下几点：

1. **所得税和商品税各有优劣，应相互补充而非相互替代**。所得税在促进收入分配公平方面是一种良税，而商品税在资源配置效率和取得收入的稳定性方面也是所得税不能取代的。因此，最适课税理论认为商品税和所得税都有存在的必然性。

2. **政府的政策目标决定了税制模式的选择**。在所得税和商品税并存的复合税制情况下，是以所得税还是以商品税为主体税种影响到税制的总体功能。一般而言，所得税适用于实现公平分配目标，商品税适用于实现经济效率目标；如果政府的政策目标以分配公平为主，就应该选择以所得税为主体税种的税制模式；如果政府的政策目标以经济效率为主，就应该选择以商品税为主体税种的税制模式。所以，一国的税收制度最终选择何种模式，取决于政府的政策目标在公平与效率之间的权衡。

3. **拉姆齐法则**。这是指**在最适商品课税体系中，当各种商品的需求相互独立时，对各种商品课征的税率必须与该商品自身的价格弹性成反比例**，这种逆弹性命题也称为拉姆齐法则。逆弹性命题的含义表明：一种商品的需求弹性越大，征税的潜在扭曲效应也越大。因此，最适商品课税理论要求，对弹性相对小的商品课以相对高的税率，对弹性相对大的商品课以相对低的税率。如果对无弹性或低弹性商品采用高税率，会使总体超额负担或对经济的扭曲最小，则是一种最适税制。由于政府在大多数情况下不能获取完全的信息，而且征税能力受到限制，因此，按拉姆齐法则课征商品税不能保证生产的高效率，还必须开征其他扭曲性税收。同时，要使商品税具有再分配功能，也必须开征扭曲性商品税。就现实的一般情况而言，要使商品税具有再分配功能，需要如下两个前提条件：一是要有一套差别税率；二是对必需品适用低税率或免税，对奢侈品适用高税率。

4. **税收优化应实行低累进税率制度，而且实行呈倒"U"形所得课税**。所得税的边际税率不能过高。在政府目标是使社会福利函数最大化的前提下，社会完全可以采用较低累进程度的所得税来实现收入再分配，过高的边际税率不仅会导致效率损失，而且对公平分配目标的实现也无益。从社会公平与效率的总体角度来看，中等收入者的边际税率可以适当高些，而低收入者和高收入者应适用相对较低的税率，拥有最高所得的个人适用的边际税率甚至应当为零。这一结论是基于这样的判断：在同样的效率损失情况下，政府通过提高中等收入者的边际税率，从较为富裕者那里取得更多收入，而通过降低最高和最低收入者的边际税率，增加这一群体的福利效用，从而既能实现帕累托改进，又能促进收入分配公平。

总之，最适课税理论的基本内容可以概括为以下三个方面：一是商品税与所得税两者不能偏废，要依据一国的经济发展阶段和政府的经济政策目标来确立税制模式；二是对商品和劳务征税要实行差别征税制度，对必需品适用低税率或免税，对奢侈品适用高税率；三是对所得税最好采用较低累进程度的税率制度，而且应当实行倒"U"形所得税税率制度，对中等收入者的边际税率可以适当高些，而低收入者和高收入者应适用相对较低的税率。

最适课税理论的贡献主要表现在三个方面：首先，论证了在信息不对称的情况下，政府运用"扭曲性"税收工具是不可避免的。如果政府拥有社会中每个人的各种特征的完全信息，不课征扭曲性税收就有充分的理由。一般认为，有能力支付较多税收的人应该多纳税，支付能力较低的人则应少纳税。可是，政府很难确认谁的能力强，只是根据诸多收入、支出等可观测的变量征税，这势必会造成扭曲。比如，以收入作为税基课征所得税就会造成扭曲，因为所得税同等地对待具有相同收入者中的弱者和强者。可是，能力强者很容易多取得收入，而能力弱者只有通过勤奋工作才能取得相同的收入。其次，最适课税理论提出了在税制结构优化状态下，税制经济效率的衡量标准，并讨论了如何据此标准而对经济行为主体提供刺激信号问题。最后，最适课税理论论证了公平与效率两大原则统一起来的可行性。最适课税理论为分析我国税制优化与改革问题提供了一定的视角。

二、新时代我国税制优化的总体思路①

进入新时代，我国社会主要矛盾已经转化为人民日益增长的美好生活需要与不平衡不充分的发展之间的矛盾。优化税制必须适应新时代新形势的要求，坚持创新驱动、强调自主创新，确保经济循环畅通无阻，实现高水平的自立自强，注重解决发展不平衡问题，促进人与自然和谐共生，不断提升发展的内外联动性，有效维护社会公平正义。

"十四五"时期，要以习近平新时代中国特色社会主义思想和习近平总书记关于税收工作的重要论述为指导，贯彻落实党的十九届五中、六中全会精神，中央经济工作会议精神以及《中华人民共和国国民经济和社会发展第十四个五年规划和2035年远景目标纲要》的要求，以正确处理效率和公平的关系为基本原则，以促进经济高质量发展、实现共同富裕为目标，按照税负合理、结构优化、税种科学的总体思路，优化现代税收制度。

（一）税负公平合理，促进经济高质量发展

保持宏观税负总体稳定，进一步优化税负结构，使税负水平有增有减，有利于确保实现经济增长目标，也有利于正确处理效率和公平的关系。从国际比较来看，我国宏观税负处于中等偏下水平。可进一步优化税负结构，促进经济高质量发展。适度降低中小企业、个体工商业户税负水平，培育一大批专精特新中小企业，鼓励创新，扩大就业。适当减轻欠发达地区税负水平，推动区域经济高质量发展，积极培育扩大税源税基。重点减轻新型产业、高端制造、高技术领域等行业税负，提升制造业核心竞争力。减轻新能源领域税负，适度增加传统能源、高耗能领域税负，支持绿色发展，助力实现碳达峰碳中和目标。适度增加高收入人群税负，降低中低收入群体税负，合理调节过高收入，扩大中等收入群体比重。减轻基本民生消费品税负，适当提高高消费产品和服务税负。优化资本性所得、劳动性所得和消费的税负结构。根据发展需要，适时调整资本性所得的个人所得税政策，使劳动性所得税负稳中趋降，特别是降低中低收入群体税负。

---

① 中国税务学会课题组：《"十四五"时期优化税制问题研究》，《税务研究》2022年第4期，第5～11页。

（二）税制结构优化，适当提高直接税比重

与 OECD 相比，我国个人所得税比重显著偏低，企业所得税比重显著偏高，财产税比重略低。过去长时间内，间接税在我国经济高速增长中发挥了至关重要的保障作用，但新发展阶段、新发展理念、新发展格局对优化税制结构提出更高要求，只有税制合理才能使税收制度在实现共同富裕目标中更好地发挥职能作用。根据我国经济发展需要，充分考虑到国际惯例，"十四五"时期优化税制要健全直接税体系，适当提高直接税比重，优化以货物和劳务税、所得税为双主体的税制结构，强化直接税收入分配调节职能，在高质量发展中促进共同富裕。

（三）税种科学设置，便利税法遵从

根据经济发展需要，要科学深入研究税种设置，尝试通过合并、开征、完善等措施，优化税种、简化税制，力求做到收入保障更加有力、功能搭配更加合理、调控作用更加充分，便利税法遵从，促进营商环境更加优化。一是深入研究税种合并的可行性。对房产税和城镇土地使用税实施合并。房屋所有权和土地使用权具有内在不可分性，两者价值是相互依存、相互影响的关系，且在实际征收中，税务机关通常对房产税和城镇土地使用税实施统筹征管，两者合并具有较强的现实意义和可操作性。二是深入研究开征新税种的可行性。为使直接税调控职能更加完备，更好调节代际分配，鼓励社会捐赠，根据财富分配状况和征管条件，有必要研究开征遗产税和赠与税的可行性。三是研究完善现行税种。深化增值税、消费税制度改革，完善所得税、财产税制度，对"十三五"时期出台的阶段性税收政策，实践证明有效并经过全面评估后，将其转化为基础性制度。完善资源税、环境保护税制度，保护生态环境，助力实现碳达峰碳中和目标。

【资料】

实施减税降费政策　增强市场主体获得感

中国政府致力于降低企业税费负担、改善营商环境的政策取得了显著进展——党的十八大以来的 10 年间，我国新增减税降费累计 8.8 万亿元，宏观税负从 2012 年的 18.7% 降至 2021 年的 15.1%。受益于减税降费等政策，全社会创新创业活力持续激发，全国新办涉税市场主体累计达到 9315 万户，年均增加逾千万户。

这项政策的受益者分布在市场的每一个角落。自 2016 年起，中国财政科学研究院每年都会开展一次企业成本调研，最新的一份调研报告显示，2018 年至 2020 年企业纳税总额占营业收入的比重逐年下降，年均下降 0.87 个百分点，超过 66% 的样本企业的平均税负已低于 5%。中国中小企业协会在 2020 年的一次调查结果同样表明了这项政策的效果：在各项相关政策中，中小企业认为成效最大、反响最好、落实最到位的是减税降费。

"放水养鱼"才能水多鱼多。10 年，减了 8.8 万亿元的税费，中国市场多了超 9000 万户企业。中国社会科学院财经战略研究院副院长、研究员杨志勇表示，减税降费政策受到市场主体的普遍欢迎，是因为市场主体对于减税降费政策的获得感更强。

10年来，税务部门组织税收收入超过110万亿元，而减税降费占到了近8%。不仅如此，与税制改革相适应，借助信息化手段，税务部门持续推动税收征管方式、流程等领域的改革，实现征管效能倍增，为内外资纳税人带来了全新的办税体验。

以"十三五"时期为例，5年间国家税务总局先后取消26种涉税文书报表、60项税务证明事项，对符合规定的增值税纳税人年申报增值税次数由12次简并为4次，税务行政审批事项减少93%，纳税人报税资料压减50%，年度纳税时间压减超过57.5%……

今年以来，税费申报表在数据共享、表单整合、税种联动等方面继续优化。在今年举办的"我为纳税人缴费人办实事暨便民办税春风行动"中，税务部门又推出减少资料报送等121条便民措施。

这实实在在提升了纳税人缴费人的获得感。2014—2021年，税务总局委托第三方机构连续开展了8次纳税人满意度调查，共计调查全国34个省（区、市）40万户纳税人，综合得分由2014年的82.06分提升至2021年的87.2分。世界银行《2020年营商环境报告》显示，中国纳税指标排名在前两年提升的基础上，再度提升9位。

对于减税降费的作用，杨志勇是这么评价的：减税覆盖面广，任何一个市场主体只要在经营，基本上都可以享受到减税降费的好处。而且，减税降费的力度总体上在加大，不少阶段性减税降费政策到期后延续且得到优化。这样，减税效果总体上是值得充分肯定的。

资料来源：《中国青年报》2022年6月10日。

【资料分析】在全球新冠肺炎疫情持续肆虐的背景下，政府选择用自己的"紧日子"换人民群众的"好日子"。10年来，我国政府不断完善减税降费政策，优化税收制度，带来了市场主体的成长和发展，带来了更加丰富的税源。减税降费政策是对税收制度的完善和优化，较好地兼顾了现代税收的效率与公平原则。一方面，减税降费政策降低了部分市场主体的税负，有利于他们保持市场活力，稳定经济运行，体现了税收的效率原则。另一方面，减税降费政策使得大部分中小企业受益，让他们能够正常运营，体现了税收的公平原则。同时，税务部门税收征管方式、流程等领域的改革，实现征管效能倍增，进一步提升了整体的经济效率。

复习思考题

1. 如何理解税收的特征及其相互关系？
2. 纳税人与负税人有什么区别和联系？
3. 起征点和免征额有什么区别和联系？
4. 如何理解"拉弗曲线"？
5. 如何理解税收负担？
6. 税负转嫁有哪些形式？影响税负转嫁的因素有哪些？
7. 如何理解税收的收入效应和替代效应？

第七章 税收制度

税收制度确立的目的是为实现税收职能服务的。一个国家确定什么样的税收制度，是由生产力发展水平、生产关系性质、经济管理体制、产业结构以及国家的税收政策等多种因素共同决定的。通过本章的学习，掌握税收制度的概念和类型，以及理解影响税制结构的因素，了解我国税制的建立和改革脉络，熟悉我国税制中的主要税种，进而更好地把握税收制度的基本原理及其征管制度。

第一节 税收制度的组成与税制改革

一、税收制度及其组成

税收制度简称"税制"，是国家各种税收法令和征收办法的总称。 一国为了取得财政收入或调节社会经济活动，必须以法律形式规定对什么征税、向谁征税、征多少税以及如何纳税等，这些规定就构成了一个国家的税收制度。

税收制度是由具体税种组成的，但组成方式可以有不同选择。现代税收理论认为，税收制度的组成主要有两种不同的理论主张：**一是单一税制**，即认为一个国家的税收制度应由一个税类或少数几个税种构成。如单一的所得税、单一的消费税、单一的土地税及单一的财产税等；**二是复合税制**，即认为一个国家的税收制度必须由多种税类的多个税种组成，通过多种税的互相配合和相辅相成组成一个完整的税收体系。当然，复合税制并不是否定各税种在功能、作用和地位上的差别，相反，它往往以某一个税种或某两个税种作为筹集财政收入和调节经济活动的主导，即所谓主体税种；在不影响其他各税种作用效果的前提下，优先突出主体税种的作用。从世界各国的税收实践来看，由于单一税制缺乏弹性，难以充分发挥筹集财政收入和调节经济的功能，所以并没有哪个国家真正实行过单一税制。

二、税收制度的发展

自从有了国家,就开始有了征税的历史。从世界各国税制结构的发展规律来看,虽然各国开征的税收种类繁多,但可以总体归纳为直接税和间接税两大类,而两类税种本身以及主体税种的更替经历了一个漫长的演进过程。世界上最先出现的是以古老的直接税为主体的税制结构。最早的直接税十分粗陋,收入少,无弹性,常引起人民的不满。对人课征的直接税税种有人头税、灶税、户税等,如:我国古代对儿童课征的"口赋",对成年人课征的"算赋",以及对应服役者课征的"更赋",都属此类。对物课征的直接税税种,有土地税、房屋税、车马税等,我国古代的"田赋""间架税"等即是这类税收的代表。随着社会经济的发展和政治制度的变迁,特别是随着社会产品占有形式和分配形式的变化,古老的直接税逐渐失去了存在的基础,被新的更为科学的税制所取代。如现代直接税中的对人课税主要是个人所得税等,对物课税则是财产税、遗产税和赠与税。

商品经济发展起来以后,各国统治者凭借商品市场日益繁荣的外在环境,大力推行间接税制,广泛实行商品课税,以替代一些简单的直接税。早期间接税也是很简单的,课征范围也窄。由于古代商品经济不发达,一般只是在有市场活动的地点或对有交换的产品进行课征,如:我国古代的"关市之赋"盐税、茶税、渔税和西方国家的市场税、入市税等即属于此类。后来,在商品经济发展浪潮的推动下,间接税才得以逐渐演化为包括销售税、产品税、消费税、增值税等的现代税收体系。

税收制度的发展不仅由税制中各个税种的演变构成,也是主体税种交替更新的历史过程。很明显,作为主体税种的只能是那些课征范围广泛、税源充裕的税种。而在人类社会早期,社会生产处于自给自足的状态,社会财富主要表现为房屋、车马等十分简单的形式,并有较强的个人归属性。因而,当时的主要税收必然是与人身和属于人的财富有密切关系的人头税、房屋税、田亩税等,这些税种也自然成为税制的主体。有人将这一时期概括为古老的直接税阶段。随着自然经济的解体和商品生产与商品交换的日益发展,商品课税以它的税源充裕、课征方便等优点而崭露头角。商品课税起源于封建社会末期,盛行于资本主义生产方式确立之后。在资本主义条件下,社会的财富表现为"庞大的商品堆积",商品课税遂以空前的规模发展,并形成以商品课税为主体的税收制度发展阶段。因为对商品课税既可以增加财政收入,又可以进行税负转嫁,把税负不知不觉地转嫁到购买者或供应者身上。所以间接税为主体的税制结构在大多数国家里延续了很长时间。到了现代社会,由于大工业的发展,分工与协作的扩大和经济关系的国际化,对商品课税与社会生产和消费又产生了矛盾。在国内,它干扰了市场的运行并造成分配不公;国际上,它表现为保护关税,阻碍资金、劳动力流动和商品自由竞争。因此19世纪以来,实行市场经济的发达国家转而发展现代直接税——所得税和财产税,并逐步取代商品税而成为主体税种。目前,纵观世界上税制结构的模式,以所得税为主体的模式为一些经济发达的资本主义国家所采用,如:美国、英国、日本等;以商品税为主体的模式,为大多数发展中国家所采用。

为什么与发达国家相比,发展中国家的税制结构特点是以商品税为主体税种呢?

这种特点是由发展中国家经济发展水平决定的。一是发展中国家生产力发展水平较低，人均收入水平也较低，如果推行以所得税为主的税收体制，必然使税源大量流失，不能满足国家财政的需要；二是商品课税是从价计税，与企业所得或个人所得大小无直接关系，对个人储蓄和投资影响较小；三是商品课税在征收管理上简便易行，且不受企业盈亏状况的影响，更适合发展中国家目前的管理水平。发展中国家以间接税为主体的税制，随着本国商品经济的发展，也暴露出它的弊端。对此，许多国家开始采取相应的措施，也使世界上一些国家的税制模式发生了新的变化。近年来，一些以所得税为主体税的国家，为了提高市场主体活力，促进经济发展，逐步提高了间接税的比重；与此同时，一些以商品课税为主体税种的国家，为减低收入差距带来的社会不公平问题，也开始逐步加大直接税的比重，世界税制结构又开始走向直接税和间接税并重的发展格局。从现代社会异彩纷呈的税收体系来看，税制体系的建立更大程度上依赖于各国的国情与采取的政策。同样是生产力发达的国家，既可以以所得税为主体，也可以以商品课税为主体或者采取所得税和商品税并重的税制结构，这说明所得税和商品税各有所长，不能偏废，应根据本国国情选择适宜的税制结构。

三、我国税制的历史演变

新中国的税收制度是在1950年确立的。此后，随着国家政治经济形势的发展变化，我国税收制度经历了一个不断改革、发展的过程。了解这一过程，可以对我国现行税制的来龙去脉有个连贯的、全面的认识，并有助于把握税制下一步改革方向。我国税制的演变可以分为以下几个时期：

（一）社会主义革命和建设时期（1949—1978年）

1. 经济恢复和社会主义改造时期（1949—1956年）。新中国成立之初，我国并行着两种不同的税收制度：一是在老解放区仍沿用革命根据地时期制定的税收制度；二是在新解放区暂时沿用国民党统治时期的旧税法。这两种税制相互矛盾，各自又都存在着许多不合理之处，不能适应统一社会主义国家的征税需要。为了统一全国税政，建立新税制，中央人民政府于1949年11月在北京召开了首届全国税务会议，制定了《全国税政实施要则》，并于1950年1月公布施行。这一《要则》规定，除农业税外，全国统一开征14种工商税，即货物税、工商业税、盐税、关税、薪给报酬所得税、存款利息所得税、印花税、遗产税、交易税、屠宰税、房产税、地产税、特种消费行为税、使用牌照税。新税制的确立，税政的统一，保证了当时国家财政的需要，促进了国民经济的发展，也基本上做到了统一课税，税负公平，从而为我国税制的进一步发展和建设奠定了良好的基础。

我国进入第一个五年计划时期，随着形势的变化，出现了原有税制与经济结构、经营方式变化不相适应的矛盾。1953年召开的全国财经工作会议提出了过渡时期的税收任务和税收政策。税制修正的内容主要有：（1）试行商品流通税。即从原来征收货物税的品目中划出一部分产品，将其原来在生产和销售各个环节缴纳的货物税、工商营业税及其附加、印花税等，合并为商品流通税，实行从生产到零售一次征税制。（2）修订货物税和营业税。（3）取消特种消费行为税，取消或停征除牲畜交易税以外的其他交易税。

在此期间，由于中共中央高度重视经济、财政和税收工作，迅速统一了全国的财政经济工作，实现了税收工作重心从农村到城市的转移、从农业税收为主到工商税收为主的转移，制定了比较适当的税收政策，以此妥善调节各方面的经济利益关系，从而促进了经济的恢复和发展，增加了财政收入，改善了民生，巩固了新生的中华人民共和国和社会主义制度。

2. 社会主义建设探索和曲折发展时期（1956—1978年）。1956年，我国完成了社会主义改造。此时的税收政策改革目标是要既能够保证社会主义建设所需要的资金积累，又能够保障人民生活的逐步改善，特别是要适应从1958年开始的第二个五年计划的要求。税制改革的原则是"基本上在原有税负基础上简化税制"。具体内容包括：（1）实行工商统一税，取代原有的商品流通税、货物税、营业税和印花税。（2）建立工商所得税，即把原有的工商业税中的所得税改为一个独立的税种。（3）统一全国农业税制度。

1973年工商税制改革继续贯彻"简化税制"原则。主要内容是：（1）合并税种。把工商统一税及其附加、对企业征收的城市房地产税、车船使用牌照税、盐税和屠宰税合并为工商税。合并以后，对国营企业只征收工商税，对集体企业只征收工商税和工商所得税。（2）简化税目税率。税目由原来的108个减为44个，税率由原来的141个减为82个。（3）简化征收办法。经过1973年的税制改革，我国的税制结构实质上已从复合税制转向单一税制。税收只是筹集财政资金的一种形式，其他作用已基本消失。

这一时期，税收政策主要表现为，一是片面地强调简化税制；二是把税收作为限制非公有制经济的工具，使税收的职能和作用有所弱化，涉及税收问题的政策文件也较少。

（二）经济体制转轨时期（1978—1992年）

1978年党的十一届三中全会决定全党工作重点转移到社会主义现代化建设上来，提出全面实行改革开放政策。随之，社会经济生活发生了深刻的变化。一方面，要求作为经济体制的一个重要组成部分的税制必须不断进行改革，以适应经济发展的需要；另一方面，税收作为国家实现宏观调控的手段和杠杆显得越来越重要，只有通过改革才能发挥其应有的作用。而原有的单一税制已远远不能适应经济改革和发展的客观需要，改革税制势在必行。

从1978年开始的税制改革主要包括以下内容：（1）在流转税方面，将原工商税按性质划分为产品税、增值税、营业税和盐税（按性质应属于资源税类），对关税进行了适当改革。（2）在所得税方面，陆续开征了国营企业所得税、集体企业所得税、城乡个体工商户所得税、私营企业所得税、个人收入调节税等。（3）在资产和资源税方面，陆续恢复和开征了城市房产税、土地使用税、车船使用税、资源税等。（4）在行为和目的税方面，陆续开征了烧油特别税、建筑税（后改为固定资产投资方向调节税）、奖金税、国营企业工资调节税、城市维护建设税、筵席税等。（5）在涉外税收方面，陆续开征了中外合资经营企业所得税、外国企业所得税（后来这两种税合并为外商投资企业和外国企业所得税）、个人所得税。经过以上改革已经形成了包括有30余个税种的多环节、多层次的复合税制体系，使税收成为财政收入的主要来源和形式，成为国家调节经济的重要杠杆。

在这个时期，中国共产党开始带领中国人民走上改革开放的道路，对于新形势下税收的地位和作用的认识逐步深化，税收政策相应逐步调整，税制改革迅速展开，通过建立涉外税收制度、国营企业"利改税"和全面改革工商税制，初步建立了一套内外有别、城乡不尽相同的，以货物和劳务税、所得税为主体，财产税和其他税收相配合的新的税制体系，大体适应了中国经济体制改革初期的经济状况，税收的职能和作用得以全面加强，税收收入随着经济发展持续快速增长，宏观调控作用明显增强，并为进一步完善税收政策和改革税制奠定了较好的基础。

（三）建立社会主义市场经济体制时期（1992—2012年）

党的十四大明确提出建立社会主义市场经济体制的目标和十四届三中全会做出《关于建立社会主义市场经济体制若干问题的决定》之后，我国的经济体制改革进入了一个新的时期，原工商税制仍存在一些不完善之处，不能完全适应市场经济发展的要求。主要表现在：（1）税负不平，不利于不同所有制、不同地区、不同企业和产品之间的公平竞争。（2）国家和企业的分配关系犬牙交错，很不规范。国家除向企业征税外，还向企业征收能源交通重点建设基金和预算调节基金，地方政府和主管部门又用多种名义征集各种形式的基金和管理费，增加企业负担；另一方面，名目繁多的优惠政策又使财政难以承受。（3）中央与地方在税收收入与税收管理权限划分上，不能适应分税分级财政体制的要求，地方税收体系不健全，规模过小，权力有限。（4）税收调控的范围和力度，不能适应生产要素全面进入市场的要求，税收对资金市场和房地产市场等领域的调节，还远远没有到位。（5）内外资企业分别实行两套税制，矛盾日益突出。（6）税收征管制度不够科学严密，征管手段落后，税收流失现象较为严重。

1994年的工商税制改革的总的指导思想是：统一税法、公平税负、简化税制、合理分权，理顺分配关系，保障财政收入，建立符合社会主义市场经济要求的税制体系。遵循的基本原则是：（1）加强税收的宏观调控功能。主要通过调整税制结构，合理划分税种和确定税率，理顺国家、企业、个人的分配关系，适度提高税收收入占国民生产总值的比重；同时，合理划分中央税种和地方税种，为理顺中央与地方分配关系创造条件。（2）体现公平税负，促进公平竞争。主要是统一企业所得税，完善流转税，改变按不同所有制、不同地区设置税种、税率的问题，使各类企业之间税负大致公平，为企业平等竞争创造条件。（3）发挥税收对个人收入和地区经济发展的调节作用，使个人收入分配保持合理差距，促进地区协调发展，实现共同富裕。（4）体现国家产业政策，促进经济结构的调整，促进国民经济持续、快速、健康的发展和整体效益的提高。（5）简化、规范税制。主要是取消与经济发展不相适应的税种，合并重复的税种，开征必要的新税种。要重视参照国际惯例，采用较规范的税收方式，以保护税制的完整，维护税法的统一性和严肃性。

这次工商税制改革的基本内容包括以下几个方面：

1. 流转税制的改革。建立以增值税为主体，并与消费税、营业税相配套的新的流转税体系，即在生产环节、商品批发和零售环节普遍实行增值税。在此基础上选择少数消费品再征收一道消费税，对不实行增值税的劳务交易，转让无形资产和销售不动产的征收营业税。取消对外资企业征收的原工商统一税,统一实行新的流转税制。

2. 企业所得税制的改革。对内资企业实行统一的企业所得税,取消原来按所有制分别设置的国营企业所得税、国营企业调节税、集体企业所得税和私营企业所得税。同时,国有企业不再执行承包企业所得税的做法。

3. 个人所得税制的改革。改革的基本原则是调节个人收入差距,缓解社会分配不公的矛盾。为此,个人所得主要对收入较高者征收,对中低收入者少征或不征。改革的主要内容是将原来的个人所得税、个人收入调节税和城乡个体工商业户所得税合并统一为新的个人所得税。

4. 其他税种的改革。调整、撤并和新开征了一些税种。如调整了资源税、城市维护建设税、房产税、城镇土地使用税、车船使用税;取消了集市交易税、牲畜交易税、烧油特别税、奖金税和工资调节税;开征土地增值税、证券交易税、遗产税和赠与税等。

经过上述改革,我国的税种设置由原来的32个减至23个,初步实现了税制的简化与高效的统一。

2003年10月14日,中国共产党第十六届中央委员会第三次全体会议通过的《中共中央关于完善社会主义市场经济体制若干问题的决定》提出了继续推进税制改革的主要任务。一是深化农村税费改革。完善农村税费改革试点的各项政策,取消农业特产税,加快推进县乡机构和农村义务教育体制等综合配套改革。在完成试点工作的基础上,逐步降低农业税率,切实减轻农民负担。二是分步实施税收制度改革。按照简税制、宽税基、低税率、严征管的原则,稳步推进税收改革。改革出口退税制度。统一各类企业税收制度。增值税由生产型改为消费型,将设备投资纳入增值税抵扣范围。完善消费税,适当扩大税基。改进个人所得税,实行综合和分类相结合的个人所得税制。实施城镇建设税费改革,条件具备时对不动产开征统一规范的物业税,相应取消有关收费。在统一税政的前提下,赋予地方适当的税政管理权。创造条件逐步实现城乡税制统一。

2005年12月29日,十届全国人大常委会第十九次会议决定,自2006年1月1日起正式废止《中华人民共和国农业税条例》。由此,国家不再对农业单独征税,一个在我国存在两千多年的古老税种宣告终结。农业税的取消,给亿万农民带来了看得见的物质利益,极大地调动了农民积极性,再一次解放了农村生产力。

2007年3月16日,全国人民代表大会表决通过《中华人民共和国企业所得税法》,并于2008年1月1日开始施行。从此内外资企业实行统一的企业所得税法。新税法规定一般企业所得税税率25%,国家需要重点扶持的高新技术企业为15%,小型微利企业为20%,非居民企业为20%。

2007年10月15日,中共中央总书记胡锦涛在中国共产党第十七次全国代表大会上作了题为《高举中国特色社会主义伟大旗帜,为夺取全面建成小康社会新胜利而奋斗》的报告,其中提出:深化财税、金融等体制改革,完善宏观调控体系;实行有利于科学发展的财税制度;扩大转移支付,强化税收调节。

2008年11月5日,经国务院第34次常务会议审议通过《中华人民共和国增值税暂行条例》,全面实施增值税转型改革,2009年1月1日起施行消费型增值税,积极应对国际金融危机对我国经济的影响。

个人所得税工薪所得减除费用标准在这一时期经历数次调整，2006年1月1日工薪所得减除费用标准由每月800元提高至1600元，2008年又继续提高到每月2000元。2011年6月30日新修改的《中华人民共和国个人所得税法》已由中华人民共和国第十一届全国人民代表大会常务委员会第二十一次会议通过，自2011年9月1日起施行。修订的主要内容有六个方面：一是提高工资薪金所得减除费用标准，将工薪所得减除费用标准由现行每月2000元提高到3500元；二是调整工薪所得税率结构，将现行工薪所得9级超额累进税率修改为7级，取消15%和40%两档税率，将最低一档税率由5%降为3%，适当扩大了3%和10%两个低档税率的适用范围；三是调整个体工商户及承包承租经营所得税率级距，继续维持5级税率级次不变，但对五档级距相应作了扩大调整；四是延长了申报缴纳税款期限，由次月7日内改为15日内；五是将承包经营、承租经营、个体工商户业主的减除费用标准调整为3500元；六是将非居民的附加费用由2800元调减至1300元，保持总额度4800元不变。

这一时期，中国共产党不仅根据建立社会主义市场经济体制的目标，确定了1994年税制改革的基本原则和主要内容，成功地领导了这场新中国成立以来规模最大、范围最广、内容最深刻的税制改革，为建立分税制财政管理体制提供了有力支撑，而且根据完善社会主义市场经济体制的任务，提出了有利于科学发展的财税制度的要求和主要措施。通过不断完善税收政策和改革税制，中国的税制逐步简化、规范，实现了城乡统一和内外统一，税负趋于公平，宏观调控作用进一步增强，并且继续在促进经济发展的基础上实现了税收收入的快速增长，有力地支持了中国的改革开放和各项建设事业的发展。

（四）全面深化改革时期（2012年至今）

2012年中国共产党第十八次全国代表大会做出了关于全面深化改革的战略部署，我国从此进入了中国特色社会主义新时代。2013年《中共中央关于全面深化改革若干重大问题的决定》提出：建立现代财政制度，落实税收法定原则，深化税收制度改革，稳定税负，完善地方税体系，逐步提高直接税比重。推进增值税改革，适当简化税率。调整消费税征收范围、环节和税率，把高耗能、高污染产品和部分高档消费品纳入征收范围。逐步建立综合与分类相结合的个人所得税制。加快房地产税立法并适时推进改革，加快资源税改革，推动环境保护费改税。保持现有中央和地方财力格局总体稳定，结合税制改革，考虑税种属性，进一步理顺中央和地方收入划分。完善以税收、社会保障和转移支付为主要手段的再分配调节机制，加大税收调节力度。坚持使用资源付费和谁污染环境、谁破坏生态谁付费原则，逐步将资源税扩展到占用各种自然生态空间。

2012年1月1日，我国率先在上海的交通运输业和部分现代服务业试点营改增，并在总结经验的基础上，从2012年8月1日起将营改增的试点扩大到10个省市，到2013年8月已扩大到全国，试点的行业范围也有所扩大。2016年5月1日，财政部、国家税务总局发布《关于全面推开营业税改征增值税试点的通知》，营业税改征增值税（以下称"营改增"）试点在全国范围内全面推开，建筑业、房地产业、金融业、生活服务业等营业税纳税人，全部纳入"营改增"试点范围，由缴纳营业税改为缴纳增值税，这是1994年分税制以来最深刻的一次财税改革，标志着中国税制改革迈出了实质性的一大步，自此，营业税完成了历史使命，增值税以全新的面貌登上了中国税制的舞台。

2016年12月25日，第十二届全国人民代表大会常务委员会第二十五次会议通过《中华人民共和国环境保护税法》，规定在中华人民共和国领域和中华人民共和国管辖的其他海域，直接向环境排放应税污染物的企业事业单位和其他生产经营者为环境保护税的纳税人，应当依照本法规定缴纳环境保护税。

2018年8月31日，第十三届全国人民代表大会常务委员会第五次会议对个人所得税法作了比较大的修改。主要内容包括：（1）完善有关纳税人的规定，即借鉴国际惯例，明确引入居民个人和非居民个人的概念，并将在中国境内居住时间这一判定居民个人和非居民个人的标准由现行的是否满1年调整为是否满183天。（2）对部分所得实行综合征税，即将工资、薪金所得，劳务报酬所得，稿酬所得，特许权使用费所得合并，按年征税；将个体工商户的生产、经营所得调整为经营所得，将对企事业单位的承包经营、承租经营所得分别并入综合所得和经营所得。（3）优化调整税率结构，综合所得税率以现行工资、薪金所得税率为基础调整，并调整部分税率的级距；经营所得税率以现行个体工商户的生产、经营所得和对企事业单位的承包经营、承租经营所得税率为基础，适当调整各档税率的级距。（4）规定综合所得的基本减除费用标准为每年6万元（平均每月5000元），不再保留附加减除费用。（5）设立专项附加扣除，包括子女教育、继续教育、大病医疗、住房贷款利息、住房租金和赡养老人。（6）增加反避税条款，针对某些个人的避税行为，规定税务机关有权按照合理方法做出纳税调整。此外，规定了非居民个人征税办法，进一步健全了与个人所得税改革相适应的税收征管制度。

2019年8月26日，第十三届全国人民代表大会常务委员会第十二次会议通过《中华人民共和国资源税法》，将资源税暂行条例上升为资源税法，对进一步落实税收法定原则，发挥税收促进合理科学、节约集约开发利用资源和推动绿色发展的作用，以及推进规范水资源费改税改革具有重要作用。资源税法是中国现行税制中继个人所得税法、企业所得税法、车船税法、车辆购置税法、船舶吨税法、环境保护税法、烟叶税法、耕地占用税法之后的第九部税收实体税法。从税收立法来看，资源税立法意味着中国的一半税种已经完成了立法任务，因此是中国税收法治化进程中的一件大事。此后，2020年8月11日，第十三届全国人民代表大会常务委员会第二十一次会议通过《中华人民共和国城市维护建设税法》和《中华人民共和国契税法》；2021年6月10日，第十三届全国人民代表大会常务委员会第二十九次会议通过《中华人民共和国印花税法》，使得我国现行18个税种中已有12个制定了专门法律。此外，虽然没有独立的关税法，但《中华人民共和国海关法》第五章是专门用来规范关税的法律内容，因此，包括关税在内，我国共有13个税种已经立法。增值税、消费税、房产税、土地增值税和城镇土地使用税这五个税种的立法工作也在加快步伐。税收法定原则不仅具有推进民主法治、保护纳税人权利的功能，还有助于凝聚和提升纳税人对税收的认同和遵从度，增强政府的公信力，是国家治理现代化和全面推进依法治国的重要举措。

党的十八大以来，中国共产党对于税收地位、作用的认识进一步提高，提出要充分发挥税收在国家治理中的基础性、支柱性和保障性作用，为推动高质量发展提供有力支撑，并提出了建立和完善现代财税制度，落实税收法定原则，深化税制改革的任务，包括加强税收法治，减税降费，优化税制结构，完善增值税、消费税、企业所得税、个人所得税和地方税体系，深化税收征管制度改革等内容，而且已经取得了一系列的重大进展。

第二节 货物劳务税

一、货物劳务税的对象和特点

货物劳务税，是以销售商品或提供劳务而取得的销售收入额或营业收入额为征税对象的一类税。由于货物劳务税是对商品或劳务流转过程中发生的毛收付额的征税，因此，在我国也被习惯称为流转税（商品税）。流转额包括商品流转额和非商品流转额。**商品流转额是指在商品交换过程中发生的交易额。对卖方来说，具体表现为商品销售额；对买方来说，则是购进商品支付金额，它们都可以为流转税的课税对象。非商品流转额是指交通运输、邮电通讯以及各种服务性行业的营业收入额。**此外，货物劳务税既可以以全部流转额作为课税对象，又能以部分流转额作为课税对象。货物劳务税有以下几个特点：

1. 以商品交换为前提，课征普遍。由于流转税的课税对象是流转额，而流转额只能在商品（包括劳务）交换过程中形成。因此，流转税的征收必须以商品交换为前提。同时货物劳务税中的许多问题，像计税价格、缴纳环节、重复征税、税负转嫁等，都直接同商品交换相联系。在现代社会中，商品经济高度发达，商品生产和商品交换是社会生产的主要形式，货物劳务税自然是最普遍的税类。

2. 税额与价格关系密切。在税率已定的条件下，流转税额的大小直接依存于商品、劳务价格的高低及流转额的多少，而与成本、费用水平无关，即不论课税的商品有无盈利，只要发生了商品销售或提供劳务的行为，所发生的流转额都要课税。货物劳务税的这一特点，对于保证国家财政收入的稳定和可靠，促进企业改善经营管理，提高经济效益，以及配合价格调节生产和消费等方面都有一定的作用。

3. 普遍实行比例税率。除少数税种实行定额税率外，普遍适用比例税率制。由于比例税率又可分为各类差别比例税率，因此政府可以通过不同的比例税率对经济进行必要的干预。

4. 计征简便。与所得税和财产税相比，货物劳务税计算比较简单，纳税人和征税对象也相对比较集中，有利于税务部门的征收管理和节约征收成本。

货物劳务税具有的上述特征决定了它所具有的突出功能是税源充足、计征简便、能够保证财政收入及时稳定地上缴。但其缺陷也较为明显，如税负存在累退性，即收入越多，税负相对越轻，不利于贯彻税收公平原则。

二、货物劳务税的主要税种

我国现行的属于**货物劳务税的税种有：增值税、消费税和关税等**。下面就这些税种进行简要介绍：

（一）增值税

增值税是于20世纪50年代在法国最先采用的一个新兴税种，随后在西欧和北欧以及一些发展中国家里得到广泛推行，到目前为止，实行增值税的国家已有100多个，现在已成为一个国际性税种。我国从1979年引进增值税并开始进行试点，1994年税制改革中，增值税已作为改革的核心内容，与消费税、关税互相配合，构成了新的流转税体系。

1. 增值税的含义。增值税以货物和劳务为征税对象，是目前各国普遍征收的一种税收，有些国家称为货物和劳务税。**增值税是以商品（含应税劳务）在流转过程中产生的增值额作为计税依据**。所谓增值额，从理论上讲，就是企业生产经营过程中新创造的价值，相当于商品价值中扣除生产资料转移价值C之后的余额，即V+M部分，在我国相当于国民收入部分。现实经济生活中，对增值额的含义可以从两个方面理解：从一个生产经营单位来看，就是该单位的商品销售收入或劳务收入扣除外购商品额后的余额；从一个商品来看，该商品经历的生产和流通各经营环节所创造的增值额之和，相当于该商品的最终销售额。

2. 增值税的类型。一般而言，增值税是对商品和劳务价值中的增值额课税，但增值税的现实增值额是由各国的增值税法律制度规定的，称为法定增值额。由于各国经济发展状况不同，各国法定增值额所包括的具体内容也不同。根据各国法定增值额对购进固定资产价款的处理方法的不同，可以将增值税分为三种类型：（1）**生产型增值税**。计算增值税时，不准许扣除任何外购固定资产价款。就国民经济整体而言，其税基，即计算应纳税额的基数，相当于国民生产总值，故称为生产型增值税。（2）**收入型增值税**。计算增值税时，不准许将当期购入固定资产的价款一次全部扣除，只准许抵扣当期计入产品的固定资产折旧部分。其计税基数相当于国民生产净值或国民收入，故称为收入型增值税。（3）**消费型增值税**。计算增值税时，准许将当期购进用于生产应税产品的固定资产价款一次全部扣除。就国民经济整体而言，计税基数包括全部消费品价值，故称为消费型增值税。这三种类型的增值税按税基大小，取得财政收入的多少来看：生产型增值税最大，收入型增值税次之，消费型增值税最小。它们对投资的影响也是不同的，从鼓励投资角度看，消费型增值税效果最优，收入型增值税次之，生产型增值税效果最差。目前，西方发达国家大都实行消费型增值税，发展中国家则多采用生产型或收入型增值税。我国从2009年1月1日起实行消费型增值税。

3. 增值税的计税方法。从理论上看有三种：（1）加法。指将构成增值额的诸要素（如工资、利润、利息和其他增值项目）逐项相加作为增值额，然后按适用税率求出增值税额。（2）减法（或扣额法）。指从纳税期内的销售收入额中减去法定扣除额（如原材料、燃料、动力、零配件等）后的余额，作为增值额，据以计算税额。

(3) 扣税法。指不直接计算增值额,而是从按销售收入额计算的税额中,扣除法定外购商品的已纳税金,以其余额作为增值税的应纳税额。在实践中,由于"加法"计算复杂,容易遗漏项目,很少采用。

4. 增值税的特点。**增值税不是按商品流转额"全额"征税,而是按部分流转额即增值额征税**。这使得增值税具有很多优点:

(1) 可以避免重复征税问题,有利于促进生产向专业化和协作化方向发展。增值税由于是按增值额征收的,即只对销售额中属于本生产经营单位创造的尚未征过税的那部分征税,而对销售额中由其他单位创造并已经征过增值税的那部分转移价值不征税,从而可以避免重复征税和税收负担不公平问题。而如果按商品流转额"全额"征税,会随着流转环节增多而税负加重,存在重复征税问题。增值税符合社会化大生产的需要,有利于提高劳动生产率,有利于促进生产向专业化和协作化方向发展。

(2) 征税范围广泛,税源充裕。增值税的征收遍及社会经济的各个部门。人们不论从事生产、批发、零售,还是提供加工修理修配等,都会在生产或提供劳务的过程中创造附加值,因此增值税可以在经济活动的各领域、各环节中课征,覆盖面广,税源充裕。

(3) 能够适应经济结构的各种变化,保证财政收入的稳定。由于增值税是按增值额征收的,在增值税税率一定的条件下,生产和流通结构的任何变化都不会影响税额。企业的兼并和分解都不影响增值额,既不会因生产从"全能厂"改为几个专业化协作厂而加重企业的税收负担,也不会因生产经营由分散的众多小企业联合为大企业而减少税收收入。不管流通环节是增加还是减少,同一种产品,只要最终产品的售价不变,都不会影响税负。这有利于经济体制改革和生产流通结构的调整,也有利于财政收入的稳定。

(4) 有利于企业间相互监督,减少和杜绝逃避缴纳税款的现象。增值税采取道道课税课征形式,并以各企业新创造的价值为计税依据,可以使各关联企业在纳税上互相监督,因为上游企业逃避缴纳税款必然使下游企业多纳税,下游企业必然主动监督上游企业的纳税情况,这样就可以减少和杜绝逃避缴纳税款现象的发生,使增值税能稳定、足额地入库。

(5) 有利于商品的出口退税,从而促进对外贸易的发展。世界各国对出口商品的流转税普遍实行"零税率",即将出口商品在国内已缴纳的流转税款在出口环节一次全部退还给企业。由于增值税不存在重复征税问题,一种商品在国内已征多少税款是能够准确计算出来的,即等于按商品最后销售价计算的税额,这就便于进行出口退税。而按流转额全额征税,由于存在重复征税问题,就很难做到这一点。

5. 增值税的主要内容。现行的《中华人民共和国增值税暂行条例》主要包括以下内容:

(1) 纳税人。在中华人民共和国境内销售货物或者加工、修理修配劳务(以下简称劳务),销售服务、无形资产、不动产以及进口货物的单位和个人,为增值税的纳税人,应当依照本条例缴纳增值税。按照会计核算水平和经营规模**分为一般纳税人和小规模纳税人**。

(2) 征税范围。现行增值税纳税范围包括销售(包括进口)货物,提供加工及修理修配劳务等，并分为一般规定和特殊规定。

（3）**征收税率。当前我国增值税的征收税率一般为13%、9%、6%和零税率。**

基本税率：纳税人销售货物、劳务、有形动产租赁服务或者进口货物，除按规定适用9%税率的货物外，适用13%的基本税率；

低税率：纳税人销售交通运输、邮政、基础电信、建筑、不动产租赁服务，销售不动产，转让土地使用权，农产品等特定货物的，适用税率为9%；纳税人销售服务、无形资产，除按规定适用13%、9%和零税率的货物外，适用税率为6%；

零税率：国际运输服务、航天运输服务以及向境外单位提供安全在境外消费的相关服务，适用于零税率。但国务院另有规定的除外。

（4）征收率。征收率指的是在纳税人因财务会计核算制度不健全，不能提供税法规定的课税对象和计税依据等资料的条件下，由税务机关经调查核定，按与课税对象和计税依据相关的其他数据计算应纳税额的比例。"营改增"后规定小规模纳税人增值税征收率为3%，一般纳税人销售自产货物选择简易办法的，增值税征收率为3%，劳务派遣公司选择差额纳税，以取得的全部价款和价外费用，扣除代用工单位支付给劳务派遣员工的工资、福利和为其办理社会保险及住房公积金后的余额为销售额，按照简易计税方法依5%的征收率计算缴纳增值税。

2013年7月，财政部、国家税务总局下发《关于暂免征收部分小微企业增值税和营业税的通知》，拉开了为小微企业减税的序幕，使其成为新一轮减税降费的主体。增值税的"减税降费"主要体现在：一是将增值税小规模纳税人月销售额免税的标准从2万元逐步提高到15万元；二是自2018年5月起，增值税小规模纳税人的标准从年应税销售额50万元（生产货物或提供应税劳务）/80万元（货物批发或零售）统一提高到500万元；三是小规模纳税人的征收率在新冠肺炎疫情来袭后从3%降到了1%，同时在2022年4月1日至2022年12月31日期间，对适用3%征收率的小规模纳税人免征增值税；四是加大小微企业增值税期末留抵退税政策力度，从2022年4月1日开始将先进制造业按月全额退还增值税增量留抵税额政策范围扩大至符合条件的小微企业，并一次性退还小微企业存量留抵税额。

（5）实行价外计算方法。现行增值税实行价外计算办法，即当期销售额为不含税价格，这不同于原来的价内计税办法。若将含税价换算成不含税价格，其计算公式是：不含税价格＝含税价格／（1＋税率）。假定原含税价为100元，则不含税价为100元／（1＋13%）＝88.5元，应缴税款则为：88.5×13%＝11.5元。实行价外征税办法，并不意味着在原含税价格（100元）之外另加13%的税金。在零售环节，消费者购买的商品为自己使用，已不存在税款抵扣问题，为了照顾广大消费者的习惯心理，零售环节的价、税仍是实行合一的办法。

（6）应纳税额的计算。增值税采用购进扣税法计税，实行根据发票注明税金进行税款抵扣制度。一般计税方法：一般纳税人发生应税行为适用一般计税方法计税，一般计税方法的应纳税额，是指当期销项税额抵扣当期进项税额后的余额。应纳税额计算公式为：

应纳税额＝当期销项税额－当期进项税额

其中，当期销售额为不含税销售额；进项税额是指纳税人购进货物或者接受应税劳务,所支付或者负担的增值税额。准予从销项税额抵扣的进项税额,限于下列增值税扣税凭证上注明的增值税额:第一,从销售方取得的增值税专用发票上注明的增值税额;第二,从海关取得的完税凭证上注明的增值税额。当期销项税额小于当期进项税额不足抵扣时,其不足部分可以结转下期继续抵扣。

简易计税方法:小规模纳税人发生应税行为适用简易计税方法计税,实行按照销售额和征收率计算应纳税额的简易办法,并不得抵扣进项税额。应纳税额计算公式为:

应纳税额 = 销售额 × 征收率

销售额 = 含税销售额 ÷ (1 + 征收率)

(二) 消费税

消费税是以应税消费品的流转额为课税对象的一个税种,是1994年工商税制改革中新设置的一种货物劳务税。在对商品普遍征收增值税的基础上,选择少数消费品再征收一道消费税,主要是为了调节消费结构、引导消费方向、保证国家财政收入的稳定。征收消费税是世界各国普遍的做法。消费税开征后,并不是额外增加了消费者的负担。1994年工商税制改革,取消了产品税代之以增值税,由于税率降低很多,对一些产品征收的税款比以前减少,影响了国家财政收入。1994年税制改革中将减少的税款通过设置消费税这个税种进行单独征收,并没有增加这些商品的总体税收负担,也就是说征收消费税的消费品基本上维持了改革前的税负水平。

1. 消费税的特点。消费税与其他税种相比,具有以下几个特点:

(1) 消费税税目是有选择的。我国征收消费税的税目最初只有11个,不是所有生产消费品的单位和个人都交消费税,体现了国家产业政策和消费政策。现行的消费税共设置15个税目,分别是烟、酒及酒精、高档化妆品、贵重首饰及珠宝玉石、鞭炮焰火、成品油、摩托车、小汽车、高尔夫球及球具、高档手表、游艇、木制一次性筷子、实木地板、涂料、电池。从消费税税目分布来看,主要分为过度消费对身体健康有害的(烟、酒),对环境有害的(鞭炮烟火、电池、涂料),高档消费品(高档化妆品、贵重首饰及珠宝玉石、高尔夫球及球具、高档手表、游艇),高能耗消费品(小汽车、摩托车),不可再生和不可替代的稀缺资源消费品(成品油、实木地板、木制一次性筷子)。

(2) 消费税主要实行单环节征税。为了加强源泉控制,防止税款流失,降低征收费用,消费税的纳税环节主要确定在生产环节或进口环节,便于征管,这有别于增值税的多环节课征制。但是卷烟除在生产环节征收消费税以外,在批发环节加征了一道从价税,税率为5%,超豪华小汽车在生产(进口)环节按现行税率征收消费税基础上,在零售环节加征消费税,税率为10%。

(3) 实行差别税率。消费税的税率有比例税率、定额税率和混合税率三种形式。比例税率档次较多,平均税率较高,这样可以有效地调节收入和消费。

2. 纳税人。消费税的纳税人是在我国境内从事生产、委托加工和进口应税消费品的单位和个人,就其销售额或销售数量征收的一种税就是消费税。

3. 应纳税额的计算。消费税实行从价定率或者从量定额的办法计算应纳税额。所谓从价定率的办法是指根据商品流转额和税法规定的税率计算征税。所谓从量定额的办法，是指根据商品销售数量和税法规定的单位税额计算征税。其计算公式如下：

公式一：应纳税额＝销售额×税率（从价计征）

公式二：应纳税额＝销售数量×单位税额（从量计征）

消费税实行价内税，其计税依据是以含有消费税税金而不含增值税税金的消费品价格为计税依据。即应税消费品销售额是指纳税人销售应税消费品时向买方收取的全部价款和价外费用，但增值税不包括在计税销售额中。

（三）关税

关税是国家对进出本国国境的货物和物品征收的一个税种，属于货物劳务税。我国分为进口税和出口税两类，由海关负责征收。

1. 关税的重要作用。

（1）保护民族经济，促进本国工农业生产发展。作为发展中国家，政府一直重视利用各种政策措施保护本国产业，特别是"幼稚工业"的发展，其中保护关税是各国行之有效的保护方法。对某种商品征收的关税税率越高，关税对这个行业中进行生产的本国企业提供的保护也越大。通过对进口货物征收关税，提高进口货物的成本，以削弱其与本国同类产品的竞争能力，保护国家民族生产。通过对某些出口产品征收关税，可以抵制这些商品的输出，保护本国自然资源避免大量外流。

（2）关税是维护国家主权和发展对外经济往来的一个重要工具。虽然关税作为一种经济手段，在本国内征收，但是它却会影响与其他国家的贸易和经济关系，因而也会影响到与其他国家的政治、外交关系。对进出口货物征收关税，税率高低直接关系到国与国之间的主权和经济利益。通过与其他国家签订互惠协定，可以争取国家之间的平等贸易往来；利用关税壁垒可以作为保护本国生产的防卫手段。关税在贯彻国家进出口政策，维护国家主权和利益方面具有重要作用。

（3）筹集财政收入。我国关税收入在财政收入中所占比重虽然不大，但收入比较稳定。特别是在1994年实行分税制以前，关税占中央财政收入的比重高达20%以上，成为中央财政的主要收入来源。随着中国加入WTO，关税税率降幅较大，暂时影响了财政收入。但关税税率下降，使"门槛"降低了，也使得贸易量比以前大幅增加，关税收入不仅没有下降还稳中有升，使中央财政收入有稳定的来源，对于保证国家的重点建设发挥了重要作用。

2. 课税对象和纳税人。关税的课税对象是进出国境的货物和物品，即分为两类：（1）货物，是指我国的进出口机构向外国出售和从外国购进的贸易性商品；（2）物品，属于非贸易性商品，包括入境旅客随身携带的行李物品、个人邮递物品、各种运输工具上的服务人员携带进口的自用物品和馈赠物品，以及其他方式进入国境的个人物品。

关税的纳税人也大体分为两类：（1）经营进出口贸易的厂商，如外贸进出口公司、经营进出口商品的企业等；（2）各种非贸易物品的持有人、所有人或收件人。

3. 税率。关税税率，一般采取差别比例税率，税率分为进口税率和出口税率。进口货物按照必需品、需用品、非必需品、限制进口品等分成若干税级，分别规定不同的税率。进口税率又分为普通税率和优惠税率，对原产于与我国未订有关税互惠协议的国家或者地区的进口货物，按照普通税率征税；对原产于与我国订有关税互惠协议的国家或地区的进口货物,按照优惠税率征税。

2001年12月11日,中国正式加入世界贸易组织,成为其第143个成员。加入世界贸易组织使我国可以享有自关贸总协定成立以来8个回合谈判的关税减让成果,更广泛地享受普惠制待遇,极大改善了我国贸易条件。同时,加入世贸组织以来,我国认真履行承诺的关税减让义务,维护了国家信誉,树立了负责任大国的良好形象。首先大幅度降低了关税水平,工业品、农产品的关税水平都有不同程度的下调。自2002年起逐年调低进口关税,关税总水平由15.3%调整至目前的9.8%,农产品平均税率由18.8%调整至目前的15.2%,工业品平均税率由14.7%调整至目前的8.9%。其中,2002年大幅调低了5300多种商品的进口关税,关税总水平由2001年的15.3%降低至12%,是加入世贸组织后降税涉及商品最多、降税幅度最大的一年;2005年降税涉及900多种商品,关税总水平由2004年的10.4%降低至9.9%,是我国履行义务的最后一次大范围降税。从2015年12月10日起,对33个建交且已完成换文手续的最不发达国家97%的税目产品实施零关税。

2020年11月15日,东盟10国和中国、日本、韩国、澳大利亚、新西兰共15个亚太国家正式签署了《区域全面经济伙伴关系协定》(RCEP),旨在推动实现区域内高水平的贸易自由化,逐步实施关税自由化给予优惠的市场准入,特定货物的临时免税入境,取消农业出口补贴,以及全面取消数量限制、进口许可程序管理,以及与进出口相关的费用和手续等非关税措施方面的约束。RCEP的生效实施,标志着全球人口最多、经贸规模最大、最具发展潜力的自由贸易区正式落地,充分体现了各方共同维护多边主义和自由贸易、促进区域经济一体化的信心和决心,将为区域乃至全球贸易投资增长、经济复苏和繁荣发展做出重要贡献。

第三节 所得课税

一、所得课税的性质和特点

(一) 所得课税的含义

所得课税又称收益课税,是以所得额(收益额)为课税对象的税类。 所得额,是指单位和个人在一定时期内从全社会的国民收入总额中,通过各种方式分配到的那部分份额。所得税最早兴起于英国,以后又相继为世界各国所采用,目前所得课税已成为西方发达国家的主体税种。我国开征的所得课税主要是对企业所得和个人所得征税,其中,企业应纳税所得对应企业的利润,是指因从事生产经营活动而获取的经营收入扣除为取得这些收入所支付的各种费用以及流转税后的余额,其性质属于剩余产品价值的一部分。个人所得是指工资、薪金、劳务报酬、利息、股息、红利、租金、特许权使用等所得,其中占主体的是劳动报酬所得,其性质属于必要产品价值,但也有一部分属于非劳动所得。我国2006年正式取消的农业税也是一种所得税,但与企业所得税和个人所得税不同,农业税的课税对象是农业总收益,严格来讲是一种"收益税"。

(二) 所得课税的特点

1. **体现了量能负担,税负较公平**。所得课税一般是以净所得为计税依据,实行所得多的多征、所得少的少征、无所得的不征,体现了量能负担原则。同时,所得课税通常都规定起征点、免征额及扣除项目,可以在征税上照顾低收入者,不会给纳税人带来超额负担。

2. **所得税属于直接税,税负不易转嫁**。由于所得税的课税对象是纳税人的最终所得,一般不易进行税负转嫁,对市场机制的正常运行干扰较小。这一特点有利于直接调节纳税人的收入,缩小收入差距,实现公平分配的目标。在采用累进税率的条件下,这一作用尤为明显。

3. **一般不存在重复征税**。所得课税以所得额为课征对象,征税环节单一,只要不存在两个以上课税主体,就不会存在重复征税;对商品的相对价格也没有影响,有利于企业间的公平竞争和个人收入的调节分配。

4. **税源普遍,课征有弹性**。在正常条件下,凡从事生产经营活动的一般都有所得,都要缴纳所得税。因此,所得课税的税源很普遍。同时,所得税来源于一国生产力资源利用产生的剩余产品,随着社会生产力的发展和剩余价值的增加,各种所得也会不断增长,国家可以根据需要灵活调整税负,以适应财政支出增减的变化。

5. **计税方法复杂,稽征管理难度大**。由于所得课税的对象是纳税人的所得额,而所得额的多少又直接取决于成本、费用的高低,这就使得费用扣除问题成为计征所得税的核心问题,从而带来了所得课税计征方法复杂,稽征管理难度大等问题。

(三) 所得税的功能及缺陷

所得税的主要功能:一是在于贯彻社会财富公平分配政策。所得税特别是个人所得税是一种有效的再分配手段,通过累进征收贯彻公平税负原则,抑制社会财富过度聚集在少数人手中,缩小贫富差距,缓解社会矛盾。二是筹集财政收入。所得税具有较强的聚财功能,随着一国生产力水平的发展和经济效益的提高,所得税收入会快速增长,成为财政收入的稳定收入来源。三是所得税具有对经济自动稳定的功能。当经济过热、需求过旺时,由于所得税的累进性,所得税可以自动增税,其增长速度会高于国民收入的增长速度,从而会抑制需求;相反,在经济衰退、需求不足时,所得税可以自动减税,又可以刺激投资和消费及促进社会公平分配等。

所得税的缺陷表现在,一是所得税的开征及其财源受企业利润水平和人均收入水平的制约;二是所得税的累进课税方法会在一定程度上压抑纳税人的生产和工作积极性;三是所得税征管难度大,所得税计算比较复杂,容易发生所得税的逃漏现象,需要较高的管理水平。

二、所得课税的主要税种

所得课税在我国是仅次于商品课税的一类税,但由于受经济发展水平和税收征管水平等的制约,我国所得税的规模和地位远不如西方国家,所得税制度比西方国家也要相对简单得多。我国现行所得课税的主要税种有企业所得税、个人所得税和土地增值税等,下面就这三个税种进行简要介绍。

(一)企业所得税

企业所得税是对我国境内的企业和其他取得收入的组织的生产经营所得和其他所得征收的所得税。它是我国所得税制度中的一个重要税种,是国家参与企业利润分配并调节其收益水平的一个重要手段,体现国家与企业的财政分配关系。2007年12月31日以前实行的企业所得税是在原来的国有企业所得税、集体企业所得税和私营企业所得税的基础上合并统一而形成的一个税种。2007年3月16日,全国人民代表大会通过了《中华人民共和国企业所得税法》,并于2008年1月1日开始施行统一的内外资企业所得税。这样,简化了税制,进一步理顺了国家与企业的分配关系,并使各类企业享受同等的税收待遇,公平税收负担,促进企业在市场上的公平竞争。"两税合并"为内外资企业提供了一个公平竞争的税收环境,也标志着我国在外资引进上从单纯注重数量转移到质量并重、质更重于量的轨道上来。内资企业已经焕发出活力,公平的竞争环境将更加促我国经济的发展,对于增加国内需求,拉动国内消费具有重要的意义,也为我国经济升级和增长方式转型提供了必要的基础和前提。2019年4月23日,国务院又对该税法实施条例进行了修订。

1. 课税对象。企业所得税的课税对象是企业的生产、经营所得和其他所得,包括来源于中国境内、境外的全部生产经营所得和其他所得。

2. 纳税人。企业所得税的纳税人是实行独立经济核算的企业或者组织,包括国有企业、集体企业、私营企业、联营企业、股份制企业、外商投资企业、外国企业及有生产、经营所得和其他所得的其他组织。

3. 税率。企业所得税采用的比例税率,基本税率为25%。为了照顾目前一些利润率低或规模小和重点扶持的企业,还规定了两档照顾性税率,即小型微利企业优惠和研发费用加计扣除。比如,2019年1月1日至2021年12月31日,对小型微利企业年应纳税所得额不超过100万元的部分,减按25%计入应纳税所得额,按20%的税率缴纳企业所得税;对年应纳税所得额超过100万元但不超过300万元的部分,减按50%计入应纳税所得额,按20%的税率缴纳企业所得税。2022年1月1日至2024年12月31日,对小型微利企业年应纳税所得额超过100万元但不超过300万元的部分,减按25%计入应纳税所得额,按20%的税率缴纳企业所得税。

4. 应纳税额的计算。企业所得税应纳税额的计算公式为:

应纳税额 = 应纳税所得额 × 税率

应纳税所得额是企业所得税的计税依据,它是纳税人在每一纳税年度的收入总额减去准予扣除项目后的余额,其计算公式为:

应纳税所得额 = 收入总额 − 准予扣除项目金额

其中,纳税人的收入总额包括:生产、经营收入,财产转让收入,利息收入,租赁收入,特许权使用费收入,股息收入和其他收入。准予扣除的项目,是指与纳税人取得收入有关的成本、费用和损失。纳税人在计算应纳税所得额时,其财务、会计处理办法同国家有关税收的规定有抵触的,应当依据国家有关税收的规定计算纳税。

5. 税收优惠与减税降费。企业研发费用加计扣除政策最早可以追溯到1996年,首次就研发费用税前加计扣除问题进行了明确:国有、集体工业企业研究开发新产品、新技术、新工艺所发生的各项费用,增长幅度在10%以上的,经主管税务机关审核批准,可再按实际发生额的50%抵扣应税所得额。此后,该项政策享受主体不断扩大、核算申报不断简化。2017年,为进一步鼓励科技型中小企业加大研发费用投入,将科技型中小企业享受研发费用加计扣除比例由50%提高到75%。2021年财政部在《关于进一步完善研发费用税前加计扣除政策的公告》中指出,为进一步激励企业加大研发投入,支持科技创新,针对制造业企业开展研发活动中实际发生的研发费用,未形成无形资产计入当期损益的,在按规定据实扣除的基础上,自2021年1月1日起,再按照实际发生额的100%在税前加计扣除;形成无形资产的,自2021年1月1日起,按照无形资产成本的200%在税前摊销。2022年财政部在《关于进一步提高科技型中小企业研发费用税前加计扣除比例的公告》中指出,科技型中小企业开展研发活动中实际发生的研发费用,未形成无形资产计入当期损益的,在按规定据实扣除的基础上,自2022年1月1日起,再按照实际发生额的100%在税前加计扣除;形成无形资产的,自2022年1月1日起,按照无形资产成本的200%在税前摊销。

新一轮减税降费主旋律是为小微企业减负。由于企业所得税已经立法,所以税率不易调整,但国家从2018年开始对小微企业的应纳税所得额给予一定的优惠减免,即对其所得减按一定比例计入应纳税所得额,这样再按20%的税率计算税额,实际税负有所减轻。近几年来,通过增值税减免方式为小微企业减负,规模大、惠及范围广,对减轻市场主体负担、激发市场主体活力发挥了重要作用。

(二) 个人所得税

个人所得税是国家对本国公民、居住在本国境内的个人的所得和境外个人来源于本国的所得征收的一种所得税。我国1980年9月10日第一次公布了《中华人民共和国个人所得税法》,我国的个人所得税制度至此方始建立。《中华人民共和国个人所得税法》从出台至今经历七次修正。2018年8月31日,关于修改个人所得税法的决定经十三届全国人大常委会第五次会议表决,七次大修后的新个税法正式亮相。此次改革的重点包括工资薪金、劳务报酬、稿酬和特许权使用费等四项劳动性所得首次实行综合征税;个税费用扣除标准由每月3500元提高至每月5000元(每年6万元);首次增加子女教育支出、继续教育支出、大病医疗支出、住房贷款利息和住房租金等专项附加扣除;优化调整税率结构,扩大较低档税率级距;首次增加反避税条款等内容,个人所得税在调节个人收入分配差距中的作用愈加凸显。

1. 纳税人。按税法规定,纳税人区分为居民个人和非居民个人。在中国境内有住所,或者无住所而一个纳税年度内在中国境内居住累计满一百八十三天的个人,为居民个人。居民个人从中国境内和境外取得的所得,依照本法规定缴纳个人所得税;在中国境内无住所又不居住,或者无住所而一个纳税年度内在中国境内居住累计不满一百八十三天的个人,为非居民个人。非居民个人从中国境内取得的所得,依照本法规定缴纳个人所得税。

2. 征税范围。居民个人取得工资、薪金所得,劳务报酬所得,稿酬所得,特许权使用费所得(以下称综合所得),按纳税年度合并计算个人所得税;非居民个人取得工资、薪金所得,劳务报酬所得,稿酬所得,特许权使用费所得,按月或者按次分项计算个人所得税。纳税人取得经营所得,利息、股息、红利所得,财产租赁所得,财产转让所得,偶然所得,依法分别计算个人所得税。

3. 税率。包括综合所得适用税率、经营所得适用税率和其他所得适用税率。

(1) 综合所得适用税率(见表7-1)。

表7-1　　　　　　　　　　　综合所得适用税率

级　数	全年应纳税所得额	税率%	速算扣除数（元）
1	不超过36000元的	3	0
2	超过36000元至144000元的部分	10	2520
3	超过144000元至300000元的部分	20	16920
4	超过300000元至420000元的部分	25	31920
5	超过420000元至660000元的部分	30	52920
6	超过660000元至960000元的部分	35	85920
7	超过960000元的部分	45	181920

(2) 经营所得适用税率(见表7-2)。

表7-2　　　　　　　　　　　经营所得适用税率

级　数	全年应纳税所得额	税率%	速算扣除数（元）
1	不超过30000元的	5	0
2	超过30000元至90000元的部分	10	1500
3	超过90000元至300000元的部分	20	10500
4	超过300000元至500000元的部分	30	40500
5	超过500000元的部分	35	65500

(3) 其他所得适用税率。利息、股息、红利所得,财产租赁所得,财产转让所得和偶然所得,适用比例税率,税率为20%。

4. 应纳税额的计算。

(1) 居民个人的综合所得,以每一纳税年度的收入额减除费用6万元以及专项扣除、专项附加扣除和依法确定的其他扣除后的余额,为应纳税所得额。

(2) 非居民个人的工资、薪金所得,以每月收入额减除费用5000元后的余额为应纳税所得额;劳务报酬所得、稿酬所得、特许权使用费所得,以每次收入额为应纳税所得额。

(3) 经营所得,以每一纳税年度的收入总额减除成本、费用以及损失后的余额,为应纳税所得额。

(4) 财产租赁所得,每次收入不超过4000元的,减除费用800元;4000元以上的,减除20%的费用,其余额为应纳税所得额。

(5) 财产转让所得,以转让财产的收入额减除财产原值和合理费用后的余额,为应纳税所得额。

(6) 利息、股息、红利所得和偶然所得,以每次收入额为应纳税所得额。

(7) 劳务报酬所得、稿酬所得、特许权使用费所得以收入减除20%的费用后的余额为收入额。稿酬所得的收入额减按 70% 计算。

5. 综合所得的费用减免标准。

（1）专项扣除，包括居民个人按照国家规定的范围和标准缴纳的基本养老保险、基本医疗保险、失业保险等社会保险费和住房公积金等；

（2）专项附加扣除，包括子女教育、继续教育、大病医疗、住房贷款利息或者住房租金、赡养老人、3 岁以下婴幼儿照护等支出；

（3）依法确定的其他扣除，包括个人缴付符合国家规定的企业年金、职业年金，个人购买的符合国家规定的商业健康保险、税收递延型商业养老保险的支出，以及国务院规定可以扣除的其他项目。

6. 2019 年个人所得税改革的意义。

长期以来，我国个人所得税一直存在两大痼疾：一是工资薪金的费用扣除标准（即老百姓口中的起征点）存在"一刀切"的问题，无论是每月 2000 元还是 3500 元，都不能准确地反映老百姓个人的实际生活开销情况，从而使个人所得税无法真正做到量能负担。二是分类征收，各类所得各缴各税。两个纳税人即使收入总额相同，但如果收入的种类不同，需要缴纳的税款就可能不同，甚至出现收入高的人由于收入种类多因此可以享受多种费用扣除，导致其反而比收入低的人纳税少的现象。从 20 世纪 80 年代我国开征个人所得税以来，这两大问题一直无法得到解决。为此，早在 2006 年国家制定的"十一五"规划纲要中就提出实行"综合和分类相结合的个人所得税制度"的改革目标，2019 年这一目标得以实现。

2019 年实施的个人所得税改革包括两大内容。 一是在 2018 年 10 月提高费用扣除标准（从每月 3500 元提高到 5000 元）的基础上增加了 6 项专项附加扣除，即子女教育、继续教育、大病医疗、住房贷款利息或者住房租金以及赡养老人。专项附加扣除打破了传统的费用扣除"一刀切"模式，从而使费用扣除标准更加人性化和合理化。二是个人应税所得实现了"小综合"，即将工资薪金、劳务报酬、稿酬和特许权使用费四项个人劳动所得实行综合征收，对其他所得如经营所得、利息（股息、红利）所得、财产租赁所得、财产转让所得等仍然实行分类征收。此次个人所得税改革实现了历史性突破，不仅大大增强了个人所得税的调节功能，而且也提高了个人所得税的公平性。

（三）土地增值税

土地增值税的征税对象是转让国有土地使用权、地上的建筑物及其附着物（简称"转让房地产"）所取得的收入，减除相关的成本、费用及税金后的余额，即转让房地产所得的增值额。它是 1994 年税制改革中新开征的一个税种，并依据 2011 年《国务院关于废止和修改部分行政法规的决定》进行了修订。土地增值税从它是对土地转让的纯收益即土地增值额课税的角度看，应属于所得课税的性质。开征这种税的目的是规范土地、房地产市场交易秩序，合理调节土地增值收益，维护国家权益和增加财政收入。为贯彻落实税收法定原则，2019 年 7 月，财政部会同国家税务总局发布了《中华人民共和国土地增值税法（征求意见稿）》，并向社会公开征求意见。

1. 纳税人。土地增值税的纳税人是转让国有土地使用权、地上的建筑物及其附着物（简称"转让房地产"）并取得收入的单位和个人。不分经济性质，不分内外资企业及中外籍人员，不论是专营还是兼营房地产业务，只要在中华人民共和国境内转让房地产并取得收入的单位和个人，都是土地增值税的纳税义务人。

2. 课税对象。土地增值税的课税对象是转让房地产的增值额，即转让房地产所取得的收入，减除规定扣除项目金额后的余额。计算增值额的扣除项目包括：（1）取得土地使用权所支付的金额；（2）开发土地的成本、费用；（3）新建房及配套设施的成本、费用，或者旧房及建筑物的评估价格；（4）与转移房地产有关的税金；（5）财政部规定的其他扣除项目。

3. 税率。土地增值税实行四级超率累进税率。其中，最低一级，增值额未超过扣除项目金额50%的部分，税率为30%；最高一级，增值额超过扣除项目金额200%的部分，税率为60%。土地增值税税率如表7-3所示。

表7-3　　　　　　　　　　土地增值税税率表

级数	增值额与扣除项目金额的比率	税率%	速算扣除率（%）
1	不超过50%的部分	30	0
2	超过50%~100%的部分	40	5
3	超过100%~200%的部分	50	15
4	超过200%的部分	60	35

表7-3中的扣除项目包括取得土地使用权所支付的金额，开发土地的成本费用，新建房及配套设施的成本费用，或者旧房及建筑物的评估价格，与转让房地产有关的税金等。

第四节　其他课税

一、资源课税

（一）资源课税的性质和功能

1. 资源税的性质。资源课税是以自然资源为课税对象的税类。自然资源是指未经人类加工而可以利用的天然物质资源。它的范围很广泛，包括土地、矿藏、水流、森林、草原等一切资源。作为课税对象的资源是指那些具有商品属性的自然资源，即具有交换价值和使用价值的资源。因此，各国对资源的征税都是有选择的，而不是对所有的资源都征税。资源课税可分为一般资源税和级差资源税两种类型。一般资源税是以自然资源的开发和利用为前提，而不管资源的好坏和收益的多少。其课征对象是绝对地租收入，带有资源补偿性质的征税；级差资源税是根据开发和使用自然资源的等级以及收益的多少而进行的课征，其课征对象是级差地租收入。世界各国大都将这两种类型的资源税结合在一起征收。

2. 资源课税的功能。

(1) 促进资源的合理开发和有效使用。开征资源税可以根据资源状况和开发条件的优劣，确定不同的税额，把资源开采和使用同纳税人的切身利益结合起来。这样既能加强对自然资源的保护与管理，又能促进经营者出于自身经济利益方面的考虑，提高资源的开发利用率，最大限度地合理、有效、节约地开发利用国有资源，并实现国有资源的有偿使用。

(2) 合理调节资源级差地租收入，创造公平竞争环境。开征资源税，可以把由于自然资源条件优越而形成的级差收入收归国家所有，使各个资源生产企业在比较公平的条件下开展竞争，督促企业改善企业经营管理，提高经济效益。

(3) 促进产业结构的调整。目前价格体系尚不完全合理，初级产品价格普遍偏低，资源产品的效益大部分反映在加工工业。配合资源产品的价格调整，加大资源税在税收收入中的份额，有利于改变资源产业长期利润偏低，处于国民经济薄弱环节的状况，有利于促进资源产业的发展。

(二) 资源课税的主要税种

我国现行税制中，属于资源课税的税种有：**资源税、耕地占用税和城镇土地使用税等**。下面主要介绍这些税的基本内容。

1. 资源税。资源税是以各种应税自然资源为课税对象、为了调节资源级差收入并体现国有资源有偿使用而征收的一种税。

(1) 资源税立法。1993年12月，国务院发布《中华人民共和国资源税暂行条例》（以下简称暂行条例），规定对开采矿产品或者生产盐的单位和个人征收资源税，实行从量计征。2010年6月起，按照党中央、国务院决策部署，资源税从价计征改革逐步实施，国务院于2011年9月对暂行条例作了部分修改，明确资源税按照从价定率或者从量定额的办法计征。2016年7月1日起，资源税从价计征改革全面推开。2019年8月26日第十三届全国人民代表大会常务委员会第十二次会议通过《中华人民共和国资源税法》，自2020年9月1日起施行。资源税法是落实中央关于生态文明思想、践行绿色发展理念的重要部署，是落实税收法定原则，完善国家税收治理体系和治理能力现代化的重大成果，是健全地方税体系，巩固地方财政收入的重要保障，对于促进资源节约集约利用，加强生态环境保护等，发挥着重要作用。

(2) 纳税人。在中华人民共和国领域和中华人民共和国管辖的其他海域开发应税资源的单位和个人，为资源税的纳税人。

(3) 税目、税率。资源税法规定了164个税目，除原油、天然气、页岩气、天然气水合物、铀、钍、钨、钼、中重稀土等9个税目国家直接确定了具体适用税率外，授权地方制定具体适用税率的155种税目中，各省对省内有储量且具备开采开发价值的86种税目确定了具体适用税率。

(4) 计征方式和计税依据。实行从价计征的，应纳税额按照应税资源产品（以下称应税产品）的销售额乘以具体适用税率计算。实行从量计征的，应纳税额按照应税产品的销售数量乘以具体适用税率计算。

资源税应税产品的销售额，按照纳税人销售应税产品向购买方收取的全部价款确定，不包括增值税税款。应税产品的销售数量，包括纳税人开采或者生产应税产品的实际销售数量和自用于应当缴纳资源税情形的应税产品数量。

2. 耕地占用税。耕地占用税是对占用耕地建房或从事其他非农业建设的单位和个人，按其所占用耕地的面积和规定税额征收的一种一次性税收。

（1）耕地占用税立法。2018年12月29日第十三届全国人民代表大会常务委员会第七次会议表决通过《中华人民共和国耕地占用税法》，自2019年9月1日起施行。该税立法有利于合理利用土地资源，加强土地管理，保护耕地，促进农业良好的发展；有助力利用经济手段限制乱占滥用耕地，补偿占用耕地所造成的农业生产力的损失，为大规模的农业综合开发提供必要的资金来源，促进农业生产的稳定发展。

（2）纳税人。在中华人民共和国境内占用耕地建设建筑物、构筑物或者从事非农业建设的单位和个人，为耕地占用税的纳税人，应当依照本法规定缴纳耕地占用税。

（3）征税范围。耕地占用税征税范围包括纳税人占用耕地建设建筑物、构筑物或者从事非农业建设的国家所有和集体所有的耕地。

（4）税率。由于我国不同地区之间人口和耕地资源分布极不均衡，经济发展水平也差异很大，因此该税种采用了地区差别的定额税率。人均耕地不超过1亩的地区（以县、自治县、不设区的市、市辖区为单位），每平方米为10元至50元；人均耕地超过1亩但不超过2亩的地区，每平方米为8元至40元；人均耕地超过2亩但不超过3亩的地区，每平方米为6元至30元；人均耕地超过3亩的地区，每平方米为5元至25元。各地区耕地占用税的适用税额，由省、自治区、直辖市人民政府根据人均耕地面积和经济发展等情况加以确定。

3. 城镇土地使用税。现行的城镇土地使用税是1988年国务院修改并颁布的《中华人民共和国城镇土地使用税暂行条例》，2006年、2011年、2013年和2019年共计做了四次修订。以国有土地为征收对象，对拥有土地使用权的单位和个人征收的一种税。这一税种开征的目的是合理利用城镇土地，调节土地级差收入，提高土地使用效益。城镇土地使用税作为目前我国在土地保有环节征收的税种，不仅在于调节土地收益分配，优化地方财政收入结构，还将促使城市政府有效利用存量建设用地，强有力地推动土地资源节约集约利用。

（1）纳税人。在城市、县城、建制镇、工矿区范围内使用土地的单位和个人，为城镇土地使用税（以下简称土地使用税）的纳税人，应当依照本条例的规定缴纳土地使用税。

（2）税率。城镇土地使用税的税率是定额税率，根据不同地区和各地经济发展状况实行幅度税额标准，规定每平方米土地使用税的年应纳税额。其中，经济落后地区土地使用税的适用税额标准可以适当降低，但降低额不得超过条例规定最低税额的30%。经济发达地区土地使用税的适用税额标准可以适当提高。

（3）应纳税额的计算。城镇土地使用税是以纳税人实际占用的土地面积为计税依据。

二、财产课税

（一）财产课税的特征与作用

财产课税是以纳税人拥有或支配的财产为课税对象的税类。财产课税具有以下特征：

1. 课税不普遍，收入弹性较低。由于财产的种类繁多，加之一些财产又容易转移和隐匿，各国都很难做到对全部财产征税，通常只是选择一些容易控制和管理的财产征税，如对土地、房屋等不动产的征税，征收范围较窄，而且由于财产的增长需要较长时间，故弹性较差，因而其税收额不可能成为国家的主要税种，一般是作为地方税种。

2. 课税比较公平。财产是衡量纳税人能力的一个标准，按纳税人拥有财产的多少征收不同的税额，符合量能纳税原则，能调节纳税人收入，有利于实现公平税负。

3. 税负不易转嫁。财产税属于直接税，税负难以转嫁，课税的结果会直接增加纳税人的负担，可以限制对社会财富的挥霍和浪费。

财产课税主要有以下作用：一是可以增加财政收入，成为财政收入的补充来源；二是适当调节财产拥有人的收入，节制财富的集中；三是加强国家对财产的监督和管理，提高财产使用效果，特别是对土地、房屋征税，有利于对土地、房屋的合理、节约使用；四是征收遗产税，有利于促使继承人积极工作，自食其力，防止游手好闲、奢侈腐化。

（二）财产课税的主要税种

我国现行税制中属于财产课税的主要税种有：**房产税、契税、车辆购置税和车船税等。**

1. 房产税。现行的房产税是1986年国务院颁布的《中华人民共和国房产税暂行条例》，并于2011年做了部分修订。征收房产税有利于地方政府筹集财政收入，也有利于加强房产管理。

（1）纳税人。房产税是以房屋作为征税对象，按照房屋的计税余值或租金收入，向产权所有人征收的一种财产税。房产税以在征税范围内房屋产权所有人作为纳税人。

（2）税率。房产税的税率，依照房产余值计算缴纳的，税率为1.2%；依照房产租金收入计算缴纳的，税率为12%。

（3）免征范围。对于国家机关、人民团体、军队自用的房产，由国家财政部门拨付事业经费的单位自用的房产，宗教寺庙、公园、名胜古迹自用的房产，个人所有非营业用的房产，经财政部批准免税的其他房产免征房产税。

（4）计税依据。房产税的计税依据是房产余值和房租收入。对经营自用房屋，以房产的计税余值作为计税依据。所谓计税余值是指依照房产原值一次减除10%~30%的损耗价值后的余额。对出租的房屋，以租金收入为计税依据。

（5）房地产税改革试点。先行的房产税属于财产税中的个别财产税，其征税对象只是房屋，征收范围限于城镇的经营性房屋。为积极稳妥地推进房地产税立法与改革，引导住房合理消费和土地资源节约集约利用，促进房地产市场平稳健康发展,2011年1月27日,上海、重庆宣布次日开始试点房产税,上海征收对象为本市居民新购房且属于第二套及以上住房和非本市居民新购房,税率暂定为0.6%;重庆征收对象是独栋别墅高档公寓,以及无工作户口无投资人员所购二套房,税率为0.5%~1.2%。

随着房地产大开发时代渐进尾声,土地财政难以为继,存量房时代到来,从土地财政向房地产税转型是大势所趋、形势所迫。为解决地方财政吃紧问题,完善地方主体税系,增加地方稳定的税收来源,2021年10月23日第十三届全国人民代表大会常务委员会第三十一次会议决定授权国务院在部分地区开展房地产税改革试点工作。试点地区的房地产税征税对象为居住用和非居住用等各类房地产,不包括依法拥有的农村宅基地及其上住宅,改革的核心之一就是居住用的住宅项目,这也是当前老百姓最为关注的内容。此次房地产税改革有助于调控房地产价格,严格落实"房住不炒",增加保有环节成本;有助于发挥其调节个人收入分配、缩减贫富差距功能,实现"共同富裕"。

2. 契税。契税在中华人民共和国境内转移土地、房屋权属作为征税对象,向产权承受人征收的一种财产税,有利于增加地方财政收入,保护合法产权,避免产权纠纷。

(1) 契税立法。2020年8月11日第十三届全国人民代表大会常务委员会第二十一次会议表决通过《中华人民共和国契税法》,自2021年9月1日起施行。契税立法是我国近年来积极审慎落实税收法定原则的又一重要进展,有利于提高契税的法律地位、完善契税制度和加强契税管理工作。

(2) 纳税人。在中华人民共和国境内转移土地、房屋权属,承受的单位和个人为契税的纳税人,应当依照本法规定缴纳契税。

(3) 税率。契税税率为3%~5%。契税的具体适用税率,由省、自治区、直辖市人民政府在前款规定的税率幅度内提出,报同级人民代表大会常务委员会决定,并报全国人民代表大会常务委员会和国务院备案。2016年国家税务总局等部门出台了调整房地产交易环节契税优惠政策,规定对个人购买家庭唯一住房(家庭成员范围包括购房人、配偶以及未成年子女,下同),面积为90平方米及以下的,减按1%的税率征收契税;面积为90平方米以上的,减按1.5%的税率征收契税。对个人购买家庭第二套改善性住房,面积为90平方米及以下的,减按1%的税率征收契税;面积为90平方米以上的,减按2%的税率征收契税。2021年契税立法后继续执行契税优惠政策。

(4) 计税依据。土地使用权出让、出售,房屋买卖,为土地、房屋权属转移合同确定的成交价格,包括应交付的货币以及实物、其他经济利益对应的价款;土地使用权互换、房屋互换,为所互换的土地使用权、房屋价格的差额;土地使用权赠与、房屋赠与以及其他没有价格的转移土地、房屋权属行为,为税务机关参照土地使用权出售、房屋买卖的市场价格依法核定的价格。

3. 车辆购置税。该税种是以在中国境内购置规定车辆为课税对象,在特定的环节向车辆购置者征收的一种税。该税是在消费环节征税,纳税人发生了购置、使用应税车辆的行为就要纳税。

（1）车辆购置税立法。2018年12月29日第十三届全国人民代表大会常务委员会第七次会议表决通过《中华人民共和国车辆购置税法》，自2019年7月1日起施行。车辆购置税立法，使其具有强制性和固定性，有利于依法合理地筹集交通基础设施建设和维护资金，保证资金专款专用，从而促进交通基础设施建设事业的健康发展。

（2）纳税人。在中华人民共和国境内购置汽车、有轨电车、汽车挂车、排气量超过150毫升的摩托车（以下统称应税车辆）的单位和个人，为车辆购置税的纳税人，应当依照本法规定缴纳车辆购置税。车辆购置税实行一次性征收，购置已征车辆购置税的车辆，不再征收车辆购置税。

（3）税率。车辆购置税实现统一比例税率，税率为10%。

（4）减免征收。依照法律规定应当予以免税的外国驻华使馆、领事馆和国际组织驻华机构及其有关人员自用的车辆、解放军和武装警察部队列入装备订货计划的车辆、悬挂应急救援专用号牌的国家综合性消防救援车辆、设有固定装置的非运输专用作业车辆、城市公交企业购置的公共汽电车辆等免征车辆购置税。

根据国民经济和社会发展的需要，国务院可以规定减征或者其他免征车辆购置税的情形，报全国人民代表大会常务委员会备案。例如，激活了汽车市场，同时又降低消费者的购车压力，自2022年6月1日起国家实施了部分乘用车减半征收车辆购置税政策，对购置日期在2022年6月1日至2022年12月31日期间，单车价格（不含增值税）不超过30万元的2.0升及以下排量乘用车，减半征收车辆购置税。

4. 车船税。车船税是以车船作为征税对象，向拥有车船的单位和个人征收的一种税。征收车船税有利于为地方政府筹集财政资金，有利于车船的管理和合理配置，有利于调节财富差异。

（1）车船税立法。2011年2月25日第十一届全国人民代表大会常务委员会第十九次会议表决通过《中华人民共和国车船税法》，自2012年1月1日起施行。2019年4月23日全国人民代表大会常务委员会第十次会议对该法实施条例进行修订。车船税是我国第一个由国务院条例上升为法律的税种。作为加快依法治国进程的重要一步，车船税从"条例"上升到"法律"层次本质上是通过立法保护民众的权利，是人民当家作主的重要体现和必然要求。

（2）纳税人。中华人民共和国境内属于本法所附《车船税税目税额表》规定的车辆、船舶（以下简称车船）的所有人或者管理人，为车船税的纳税人，应当依照本法缴纳车船税。

（3）税率。车船税实行定额税率。适用税额由省、自治区、直辖市人民政府依照本法所附《车船税税目税额表》规定的税额幅度和国务院的规定确定。此外，针对捕捞、养殖渔船，军队、武装警察部队专用的车船，警用车船，依照法律规定应当予以免税的外国驻华使领馆、国际组织驻华代表机构及其有关人员的车船免征车船税。

三、行为课税

对行为的课税，是指以纳税人的某种特定行为作为课税对象的税类。它是当今世界各国广泛征收的税种。可以作为课税对象的行为很多，如特定的生产和生活消费行为；特定的销售行为；特定的投资行为、特定的分配行为、特定财产的使用行为等等。

（一）行为课税的特点

1. 有较强的政策目的性。对特定行为征税，不仅可以扩大财政收入的来源，更主要的是通过征税对某种行为加以限制或加强管理监督，达到国家特定的政策目标。

2. 具有灵活性和分散性。由于行为税是以特定行为为课税对象，是为特定目的服务的，因此，它具有分散、灵活的特点。所谓分散，是指税源不普遍、不集中；所谓灵活，是指可以因时因地制宜，需要时就开征，不需要时就停征。

3. 税源不普遍，收入不稳定。行为税的税源不普遍、不集中，而且由于行为税的征收以调节纳税人的某种行为为主要目的，并不以取得财政收入作为主要目的，其征收往往具有临时性或时效性，它不像流转税和所得税那样普遍、集中和稳定。

（二）我国行为税的主要税种

我国开征的属于行为课税的税种有：环境保护税、城市维护建设税、印花税、船舶吨税、烟叶税等。

1. 环境保护税。该税种是对在我国领域及管辖的其他海域，直接向环境排放应税污染物的企事业单位和其他生产经营者征收的一种税。环境保护税的征收主要目的是减少污染物的排放，推进生态文明建设。

（1）环保税立法。2016年12月25日第十二届全国人民代表大会常务委员会第二十五次会议表决通过《中华人民共和国环境保护税法》，自2018年1月1日起施行，并于同年10月26日对其进行修正。党的十九大报告指出："实行最严格的生态环境保护制度，形成绿色发展方式和生活方式，坚定走生产发展、生活富裕、生态良好的文明发展道路，建设美丽中国"。环境保护税是近年税制改革中新建立的税种，环境保护税开征及立法具有十分重要的意义。一是有利于解决排污费制度存在的执法刚性不足、地方政府干预等问题；二是有利于提高纳税人环保意识和遵从度，强化企业治污减排的责任；三是有利于构建促进经济结构调整、发展方式转变的绿色税制体系，强化税收调控作用，形成有效的约束激励机制，提高全社会环境保护意识，推进生态文明建设和绿色发展。

（2）纳税人。在中华人民共和国领域和中华人民共和国管辖的其他海域，直接向环境排放应税污染物的企业事业单位和其他生产经营者为环境保护税的纳税人。

（3）征税范围。环境保护税征税包括四大类税目：大气污染物、水污染物、固体废物和噪音。

（4）税率。环境保护税采用定额税率。应税大气污染物和水污染物的具体适用税额的确定和调整，由省、自治区、直辖市人民政府统筹考虑本地区环境承载能力、污染物排放现状和经济社会生态发展目标要求，在《环境保护税税目税额表》规定的税额幅度内提出，报同级人民代表大会常务委员会决定，并报全国人民代表大会常务委员会和国务院备案。

2. 城市维护建设税。该税种是以纳税人实际缴纳的增值税、消费税税额为计税依据，依法计征的一种附加税。城市维护建设税的特点包括：一是税款专款专用。所征税款，用于保证城市公共事业和公共设施的维护和建设；二是属于附加税，以纳税人实际缴纳的增值税、消费税的税额之和作为计税依据；三是根据城镇规模设计地区差异比例税率，较好地适应了不同规模城市建设的资金需要；四是征收范围较广。

（1）城市维护建设税立法。2020年8月11日第十三届全国人民代表大会常务委员会第二十一次会议通过《中华人民共和国城市维护建设税法》，自2021年9月1日起施行。

（2）税率。该税种的税率是指纳税人应缴纳城市维护建设税税额与实际缴纳增值税、消费税税额之和的比率。设置了三档地区差别的比例税率。纳税人所在地在市区的，税率为7%；纳税人所在地在县城、镇的，税率为5%；纳税人所在地不在市区、县城或镇的，税率为1%。

3. 印花税。印花税是对在经济活动和经济交往中书立、领受具有法律效力的凭证的行为征收的一种行为税。

（1）印花税立法。2021年6月10日第十三届全国人民代表大会常务委员会第二十九次会议通过《中华人民共和国印花税法》，自2022年7月1日起施行。

（2）纳税人。在中华人民共和国境内书立应税凭证、进行证券交易的单位和个人，为印花税的纳税人。

（3）计税依据和税率。印花税计税依据为各种凭证上所记载的计税金额。印花税的税率有两种形式，比例税率和定额税率。印花税的应纳税额按照计税依据乘以适用税率计算。

4. 船舶吨税。船舶吨税是海关代表国家交通管理部门在设关口岸对进出中国国境的船舶征收的用于航道设施建设的一种使用税。

（1）船舶吨位税立法。2017年12月27日第十二届全国人民代表大会常务委员会第三十一次会议通过《中华人民共和国船舶吨税法》，自2018年7月1日起施行，2018年10月26日第十三届全国人民代表大会常务委员会第六次会议对其进行修订。

（2）征税范围。自中华人民共和国境外港口进入境内港口的船舶，应当依照本法缴纳船舶吨税。

（3）税率。船舶吨位税采用定额税率。吨税设置优惠税率和普通税率。中华人民共和国籍的应税船舶，船籍国（地区）与中华人民共和国签订含有相互给予船舶税费最惠国待遇条款的条约或者协定的应税船舶，适用优惠税率。其他应税船舶，适用普通税率。

5. 烟叶税。该税种是以纳税人收购烟叶的收购金额为计税依据征收的一种税。

（1）烟叶税立法。2017年第十二届全国人民代表大会常务委员会第三十一次会议通过《中华人民共和国烟叶税法》，自2018年7月1日起施行。

（2）纳税人。在中华人民共和国境内，依照《中华人民共和国烟草专卖法》的规定收购烟叶的单位为烟叶税的纳税人。纳税人应当依照本法规定缴纳烟叶税。

（3）计税依据和税率。烟叶税的计税依据为纳税人收购烟叶实际支付的价款总额。烟叶税的税率为20%，实行全国统一税率。

【资料】

李克强总理谈减税降费：施肥要施到根上，根壮才能枝繁叶茂

2022年3月11日上午十三届全国人大五次会议闭幕后，国务院总理李克强在人民大会堂三楼金色大厅出席记者会并回答中外记者提问。李克强总理在回答CNBC记者有关"减税降费"相关问题时指出，减税降费是在做减法，但实质上也是加法，因为今天退，明天就是增，今天的减，明天就可能是加。去年我们新增纳税市场主体交的钱，超过了我们当年减税的钱，这是有账可查的。从2013年我们实施增值税改革，以减税为导向，累计减了8.7万亿元，当时我们的财政收入大概11万亿元，去年已经突破了20万亿元，增加了近一倍。因为企业在这个过程中受益了，所谓受益是它的效益增加了。所谓水深鱼归、水多鱼多，这是涵养了税源，培育壮大了市场主体。

对此你是如何理解的？

资料来源：节选自2022年1月5日中共中央政治局常委、国务院总理李克强主持召开减税降费座谈会上的讲话。

【资料分析】 近些年面对复杂严峻的国内外环境，特别是疫情等巨大冲击，政府把推进规模性减税降费作为"先手棋"。"十三五"以来累计新增减税降费超过8.6万亿元，激发市场主体活力，带动扩大消费和有效投资，促进实现稳增长、保就业、防通胀。实践证明，减税降费是受益面最大的惠企政策，对应对困难挑战、保持经济运行在合理区间发挥了关键作用。

减税降费要重点支持制造业升级和量大面广、吸纳就业多的中小微企业及个体工商户，实现了宏观政策和微观主体紧密联接。在改革完善增值税制度、实施研发费用加计扣除等制度性减税的同时，还实行阶段性减免社保费等措施，既帮助市场主体减负，又促进了创新和产业升级。引导金融机构、部分自然垄断行业向市场主体合理让利。建立财政资金直达机制，支持地方落实减税降费政策。减税降费催生大量市场主体，新增市场主体纳税逐年增加，起到了培育税源、扩大税基的作用，实现了"放水养鱼""水多鱼多"的良性循环。

面临经济出现新的下行压力，政府要加强跨周期调节，继续做好"六稳""六保"工作，针对市场主体需求，抓紧实施新的更大力度组合式减税降费，稳住宏观经济大盘。要延续实施2021年底到期的支持小微企业和个体工商户的减税降费措施，完善研发费用加计扣除政策，加大增值税留抵退税力度，促进制造业企业科技创新和更新改造，加大研究精准帮扶的减税降费措施。

复习思考题

1. 简述我国税制演变历程及意义。
2. 简述增值税的特点及类型。
3. 简述增值税税率与征税率的区别。

4. 简述我国的税收法定化进程及重要意义。
5. 简述综合所得的费用减免标准及适用性。
6. 简述资源税从价计征的经济意义。
7. 简述我国房地产税改革试点的背景及意义。
8. 简述现阶段我国减税降费的主要政策措施及重要作用。

第八章 公债

公债是政府以债务人身份取得财政收入的特定形式,发行公债是当今许多国家政府用以弥补财政赤字和调节经济的重要手段。本章将介绍与公债相关的内容,包括公债含义与特征、公债的功能和经济效应、公债规模与结构、公债的发行与偿还、公债市场和外债等。

第一节 公债概述

一、公债的含义与特征

(一) 公债的含义

公债是政府为筹措财政资金,以国家信用方式,向国内外投资者所举借的债务。 公债是一个特殊的财政范畴,公债的发行,是政府运用信用方式将一部分已作分配、并已有归属的国民收入集中起来,作为政府收入的必要补充;公债资金的运用,是政府将集中起来的公债资金,通过财政支出的形式进行再分配。因此,从这个意义上讲,公债是对国民收入的一种再分配。

(二) 公债的特征

公债作为政府财政收入的一种重要形式,与政府的税收相比较,具有如下特点:

1. **自愿性**。自愿性是指公债的发行或认购建立在认购者自愿承购的基础上。认购者买与不买,购买多少,完全由认购者自主决定,国家不能指派具体的承购人。公债的自愿性特点与税收的强制性相区别。

2. **有偿性**。有偿性是指对政府而言,通过发行公债筹集的财政资金是一种负债,必须按期偿还,除此之外,还要按事先规定的认购条件向债权人支付一定数额的暂时让渡资金使用权的报酬,即利息。因此,公债的有偿性特点与税收的无偿性相区别。

3. 灵活性。灵活性是指公债发行与否以及发行量的多少，一般由政府根据财政资金的余缺状况和社会承受能力灵活地加以确定，而非通过法律形式预先规定。公债的这一灵活性特点与税收的固定性相区别。

公债的上述三个特征是密切联系的，公债的自愿性决定了公债的有偿性。公债的自愿性和有偿性，又决定和要求发行上的灵活性。公债是自愿性、有偿性和灵活性三者的统一，缺一不可。

二、公债的起源与发展

公债是在私债的基础上发展和演变而来的。早在奴隶制时代，就已经产生公债的萌芽。到了封建社会，公债有了更进一步的发展。在中世纪欧洲的热那亚和威尼斯，就开始以发行公债券的形式举借公债。但是无论是在奴隶社会还是封建社会，公债的发展还都是属于一种早期阶段，公债发行具有规模小、非经常化的特点。现代意义上的公债制度是随着资本主义制度的建立和发展而得以确立和发展的，这是因为：第一，从政府的支出需求看，资本主义国家的对外扩张引起了财政支出的过度膨胀，迫使资本主义国家不得不扩大公债的规模。第二，从发行的物质条件来看，充裕的社会闲置资金，是发行公债的物质条件，而只有在商品货币经济发展到一定水平时，社会上才会有充足和稳定的闲置资金。资本主义制度下生产力的巨大发展和经济增长促使社会闲置资本规模不断扩大，给公债发行提供了大量的、稳定的资金来源。第三，资本主义时期金融机构的发展和信用制度的完善为发行公债提供了所需的技术条件。第四，第二次世界大战以后，随着凯恩斯主义在西方的盛行，赤字财政理论和赤字财政政策在西方各国大行其道，为刺激总需求、缓和经济危机，不少发达国家纷纷推行赤字财政政策，大规模发行公债，使公债规模在原来基础上日益膨胀。在公债数额与日俱增的同时，公债的相关制度安排也逐渐完善，公债目前已成为各国政府弥补财政赤字、调控宏观经济的重要工具。

近代中国的公债始于清朝末年。清政府于光绪二十年（即1894年）发行了中国历史上第一次正式的、大规模的公债——息借商款，其发行目的是应付甲午战争的军事支出需要。此后，清政府于光绪二十四年发行了第二次公债，即"昭信股票"；于宣统三年发行了第三次公债，即"爱国公债"。此后的北洋军阀政府和国民党政府也曾多次举债。

新中国成立以后，在建国初期为了抑制通货膨胀、稳定市场物价、弥补财政赤字、保证进行中的革命战争的供给和恢复国民经济，中央人民政府于1950年发行了"人民胜利折实公债"。1954—1958年，为了进行社会主义经济建设，我国连续5年发行了"国家经济建设公债"。1959年我国停止发行国内公债，并于1968年全部还清了已发行公债的本息。在此后1959—1980年的22年间是我国公债发行史上的空白期。改革开放后，大规模的重点建设和经济体制改革使财政支出迅速增加，财政连年出现赤字。为此，我国政府从1981年起恢复公债发行，陆续发行了国库券、国家重点建设债券、财政债券、保值公债等，并向外国政府、国际金融机构、外国银行等借入外债。公债恢复发行之初的目的主要是弥补赤字和支持国家经济建设。20世纪90年代以后，伴随着国民经济总量的增长和经济结构的变化，为了应对国内外需求下降的局面，政府不断增发公债，并配合其他经济政策，以期扭转和带动国内需求相应回升、拉动经济。1998年，我国首次实施积极的财政政策，发行长期建设国债支持扩大内需，对我国主动运用国债进行宏观调控产生了深远影响。1998—2004年，累计发行9100亿元长期国债，每年拉动经济增长约1.5~2个百分点。2009年，为应对国际金融危机，我国再次实施积极的财政政策，国债年度发行规模首次突破1万亿元，为我国较快扭转经济增速下滑趋势发挥了积极作用。至此，我国公债发行已明显具有宏观经济调控工具这一新的内涵，标志着我国公债已进入新的发展时期。此外，为了帮助地方政府筹措配套资金，2009年在全国范围内发行2000亿元的地方政府债券，在新中国公债史上翻开了新的一页，地方公债开始成为我国经济生活中一个积极的政策工具和政府筹资工具。2020年为应对新冠肺炎疫情冲击，中央政府除发行一般国债外，还发行了1万亿元抗疫特别国债，全部转给地方用于公共卫生等基础设施建设和抗疫相关支出，有力支持了地方基础设施建设和疫情防控。回顾新中国公债发展史，公债发行不仅为国民经济发展筹集了大量建设资金，也在一定程度上满足了社会各类投资者投资公债的需要，活跃和稳定了金融市场，并保证了国家经济和社会政策的有效实施。

三、公债的种类

（一）按政府举债的形式，分为国家借款和发行债券

国家借款是最早出现的公债形式，具有手续简便、成本费用低的优点，但只适用于应债主体较少的情况下使用，如向外国政府或国际金融组织借款。发行债券以发达的信用制度和金融市场为依托，应用范围较广，面向公众、企业或各类金融机构借款主要采用这种形式，但缺点是发行费用较高。

（二）按照公债的发行地域，分为国内公债和国外公债

国内公债简称"内债"，是政府以债务人身份向本国境内的居民或单位发行的公债。内债是一国公债的主要组成部分。国外公债简称"外债"，是政府在国外举借的债务。从世界各国经济发展历史看，往往因本国游资有限，内债不敷需要，而向外国借债。外债是一国公债总额中不可或缺的组成部分，但所占比例要低于内债。

（三）按照公债的发行主体，分为国债和地方公债

国债的发行主体是中央政府。目前我国国债主要包括记账式国债和储蓄国债两种类型。记账式国债面向全社会各类投资者发行、以电子记账手段登记债权。储蓄国债主要面向广大居民个人发行，包括凭证式储蓄国债和电子式储蓄国债。地方公债的发行主体是地方政府，目前主要包括地方政府一般债券和地方政府专项债券两种类型。

（四）按公债偿还期限的长短，分为短期公债、中期公债和长期公债

一般认为，偿还期限在1年以内的公债称为短期公债；偿还期限在1年以上10年以内的公债称为中期公债；偿还期限在10年或10年以上的公债称为长期公债。

（五）按照公债的流动性，分为可转让公债和不可转让公债

可转让公债是指可在金融市场上自由流通买卖的公债。认购者在购入这种公债后，可随时根据本身的资金需求状况和金融市场的行情，将债券拿到市场上出售。**不可转让公债是指不能在金融市场上自由流通买卖的公债。**认购者在购入这种公债后，即使急需资金，也不能将其在金融市场上转让。目前在我国，记账式国债可以流通转让，储蓄国债不可流通转让，但是可以提前兑取。

四、公债的功能

(一) 弥补财政赤字

用发行公债的方式弥补财政赤字，是公债产生的主要原因之一，也是现代国家普遍的经常的做法。弥补财政赤字一般有三种途径：增加税收、通过中央银行增发货币和举借公债。用增加税收的方式弥补财政赤字，一方面要受到立法程序的限制，无法在短期内迅速筹集资金以应急需，并且容易招致纳税人的反对；另一方面增加税收客观上要受经济发展状况的制约，如果强行提高税率或开征新税种会对经济发展产生抑制性影响。用增加货币发行的方式弥补财政赤字的缺点是会使流通中货币量凭空放大，从而产生通货膨胀的风险。而用发行公债的方式弥补财政赤字具有以下三个优点：一是由于公债吸收的是社会再生产过程中游离出来的闲置资金，一般不会对经济发展产生抑制性影响；二是公债的发行建立在自愿认购的基础之上，有借有还，并由政府信誉作担保，安全性好，容易被公众所接受；三是公债的发行只是部分社会资金使用权的暂时转移，不会无端增加流通中的货币量，一般不会引起通货膨胀。因此，发行公债成为各国政府弥补财政赤字的首选方式。

(二) 筹集建设资金

在现代市场经济条件下，公债不仅仅是弥补财政赤字的重要手段，而且也是国家财政投资的重要资金来源。根据马斯格雷夫和罗斯托的经济发展阶段论，在经济发展的早期，政府要为经济发展"铺路搭桥"，即进行社会基础设施方面的建设，政府投资起促进经济发展的先导作用。一些投资大、建设周期长、见效慢的项目，如能源、交通等重点建设，往往需要政府的积极介入，而这些方面的投资单纯依靠税收等经常性的财政收入是不够的，需要用发行公债的方式筹集资金。我国自 20 世纪 80 年代恢复国债发行以来，发行了大量的长期建设国债，重点用于基础设施、技术进步和经济结构调整等方面支出，对经济增长和经济结构的优化起到了有力的推动作用。

(三) 宏观经济调控

公债是政府调控经济的重要政策工具，公债的宏观经济调控功能主要表现在两个方面：

1. 公债作为一种财政政策手段，可以发挥调节社会总供给与社会总需求的功能。公债对社会总供给和社会总需求都可以产生影响。从对社会总供给的影响来看，一方面公债有利于增加社会总供给，不管是内债还是外债，只要运用有方，投入社会再生产过程，就能促进经济增长，扩大未来的社会产出，从而扩大社会供给总量。另一方面用公债资金进行政府投资，可以调节投资结构、促进产业结构调整，优化供给结构。公债的宏观调控功能更主要地表现在对社会总需求的调节上。一方面公债能从多个角度调节社会需求总量。表现在：第一，政府购买性支出是社会总需求的直接构成因素，而购买性支出的资金来源之一是公债收入；第二，公债利息的偿付可刺激非政府部门的消费需求和投资需求；第三，公债的资产效应，即公债作为持有者的一种能增加财富的资产，将影响持有者的消费行为和投资行为，起到刺激社会总需求的作用。另一方面，当公债的来源和运用不同时，就会改变社会需求结构，即当个人或企业压缩现行消费或投资而购买公债时，个人的消费需求或企业的投资需求就转化为政府的支出需求。因此，政府可以根据不同时期的经济状况，灵活地运用公债，以实现社会总供给和社会总需求在总量和结构上的平衡。

2. 公债可作为货币政策工具调节经济。公债不仅是财政政策手段，而且也是货币政策的工具。存款准备金、再贴现和公开市场业务被称为中央银行实施货币政策的三大法宝，其中，公开市场业务又是中央银行运用最频繁的日常管理手段。中央银行通过公开市场操作，买卖有价证券，吞吐基础货币，不仅可以有效地调节商业银行的流动性，而且还会对利率结构产生影响，从而影响整个社会的信用规模与结构。由于短期公债券具有安全性好、流动性强的优点，成为各国中央银行进行公开市场业务的首选工具，中央银行通过在公开市场上买入或卖出公债券，灵活地实施对经济的"微调"。即在经济过热、需要减少货币供应时，中央银行卖出公债券、收回金融机构或公众持有的一部分货币，使市场利率升高，从而抑制经济的过热运行；当经济萧条、需要增加货币供应量时，中央银行便买入公债券，增加货币的投放，使市场利率降低，以刺激经济。

五、公债的经济效应

公债的经济效应是指公债发行对社会经济生活产生的影响。考察公债的经济效应，可以从多方面、多角度进行。下面主要从公债的资产效应、排挤效应和货币效应三方面来看公债对于消费、投资以及货币供给量的影响。

（一）公债的资产效应

公债的资产效应是指公债作为持有者的一种能增加财富的资产，公债余额的累积将影响持有者的消费行为。公债的资产效应与"公债错觉"的概念相联系。"公债错觉"是指消费者在持有公债时，认为自己的资产（财富）增加了，可能会增加消费。依据传统的宏观经济理论，总消费函数在国民收入决定中起着重要的作用，而且总消费被认为取决于当期可支配收入和总财富，问题是人们所持有的公债是否被视为总财富的一部分。如果消费者将全部公债当作未来的纳税义务，这些债券就不能作为总财富的一部分；如果消费者没有意识到，或者因某些原因并不去关心这些债券所含未来纳税义务的真实含义，这些债券就可作为总财富的一部分。由于将来的不确定性，每个人未必能有负担将来税负的预期。这样当以"公债错觉"的存在为前提时，公债就具有了资产效应。以公债的资产效应为理论依据，公债被认为可以作为对付经济萧条的手段，发行公债在经济萧条时具有扩大消费需求而稳定经济的作用。

（二）公债的排挤效应

公债的排挤效应是指公债的发行会引起非政府部门投资的相应减少，即发行公债而增加的政府支出挤出了非政府部门的部分投资。公债挤出效应的发生，一方面是当政府公债发行收入中有来自民间准备用于投资的资金时，形成了对民间投资的直接"排挤"；另一方面，在整个经济运行的货币供应量不变的条件下，政府的公债发行实质上是增加了市场上对货币的需求量，因而导致市场利率水平的提高，相应地抑制了民间对资金的需求，从而进一步导致民间投资的减少。这就是公债发行通过利率的上升间接排挤民间投资的情形。当然，公债的排挤效应是否发生及效应的大小，要取决于一个国家的整体经济环境，包括民间投资经济能力、资本市场的发育状况和投资对市场利率反应的敏感程度等。一般认为，当经济已经处于或接近充分就业状态时，政府发行公债会导致利率水平上升从而产生对私人投资的"排挤效应"。反之，当经济处于非充分就业状态，特别是在经济处于衰退或不景气时，公债的发行可以启动闲置的生产能力，则不容易发生公债的"排挤效应"。

(三) 公债的货币效应

公债的货币效应是指公债发行对货币供给量产生的影响。公债的货币效应因认购者的不同而有所区别。

1. 以居民或企业为公债发行对象。居民或企业认购公债时，意味着货币由商业银行账户向中央银行账户转移；而当财政部门将发行公债所得收入用于支出时，则意味着货币由中央银行账户向商业银行账户转移。前者表现为货币供给量的收缩，后者表现为货币供给的总量扩张。两相抵消，不会增加或减少经济中的货币供给量。因此一般认为，在向居民或企业发行公债时，对货币供给量的影响是中性的。

2. 以商业银行作为公债发行对象。当商业银行用超额准备金购买公债时，意味着货币资金由商业银行账户向中央银行账户转移，由于购买公债的超额准备金系商业银行原未动用的准备金，所以这一过程不会带来货币供给的总量收缩；而当财政部门将发行公债所筹集的货币资金使用出去的时候，货币资金又由中央银行账户向商业银行账户转移。在这一过程中，则会带来货币供给的总量扩张。总的来看，商业银行用超额准备金购买公债会对货币供给量产生扩张性影响。而当商业银行用已收回的贷款或投资所得资金认购公债时，对货币供给量的影响与向居民或企业发行公债无异，不会影响货币供给量。

3. 以中央银行作为公债发行对象。中央银行认购公债时，无论是从财政部门直接购买，还是间接从公开市场上买进，都会使财政部门的存款账户或商业银行存款账户上加记一笔数额相等的货币量，这意味着相应数额的基础货币被创造出来，并通过财政部门支用该笔货币或商业银行开展资产负债业务等活动而进入货币供给量倍数扩张的过程。因此一般认为，由中央银行认购公债，对货币供给量会有扩张性影响。

第二节
公债规模与结构

一、公债负担

公债负担是指公债的发行与偿还对各经济主体产生的压力。公债负担可以从四个方面来分析：第一，认购者的负担。公债作为认购者资金使用权的让渡，这种让渡虽是暂时的，但对认购者的经济行为会产生一定的影响，所以公债发行必须考虑认购人的实际负担能力。当然，公债偿还会给债权人带来报偿，有时这种报偿甚至超过认购者的边际损失，最终抵消公债负担。但就公债发行和认购这一环节来说，公债负担总是客观存在的。第二，政府即债务人负担。政府借债是有偿的，到期要还本付息，尽管政府借债时获得了经济收益，但偿债却体现为一种支出，借债的过程也就是公债负担的形成过程，所以，政府借债要考虑偿还能力，只能量力而行。第三，纳税人负担。不论公债资金的使用方向如何，效率高低，还债的资金来源最终还是税收，也就是当政府以借新债还旧债的方式难以继续时，最终是以税收来还本付息。马克思所说的公债是一种延期税收，就是指公债与税收的这种关系。第四，代际负担。公债不仅形成一种当前的社会负担，而且在一定条件下还会向后推移。就是说，由于有些公债的偿还期较长，使用效率又低，连年以新债还旧债并不断扩大债务规模，就会形成这一代人借的债转化成下一代甚至几代人负担的问题。如果转移债务的同时为后代人创造了更多的财富或奠定了创造财富的基础，这种债务负担的转移在某种意义上被认为是正常的；但如果留给后代人的只有净债务，而公债收入已经消费掉，那么，债务转移必将极大地影响后代人的生产和生活，这是一种短期行为。

由于上述公债负担的客观存在，一国公债需要保持适度规模。

二、公债规模

（一）衡量公债规模的指标

衡量公债规模可以通过以下几个指标加以判断：

1. **公债负担率。** 公债负担率指当年的公债余额占当年国内生产总值（GDP）的比重，它反映了国民经济对未偿还债务的负担能力。公债负担率是国际上通用的政府债务规模的衡量指标。根据国际公认的标准，公债负担率的警戒线约为45%。

2. **公债依存度。** 公债依存度指当年的公债发行额占当年财政支出的比重，它反映了政府财政支出对债务收入的依赖程度。根据国际公认的标准，公债依存度的警戒线是20%。

3. **公债偿债率。** 公债偿债率指当年的公债还本付息支出额占当年财政收入的比重。债务收入的有偿性决定了债务规模必然受到国家财政资金状况的制约，因此要把债务规模控制在与财政收入相适应的水平上。公债偿债率的国际警戒线为10%。

（二）公债规模的影响因素

公债规模是一个事关国家全局的宏观经济问题，必须把公债规模放在国民经济发展的大环境中去研究，把握好公债规模与经济发展水平与速度、财政承受力、政府债务管理水平、宏观经济政策以及金融市场化程度之间的关系。公债规模的合理确定应考虑如下五个方面的因素：

1. **经济发展水平与速度。** 经济发展水平是政府债务规模大小的决定性因素。一般而言，当一国经济发展水平较高、速度较快时，伴随着闲置资金的增加和国民收入水平的提高，整个国民经济对公债的承受能力会增强，公债规模可适当提高；反之，如经济发展水平较低、速度较慢，社会闲置资金和国民收入较少，社会的应债能力较弱，则应限制公债规模的过快增长，以免债务负担过重对国民经济和社会产生不利影响。

2. **财政的承受力**。如果政府财政状况运行良好，筹资能力强，公债资金的运用合理，则可为公债的按期还本付息提供资金保障，并可以提高政府的信誉度，从而有利于公债发行规模的扩大。否则，财政运行状况欠佳，债台高筑，偿债能力低，不能按期还本付息，政府的信誉会受损，政府公债的发行规模也就很难扩大。

3. **公债管理水平**。如果政府的债务管理水平很高，做到筹资成本低、债务资金使用效果好，公债就能产生较高的经济效益和社会效益，形成政府举债与经济社会发展之间的良性循环，会提高认购者的应债能力和政府的偿债能力，则有利于公债规模的扩大；反之，政府债务管理水平低下，债务资金使用效果不佳，则不应过分扩大政府的公债规模，以免背上沉重的债务包袱。

4. **财政政策选择**。一个国家在特定时期实行何种财政政策也会在一定程度上影响公债的规模。财政政策通常包括扩张性财政政策和紧缩性财政政策。如果实行紧缩性财政政策，财政赤字规模缩小，公债规模也应相对减小；但若实行扩张性财政政策，拉动总需求必然以增加政府支出、扩大公债发行为条件，则公债规模必然扩大。因此，一定时期的公债发行规模应考虑当期政府宏观经济调控政策的需要，以发挥公债对经济稳定的积极影响。

5. **金融市场状况**。公债是有价证券的一种，也是金融市场上不可缺少的金融商品。发达的金融市场，可以活跃投资者的公债交易活动，增强公债的流动性，提高公债的资信，从而会增加投资者对公债的需求，有利于公债发行规模的扩大；反之，则会对公债规模产生限制性影响。

（三）我国的公债规模分析

自 20 世纪 80 年代以来我国公债发行和累积规模不断增加。2000—2019 年，国债年度发行规模由 4000 多亿元增长至 4.2 万亿元，国债余额由 1.5 万亿元增长至 23.3 万亿元，国债年度发行规模和余额增长 10 倍以上。地方政府债券年度发行额由 2015 年的 3.8 万亿元增加到 2021 年的 7.5 万亿元，地方政府债务余额由 2015 年的 14.8 万亿元增加到 2021 年的 30.5 万亿元。公债规模的扩大不仅稳定了财政收入，并且为国民经济和社会发展、全面打赢脱贫攻坚战和积极财政政策的实施提供了有力的资金支持（见表 8-1）。

表 8-1　　　　2016—2021 年我国公债余额和公债负担率

年份	国债余额（万亿元）	地方公债余额（万亿元）	公债余额合计（万亿元）	国内生产总值（万亿元）	公债负担率（%）
2016	11.9	15.3	27.2	74.6	36.4
2017	13.3	16.5	29.8	83.2	35.8
2018	14.8	18.4	33.2	91.9	36.1
2019	16.6	21.3	37.9	98.7	38.4
2020	20.9	25.7	46.6	101.4	45.8
2021	23.3	30.5	53.7	114.4	47.0

资料来源：根据财政部和国家统计局网站相关数据计算整理。

但同时也应注意到，公债规模的扩大固然有助于在一定时期内扩大财政能力，刺激经济增长，但公债是有借有还的，公债规模过大甚至膨胀，会增加财政未来的还债压力和风险。我国作为一个发展中国家，不仅经济发展水平与发达国家比较仍有一定的差距，并且在财政的承受能力、公债管理水平以及金融市场发育程度方面也仍有待提高，因此，在一段时期内我国的公债规模应该适度，而不能过度扩张，以免对财政和国民经济的长远发展产生消极影响。

（四）我国公债规模管理制度

2006年我国建立了国债余额管理制度。**国债余额管理是指立法机关不具体限定中央政府当年国债发行额度，而是通过限定一个年末不得突破的国债余额上限以达到科学管理国债规模的方式**。这一制度的实施，既增强了全国人大对政府债务的控制能力，又增加了国债管理的灵活性，有利于形成较为合理的国债品种和期限结构，促进国债的顺利发行和国债市场的发展完善。

在地方公债规模管理方面，依据2014年《国务院关于加强地方政府性债务管理的意见》，地方政府债务规模实行限额管理，地方政府举债不得突破批准的限额。地方政府一般债务和专项债务规模纳入限额管理，由国务院确定并报全国人大或其常委会批准，分地区限额由财政部在全国人大或其常委会批准的地方政府债务规模内根据各地区债务风险、财力状况等因素测算并报国务院批准。

三、公债结构

公债结构是指一个国家各种性质公债的互相搭配以及各类债务收入来源的有机组合。合理的债务结构，对于更好地吸收社会闲置资金，充分发挥公债的调节功能和作用，减轻债务负担和避免还债高峰期，具有重要的意义。

建立合理的公债结构，应从以下三方面加强管理：

（一）公债的应债主体结构

公债的应债主体结构是指社会资金或收入在社会各经济主体之间的分配格局。应债主体的存在是公债发行的前提，并对公债发行起着基础性的制约作用。如社会资金在各经济主体之间分布相对分散，即公债的应债主体结构多样化，则有利于公债规模的扩大和公债的顺利发行。反之，若社会资金分布过于集中，则会使公债的应债主体结构乃至实际认购公债形成的持有者结构单一，从而不利于公债规模扩大和品种的丰富。我们国家当前社会资金分布的日益多元化，特别是商业银行以及证券公司、保险公司、基金等各类非银行金融机构的发展，使得我国公债的应债主体日益多样化，大大拓展了公债发行的空间。

（二）公债持有者结构

公债持有者结构是指各应债主体实际认购和持有公债的比例，又可称为公债的资金来源结构。合理的公债持有者结构，可以使公债的发展具有丰裕的源泉和持续的动力。从世界各国的实际情况看，公债的主要持有者是各种机构投资人，如养老保险基金、证券公司和银行等。以机构投资人为主的公债持有者结构是健全的公债市场的重要标志，其优点在于可减少公债销售环节，有利于降低公债发行成本；有利于保持市场流动性、稳定公债市场；便于中央银行进行公开市场业务操作等。我国在恢复国债发行之初主要以行政方式向企业和单位摊派国债，后来发行对象扩大到个人，并形成了以个人为主的国债持有者结构。进入20世纪90年代以后，国债持有者结构日益多样化，银行和证券公司等非银行金融机构持有国债的比重逐渐增加。至今我国已经形成了多元化的公债持有者结构，其中储蓄国债以广大居民持有为主，记账式国债和地方公债主要以各类银行、保险公司和证券公司等机构为主要的持有者。

（三）公债期限结构

公债期限结构是指在公债总额中，长期、中期和短期等不同期限公债各自所占的比重。合理的期限结构能促使公债年度之间还本付息的均衡化，避免形成还债高峰，也有利于公债管理和认购，满足不同类型投资者的需要。但公债期限结构的形成是十分复杂的，不仅取决于政府的意愿和认购者的行为取向，也受到客观经济条件的制约。公债期限的确定通常受制于以下因素：一是政府资金需求的性质。政府应根据不同用途发行不同期限的公债。一般来讲，短期公债主要用于平衡国库短期收支；中期公债可以用于弥补整个财政年度的预算赤字，也可以用于中短期建设项目；长期公债主要用于投资大、周期长的基础设施建设。二是对未来市场利率的预期。一般来讲，短期公债的利息较低，而长期公债的利息较高。在发行固定利率公债时，为减轻政府公债利息负担，降低筹资成本，当政府预期市场利率将上升时，应多发行长期公债；当政府预期市场利率将下降时，应多发行短期公债。三是政府偿债的均衡性。公债期限的选择应注意使还本付息均衡，避免集中到期，出现偿债高峰，加大对财政的压力。四是应债主体的偏好。不同投资者对公债期限的需求不同。如商业银行多愿持有短期公债以满足流动性需要，一些保险公司和基金等愿意持有长期公债以取得稳定的投资收益，而个人投资者则比较偏爱中期公债。从我国情况来看，自1981年恢复国债发行以后，国债期限结构一度以2～7年期的中期国债为主，10年期以上的长期国债和1年以内的短期国债比重相对较小，这种明显的"两头小、中间大"的国债期限结构容易带来以下问题：一是由于期限过于集中，容易造成偿还高峰和国债规模膨胀过快；二是不利于投资者进行选择，很难满足投资者对金融资产期限的多样化的需求；三是不利于国债功能的充分发挥，如短期国债的严重缺乏，使中央银行无法有效实施公开市场业务操作。因此，自1994年以后，为优化国债期限结构，我国适度增加了短期和长期国债发行量，国债期限结构已逐渐呈多样化发展。目前我国储蓄国债期限通常为3年期或5年期，记账式国债和地方公债的期限包括短期、中期和长期。

第三节 公债的发行与偿还

一、公债的发行

（一）公债的发行条件

1. **发行价格。公债的发行价格，是指政府在发行公债时的销售价格。**公债的发行价格并不一定等于其票面价格（即面值），这是因为票面价格是政府为便于管理而按一定标准设计的，而发行价格则要根据公债发售时的实际情况具体确定。根据公债发行价格与票面值的关系，可以分为以下三种情况：一是平价发行，即公债发行价格等于其票面值。公债到期时，政府应依据票面值还本。二是折价发行，即公债发行价格低于其票面值。公债到期时，政府需按票面值偿还本金。三是溢价发行，即公债发行价格高于其票面值。公债到期时，政府只按票面值还本。一般来说，当公债利率等于市场利率时采取平价发行；当公债利率低于市场利率时采取折价发行，以增强公债的吸引力；而当公债利率高于市场利率时采取溢价发行。

2. 利息率。**公债的利息率是指公债利息占公债本金的比率，公债利息率水平是否合理直接关系到偿债成本的高低。**利息率水平合理，可以降低政府偿债成本的负担；反之，则加重政府偿债负担。公债利息率的选择和确定既要考虑发行的需要，也要兼顾偿还的可能。通常公债利息率的确定应该参考以下因素：

（1）市场利率。市场利率即证券市场上各种证券的平均利率水平，反映了当前的资金供求状况，因此是资金供应者进行投资选择的基本依据。政府公债利率的确定虽然可以高于或低于市场利率，但市场利率仍然是政府确定公债利息率的基础。公债利率一般应与市场利率保持大体相当的水平才能使公债具有吸引力，以保证公债的发行不遇到困难。

（2）政府信用。公债利息率与政府信用呈反方向变动。政府信用良好，意味着公债安全性好、收益稳定可靠，则公债利息率可相应较低；反之，政府信用不佳，意味着公债风险较大，则公债利率必须相应调高，否则公债难以推销。

（3）公债期限长短。公债期限越长，投资者承受的投资风险越大；公债期限越短，投资者承受的风险相对越小。因此，长期公债的利息率通常高于短期公债。

（4）预期通货膨胀率。为保证公债的顺利发行和降低举债成本，政府应考虑预期通货膨胀率的变化。当预期物价将上涨时，则投资者投资公债的预期收益水平下降，这时政府应提高公债的利息率以提高预期收益水平，吸引投资者购买公债；当预期物价水平下降时，公债的预期收益水平提高，则政府应降低公债的利息率以降低筹资成本。

（5）政府的财政货币政策。公债利率虽然以市场利率为基础，但反过来又会影响到市场利率的变动。因此当政府推行扩张性经济政策时，一般会更多地选择较低的公债利息率，而推行紧缩性经济政策时则会选择较高的公债利息率。这也正好与不同经济波动周期的资金供求情况相适应。在经济萧条时，资金大量闲置，低利率也可以实现顺利融资。而在经济高涨时，资金通常供应紧张，则只有较高利率才能实现融资。而经济萧条时推行扩张性财政货币政策，经济高涨时采用紧缩性财政货币政策又正好是政府反周期的政策选择方式。

公债利率的确定是一个较为复杂的问题，除了上述因素外，政府公债的用途，政府对资金需要的紧迫程度等也都会对公债的利率产生影响。

（二）公债的发行方式

1. 承购包销方式。**所谓承购包销方式，是指由拥有一定规模和较高资信的中介机构组成承购包销团，按一定条件向财政部门直接承购包销公债，并由其负责在市场上转售，未能售出的余额均由承销者自行认购。承购包销方式的特征是：（1）这种方法通过承销合同确定财政部门与承销团体的权利和义务，双方不是代理关系而是买卖关系，两者在确定发行条件方面是平等的，承销团体承担推销的风险。（2）发行价格和利息率一般由政府与承销团体通过讨价还价协商决定，或由政府根据市场价格和利率单方面决定，较为符合资金的市场供求状况。

2. 公开招标方式。所谓**公开招标方式**，是指财政部门事先不规定公债的发行价格或发行利率，由投标人直接竞价，然后财政部门根据投标所产生的结果来发行公债。中标者既可以按一定的价格向社会转售，也可以自己持有公债成为公债认购者。公开招标方式根据所竞标的物的不同，分为价格投标和收益率投标。**价格投标**是指以公债的发行价格作为标的物的招标发行方式。公债的利率与票面价格之间的联系固定不变，投标者根据固定利率及对未来金融市场利率变化的预期进行投标，投标价格可低于面值，也可高于面值。所有中标者根据各自不同的投标价格购买公债的招标方式称为"英国式招标"；所有中标者都按统一价格购买公债的招标方式称为"荷兰式招标"。**收益率投标**是指以公债的实际收益率为标的物的招标发行方式。财政部门只确定发行规模和票面价格，发行公债的收益率由投标者投标确定，财政部门从报出的最低收益率开始依次选定认购者，直至售完预定的发行量。由于公开招标方式体现了发行条件是由市场供求关系确定的市场经济原则，所以公开招标方式中发行条件的确定基本实现了市场化。

3. 直接发行方式。**直接发行方式**亦称承受发行法，**是指由财政部门直接与认购者谈判出售公债的推销方式**。其主要特点有：第一，推销机构只限于政府的财政部门，如财政部或公债局（署、司），由财政部门直接与认购者进行交易，而不通过任何中介或代理机构。第二，发行对象主要限于机构投资者，如商业银行、储蓄银行、保险公司、社会保障基金等。第三，发行条件通过直接谈判确定。在公债销售之前，由政府召集各机构投资者分别就公债发行的利息率、出售价格、偿还方法、期限等条件进行谈判，协商确定。直接发行方式主要是用于某些特殊类型的政府债券的推销。

4. 连续经销方式。所谓**连续经销方式，是指财政部门通过金融机构或邮政系统的网点持续卖出公债的方法**。这种方式的特征在于财政部门与金融机构或邮政系统是一种代理关系，财政部门按代销额的一定比例向代理销售机构支付委托手续费，代理销售机构不承担任何推销的风险。

从实践来看，各国很少只采用一种公债发行方式，往往是几种方式并用，即采取所谓的组合发行方式。

二、公债的偿还

公债作为一种政府信用形式，在到期后要进行偿还。公债的还本付息能否如约进行，既关系到公债持有者的切身利益，也关系到政府的信誉。因此，公债的偿还也是公债管理的重要方面。对于政府而言，公债的偿还主要涉及两个问题：一是还本付息方式的选择；二是偿还资金的来源。

(一) 公债的还本方式

1. 到期一次偿还法。**政府对发行的公债实行到期后按票面额一次全部偿清**。这是一种传统的偿还方式，其优点是公债偿还管理工作简单易行，有利于降低偿还成本。缺点是在缺乏保值措施的条件下，公债的持有人容易受到通货膨胀的影响。同时，集中一次清偿债务，有可能给财政造成很大压力。

2. 分期逐步偿还法。又称比例偿还法，**是指政府采取分期分批的方式偿还所发行的公债**。这种偿还方式可以分散公债偿还对财政的压力，但缺点是手续繁杂，工作量大，债务管理费用过高。

3. 抽签轮次偿还法。即**在公债偿还期内，政府通过定期举办抽签活动来确定每次应偿还的债务，直至偿还期结束，全部公债皆中签偿清为止**。对政府而言，这种偿还方式的利弊与分期逐步偿还法类似。

4. 市场购销偿还法。**是政府根据公债市场行情，在流通市场上买进政府所发行的公债，以此在该公债到期之前逐步清偿的一种方式**。这种方法的适用对象是各种可流通公债。这种偿还方式在市场经济发达国家较为常见，其具体操作过程通常由政府委托中央银行来办理，并与中央银行的公开市场业务结合在一起。这种方式的优点是成本较低，操作简单，并可以体现政府的经济政策。其缺点是政府和中央银行需为市场购销进行大量准备工作，对业务人员素质要求也较高。

5. 以新替旧偿还法。**又称调换偿还法，是指政府以发行的新公债替换到期的旧公债，以达到偿债目的的一种方法**。这种偿还方式的优点是，从财政角度看，可使到期的政府债务后延，增加了筹措还债资金的灵活性；从公债持有者角度看，只要其认为有利，便可拥有继续持有政府公债的优先权。其缺点是，如果经常使用这种偿还方式，很可能会有损政府信誉。

(二) 公债的付息方式

公债的付息方式大体可分为两类：一是按期分次支付法。即将债券应付利息，在债券存在期限内分作几次（如每一年或半年）支付。这种方法通常适用于期限较长的公债的利息偿还，一方面可以使政府的债息负担分散化，另一方面可激发投资者认购公债的积极性。二是到期一次支付法。即将债券应付利息同偿还本金结合起来，在债券到期时一次支付，而不是分作几次支付。这种方法通常适用于期限较短或超过一定期限后随时可以兑现的债券。这样既可简化政府的付息工作，同时对公债持有者而言也是可以接受的。

(三) 公债偿还资金的来源

1. 预算直接拨款。政府将每年的公债偿还数额作为财政支出的一个项目列入当年支出预算，由经常性财政收入保证公债的偿还。由于经常性财政收入的主要来源是税收，因此，公债就成为变相的税收、延期的税收。尽管以政府经常性财政收入作为偿债资金来源可在一定程度上保证公债的按期偿还，但在实践中也会遇到种种问题。由于政府各年度之间的债务偿付额变化很大，甚至是骤升骤降的情况，这样，一方面很难随意增减税收来满足公债偿付所需要的资金量，另一方面很可能影响经常性支出的稳定性，从而打破经常性预算的收支平衡，加大对经常性预算的压力。

2. 预算盈余偿还。政府在预算年度结束时，以当年财政收支的结余作为偿还公债的资金。这种方法虽然可以避免公债偿付对经常性预算的压力，但在实践中很难做到预算盈余额与每年的公债偿付额恰好一致。况且，经过多年积累，各国目前政府债务规模都很庞大，即使政府有的年份出现盈余，但对于巨额债务来讲也只能是杯水车薪。所以，预算盈余只能作为偿还公债的配套手段偶尔为之，而不能成为公债偿付的主要资金来源。

3. 设立偿债基金。政府预算设置专项基金用于偿还公债，即每年从财政收入中拨付专款设立基金，交由特定机构管理，专门用于偿还公债。用设置偿债基金的方式偿还公债，虽然操作程序复杂些，但却能够为公债偿付提供一个稳定的资金来源，从而有利于增强公众对政府的信任。此外，偿债基金能够平衡政府各年度公债偿付的负担，以避免偿债高峰对财政的冲击。目前，日本、英国等国设立了偿债基金制度，至于偿债基金能否成为公债偿还的主要资金来源，尚在争议和探索之中。

4. 举借新债。政府通过发行新债券，作为还旧债的资金来源。这是目前大多数国家偿还公债的主要资金来源。由于目前世界各国债务累积规模都很庞大，每年到期债务已远非经常性财政收入所能承担，因而"借新还旧"便成为各国政府公债偿还的基本手段。采用这种方法，虽可以延缓债务负担，但如果政府债务规模无限扩张，会加重未来的财政负担，因此在实践中，这种方法应该用之有度。

第四节 公债市场

一、公债市场的含义及类别

公债市场是政府通过证券市场发行和买卖公债的场所。 公债市场一般具有两个方面的功能：一是实现公债的发行和偿还。政府可以采用承购包销方式和公开招标方式在公债市场完成公债的发行，也可以通过市场购销偿还法来偿还公债。二是调节社会资金的运行。在公债市场中，公债的发行和交易活动都是社会资金的再分配过程，可以使资金需要者和公债的需要者满足各自的需求，使社会资金的配置趋向合理。

公债市场按照公债交易的层次或阶段可分为公债发行市场和公债流通市场。 公债发行市场是指公债发行场所，又称公债一级市场或初级市场，是公债交易的初始环节。一般是政府与证券承销机构如银行、金融机构和证券经纪人之间的交易，通常由证券承销机构一次全部买下发行的公债。公债流通市场又称公债二级市场，是公债交易的第二阶段。一般是公债承销机构与认购者之间的交易，也包括公债持有者与政府或公债认购者之间的交易。公债发行市场与流通市场是紧密联系、相互依存、相互作用的。一方面，公债发行市场是流通市场的基础和前提。任何种类的公债，都必须在发行市场上发行，否则政府就无法实现预定的筹资计划，投资者也就无处认购公债。

同时，发行市场上公债的发行要素，如发行方式、发行时间、发行价格、发行利率等，对流通市场上公债的价格及流动性都会产生重大影响。另一方面，公债流通市场的交易又能促进发行市场的发展。首先，公债流动性的高低，直接影响和制约着公债的发行。流动性是人们选择投资工具的重要衡量标准之一，如果一种债券的流动性好、变现性强，投资者认购的热情就高。流通市场使债券的流动性有了实现的可能，有利于债券的发行。其次，流通市场上形成的债券价格以及流动性的强弱，是决定发行市场上新发行债券的发行规模、条件、期限的重要因素。公债在流通过程中的转让价格、收益率及其变化，对新公债的发行起反作用。如在发行条件一定的情况下，流通中的公债价格高、收益率低，新债发行比较容易；反之，发行就相对困难，这时要保证新券发行顺利，其利率应相对提高。理想的公债市场体系应既有利于政府降低发行成本，又有助于投资者降低变现成本，这就要求公债的发行与流通市场有机地衔接起来，实现发行与交易一体化。

二、公债发行市场

（一）公债发行市场的含义及构成

公债发行市场，从狭义上讲，是指公债发行者将新公债销售给投资者的场所；从广义上讲，则是泛指实现公债销售的完整过程。公债发行市场的功能是完成公债发行任务，使政府筹集到所需资金，同时也为社会上的投资者提供投资渠道和获取收益的机会。

公债发行市场的组成要素有市场主体、市场客体和市场运作形式。市场主体，即市场的参与者，包括发行者、投资者、中介机构等。市场客体，是指发行市场买卖的对象，即新发行的公债券。市场运作形式，即公债的发行程序。通常情况下，公债的发行者与公债的投资者之间并不发生直接联系，一般是通过公债发行的中介机构来完成公债的发行和认购。公债发行的中介机构主要包括商业银行和证券公司，由它们承购或代销公债。

（二）我国公债发行市场的发展

1981年我国恢复了内债的发行，但在发行的最初阶段，基本上是采取政治动员与行政分配相结合的带有一定强制性特征的发行方式，没有采取市场化发行方式，发行对象也主要以个人和企业为主。1991年，我国试行由证券中介机构承购包销的发行方式，1991年4月20日，财政部和承购包销团主干事——中国工商银行信托投资公司签订了承购包销合同，承销总额为25亿元，这是我国国债市场化发行的有益尝试，也标志着我国公债发行市场的初步建立。1993年底，我国开始实行国债一级自营商制度，所谓国债一级自营商，是指具备一定资格条件，经财政部、中国人民银行和中国证监会共同审核确认的银行、证券公司和其他非银行金融机构。其主要职能是参与财政部国债招标发行，开展分销、零售业务，促进国债发行，维护国债市场顺畅运转。实行国债一级自营商制度是国际上较为通行的做法，对完善我国国债发行与流通的市场机制，提高发行效率，降低发行成本，推动国债市场的发展起到了重要的促进作用。1996年，我国又开始试行了招标发行的方式，通过一级自营商和其他金融机构竞价确定发行条件，使得国债发行的市场化程度进一步提高，也使得国债发行市场为政府筹集资金、引导社会金融资源配置等功能得以更好的发挥。自2000年以来，我国公债发行市场不断完善，调整了公债期限结构，期限涵盖3个月至50年的主要期限。记账式国债定期滚动发行机制、续发行机制和预发行机制逐步建立健全，形成"10年期以下采用修正的多重价格，30年、50年期采用单一价格"的招标体系，提升发行定价水平。国债承销团制度日趋成熟，承销团多数成员都是人民银行公开市场业务一级交易商和债券市场做市商，保障了国债发行市场和流通市场协调发展。

三、公债流通市场

（一）公债流通市场的含义

公债流通市场，狭义上是指公债持有者将其持有的已发行、未到期的公债转让给新投资者的场所；广义上讲，公债流通市场不仅仅指转让公债的有形柜台，而且泛指完成公债转让的整个过程。运行良好的公债流通市场，一是有利于公债发行的顺畅有效；二是有利于发挥公债的筹资、投资、融资等功能；三是便于中央银行开展公开市场业务，进行金融宏观调控。

按照公债流通市场的组织形式可划分为场内市场和场外市场两类。场内市场专指证券交易所内的公债交易。交易主体主要有证券经纪商和交易商等。经纪商代理客户买卖债券，赚取手续费，不承担交易风险；交易商为自己买卖债券，赚取差价，承担交易风险。公债的转让价格是通过竞争形成的，交易原则是"价格优先"和"时间优先"。场内市场交易的特点包括：一是有集中、固定的交易场所和交易时间；二是有较严密的组织和管理规则，包括自律性的管理机构和管理制度及从业人员；三是采用公开竞价交易方式，是持续性的双向拍卖市场；四是有完善的交易设施和较高的操作效率。我国目前场内交易市场由上海证券交易所和深圳证券交易所组成，参与者主要是证券公司和信托机构。

场外市场是相对于场内市场而言的，泛指在证券交易所以外的市场进行债券交易。我国目前公债交易的场外市场包括银行间市场和商业银行柜台。场外市场的优点有：一是场外交易的覆盖面和价格形成机制不受限制，方便中央银行进行公开市场操作；二是有利于商业银行低成本、大规模地买卖公债；三是交易规则灵活，手续简便，为个人投资者投资于公债流通市场提供更方便的条件，可以吸引更多的个人投资者；四是有利于促进各市场之间的价格、收益率趋于一致。

（二）公债流通市场的交易方式

1. 公债现货交易。是指交易双方在成交后立即交割或在极短的期限内办理交割的一种交易方式，是公债流通市场上最基本的交易方式。从形式上看，公债现货交易为实物交易，买卖双方必须进行债券与资金的交换。公债现货交易的作用在于一方面可满足购买者的投资需要，另一方面可满足卖出者的变现需求。

2. 公债期货交易。是指以标准化的公债期货合约为交易对象的交易方式。公债期货交易的特点：一是公债期货交易在专门的交易场所，如期货交易所或证券交易所内进行，一般不允许场外交易；二是公债期货合约是标准化合约，期货交易所或证券交易所要严格规定公债期货交易的品种、数量、交收地点等合约事项；三是实物交割少，大部分公债期货交易采取对冲交易，即在交割日期前，买期货者转卖，卖期货者购回，交割时只进行买卖差额结算。公债期货交易者可以通过套期保值的方式规避因利率、通货膨胀等因素引起的公债价格波动的风险。所谓套期保值是指投资者同时在期货市场和现货市场上进行数量相等、买卖方向相反的交易，通过预先"锁定"收益的方式来达到降低风险、减少损失的目的。此外，投资者还可以通过债券未来市价与期货价格之差，以及不同期货品种之间、期货品种与现货品种之间的价格差来投机获利。当然，投机者自己也要承担价格变动的风险。我国国债流通市场曾于1992年推出国债期货业务试点，后因发生过度投机及违规操作等问题，政府有关部门于1995年暂停国债期货交易。近年来，随着公债市场规模的扩大和市场监管体系的不断完善，为国债期货市场重启奠定了良好的基础。2013年9月6日，国债期货正式在中国金融期货交易所上市交易，标志着时隔18年后国债期货交易重回资本市场，这有利于维护和促进公债流通市场的完整性及其整体功能的发挥。

3. 公债回购交易。是指公债持有者在卖出一笔公债时，约定于未来某一时间以事先约定的价格再将等量的该种公债买回的交易方式。与上述程序相反的交易，则称作逆回购交易。公债回购交易实际上是以公债为担保物，期限在1年以内的一种短期资金融通。它使公债回购方能在不卖断公债所有权的情况下调剂资金余缺，获得流动性收益。

4. 公债远期交易。是指由交易双方约定在未来某一日期，以约定价格和数量买卖标的公债券的行为。公债远期交易和期货交易相比，相同点在于都是约定未来某一特定时间买卖公债券，但主要区别在于：公债期货合约是一份标准化合同，大多数情况下是进行对冲平仓了结；而公债远期合约则不是标准化合同，而且要进行实际券种交割。也正因如此，远期交易通常被看作是期货交易的雏形。公债远期交易与其他金融衍生产品一样，具有价格发现、规避风险与资产配置等功能，能够有效提高债券市场的流动性，促进债券市场的发展。

（三）公债流通市场的建立与发展

在我国恢复国债发行之初，由于没有建立国债流通市场，持券者的变现需求常常得不到满足，导致了黑市交易的滋生。1988年4月，经国务院批准，我国在沈阳等7个金融体制改革试点城市进行了开放国债流通市场的试点，此后市场范围逐步扩大，在不到3年的时间里，国债流通市场实现了全国范围内的全面开放。随着市场范围的扩大，参与国债流通的证券中介机构也迅速发展起来。1990年以后，以上海证券交易所为代表的集中性市场的相继建立并营业，进一步推动了国债流通市场的发展，市场规模日益扩大，交易方式也趋于多样化。但在发展过程中，我国国债流通市场也出现了国债期货交易和回购交易中的一些违规事件，1995年，政府有关部门决定暂停国债期货交易。1997年6月，商业银行在两大交易所及各地证券交易中心的证券回购和现券交易被强令停止。紧接着，银行间债券市场开始运行，这是只有商业银行才能参与的场外交易市场。2000年以来，我国国债流通市场运行机制逐步优化，建立了国债做市支持机制，通过在银行间债券市场运用随买、随卖等工具，对银行间债券市场做市商提供资金或国债支持，促进其更好地参与流通市场交易。同时，国债衍生品市场得到发展，中国金融期货交易所推出2年、5年、10年期三个国债期货品种,推动商业银行和保险机构参与国债期货交易,丰富了投资者利率风险管理工具、进一步完善市场投资者结构。近年国债流动性稳步改善,2019年国债换手率超过2倍。

四、我国公债市场的进一步完善

(一)完善公债市场的法律制度,为公债市场发展构建制度框架和基础

根据公债市场发展现状和实际需求,建立健全公债市场管理的相关法律法规,夯实公债市场规范运行的法律基础。应总结改革开放40多年来我国公债市场发展经验,将现行各项公债管理的条例、规定、办法等上升为国家正式法律制度,明确公债市场功能与公债发行、流通、使用和偿还等公债市场发展的核心问题,从根本上确立中国公债市场的制度及体制框架,使公债市场管理有法可依。同时修订《预算法》和《证券法》等法律制度,强化法律制度之间的协同,共同维护公债市场秩序。另外,还需协调公债立法中各种行政法规的关系,建立既有分工又有协调配合的公债宏观调控综合协调机制,构建更加合理科学的监管体系,提高公债市场的管理效率。

(二)健全国债市场体系,提升国债基准职能

1. 完善国债各市场联动机制。在发行市场健全完善国债发行机制,适应市场定价基准需要,提升国债发行规模、期限和发行间隔的灵活性,同时拓展投资者范围,提高定价的准确性和可靠性。在流通市场提高随买随卖做市效率,切实增强国债流动性。健全国债期货市场,提升国债期货交易规模,以期限联动方式完善国债收益率曲线。

2. 加强国债收益率曲线应用。近年财政部与人民银行紧密协作,建立健全国债收益率曲线,协调国债发行和货币政策操作,取得了良好成效。国债收益率曲线具有结构完整、连续性强等优点,应逐步推动国债收益率曲线作为存贷款市场定价基准,扩大国债收益率曲线在宏观政策中的应用。注重财政政策与货币政策协同精准发力,发挥国债金融功能,优化国债存量结构,活跃市场交易,更好发挥国债收益率曲线定价基准作用。

(三)细化地方债券品类,优化地方公债相关制度和机制

1. 精准细化地方债券品类。根据地方财政需要和风险控制要求,细化地方债券品类,提升募集资金的使用效率和精确性。在灵活控制地方债券规模的同时加速地方债券结构性调整,保障重点领域融资需求,发挥地方债券引导社会资本的导向作用,强化债券市场的融资和资源再分配功能。

2. 探索优化地方公债评级制度。目前地方债券已成为银行间债券市场最大体量的券种之一,应着力构建和完善地方债券市场评级机制,地方公债虽建立了信用评级机制,但在运行过程中仍存在信用评级差异不大等问题。应完善信用评级工作机制,引导评级机构提高地方政府或项目的信用区分度,使信用评级真正反映财务状况的差异。形成地方债券有效定价机制,完善地方债券收益率曲线。

3. 健全地方公债市场运行机制,提升地方公债流动性。近年地方政府债流动性逐步提升,但仍存在流动性整体不高、区域差异大等问题。为提升地方政府债流动性,应着力拓展地方政府债品种,扩展付息兑付方式,丰富浮动利率债券品种,探索地方债券衍生品方案。进一步扩展地方债券市场范围,增加投资者投资地方债券渠道。

(四) 加强公债市场基础设施统筹建设,推进托管结算体系整合

促进基础设施有效整合和互联互通是加强债券市场基础设施统筹建设的必然要求。发挥中央登记托管体系优势,推动市场互通互联,以统一托管结算后台对接多元化交易前台。提高公债市场的统一性,持续推进托管结算体系整合,优化债券市场基础设施布局,遵循国际标准和市场规律,形成清晰高效的市场结构,也有利于统筹债券市场监管,提升风险监测效率,促进债券市场平稳健康发展。

(五) 继续加大国债市场开放力度,建立更加多元的投资者结构

发达的国债市场需要有全球投资者的积极参与,国债市场对外开放是金融对外开放的重要组成部分。2000年以来,我国境内国债市场加快向境外投资者开放,外资机构投资我国国债市场在账户开立、资金汇入等方面的限制逐步消除,便利程度稳步提升,境外机构持有我国国债规模稳步增长,截至2020年7月末,境外机构持有国债规模1.54万亿元,占可流通国债存量约9%。国债市场对外开放程度的不断提高,促进了我国主权信用地位稳步提升。未来需要继续加快国债市场对外开放进程,有利于改善国债投资者结构,也有利于进一步推动人民币国际化。为此,要积极稳妥加大国债一级市场开放力度,继续吸收外资机构加入国债承销团。积极推动境外机构投资中国债券市场,培育国债市场多元化、国际化投资者群体,继续向外资机构推广中国国债市场和国债收益率曲线。加强国债对外宣传力度,吸引更多潜在投资者了解我国国债市场。

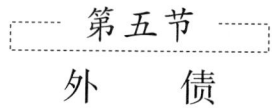

第五节 外　债

一、外债的含义及功能

外债,是指一国政府或政府授权的部门、单位对境外国际金融组织、外国政府、金融机构、企业或其他机构承担的具有契约性偿还义务的全部债务。

外债具有平衡国际收支、筹集建设资金和调节经济三方面的功能。首先,当一国国际收支出现逆差时,需用外币来弥补,如果这时国家外汇储备拮据,就需要举借外债来弥补国际收支逆差。外债的平衡国际收支的功能与内债弥补财政赤字的功能相类似,只是运动形式不同而已。其次,举借外债可弥补本国建设资金的不足,不仅可用举借外债筹集的资金购进本国短缺的原材料和设备,还可以引进国外先进设备和技术,促进本国生产技术水平和管理水平的提高。再次,外债可发挥"增量型"的经济调节功能。借入外债表现为资金的流入,会直接增加本国可支配的资源。在总需求超过总供给时,举借外债购入外国商品可缓解社会总供求关系;在经济结构发生失调时,可通过举借外债加强薄弱部门的投入。因此,运用外债可以对国民经济进行总量上和结构上的调节,并且这种调节是"增量型"的或"注入式"的调节,有别于内债对本国社会资源再分配的"消长式"调节。

二、外债的种类与结构

按照外债类型,外债可分为政府借款和在国外发行外币债券两部分。政府借款包括外国政府借款、国际金融组织借款、国际商业借款和出口信贷等。发行外币债券包括委托国外金融机构发行和直接发行两种。按照债务期限,外债可分为长期外债、中期外债和短期外债。

外债结构指的是债务自身的内部联系,表现为债务类型结构、期限结构、币种结构和利息率结构。建立合理的外债结构意义重大,外债结构科学合理,可以扩大本国借款的能力,维护国际信誉,有利于减轻债务负担,避免出现偿债高峰期和在国际环境发生变化时产生债务危机。

外债的债务类型结构,也称外债的来源结构。外国政府贷款和国际金融机构贷款利率较低,贷款期限也较长,是一种带有经济援助性质的优惠贷款,但这种贷款往往规定专门的用途。外国商业银行贷款金额与用途不受限制,但利率较高且大部分是浮动利率。发行国际债券筹资金额较大,资金可以自由使用,但对发行国和发行机构的资信要求较高,且发行手续比较烦琐,发行费用和利率均较高。合理、优化的外债来源结构要求债务资金的来源分布广泛且比较均衡,采取多来源、多渠道、多方面的借债策略,并且在所有外债中必须设法保持相当比例的政府官方贷款和国际金融组织的借款。

外债的期限结构是指一国举借的外债中不同期限债务的构成比例。合理的外债期限结构首先是要求各种期限的债务之间保持适当的比例,长、中、短期搭配合理,以便相互协调,满足经济发展的多方位、多层次的需要。同时,外债期限结构中的另一个非常重要的内容就是科学、合理地安排还本付息的时间分布,即要求把每年到期还本付息的数额控制在一个合理的水平上,使还本付息额与各年所具备的偿还能力相适应,尽量避免形成偿债高峰。我国的外债期限结构情况见表 8-2。

表 8-2　　　　2012—2021 年我国外债余额和期限结构

年份	外债余额（亿美元）	中长期债务占比（%）	短期债务占比（%）
2012	7369.9	26.6	73.4
2013	8631.7	21.6	78.4
2014	17799.0	27.1	72.9
2015	13829.8	35.8	64.2
2016	14158.0	38.8	61.2
2017	17579.6	34.9	65.1
2018	19827.5	35.0	65.0
2019	20708.1	41.1	58.9
2020	24008.1	45.2	54.8
2021	27465.6	47.3	52.7

资料来源：根据国家统计局网站相关数据计算整理。

外债的币种结构，是指以各种外币表示的债务在总债务中的构成比例。国际金融市场是动荡多变的，为了避免因汇率变化所导致的损失，建立适当的外债币种结构十分必要。为此，一要使借入外债的币种、外债资金使用的币种、出口收汇的币种三者之间相互协调；二要在债务货币的选择上做到币种的多样化，软硬搭配，取得最佳的币种组合；三要在外债管理中注重运用技术手段，避开因汇率变动而造成的损失。总之，应从总体上安排好币种的选择，调整各币种债务的比重，以降低借债的实际成本。

外债的利率结构，是指外债中以固定利率和浮动利率计算的债务之间的比例关系。对外债利率结构的合理规划，是外债结构管理的重要环节。利息是构成债务总成本的主要内容，整体债务的利率是否均衡，直接影响到债务总体利息的支付数额。利率结构要均衡，就要适当控制浮动利率与固定利率的比重，其中对浮动利率债务的控制是问题的关键。因为国际金融市场变化多端，浮动利率外债过多，很有可能因为利率上升而增加债务负担，同时，浮动利率易使债务总额变化不定，不便于国家对外债进行宏观控制，也无法计算某年确切的偿还额。如果恰逢国内经济不景气，国际债务利率上升，债务负担加重，会使债务偿还陷入困境。

三、制约外债规模的因素

外债规模管理是加强外债管理的重要内容，为了使债务负担与偿债能力相适应，避免出现债务危机，保证经济的顺利发展，必须确保适度的外债规模。

（一）外债规模的衡量指标

国际上通常采用以下三个指标来衡量一个国家的外债规模。

1. 外债负债率。**外债负债率是指外债余额占当年国内生产总值（GDP）之比。**这一指标用来考察对外负债与整个国民经济发展状况之间的关系，它反映了一国经济总量对外债的负担能力。如果外债与国民生产总值比率过高，外债本息的偿还势必要挤掉国内的积累和消费，影响经济增长。因此，外债余额占国民生产总值的比率，必须稳定在一定的水平上。目前国际上公认这一比值的安全线为20%。

2. 外债偿债率。**外债偿债率是指外债还本付息额与当年贸易和非贸易外汇收入之比。**这个比率作为判断债务国清偿能力的高低和债务风险大小的标志，同时也是用来显示未来债务偿还是否可能出现问题的一个寒暑表。按照国际惯例，外债偿债率的安全线为20%。

3. 外债债务率。**外债债务率是指外债余额与当年贸易和非贸易外汇收入之比。**外债债务率反映了一国当前的创汇水平对整体外债的负担情况，按国际上公认的标准，这一比值应该小于100%。

我国各项外债风险指标见表8-3。

表8-3 　　　　　　2012—2021年我国外债风险指标

年份	国家外债负债率（%）	国家外债偿债率（%）	国家外债债务率（%）
2012	8.6	1.6	32.8
2013	9.0	1.6	35.6
2014	17.0	2.6	69.9

续表

年份	国家外债负债率（%）	国家外债偿债率（%）	国家外债债务率（%）
2015	12.5	5.0	58.6
2016	12.6	6.1	64.4
2017	14.3	5.5	72.6
2018	14.3	5.5	74.8
2019	14.5	6.7	78.3
2020	16.3	6.5	87.9
2021	15.5	5.9	77.3

资料来源：国家统计局网站。

（二）影响外债规模的因素

1. 国内建设资金的需求和内债的发行情况。如果国内建设资金的缺口较大，而国内居民的应债能力又不强，可适当增加外债的发行数量；反之，应减少外债的发行。

2. 外债的使用效益。外债不同于内债，借入外债增加了本国当年可使用的社会资源，偿还外债则减少了本国当年可使用的社会资源总额。纯粹消耗性的外债，如将外债用于军费、行政费等是有害的。用于经济建设的外债要看使用效果，效果好则加速了经济发展，增加了偿还能力；效果差将无力偿还，会成为经济社会发展的不利因素。因此，外债的使用效益高，政府可适当增加举债规模；反之，应减少举债规模。而外债的使用效益又取决于对外债的管理水平的高低以及对外债建设项目的配套能力和消化吸收能力。

3. 举借外债的成本。如果政府举借外债的成本较高，则外债的规模应适当减小。为此，应建立合理的外债种类结构、期限结构、币种结构和利率结构，以降低政府举借外债的成本。

4. 外债的承受能力和清偿能力。如果本国对外债的承受能力和清偿能力很高，则外债规模可适当扩大；反之，应减少外债规模。在实践中，应注意将负债率、偿债率和债务率三个外债风险指标控制在安全线以内，并应加强对外债规模变化的监控，以保持合理的外债规模，防范债务危机的发生。

第六节 政府债务风险治理

一、对政府债务及其风险的认识

（一）对政府债务的基本认识

通常，政府债务被认为是一种有偿性公共收入。政府在组织公共财政收入时，一方面可以凭借政治权力，采取无偿的形式来进行，如征税；另一方面还可以依据信用原则，采取有偿的形式来进行，如借债。这就是说，政府债务是政府取得公共收入的一种有偿形式。国际会计师联合会建议的政府国际会计准则将**负债定义为政府由于获得某种经济利益而承担的、产生于过去某种事项并且在将来导致政府资源流失的现有责任**。因此，可以看出，我国政府债务应是"公共债务"的简称，是政府履行其职能的需要，依据信用原则有偿、灵活地取得公共收入的一种形式，是各级政府部门债务的总称。它应包括由中央政府发行的国债、地方各级政府发行的公债，以及从上级或其他组织所借债务、政府所属行政机构或独资机构的债务。

（二）政府直接债务和或有负债

20世纪90年代，世界银行专家哈娜·波拉克科娃（Hana Polackova）运用财政风险矩阵的分类方法，将政府债务分为四种类型，即：直接显性负债、直接隐性负债、或有显性负债、或有隐性负债。其中，**直接债务**是指政府在任何条件下都无法回避的责任和应当履行的义务，是后果可以预见的负债。**或有债务**是指在特定条件下政府需要承担和履行的责任及义务，其出现与否取决于特定事件是否发生。

1. 政府直接显性负债。**政府直接显性负债**是指由特定法律或合同确认的政府债务。主要指签订合同的政府借款和政府发行的债券、国家《预算法》规定的支出，以及具有法律效力的公务员的工资和公务员的养老金。

2. 政府直接隐性负债。**政府直接隐性负债**是指政府道义上的责任，虽然没有直接承担的义务，但是由于公众的预期和利益集团的压力，使得政府最终会负担的债务。主要包括公共设施未来的使用和维护的费用、没有法定责任的医疗保险、法律上未规定的未来的公共养老金、没有法定责任的社会保障计划。目前，我国对此类隐性负债，并未进行核算。

3. 政府或有显性负债。**政府或有显性负债**是指以法律、合约等形式加以记载和规定的，基于某一特定事项发生时，政府所承担的责任，而必须支付的债务。主要指政府为非主权借款、地方政府以及公共部门和私人部门提供的债务担保、为小企业抵押贷款提供的贷款担保、为对外贸易和私人投资提供的担保、国家保险计划等方面的担保。

4. 政府或有隐性负债。政府或有隐性负债是指未经法律确认，但某些事件一旦发生，政府会出于公众的预期、政治的压力和道义上的责任，而承担的债务。主要包括地方政府对未担保的负债以及其他负债的违约、银行的破产、社会保障基金的破产、中央银行未能履行的责任、其他紧急财政救助、环境灾害的改善等（见表8-4）。

表8-4 政府负债类型

债务	直接负债 （在任何条件下存在的债务）	或有负债 （在特定事件发生情况下的债务）
显性债务 （由法律和合约确认的政府负债）	1. 国家债务（中央政府借款和发行的债务） 2. 预算涵盖的开支（非随意性支出） 3. 法律规定的长期性支出（公务员工资和养老金）	1. 国家对非主权借款、地方政府、公共部门和私人部门实体（发展银行）的债务担保 2. 国家对各种贷款（抵押贷款、学生贷款、农业贷款和小企业贷款）的保护性担保 3. 国家对贸易和汇率的承诺担保 4. 国家对私人投资的担保 5. 国家保险体系（存款保险、私人养老基金收入、农作物保险、洪灾保险、战争风险保险）

续表

债务	直接负债 (在任何条件下存在的债务)	或有负债 (在特定事件发生情况下的债务)
隐性债务 (反映公众和利益集团压力的政府道义责任)	1. 未来公共养老金（与公务员养老金相对的） 2. 社会保障计划，如果不是由法律做出硬性规定 3. 未来保健融资计划，如果不是由法律做出硬性规定 4. 公共投资项目的未来日常维护成本	1. 地方政府或公共实体、私营实体非担保债务（义务）的违约 2. 银行破产（超出政府保险以外的救助） 3. 实行私有化的实体债务的清偿 4. 非担保养老基金、就业基金或社会保障基金（对小投资者的保护）的破产 5. 中央银行可能的负净值或对所承担义务（外汇合约、货币保护、国际收支差额）不能履行 6. 其他紧急财政援助（如在私人资本外逃的情况下） 7. 改善环境、灾害救济、军事拨款

就我国实际情况看，政府负债既应包括已经列入预算的直接显性负债，即公债、外国政府与国际金融组织的贷款、公债转贷资金、农业综合开发有偿资金等，还应包括目前尚未列入预算的直接隐性负债和或有负债，如政府欠发工资、政府采购应付未付货款、社会保障支出的缺口、国有粮食企业的亏损挂账、政府提供的各种担保贷款、国有企业的潜亏、国有银行的不良资产坏账、农村信用社和供销社系统以及农村合作基金的坏账等。这些负债或是因政府过去为取得所需资金、货物或劳务而形成的现时存在的债务责任，例如，政府借款和政府债券、政府采购应付未付货款、政府欠发工资、社会保障支出的缺口等；或是因特定事件发生而形成的现时可能存在的债务责任，例如，国有企业的潜亏、政府提供的各种担保贷款、国有银行的不良资产坏账、农村信用社和供销社系统以及农村合作基金的坏账等；既有能够以货币确切地计量的政府债券、政府借款、欠发工资、应付未付货款等负债，又包括即使没有确切偿付金额，也能够合理地估计的社会保障支出的缺口、国有粮食企业的亏损挂账、国有银行的不良资产坏账等负债，还包括目前无法合理估计的负债，比如政府提供的各种担保贷款等。

（三）政府债务风险的特征

"风险"一词的字面意思是可能发生的危险。在现代经济学中，风险是指人们现在的决策对未来可能产生的不良影响以及执行这些决策可能会出现的不良后果。顾名思义，**政府债务风险是伴随政府负债而产生的一种财政风险，表现为政府无力支付到期债务的可能性**。其特征主要表现为方面：

1. 风险主体的政府性。由于政府债务是财政的重要组成部分，而财政的主体是政府，这就决定了政府债务风险是国家和政府的风险。政府债务风险的第一承担者是政府，一旦财政风险增大到一定程度，不能向社会有关机构提供足够的财力时，国家机器的正常运转就会遭受严重损害。这是它与以企业、家庭为主体的非政府债务风险本质的区别。

2. 风险范围的社会性。政府负债风险无论最终是造成损失，还是带来收益，其影响范围都是社会性的，即风险要由全体社会成员来承担，只不过由于社会成员在社会分工体系中所处的地位不同、拥有的生产要素的种类、数量不同，有的承担得多一些，有的承担得少一些而已。而企业、家庭风险一般不会产生社会性的影响。

3. 风险是各种社会风险的综合。由于财政是社会经济、政治的综合反映，而社会各方面都与财政有着直接或间接的联系，各方面也必然是政府负债的承担者，政府债务风险对社会各方面都会产生巨大的影响。总之，政府债务风险不仅仅是财政部门的风险，也不仅仅是政府的风险，而是整个社会的风险，是其他各种社会风险在财政中的反映。与此同时，现实生活中经常采用的"财政兜底"的政策，实际上把政府债务风险视为社会其他风险的承担者，在一定程度上是缓解甚至化解其他社会风险的手段。

4. 风险过程的长期性。在现代社会，由于政府公共经济部门活动是以国家政权为依托的，可以凭借国家的政治权力强制地扩大收入来源，只有经过相当长的时间，这种强制性超出整个国民经济承受能力的条件下，政府负债风险才会变成现实的财政危机。这样一方面为政府实现结局的逆转提供了充分的时间，即便政府行为出现了失误，蕴含了较大风险，但只要损失尚未成为现实，政府就有可能通过采取相应措施来化解风险；另一方面，也使债务风险一定程度上具有了隐蔽性，使人们对其缺乏足够的警惕，极易忽视债务风险，从而加大债务危机出现的可能性。

二、我国地方政府债务风险治理

2015年李克强总理的《政府工作报告》中提出安排地方财政赤字5000亿元，首次出现了"地方财政赤字"的表述，这意味着中国实施了20年不允许地方各级预算列赤字的规定，终于在2015年退出历史。2015年1月1日正式实施的《预算法》规定，经国务院批准的省、自治区、直辖市预算中必需的建设投资的部分资金，可以在国务院确定的限额内，通过发行地方政府债券以举借债务的方式筹措。

当前，中国政府债务风险不在公共预算赤字，而在地方政府性债务上。近年来，随着经济快速增长，财政收入保持高速增长，可由于凯恩斯主义经济政策的盛行，不少地方大搞建设，导致地方政府债务逐年增加，财政收支入不敷出，财政赤字就像滚雪球一样逐年增加。现在，我国地方债务的急剧累积和快速增长，地方债务风险已经成为威胁我国经济安全与社会稳定的重要因素。财政部数据显示，截至2021年12月末，全国地方政府债务余额已达30.47万亿元[①]。特别是，其中未充分统计的以地方融资平台为公益性项目融资举债，或通过PPP项目、政府投资基金、政府购买服务及违规担保的方式构成政府固化支出责任所形成的巨额隐性债务[②]，这些债务严重制约着地方经济社会的持续、健康、和谐发展，并潜伏着巨大的债务风险和诚信危机。地方政府债务风险是政府整体债务风险的重要组成部分，是地方财政风险的集中

---

① 根据财政部，截至2021年12月末，全国地方政府债务余额304700亿元，控制在全国人大批准的限额之内。其中，一般债务137709亿元，专项债务166991亿元；政府债券303078亿元，非政府债券形式存量政府债务1622亿元。

② 对于地方政府隐性债务的规模官方没有公布，有些研究保守估计在30万亿～50万亿元（杨志勇等，2017；毛捷等，2019）。

表现。

(一) 我国地方政府债务风险的形成机制

当前,我国地方政府债务风险形成的原因大体如下①:

1. 财政体制改革不彻底,导致的财权与事权不对称。1994年实行分税制时,虽然对这两级政府之间的事权进行过调整,但总的趋势是事权向地方下放。与此同时,为了增强中央政府的宏观调控能力,中央将消费税、关税等大税种划归中央,将增值税、企业所得税等税种实行中央与地方共享。这样一来留给地方政府的收入主要是大税种的小部分、小税种的大部分以及税源零散、稳定性差的税种,并且省以下出现越往下越"无税可分"的局面。虽然中央政府近年来不断增加对地方转移支付的力度,但是均衡性转移支付比例不高,大量采用的是专项转移支付,存在资金分配方法不科学、资金使用效率不高、大量挤占挪用等问题。有限的财政收入与巨大的支出需求相比矛盾突出,地方政府不得不靠举债度日。

2. 现行行政管理体制导致的考核弊端。由于地方政府考核体系的不科学、不健全,片面强调发展观和政绩观,导致地方政府性债务的扩大。相对于经济体制改革而言,我国行政管理体制改革相对滞后,"越位"与"缺位"问题并存,考核弊端突出。通常是,政府官员将个人政治前途放在首位,为了应付上级考核和显示工作业绩,实现自身利益最大化,在有限的任期内捞取政治资本,超越地方现有财力和经济实力,大规模上马建设项目,盲目追求GDP高增长,不惜举债融资,使得地方政府性债务规模不断增大,同时千方百计隐瞒债务,债务风险不断加剧。特别是官员一届任期只有几年,更倾向于长期负债,使得现任政府在享受债务带来现实好处的同时将偿债压力后移。

3. 投融资体制导致的政府投资冲动。当前,我国仍处于经济体制转轨时期,计划经济体制下的政府投融资体制虽然已经打破,但是,适应市场经济的新型政府投融资体制还未完全建立。地方政府投资范围仍然过宽,不仅大量涵盖公共产品和服务领域,在赢利性和竞争性领域也没有完全退出,一些地方在保运转的"吃饭财政"下,仍然进行大规模基础设施建设和其他领域投资。而且融资主体分散,管理薄弱,决策主体、偿还主体和责任主体并不统一,偿债意识也很淡薄。由于政府投融资体制的上述缺陷,形成了大量低效或无效投资,有些地方甚至出现了超前建设,依靠投资项目本身收益根本无法还款,形成巨额地方政府性债务。

4. 现行预算管理体制导致的预算软约束。我国《预算法》明确规定地方政府不允许举债,上级政府并不对下级政府举债承担责任。但是,地方政府知道一旦地方财政破产,上级政府绝不可能不管,软约束的预算管理体制必然促使上级政府全力救助下级政府。同样,如果在赋予决策者以决策权力的同时,不明确与履行该职责相对称的责任义务,那么就会形成决策在预算上的软约束,导致决策者在决策时,难以控制扩张的冲动,举债规模过度增加,在无法归还债务时,把希望寄托在中央政府的最终救助上。

5. 积极财政政策的影响。1998年以来,为了应对经济危机,中央政府大量发行国家公债,实施积极财政政策。国家公债资金大量投入地方,对加快地方基础设施建设和拉动地方经济增长发挥了积极的作用。不过,国家公债投入通常需要银行和地方

---

① 黄国桥,徐永胜. 地方政府性债务风险的传导机制与生成机理分析. 财政研究,2011-9:3.

政府的配套资金。由于国家公债在地方主要投向社会效益明显而经济效益甚微的基础设施，因此，银行的配套资金实际上成了地方政府担保的贷款，最终偿债责任会落到地方政府的头上。地方政府配套的资金，大多也通过投资公司之类的经济实体从多渠道融资，地方财政投入很少，这也形成了地方政府的债务。另外，国家公债转贷给地方部分，地方政府还必须还本付息。

6. 经济风险和社会风险的转嫁。在我国经济体制转轨中，由于政府职能转变滞后，政府对经济、社会微观领域事务干预过多，产权不清，导致经济、社会主体缺乏自我风险约束；由于市场化程度不高、市场准入的限制，保险、担保、期货等民间风险经营机构难以快速发展。这两个方面的因素结合在一起导致分散、化解经济、社会风险的市场机制难以形成，许多经济、社会风险直接转嫁给地方政府，形成地方政府债务风险。

（二）防范和化解我国地方政府债务风险的对策①

1. 清查存量债务，建立地方政府债务风险预警机制。组织大规模的全国地方政府债务清查，按照直接显性、直接隐性、或有显性和或有隐性的债务分类方法对地方政府债务进行分类登记，摸清地方政府债务的总量和结构。中央负责制定包括直接显性、直接隐性、或有显性和或有隐性债务在内的完整的地方政府债务统计指标体系，并结合财政、经济、社会发展相关指标，建立地方政府债务风险预警机制，让政府性债务在阳光下运行，对可能出现的地方政府债务风险及早预警。另外，还要建立和完善地方债务风险监管体系，把内部控制和外部监督、责任考核和审计监督结合起来，化解债务风险于未然。

具体来说，对直接显性债务，各级地方政府应根据债务的数量和期限，制订中长期偿还计划，并建立相应的偿债基金；对或有显性债务，应坚持"谁借谁还"的原则，清偿债务，必要时可用法律手段进行追讨；对直接隐性债务和无法"就地"化解的或有隐性债务，应该以专项债券化解地方政府隐性债务，用5—10年将地方政府隐性债务化解，让地方政府隐性债逐步"显性化"已成为可能②。例如，2021年10月广东省成功发行了再融资一般债券（六期至八期）和再融资专项债券（十期至十一期），该批债券发行规模合计751.63亿元。根据债券募集资金投向，本次发行再融资债券均用于偿还存量隐形债务。

2. 实施行政层级改革，完善分税制财政体制。（1）减少政府层次。分税制财政体制要求一级政府一级事权一级财权，我国目前19个税种分到5级政府并形成与各级政府事权相对应的稳定的财权，是非常困难的。因此，建议实行三级加两个半级政府，即中央、省、县三级政府和地（市）、乡（镇）分别作为省、县政府的派出机构，为完善我国分税制财政体制奠定良好的前提。（2）在减少政府层次的基础上，以公共产品受益范围为标准，科学合理地划分各级政府之间的事权。对诸如基础教育等属于全国受益范围的公共产品应由中央政府来提供，这也是发达国家通行的做法。属于地方受益的公共产品，应按受益范围的大小由相应级次的政府来提供。各级政府

---

① 呼显岗. 地方政府债务风险的特点、成因和对策. 财政研究，2004 – 8：43～44.

② 2018年《中共中央国务院关于防范化解地方政府隐性债务风险的意见》（中发〔2018〕27号），《中共中央办公厅国务院办公厅关于印发〈地方政府隐性债务问责办法〉的通知》（中办发〔2018〕46号）颁发之后，开始进入隐性债务化解期，按照《意见》要求地方需用5—10年完成隐性债务化解。

之间事权划分后应用法律的形式确定下来，坚决抵制上级政府随意变更下级政府事权的做法。(3) 合理划分各级政府之间的财权。根据事权和财权相对应的原则，发达国家的经验以及我国目前的税制，中央政府的税收应以增值税、所得税为主，地方政府的税收以财产税为主。同时，还应扩大地方政府的税种选择权、税率调整权。(4) 规范和加大转移支付。按照全国公共产品供给均等化原则，中央应缩小、取消专项转移支付，加大对事权大于财权的地区的一般转移支付，坚决杜绝上级政府"创租"、下级政府向上级政府"寻租"的恶性循环，实现地方政府事权与财权的相对称。

3. 加快地方政府投融资体制改革。(1) 规范政府投资范围。按照市场经济要求，政府投资应尽快从一般竞争性领域退出，投向交通、能源、市场基础设施、农业基础设施、环境保护、公共卫生、基础科研、教育等公共产品领域。(2) 建立政府投资项目库。凡是政府投资范围内的项目，都应组织专家进行投资与收益分析，确保项目投资建立在科学、可行的基础上。所有经过专家可行性论证的项目都应进入政府项目库。(3) 统一政府融资管理。政府投资项目所需资金，无论是对外债务，还是国内金融机构借款、国家公债、地方公债等，财政部门应根据政府投资计划编制财政融资的预算、决算，加强对政府债务借、用、还的全程管理和监督。(4) 建立两种不同的偿债机制。对主要体现社会效益而经济效益低下的公益性项目，财政部门应以税收和其他经常性收入作为资金来源建立偿债专项基金、清偿债务。对道路、桥梁、机场、码头等具有可见经济效益的项目，应坚持"谁借谁还"的原则，用项目收益偿还债务。(5) 制定包括政府投融资决策条件、债务偿还条例和项目决策失误责任追究条例在内的一系列法律法规，实现政府投融资管理的规范化和制度化。

4. 转变政府职能，深化行政管理体制改革。在市场经济条件下，要想从根本上解决地方政府的举债投资冲动，必须依靠政府职能的转变，找准政府定位。当前，要扭转以GDP为核心的政绩指标考核机制，真正把政府由"全能型"转为"服务型"，由"无限型"转为"有限型"，加强政府的社会管理和公共服务职能，更加注重和改善民生。树立正确的发展观和政绩观。防止党政领导行为短期化，摒弃过去考核"重资金投入、轻效益评价，重硬件形象、轻成本考核"的倾向，充分发挥绩效评估的激励约束作用，将减债纳入党政领导干部考核指标，树立"减负就是增收、减债也是政绩"的理念，从源头上防范政府性债务风险的产生。

5. 建立经济、社会风险的分散和化解机制。(1) 强化经济、社会利益主体的风险自我约束。加快地方政府职能转变，减少政府对经济、社会微观事务的过多干预，充分发挥产权的激励和约束作用，实现经济、社会利益主体责、权、利相统一，强化利益主体的风险自我约束，形成分散、化解经济和社会风险的第一道防线。当前最为迫切的是要规范地方政府行为，减少地方政府对商业银行等金融机构借贷业务的干预；加快国有企业改革步伐，实现国有经济从竞争性领域的有序退出；放开粮食市场，实现市场对粮食生产的调节；认真贯彻《担保法》，禁止政府为竞争性领域的一切企业融资提供担保。(2) 大力发展民间风险经营机构。放宽市场准入，提供政策支持，大力发展保险、担保、期货等民间风险经营机构，分散和化解经济、社会利益主体自身无法抗拒的风险，形成防范、化解经济社会风险的第二道防线，减少经济、社会风险向最后防线——

财政的转嫁。(3) 政府应加强对国有公益性事业单位（如高校）的融资管理。对融资项目应组织专家进行可行性论证，对融资数量应进行偿债能力分析，既要满足事业发展的需要，又要防止公有产权形成的融资冲动，避免不良债务的形成。

（三）为解决地方政府债务的可操作性方案

《国务院关于加强地方政府性债务管理的意见》（国发〔2014〕43号）强调："要硬化预算约束，防范道德风险，地方政府对其举借的债务负有偿还责任，中央政府实行不救助原则"。因此，对于地方政府债务，国家给出政策大致思路是：（1）控制一般性债务规模，新增债务必须纳入预算管理，利息支付由地方政府财政解决；（2）隐性债务只减不增，按照有序、稳步原则逐步化解"清零"，时间跨度为2018年之后10年；（3）地方专项债，2017年，财政部发文鼓励地方政府积极发展"项目收益专项债"解决。

1. 针对地方政府债务增量的解决方案。根据2015年1月1日开始实施的新《预算法》第三十五条的规定：（1）经国务院批准的省、自治区、直辖市的预算中必需的建设投资的部分资金，可以在国务院确定的限额内，通过发行地方政府债券举借债务的方式筹措。举借债务的规模，由国务院报全国人民代表大会或者全国人民代表大会常务委员会批准。省、自治区、直辖市依照国务院下达的限额举借的债务，列入本级预算调整方案，报本级人民代表大会常务委员会批准。举借的债务应当有偿还计划和稳定的偿还资金来源，只能用于公益性资本支出，不得用于经常性支出。（2）除前款规定外，地方政府及其所属部门不得以任何方式举借债务。（3）除法律另有规定外，地方政府及其所属部门不得为任何单位和个人的债务以任何方式提供担保。（4）国务院建立地方政府债务风险评估和预警机制、应急处置机制以及责任追究制度，国务院财政部门对地方政府债务实施监督。这将使地方债的发行，筹集资金的使用，以及债务的偿还和监管都必须依法进行，将有助于地方政府债务增量问题的解决。

2. 针对地方政府债务存量的解决方案。根据新《预算法》《国务院关于加强地方政府性债务管理的意见》及地方政府债券发行管理的有关规定，财政部、中国人民银行、银监会联合印发了《关于2015年采用定向承销方式发行地方政府债券有关事宜的通知》，明确2015年省、自治区、直辖市（含经省政府批准自办债券发行的计划单列市）人民政府在财政部下达的置换债券限额内采用定向承销方式发行一定额度地方债，用于置换地方存量债务。具体来说，分为两个步骤①：

（1）2015—2018年化解相关政府债务和或有显性债务。2015年1月修订后《预算法》实施之前，地方政府缺乏举债融资渠道，而通过政府部门、企事业单位替代政府为公益性项目融资举债，由财政资金兜底偿还或政府为融资主体提供担保所形成的债务，即政府显性债务和或有显性债务。这些作为截至2014年12月31日之前的政府性债务，是在中央和地方事权和财权还不匹配、地方政府缺乏融资渠道情况下所形成的，此债务的存在有其客观制度性。从全国范围来看，融资平台公司在政府性债务中占比较高，接近50%的比例。从2015—2018年开始化解这部分债务，化解政府性债务是在清理甄别认定的基础上，主要通过发行政府置换债券置换此债务，即在债

---

① 白景明. 中国财政赤字未来走势及管控. 中国经济时报，2020-11-03.

权人同意前提下,将融资平台公司等企业为纯公益性项目融资转为政府债务,当年,全国地方政府负有偿还责任的债务规模为15.4万亿元,2018年前这部分债务基本置换完成。

(2) 2018年至今是政府化解地方政府隐性债务。2015年以来随着修订《预算法》实施,《国务院关于加强地方政府性债务管理的意见》(国发〔2014〕43号)明确规定:地方政府只能通过债券形式在预算内举借债务和推广使用政府与社会资本合作模式(PPP),但许多地方在预算不足和PPP模式不能满足需求时,继续通过地方融资平台为公益性项目融资举债,或通过PPP项目、政府投资基金、政府购买服务及违规担保的方式构成政府固化支出责任所形成隐性债务。根据财政部《地方全口径债务清查统计填报说明》,化解方式分为六类:安排财政资金偿还;出让政府股权以及经营性国有资产权益偿还;利用项目结转资金、经营收入偿还;合规转化为企业经营性债务;通过借新还旧、展期等方式偿还;采取破产重整或清算方式化解。这说明地方隐性债务的化解和之前政府性债务的化解有明显区别,本轮隐性债务主要通过存量财政和市场化方式化解,而不是大规模置换化解。

> **【资料】财政部:截至2020年末全国政府债务余额46.55万亿元 风险总体可控**
>
> 据财政部消息,截至2020年末,地方政府债务余额25.66万亿元,控制在全国人大批准的限额28.81万亿元之内,加上纳入预算管理的中央政府债务余额20.89万亿元,全国政府债务余额46.55万亿元,按照国家统计局公布的2020年GDP初步核算数101.6万亿元计算,政府债务余额与GDP之比为45.8%,低于欧盟60%的预警线,也低于主要市场经济国家和新兴市场国家水平,风险总体可控。下一步,财政部将坚决贯彻落实党中央、国务院决策部署,按照"开好前门、严堵后门"的思路,加强与相关部门的分工合作和协同监管,进一步完善地方政府规范举债融资机制,抓实化解隐性债务风险工作。一是持续完善法定债务管理,保持宏观杠杆率基本稳定。兼顾稳增长和防风险需要,合理确定政府债券规模,保持适度支出强度。继续坚持"资金跟项目走"原则,提前做好项目准备,完善专项债券项目确定机制,适当放宽发行时间限制,合理扩大使用范围,提高债券资金使用绩效。二是持之以恒防范化解隐性债务风险,持续用力、久久为功。坚决遏制隐性债务增量,对各类新增隐性债务行为,发现一起、查处一起、问责一起,终身问责、倒查责任;稳妥化解隐性债务存量,完善常态化监控、核查、督查机制,对各类隐性债务风险隐患做到早发现、早处置,牢牢守住不发生系统性风险的底线。
>
> 资料来源:中国经济网2021-01-28。

【资料分析】公债的发行与偿还会对政府、认购者、纳税人乃至后代人等各方经济主体产生压力和负担,因此,公债规模是事关国家全局的宏观经济问题,必须把公债规模放在国民经济发展的大环境中去研究,把握好公债规模与经济发展水平与速度、财政承受力、政府债务管理水平、宏观经济政策以及金融市场化程度之间的关系。虽然我国目前的政府债务规模总体可控,并有一定的举债空间,但债务累积的潜在风险也不容小觑。政府应依法举债并对国债和地方公债进行规模管理,并注意监测政府债务风险情况,特别是积极解决地方政府债务管理存在的问题,以切实防范和化解政府债务风险。

复习思考题

1. 公债的含义、特征与种类。
2. 公债具有哪些功能?
3. 公债对消费、投资和货币供给会产生哪些影响?
4. 衡量公债规模是否适度的标准有哪些?请对我国公债规模现状进行分析。
5. 什么是国债余额管理?
6. 如何优化公债的结构?
7. 公债还本付息的资金来源有哪些?
8. 公债流通市场的交易方式有哪些?
9. 如何使外债的结构与规模合理化?

第九章 政府预算和预算管理制度

政府预算是一国财政框架体系的核心内容，规范、透明及高效的预算制度是保证公共产品及服务有效供给的重要制度安排，也是公众向政府表达其偏好并借以监督和制约政府收支行为的最佳渠道。从形式上看政府预算是财政收支计划，但从实质上看是对稀缺资源的合理配置。"国家预算是一个重大问题，因为它反映着整个国家的方针政策，规定着政府的活动方向与范围。"政府预算绝不仅仅是政府的事情，它与每个人的利益息息相关，预算可以通过法律程序保证政府收支不偏离社会公众利益，保证市场在资源配置中起决定性作用。

第一节 政府预算的概念及组织构架

一、政府预算的概念

预算与财政一样，都是人类历史发展到一定阶段的产物，理论界主流观点认为，财政是随着国家的产生而产生的，而预算则是在财政产生之后到了封建社会后期和资本主义社会初期才产生的。现代国家预算制度最早出现在英国，其思想渊源可以追溯到 1215 年英国《大宪章》首次确认的"非赞同毋纳税"以及 1295 年英国"模范议会"所提出的"涉及所有人的问题，应当由所有人来批准"的基本预算与税收原则。政府预算涉及政治、经济、社会及法律等诸多问题，承载着政府运用财政政策进行公共资源合理配置的重任，是连接政府与公民的财政纽带，也是评估政府受托责任及提升公共管理效率的工具。

政府预算是指经过法定程序审批的具有法律效力的政府财政收支计划，是政府筹集、分配和管理财政资金及宏观调控的重要工具。 从形式上看，政府预算是一国政府施政的基本财政收支计划，是按一定标准将财政收入和支出分门别类地列入各种计划表格，可以反映一定时期政府财政收支的具体来源和资金的使用方向。从内容上看，政府预算全面反映公共财政的分配活动，规定着政府的活动范围和方向。从性质上看，政府预算是具有法律效力的文件，政府预算收支计划必须经过立法机关审查批准后才能生效，并具有法律约束效力。通过政府预算可以有计划地组织财政收入和合理地安排财政支出，贯彻执行国家的方针政策，保证各项收支任务的圆满完成，以法律程序保证政府收支不偏离社会公众利益。市场经济运行表现出周期性波动的特点，政府预算在为国家筹集分配财力的同时，作为调节社会经济活动过程的重要经济杠杆，保证市场在资源配置中起决定性作用，促使经济持续、稳定发展。

二、政府预算的基本特征

政府预算作为一个独立的财政范畴，是国家财政发展到一定历史阶段的产物，从预算的产生到发展为现代政府预算制度，其内涵不断得到完善和充实。近年来，各市场经济国家的公共管理改革，都将政府预算改革作为重点之一，也反映出政府预算在当代公共管理中的战略地位，并形成了区别于其他经济范畴的基本特征，主要包括以下几个方面：

1. **计划性**。"凡事预则立，无预则废"，政府预算的计划性是指政府通过编制预算对财政收支规模、收入来源和支出用途进行事前的预测。各级财政部门及有关部门在本预算年度结束以前，需要对下一年度或跨年度财政收支进行预测，编制出年度或跨年度财政收支计划，并进行收支对比。这种建立在预测基础上的收支计划是否符合实际，取决于预测的科学性和民主化程度，也受预算执行中客观条件变化的影响，预算预测性的本质在于预测收支的准确性，而提高预测的准确度是完善政府预算管理的基础。

2. **法治性**。是指政府预算的形成和执行结果等全过程都要在相关预算法律法规及制度框架范围内进行。预算法治是一种治国理政的原则和方法，要求预算主体各方都能够严格遵守法律和依法办事。政府预算的法治性具体体现在：政府预算的编制、执行、调整和决算等程序是在法律规范下进行的；有关预算级次、收支内容、管理职权划分等都是以预算法的形式规定的。政府预算的法治性是预算过程得以实现的保证，缺乏法律约束的预算不能称为真正意义上的现代预算制度。为适应建立公共财政的需要，就必须把预算定位在"法律的本质上"，赋予预算以法律效力。政府预算必须经过立法机构审查和批准，经过国家立法权力机关审批后的政府预算才具有法律效力。各级政府、各部门和各单位必须维护政府预算的严肃性、权威性，严格贯彻执行，并保证预算收支任务的圆满实现。

3. **公开性**。是指政府预算收支的编制、审批、执行及决算等全过程都要以适当的形式向公众公开，使之置于公众监督之下。政府预算的本质内涵表明它始终都承担着公开政府收支的职责，除涉及国家机密的内容外，所有财政资金的安排和使用情况都要公开。我国现行《预算法》规定："经本级人民代表大会或者本级人民代表大会常务委员会批准的预算、预算调整、决算、预算执行情况的报告及报表，应当在批准后20日内由本级政府财政部门向社会公开"。在现代国家，政府预算是社会公众和政府之间委托代理关系的一种反映，换言之，预算可以理解为政府代理公共事务所需财力资源及其配置的一种契约,这种契约是以法律文书形式形成的权责合约。因此,政府预算内容必须公开、透明,以加强政府与公众的沟通,使公众更加了解政府的部署,从而更好地配合政府落实有关决策。不仅如此,通过政府决策程序的公开透明,能更好地促进决策程序的民主化,更充分发挥社会公众对政府预算的监督约束作用。政府预算公开所采取的主要形式是向社会公布政府预算、决算报告及政府综合财务报告等。一般是通过向代表公众利益的立法机构提交预算报告的形式,并阐述预算编制的依据、执行过程中采取的措施,以及如何保证预算的实现,并经立法机构审议通过后向社会进行公布,接受公众监督。

4. 公共性。是指通过预算分配要满足社会公共需要,弥补市场的缺陷与不足,预算运行的结果要对公众负责。从现代预算的公共性特征产生的过程看,政府预算既是政府管理公共事务的工具,又是政治民主化的产物。在现代社会中,私人预算与政府预算最大的区别在于预算决策背后的动机不同,政府是"理公共之财,管公共之事"。政府的职能范围主要是提供公共产品和服务,这就决定了政府进行预算决策时更多考虑的是为全社会带来利益,满足社会公共需要。因此,相对于其他预算主体和私人预算来说,政府预算具有很鲜明的公共性。财政改革的目标是建立现代财政制度,而推进公共预算改革,加快完善现代预算制度是建立现代财政制度的应有之义。目前,政府预算的支出结构发生了重大变化,生产性和营利性投资支出所占比重逐步缩小,而公共性及民生性支出所占比重迅速上升。依据现行《预算法》第六条的规定:我国一般公共预算以税收收入为主体,其支出重点主要集中在四大公共领域,安排用于保障和改善民生、推动经济社会发展、维护国家安全和维持国家机构正常运转等。我国政府预算公共性特征随着经济社会发展变得更加清晰,政府预算的公共性必然要求预算决策的民主,预算运行要规范、公开透明并接受社会公众监督。

5. 完整性。是指政府预算必须包括政府的全部财政收支项目,反映以政府为主体的全部收支活动。我国现行《预算法》第四条明确规定:政府的全部收入和支出都应纳入预算。预算的完整性是建立规范化、法治化政府预算的前提条件。只有完整的政府预算才能保证政府控制、调节各类财政性资金流向和流量的顺利进行,充分发挥预算的分配与调节功能。同时,政府预算的完整性也有利于立法机构审议批准预算和社会公众对政府活动的了解,便于监督政府预算的执行。目前,许多国家都致力于扩展政府预算的涵盖范围,凸显政府预算的完整性,例如,一些国家在预算报告中,除正常财政收支外,还对税式支出、政府或有负债以及贷款担保等全面加以反映。[①]

三、政府预算的组织构架及预算管理权限

(一)政府预算的组织构架

现代政府预算作为一个复杂的组织系统,既包括处于较高层面的政府因素,也更多地涉及处于基础层面的技术因素,因此,政府预算的组织构架往往具有"横看成岭侧成峰"的特点。我国政府预算的组织框架,是与我们国家政权结构和行政区域的划分密切联系的,原则上凡属一级政府都应有一级预算。政府预算可分为中央预算

---

① 李燕. 政府预算理论与实务-第四版. 北京:中国人民大学出版社,2021.

和地方预算,各级政府预算是由该级政府组织体系的有关预算汇总而成的。根据现行《预算法》规定,我国从中央到地方设立中央,省(自治区、直辖市),市(设区的市、自治州),县(自治县、不设区的市、市辖区),乡(民族乡、镇)**五级预算组成**。省(自治区、直辖市)预算以下为地方预算。

中央政府预算由中央各部门(含直属单位)的预算组成,地方预算由各省、自治区、直辖市总预算组成。地方各级总预算由本级预算和汇总的下一级总预算组成;下一级只有本级预算的,下一级总预算即指下一级的本级预算。没有下一级预算的,总预算即指本级预算。

在近年来的政府预算管理体制改革实践中,出现了"省直管县"和"乡财县管"的管理模式,在一定程度上突破了五级预算的组织管理构架。有关这些改革模式的利弊评价限于篇幅暂不加以评价,相信随着预算改革的不断深入会给出一个明确的答案。

(二)预算管理职权

政府预算管理职权,是指在宪法原则的框架下,依据预算法等相关法律法规,对参与政府预算管理系统的各利益相关主体,就其各自的职责与权限所进行的法律界定。从世界各国预算管理实践看,无论是联邦制还是单一制国家,立法机关和行政机关的预算管理职权,通常都在宪法有关条款中加以原则规定,并进而由财政法、预算法等相关法律法规做出更为详尽的、可操作的具体规定。2015年实施的新《预算法》明确规定了国家各级权力机构、政府机关、各级财政部门以及各预算具体执行部门和单位在预算管理中的职权,这是保证预算严格依法管理的前提条件。根据宪法和有关法律的规定,对预算管理职权规定如下:

1. 各级人民代表大会的职权。

(1) 全国人民代表大会审查中央和地方预算草案及中央和地方预算执行情况的报告;批准中央预算和中央预算执行情况的报告;改变或者撤销全国人民代表大会常务委员会关于预算、决算的不适当的决议。

(2) 县级以上地方各级人民代表大会审查本级总预算草案及本级总预算执行情况的报告;批准本级预算和本级预算执行情况的报告;改变或者撤销本级人民代表大会常务委员会关于预算、决算的不适当的决议;撤销本级政府关于预算、决算的不适当的决定和命令。

(3) 乡、民族乡、镇的人民代表大会审查和批准本级预算和本级预算执行情况的报告;监督本级预算的执行;审查和批准本级预算的调整方案;审查和批准本级决算;撤销本级政府关于预算、决算的不适当的决定和命令。

2. 各级人民代表大会常务委员会的职权。

(1) 全国人民代表大会常务委员会监督中央和地方预算的执行;审查和批准中央预算的调整方案;审查和批准中央决算;撤销国务院制定的同宪法、法律相抵触的关于预算、决算的行政法规、决定和命令;撤销省、自治区、直辖市人民代表大会及其常务委员会制定的同宪法、法律和行政法规相抵触的关于预算、决算的地方性法规和决议。

(2) 县级以上地方各级人民代表大会常务委员会监督本级总预算的执行;审查和批准本级预算的调整方案;审查和批准本级决算;撤销本级政府和下一级人民代表

大会及其常务委员会关于预算、决算的不适当的决定、命令和决议。

3. 各级政府的职权。各级预算由本级政府组织编制、执行和决算，负责政府预算管理的组织领导机关是国务院及地方各级人民政府。国务院作为国家最高行政机关，负责组织中央预算和全国预算的管理；地方各级人民政府负责本级政府预算和本行政区域内总预算的管理，并负责对本级各部门和所属下级政府预算管理进行检查和监督。

4. 各级财政部门的职责。政府预算的具体编制、执行和决算机构是本级政府财政部门，即各级政府财政部门是对预算管理进行具体负责和管理的职能机构，是预算收支管理的主管机构。国务院财政部门具体编制中央预算、决算草案；具体组织中央和地方预算的执行；提出中央预算预备费动用方案；具体编制中央预算的调整方案；定期向国务院报告中央和地方预算的执行情况。地方各级政府财政部门具体编制本级预算、决算草案；具体组织本级总预算的执行；提出本级预算预备费动用方案；具体编制本级预算的调整方案；定期向本级政府和上一级政府财政部门报告本级总预算的执行情况。

5. 监督与法律责任的规定。全国人民代表大会及其常务委员会对中央和地方预算、决算进行监督；县以上地方各级人民代表大会及其常务委员会对本级和下级政府预算、决算进行监督；乡、民族乡、镇人民代表大会对本级预算、决算进行监督。各级政府未依照预算法规定，编制、报送预决算草案、预算调整方案；未对有关预算事项进行公开和说明的；违反规定设立政府性基金项目和其他财政收入项目的；违反法律法规规定使用预算预备费、预算周转金、预算稳定调节基金、超收收入的；未按规定开设财政专户的，追究直接责任主管人员和其他责任人行政责任。

第二节
政府预算模式

政府预算模式是指预算安排的外在组织形式，体现预算收支之间的内在联系和资金管理的要求。 政府预算是公共治理的核心议题，预算管理模式的创新与演进也成为整个公共管理制度变革的关键。政府预算并非单纯体现公共资源配置和使用的技术层面问题，也蕴含了更为深刻的政治哲学命题。正如渐进主义预算理论的奠基人威尔德夫斯基（Arron Wildavsky）所指出："预算是政府的血液和生命……如果我们不说政府应该怎样做，而说政府预算应该怎样做，就可以更清晰地看出预算在政府中所起的核心作用。"[①] 随着政府职能的拓展和提供公共产品规模的不断扩大，政府预算模式也经历了由简单到复杂、由低级向高级发展的过程。选择科学合理的预算编制模式是强化政府预算管理、提高政府支出效率的基本前提。

---

① 马蔡琛. 政府预算. 大连：东北财经大学出版社，2007：60.

一、单式预算和复式预算

按照政府预算的组织形式划分,政府预算可以分为单式预算和复式预算。

(一) 单式预算

单式预算是传统的预算编制形式,它是在预算年度内,将全部财政收支统一汇编在一个总预算内,而不区分各类财政收支的性质分别编制预算。单式预算的优点有利于反映预算的整体性、统一性,可以明确体现政府财政收支规模和基本结构。单式预算的缺点是没有按财政收支的经济性质分别编列和平衡,看不出各项收支之间的对应平衡关系,不利于进行预算管理和监督,也不利于体现政府在不同领域活动的性质和特点。

(二) 复式预算

复式预算是根据政府预算收支的不同性质,将全部财政收支分别编成两个或两个以上的预算。通常分为经常预算和资本预算两个部分。我国《预算法》规定,政府预算按照复式预算编制,分为一般公共预算、政府性基金预算、国有资本经营预算和社会保险基金预算。复式预算的优点是体现了不同预算收支的性质和特点,可以根据财政收入的不同性质,分别进行分析与管理,既能反映财政资金的流向和流量,又能全面反映资金性质和收支结构,有利于提高预算编制质量,加强预算资金的监督与管理,满足不同类型的社会公共需要。复式预算的缺点是由于全部政府收支在不同的预算中反映,在反映政府预算的整体性、统一性方面有所欠缺。

复式预算同单式预算进行比较,两者具有不同的特点和作用。 从对财政活动的反映程度看,单式预算具有全面性和综合性,可以较为明确地反映财政活动的总体情况,更符合统一性和完整性的预算原则,但单式预算没有按财政收支的经济性质分别进行编列,不能看出各项收支之间的对比关系,不能清晰反映投资性支出效益的具体情况,不利于进行宏观调节与控制。复式预算正好相反,虽然总体功能较弱,但对收支结构和经济建设投资状况的反映则较为明确,可以根据财政收入的不同性质,分别进行监督与管理,有利于提高财政支出的使用效益,有利于实行宏观决策和管理。从操作过程来看,单式预算简洁、清楚、全面,编制和审批也比较容易;复式预算科学、严谨,便于政府对财政活动进行分析,有利于对收支的控制。

二、基数预算和零基预算

按照政府预算编制方法划分,可将政府预算分为基数预算和零基预算。

(一) 基数预算

基数预算也称增量预算,是指预算年度收支指标的确定,以上年或基期的财政收支为基础,综合考虑预算年度国家经济政策变化等因素,确定一个增减调整比例,以测算预算年度有关收支指标,并据以编制预算的方法。其基本公式可以表示为:

$$预算年度某项收支数额 = 上年度或基期该项收支的基数 \times (1 \pm 增减率\%)$$

基数预算是我国预算编制过程中常用的方法之一。**基数预算的优点**:一是保持了政府预算的连续性,既便于指标的确定又便于相关指标的比较,也有利于对长期发展项目的持续性支持;二是方法简便易行,在数据资料有限、预算管理的科学性和规范性要求不高的条件下，可满足财政决策和预算编制的需要。**基数预算的缺点**：一是收支基数的科学性、合理性难以界定，基数预算往往以上年或以前若干年平均数为收支基数，实际是以承认既得利益为前提，使以前年度不合理因素得以延续；二是编制方法过于简单，主观随意性较大，缺乏准确的科学依据。

（二）零基预算

零基预算是指在编制预算时，不考虑以前年度的收支状况或基数，而是根据当年政府预算政策要求、财力状况和经济发展预测对各项收支进行重新核定。零基预算的核心是打破"基数加增长"的预算编制方法，预算项目及其金额的确定不受以往年度"既成事实"的限制，强调重新评估的基础上核定收支。

零基预算的优点：一是不受以往年度预算收支的约束，强调一切从新的评估起点开始，从合理性和可能性出发，改进预算执行过程中花钱不当或方法不妥的地方，有利于优化支出结构，控制预算规模，提高预算资金使用效率；二是预算决策有较大的回旋余地，可突出当年政府经济社会政策重点，充分发挥预算政策的调控功能，防止出现预算收支结构僵化的制约。**零基预算的缺点**：一是零基预算要求高，每年对所有收支都进行核定，耗时长，工作量大，并会受到利益博弈的干扰，决策成本大幅提高；二是在实际工作中，不是所有的预算收支项目都能采用零基预算，有些收支在一定时期内具有刚性，如国债还本付息支出、公务员工资支出等。我国零基预算始于20世纪90年代的预算改革中，通过借鉴国外成功经验，突破了传统"基数法"编制预算的框架，实行了零基预算改革。时至今日，在地方政府预算编制指导原则中，我国实行零基预算仍然具有非常突出的重要性，并取得了一定的成效和经验。

三、投入预算和绩效预算

绩效预算作为一个预算术语使用形成于1949年美国胡佛委员会提出的一个概念，就是将"绩效水平与具体的预算数额联系起来。"[①] 这一预算改革在西方世界产生了巨大影响，以"成本—绩效"作为评价标准的预算管理理念日益深入人心，同时也对传统的投入预算形成了强大冲击。

（一）投入预算

投入预算是指在预算编制、执行时主要强调严格遵守预算控制规则，对投入资金进行严格的控制。投入预算主要关注政府的支出行为是否恰当，监督政府是否将拨款支出到事前规定的用途，限制甚至禁止资金在不同预算项目之间转移，以保证政府预算符合财务管理的要求，所以也称为合规性预算。投入预算主要强调对公共资源的使用负责，保证预算按预定的规则运行，而不强调对资源的使用结果负责，如预算是否达到了政府的政策目标，投入产出的效率如何。投入预算的优点：有利于预算管理的规范化、制度化，便于立法部门审议。其不足之处在于，不重视产出和结果，不能有效控制行政机构和人员膨胀，预算支出效率低下等。在公共资源普遍稀缺的情况下，无法体现预算资金的使用效率，也使得预算规则在执行中大打折扣。

---

① 1949年美国胡佛委员会的报告将这种预算管理模式的变革称为绩效预算。在此之前，绩效预算称为功能预算会行动预算。

（二）绩效预算

绩效预算是一种强调预算投入与产出关系，以项目的效益为目的，以成本为基础而编制的预算。它强调预算支出效益，重视预算执行，根据效益来衡量其业绩。与投入预算相反，绩效预算是一种以结果为导向的预算，即绩效预算编制的目标是政府提供公共产品及服务的"结果"，而不是政府机构的简单产出。绩效预算是以业绩评估为核心的一种预算制度，衡量财政资金使用是否"物有所值"，政府花钱购买和提供的公共产品和服务是否符合公共需要，绩效预算是根据"花钱买效果，而不是买过程"的理念设计的。绩效预算对于提升政府执政的公信力，促进透明、高效、廉洁政府的建设具有重要意义。

四、年度预算和多年预算

（一）年度预算

年度预算是指预算收支计划执行期为一年的预算。传统意义上的政府预算主要是指年度预算。由于各国的政治体制和历史文化传统不同，预算年度可以分为历年制和跨年制。世界上许多国家的预算年度采用历年制，即从公历1月1日起至12月31日止。采用年度预算的国家有中国、法国、德国、西班牙等。有些国家采取跨年制，如英国、日本等国家的预算年度实行四月制，即从当年的4月1日起至次年3月31日止；澳大利亚、埃及等国家预算年度实行七月制，即从当年的7月1日起至次年6月30日止；美国、泰国等国的预算年度实行十月制，即从当年的10月1日起至次年的9月30日止。年度预算在编制时，一般是当年开始编制第二年的预算，根据当年经济社会发展水平、预算实际执行情况以及下年度政府政策变化等因素，预测下一年预算收支指标，合理配置财政资源，满足社会公共需要。同时，也便于立法机关审批和监督预算的执行。

（二）多年预算

多年预算是指对预算收支安排时间在两年以上的预算，多年预算实际上是一种对年度预算具有指导功能的财政发展规划。从预算收支特点分析，有些支出项目需要连续跨年度拨款才能完成，如大型公共设施建设等，而税收等预算收入的增长在经济运行周期内具有一定的稳定性，因而预算安排在各年度之间需要保持连续性、稳定性，仅通过编制年度预算则难以达到要求。利用编制跨年度预算的滚动预算，并与年度预算相衔接，使预算收支安排既满足当年执行的需要，又具有前瞻性、连续性，提高预算编制的质量与科学性和合理性。从各国编制多年预算的实践看，主要为3~5年的中期预算。我国现行《预算法》规定，各级政府应当建立跨年度预算平衡机制。

五、功能预算和部门预算

按照预算支出分类汇总依据不同，可将政府预算分为功能预算和部门预算。

（一）功能预算

长期以来，我国财政支出预算一直实行传统的支出按功能进行汇总的预算方式。**功能预算**是一种不分组织单位和开支对象，而是按照政府职能对开支进行分类的预算方法。功能预算的优点是便于了解政府在行使各职能方面的财政支出是多少。功能预算的缺点是部门没有一本完整的预算,很难满足全面、准确地反映各部门收支状况的需要。

(二) 部门预算

部门预算是市场经济国家普遍采用的预算编制方法。**部门预算**是由政府各部门编制,经财政部门审核后报立法机关审议通过,反映部门所有收入和支出的预算,即一个部门一本预算。部门预算的收支分类是按政府的组成结构来进行的,即先按部门进行分类,然后在部门内部按所属预算单位进行分类,这种分类方式可以明确政府各部门的收支规模和财政权力,可以完整地反映政府的活动范围和方向,增强了预算的透明度和调控能力。

第三节 全口径预算体系

全口径预算是指将凭借政府权力取得收入与政府行为所发生的支出都纳入预算体系中进行系统、有效的管理。政府性收支不局限于政府机构自身的收支,还包括政府履行公共职责直接或间接控制和管理的各种形式的资金收支,即以公权力取得的全部收入及相应的支出,即以公权力取得的全部收入及相应的支出。全口径预算体现了预算完整性原则,预算的完整性要求政府预算应包括政府的全部预算收支项目,以完整地反映以政府为主体的全部财政收支活动,不允许在预算规定范围之外还有任何以政府为主体的资金收支活动。按照我国现行《预算法》规定,我国政府预算体系由政府一般公共预算、政府性基金预算、国有资本经营预算和社会保险基金预算构成,以全面完整反映我国政府预算的全貌。规定要将所有预算收入和支出按照不同性质分门别类地纳入不同预算之中,各个预算自身应当按照有关法律法规的要求保持完整、独立,同时也要保持与一般公共预算的衔接,即在预算报告体系内的各项预算之间,应建立起规范、透明的资金界限及往来渠道。

一、一般公共预算

一般公共预算是对以税收为主体的财政收入,安排用于保障和改善民生、推动经济和社会发展、维护国家安全、维持国家机构正常运转等方面的收支预算。一般公共预算的收入来源主要是国家以社会管理者身份取得的税收收入,还有一部分非税收入,如行政事业收费、罚没收入等。公共预算的支出主要用于保证国家行政职能正常运转,提供一般公共产品、满足一般公共服务需求的预算支出。具体包括:一是保证文教科卫及社会保障等基本民生支出;二是满足大型公共工程设施、公益性基础设施等非营利性工程项目的支出,如能源、交通、水利、环保等方面的支出;三是保证国防以及公检法等维护国家公共安全的支出;四是保证国家机构及执行社会管理职能的政府部门运转的支出等。

应该说，所有的政府收支预算都属于公共预算的范畴，但在复式预算体系中，每个预算又都因各自的收支性质不同而保持各自的完整性和独立性，因此，有必要对其进行范围上的划分和确立。由于一般公共预算是政府用税收形式取得的收入，主要用于满足一般公共服务的预算。在整个复式预算体系中，一般公共预算的收支内容相对于其他预算来说是最基本的预算，因此居于本源的、核心的地位，反映着政府一般公共服务功能。

二、政府性基金预算

政府性基金预算是对依照法律、行政法规的规定在一定期限内向特定对象征收、收取或者以其他方式筹集的资金，专项用于特定公共事业发展的收支预算。 政府性基金预算应当根据基金项目收入情况和实际支出需要，按基金项目编制，做到以收定支、专款专用。

政府性基金属于非税收入，它与税收有着明显的区别，政府性基金一般具有程序规范、来源特定、专款专用等特点。在政府所提供的公共服务中，有一部分属于满足大众普遍需求的一般性公共服务，主要通过税收方式来弥补其供给成本；另一部分属于满足部分群体受益的特定公共服务，特定公共服务按照"谁受益、谁付费"原则，通过收费方式分摊公共服务成本，而不宜通过税收将成本转嫁给全体纳税人负担。目前，政府性基金收入按其内容和性质主要包括：铁路建设基金、民航发展基金、国有土地收益基金、彩票公益金、城市公用事业附加、港口建设费、旅游发展基金、农业土地开发基金、国有土地使用权出让等方面。政府性基金支出按照基金的内容和性质分别用于科学技术、文化体育与传媒、节能环保、城乡社区、交通运输等方面。

三、国有资本经营预算

国有资本经营预算是对国有资本收益做出支出安排的收支预算。 国有资本经营预算是国家以所有者身份依法取得国有资本收益，并对所得收益进行分配而形成的各项收支预算，是政府在一个预算年度内对国有资产经营性收支活动进行价值管理和分配，它是政府预算的重要组成部分。国有资本经营预算应当按照收支平衡的原则编制，不列赤字，并安排资金调入一般公共预算。

国有资本经营预算收入与政府一般公共预算的主要区别：一是一般公共预算的分配主体是作为社会管理者的政府，其分配的目的是满足社会公共需要，分配的手段是凭借政治权力进行分配，具有强制性和无偿性，分配的形式是以税收为主要收入，并安排各项具有社会公共需要性质的支出，因而一般公共预算从性质上看是供给型预算。国有资本经营预算的分配主体是作为生产资料所有者代表的政府，它以国有资产经营取得的收益为分配对象，以资产所有权为分配依据，其收支内容基本上是围绕着对经营性国有资产进行价值管理和分配形成的，因而国有资本预算主要属于经营型预算。**二是**国有资本经营预算在编制上，相对独立于一般公共预算，即国有资本经营预算按照收支平衡的原则编制，以收定支，不列赤字。**三是**与一般公共预算相比，目前国有资本经营预算的收支规模还比较小。我国目前国有资本经营预算的范围可概括为自然垄断行业和一般竞争性领域的经营性企业的国有资产,而非整个国有资产。

国有资本经营预算收入反映各级人民政府及其部门、机构履行出资人职责的企业上缴的国有资本收益,具体包括:一是国有独资企业按规定上缴的利润;二是国有控股、参股企业中国有股应分得的股息、股利;三是企业国有产(股)权转让净收入;四是国有独资企业清算净收益,以及国有控股、参股企业清算净收益中国有股应分享的净收益;五是其他按规定应上缴的国有资本经营收益。国有资本经营预算支出根据国家宏观经济政策需要以及不同时期国有企业改革发展任务,主要服务于国家战略目标。主要包括:资本性支出、费用性支出、向一般公共预算调出资金等转移性支出和其他支出等。"完善国有资本经营预算制度,提高国有资本收益上缴公共财政比例,2020年提高到30%,更多用于保障和改善民生[①]。

四、社会保险基金预算

社会保险基金预算是对社会保险缴款、一般公共预算安排和其他方式筹集的资金,专项用于社会保险的收支预算。社会保险基金预算应当按照统筹层次和社会保险项目分别编制,做到收支平衡。社会保险基金预算的主要目的是通过调节个人收入分配,以实施扶贫救困、保障公民生活、维护社会稳定。通过协调社会保障资金的时间分配和代际分配,以保护公民的长远利益。

社会保险基金预算按险种分项编列,收入主要包括:一是企业单位及个人缴纳的保险费收入;二是一般公共预算安排的财政补贴收入,用于弥补社会保险基金预算的收支差额;三是其他收入,包括社会保险基金的投资收益、利息收入以及捐赠收入等。社会保险基金是专项基金,应专款专用,要根据上年度享受社会保险待遇对象存量、上年度人均享受社会保险待遇水平等因素确定,同时考虑本年度经济社会发展状况、社会保险政策调整及社会保险待遇标准变动等因素。社会保险基金预算支出专项用于社会保险支出,具体包括各项社会保险待遇支出、转移支出、补助下级支出、上解上级支出和其他支出等。社会保险基金预算支出要严格按照有关法律法规规范收支内容、标准和范围,专款专用,不得挤占或挪作他用。

五、政府债务的预算处理

目前,我国对于政府债务没有编制单独的预算,而是按照政府债务的性质,分别列入一般公共预算和政府基金预算。

(一) 中央政府债务的预算处理

根据现行《预算法》规定:一是中央一般公共预算必需的部分资金,可以通过举借国内和国外债务等方式筹措,但举借债务应当将规模控制在适当水平,保持合理的结构。二是明确对中央一般公共预算中举借的债务实行余额管理,余额的规模不得超过全国人民代表大会批准的限额,这与国际上的通行做法一致。三是明确财政部具体负责对中央债务进行统一管理等。

---

① 中共中央关于全面深化改革若干重大问题的决定. 北京:人民出版社,2013:9.

(二) 地方政府债务的预算处理

现行《预算法》在允许地方政府举借债务的前提下，做了严格限制性规定：一是限制主体。明确举债主体为经国务院批准的省、自治区、直辖市。二是限制范围。明确规定经国务院批准的省级政府预算中必需的建设投资的部分资金，可以通过举债的方式筹措。这里讲的"预算"并不限于一般公共预算，还包括政府性基金预算。三是限定方式。明确举债方式只限于发行地方政府债券（包括一般公共预算中举借的一般债务和政府性基金预算中举借的专项债务），除此之外，地方政府不得以其他任何方式举债。同时，明确除法律规定外，各级地方政府及其所属部门不得为他人债务以任何方式提供担保。四是限制用途。明确经国务院批准的省级地方政府举债，应限于预算中必需的建设投资的部分资金，举借的债务只能用于公益性资本支出，不得用于经常性支出。五是规范管理和监督。经国务院批准的地方政府举借的债务应当纳入预算，地方政府的债务规模由国务院报全国人大及其常委会批准。地方政府依照国务院下达的限额举借的债务，列入本级预算调整方案，报本级人大常委会批准，从而保证地方政府举借一般债务和专项债务都在国务院确定并经人大批准的盘子里。六是控制风险。举借的政府债务应当有偿还计划和稳定的偿还资金来源。国务院建立了地方政府债务风险评估和预警机制、应急处置机制以及责任追究机制。现行《预算法》九十四条规定："各级政府、各部门、各单位违反本法规定举借债务或者为他人债务提供担保，或者挪用重点支出资金，或者在预算之外及超预算标准建设楼堂馆所的，责令改正，对负有直接责任的主管人员和其他直接责任人员给予撤职、开除的处分。"

六、全口径预算体系中各预算之间的衔接

在全口径预算体系的"四本预算"中，如何妥善处理"四本预算"之间的关系是深化预算改革的着力点。因为它涉及政府财力的使用如何与其所要达到的政策意图保持一致，如何使政府各种财力的使用结构与公共产品与服务的提供要求保持一致，关系到如何解决政府财力对同一项目的多头重复投入等。我国现行《预算法》第五条规定："一般公共预算、政府性基金预算、国有资本经营预算、社会保险基金预算应当保持完整、独立。政府性基金预算、国有资本经营预算、社会保险基金预算应当与一般公共预算相衔接。"这表明各预算自身应当按照有关法律法规的要求保持预算内容的完整和独立，同时也要保持其与一般公共预算之间的相互衔接。通过《预算法》规定的各类预算资金调剂使用的法律依据，反映出一般公共预算在全口径预算体系中居于核心和主体地位。这是由一般公共预算的性质及所担负的职责决定的，一般公共预算主要通过税收取得收入，用于满足一般公共服务需要，反映着政府一般公共服务功能，理应在整个全口径预算体系中居于核心地位。同时《预算法》要求做好一般公共预算与其他预算之间的衔接和统筹，如允许将国有资本经营预算资金调入一般公共预算，一般公共预算要补充社会保险基金预算的规定，意味着全口径预算体系相互间的综合平衡和突出重点的关系。

第四节
政府预算周期

所谓预算周期亦称"循环预算",是指市场经济国家的预算工作程序,一般包括预算的编制、审批、执行及决算等环节。预算周期实质上就是政府预算从编制到决算的进程表,是一个周而复始的过程。预算周期可以采取一个预算年度,也可以采用跨年制,如美国联邦预算的编制阶段早在预算年度开始前18个月即着手进行,预算编制到审计评估的周期是30个月。从20世纪60年代以来,一些发达国家为了更好地规划和调控本国经济可持续发展,开始尝试在年度预算以外再编制不同形式的中长期预算,其期限通常为3~5年。目前,世界上已有2/3国家实施了中长期预算,我国2015年按照国务院颁布《实行中期财政规划管理意见》的要求,全国各地开始编制三年滚动预算。

一、预算的编制

政府预算的编制即政府预算收支计划的预测及确定。我国《预算法》规定,各级预算应当根据年度经济社会发展目标、国家宏观调控总体要求和跨年度预算平衡的需要,参考上一年预算执行情况、有关支出绩效评价结果和本年度收支预测进行编制。财政部门要加强经济与财政分析及预测工作,除了1年期预测外,还要对未来3~5年的宏观经济前景进行客观而科学的预测。按照我国目前编制中期财政规划的部署,预测3年滚动财政规划,包括分阶段的投资计划,预测经常性支出的需要和获得收入的可能性。各部门、各单位应当按照国务院财政部门制定的政府收支分类科目、预算支出标准和要求,以及绩效目标管理等预算编制规定,根据其依法履行职能和事业发展的需要以及存量资产情况,编制本部门、本单位预算草案。按《预算法》规定,各级预算应当遵循统筹兼顾、勤俭节约、量力而行、讲求绩效和收支平衡原则,并且各级政府应当建立跨年度预算平衡机制。

编制政府预算是一件复杂细致的工作,并且具有重要的政治经济意义。因此,在正式编制政府预算之前,需要做好一系列的准备工作。准备工作主要包括:一是对本年度预算执行情况进行预测和分析;二是拟订计划年度预算收支指标;三是颁发编制政府预算草案的指示和具体规定;四是修订预算科目和预算表格。各级政府、各部门、各单位应当按照国务院规定时间编制预算草案,中央预算和地方各级政府预算,应当按照复式预算进行编制。

二、预算的审批

预算的审批(审查和批准)是指预算在具有法律效力之前,财政部门及相关部门对预算草案进行审查,以及在此基础上立法机关对预算草案进行审查和批准的过程。按照公共财政和委托代理理论,政府是接受公众委托代理行使预算权,实践中通常由公众选举出的立法机构代表他们行使预算审批权。我国立法机关是各级人民代表大会，政府预算在经过部门编制和财政部门审查之后，须交由各级人民代表大会进行审查和批准。

政府预算审批的过程主要分为初审、审批、批复三个阶段。初审是指在召开人民代表大会之前，由各级人民代表大会财政经济委员会对预算草案的主要内容进行初步审查。预算审批在我国即各级人民代表大会对预算草案进行审查和批准，我国《预算法》规定，国务院在全国人民代表大会举行会议时，向大会作《关于中央和地方预算草案以及中央和地方预算执行情况的报告》，人民代表大会财经委员会作《关于对政府预算草案的审查结果的报告》。政府预算草案经人民代表大会审查批准后，就成为具有法律效力的文件，各地区、各部门、各单位都要严格执行。经过讨论审查并通过预算报告后，大会做出批准本级预算草案的决议，并应当在批准后20日内由本级政府财政部门向本级各部门批复预算，再由各部门批复给各预算单位，以便据以执行。

三、预算的执行

预算经过审批以后，就进入预算的执行阶段。**预算执行是指组织政府预算收支计划的实施，并按照预算对收支进行监督控制、调整平衡的过程**。各级预算由本级政府组织执行，具体工作由本级政府财政部门负责。各部门、各单位是本部门、本单位的预算执行主体，负责本部门、本单位的预算执行，并对执行结果负责。预算收入征收部门和单位，必须依照法律、行政法规的规定，及时、足额征收应征的预算收入，不得违反法律、行政法规规定，多征、提前征收或者减征、免征、缓征应征的预算收入，不得截留、占用或者挪用预算收入，各级政府不得向预算收入征收部门和单位下达收入指标。

政府的全部收入应当上缴国家金库，任何部门、单位和个人不得截留、占用、挪用或者拖欠。对于法律有明确规定或者经国务院批准的特定专用资金，可以依照国务院的规定设立财政专户。各级政府财政部门必须依照法律、行政法规和国务院财政部门的规定，及时、足额地拨付预算支出资金，加强对预算支出的管理和监督。各级政府、各部门、各单位的支出必须按照预算执行，不得虚假列支。在预算执行中，各级政府一般不制定新的增加财政收入或者支出的政策和措施，也不制定减少财政收入的政策和措施；必须做出并需要进行预算调整的，应当在预算调整方案中做出安排。在预算执行中，各级政府对于必须进行的预算调整，应当编制预算调整方案。预算调整方案应当说明预算调整的理由、项目和数额。中央预算的调整方案应当提请全国人民代表大会常务委员会审查和批准。县级以上地方各级预算的调整方案应当提请本级人民代表大会常务委员会审查和批准。未经批准，不得调整预算。

四、决算

决算是预算执行的总结和终结。决算草案由各级政府、各部门、各单位，在每一预算年度终了后按照国务院规定的时间编制，编制决算草案的具体事项由国务院财政部门部署。编制决算草案，必须符合法律、行政法规，做到收支数额准确，内容完整,报送及时。国务院财政部门编制中央决算草案,经国务院审计部门审计后,报国务院审定,由国务院提请全国人民代表大会常务委员会审查和批准。县级以上地方各级政府财政部门编制本级决算草案,经本级政府审计部门审计后,报本级政府审定,由本级政府提请本级人民代表大会常务委员会审查和批准。各级政府决算经批准后,财政部门应当向本级各部门批复决算。地方各级政府应当将经批准的决算及下一级政府上报备案的决算汇总,报上一级政府备案。

第五节 我国预算管理制度改革

深化我国预算管理制度改革,要以习近平新时代中国特色社会主义思想为指导,全面落实党中央、国务院决策部署,立足新发展阶段、贯彻新发展理念,构建新发展格局;要以推动高质量发展为动力,以满足人民日益增长的美好生活需要为根本目的,更加有效保障和改善民生,更好发挥财政在国家治理中的基础和重要支柱作用,为全面建设社会主义现代化国家提供坚实保障。

一、推进部门预算改革

部门预算是由政府各职能部门依据有关法律法规及其履行职能需要进行编制,反映部门所有收入和支出情况的综合财政计划,是政府各职能部门履行职能和事业发展的物质基础。部门预算由政府各部门编制,各部门预算由本部门所属各单位预算组成,是编制政府财政总预算的基础。编制部门预算要求各部门按照财政部门的统一规定和标准表格,全面、系统、准确地将本部门一般预算收支情况、基金收支情况等都编入部门预算。即部门的所有开支都要在预算中加以反映,预算中没有列出的项目不得开支。

作为财政预算管理的基本组织形式,**部门预算的基本含义包括**:(1)从编制程序看,部门预算应从基层单位编起,经逐级审核汇总形成各部门预算。单位预算是指列入部门预算的国家机关、社会团体和其他单位的收支预算。(2)从编制范围看,部门预算属于综合预算,涵盖了部门及所属单位所有的收入和支出,一个部门一本预算。既包括一般公共预算收支计划、政府基金预算收支计划等,又包括部门及单位的事业收支、经营收支以及其他收支等。(3)从细化程度看,部门预算编制应细化到预算单位和项目,2020年实施的《预算法实施条例》规定:"各部门、各单位的预算支出,按照功能分类应当编列到项,按其经济性质分类应当编列到款。"(4)"部门"本身要有严格的资质要求,限定那些与本级财政直接发生经费关系的主管预算单位为预算部门。

部门预算是与市场经济体制相适应的现代预算管理模式,也是市场经济国家的通行做法。由于一国一定时期的政策重点均要部署和体现在政府各具体职能部门中,因此,部门预算集中反映了一定时期政府工作的重点及各预算部门的主要任务,是预算管理的核心环节,也应该成为人大审查监督的重点。

编制部门预算对于规范预算管理，加强财政监督有着重要的意义。（1）编制部门预算，有利于提高政府预算的透明度，体现出政府预算的公开性、可靠性、完整性和统一性原则。可以防止预算分配过程中的不规范行为和人为的随意性，有利于防止腐败现象的发生，加强廉政建设。（2）编制部门预算有利于提高预算的管理水平。编制部门预算，使预算编制和执行的程序和流程制度化、规范化和科学化，从而有利于财政部门控制预算规模和优化支出结构，减少追加支出的随意性，有利于部门和单位合理使用财政资金，充分发挥财政资金的使用效益。（3）编制部门预算可以克服代编预算的方式。传统预算存在着由部门替下属单位代编预算的情况，使预算缺乏科学性和合理性。编制部门预算则要求从基层编制，部门负责审核、汇总，编制部门收支预算建议计划并报财政部门，使预算更加科学合理，有利于预算编制的真实性。

二、政府采购制度的改革

（一）政府采购制度的含义及特征

政府采购是指国家机关、事业单位和团体组织等使用财政性资金以法定方式和程序购买货物、工程及服务的一种经济行为。它具有公开性、公正性和竞争性的特征，而公开竞争是政府采购制度的基石。现代意义上的政府采购制度最早形成于1782年的英国，当时英国政府设立了文具公用局，作为负责政府部门办公用品采购的专门机构。此后，西方各国相继成立了专门的政府采购机构，通过相关法律确定政府采购作为财政管理制度的重要组成部分。从20世纪90年代中期开始，一些省市开展了政府采购的试点，随后很快在全国范围内展开，并取得了显著成效。我国2003年1月1日实施《中华人民共和国政府采购法》，并于2014年进行修订，根据其制定了《中华人民共和国政府采购法实施条例》，于2015年3月1日起施行。**政府采购与私人采购相比，具有以下特征：**

1. 采购主体的特殊性。政府采购的主体是依靠国家财政资金运作的政府机关、事业单位等，而私人采购主体一般指个人或企业等微观主体。

2. 采购活动的非营利性。政府采购的目的是满足社会公共需要，提高财政资金使用效益，从事管理政府采购的机构和人员没有营利的动机。而企业等微观主体的采购行为，目的是使利润最大化。

3. 采购资金的公共性。政府采购资金主要来源于财政拨款，最终来源于纳税人缴纳的税款和政府公共性收费。而私人采购资金主要来源于个人收入或企业资金。资金来源的不同决定了政府采购与私人采购资金在使用范围和使用方向上的诸多区别。

4. 采购对象的广泛性。政府采购涉及面相当广泛，为了便于管理和统计，国际上通行的做法是按其性质将采购对象分为货物、工程和服务。政府采购不论从采购数量还是政府采购耗费的资金量来说，政府始终是各国国内市场最大的消费者。

5. 采购依据的政策性。政府采购的主要目的是实现政府职能，提供社会公共产品和服务，因此，采购代理人在采购时不能体现个人偏好，必须遵循国家政策的要求，包括最大限度地节约支出，符合节能环保的要求，购买本国产品等。

（二）政府采购制度的意义

我国政府采购是随着市场经济体制改革的深化，已取得明显成效，并积累了一些宝贵的经验。政府采购制度的实施对提高财政资金的使用效益，实现国家的宏观调控能力，优化资源配置和抑制腐败现象等具有重要作用。具体来说，政府采购制度可以从三个层次上提高财政支出效益。

1. 从财政部门自身角度来看，政府采购制度有利于政府部门强化支出管理，硬化预算约束，将市场的竞争机制引入政府消费，在公开、公正、公平的竞争环境下，充分利用买方市场的优势，降低购买成本，提高财政资金的使用效益。

2. 从政府代理人角度来看，政府采购机构通过招标竞价的方式，优中选优，可以尽可能地节约资金，提高所购买货物、工程及服务的质量，防止重复购置，从而进一步规范政府采购行为，有利于政府采购制度实施效率的提高。

3. 从财政部门代理人与供应商之间的关系角度来看，政府采购制度引入招标、投标的竞争机制，使得采购实体与供应商之间合谋腐败的现象大大减少，在很大程度上避免了供应商与采购实体是最大利益者而国家是最大损失者的问题。通过强化制度约束机制，从源头上抑制腐败现象的发生。

（三）政府采购的方式

1. **招标性采购**。这是通过招标的方式，邀请所有的或一定范围的潜在的供应商参加投标，采购实体通过某种事先确定并公布的标准从所有投标中评选中标供应商，并与之签订合同的一种采购方式。达到一定金额以上的采购项目一般要求采用招标性采购方式。招标方式按范围可分为：公开招标采购、选择性招标采购和限制性招标采购。**公开招标采购**是指通过公开程序，邀请所有有兴趣的供应商参加投标。**选择性招标**是指通过公开程序，邀请供应商提供资格文件，只有通过资格审查的供应商才能参加后续招标；或者通过公开程序，确定特定采购项目在一定期限内的候选供应商，作为后续采购活动的邀请对象。**限制性招标**是指预选不通过刊登公告程序，直接邀请一家或两家以上的供应商参加投标。适用于供应商没有其他更多的替代选择的情况。招标性采购是一种无限竞争的招标，由采购机构公开发布招标通告，所有符合条件的供货商都可以参加竞标，具有透明度高、公平高效和广泛竞争等优点，为各国政府采购广泛采用，一般占政府采购总额的30%~40%。

2. **非招标性采购**。这是指除招标采购方式以外的采购方式，因为有时政府采购时间紧急，采购的货物和服务数量有限或采购项目特殊，采取招标方式并不是最经济有效的，需要采用灵活的方式采购。非招标方式主要有：竞争性谈判采购、单一来源采购、询价采购等。**竞争性谈判采购**是指由于技术复杂不能确定详细规格或具体要求，或者招标后没有供货商投标，采购人通过与多家供货商谈判，从中确定中标的供应商。**单一来源采购**是指所采购的货物和服务来源单一，或属专利、首次制造等原因，只能从唯一的供货商采购。**询价采购**是指采购人向有关供应商发出询价单，在报价的基础上确定供货商，这种采购方式适合于规格单一，现货充足且价格变化幅度小的政府采购项目。

（四）政府采购的程序

政府采购无论采取何种方式，都要按照规定的步骤来进行。从发达国家政府采购的经验看，政府采购程序一般分为以下几个阶段：

1. 制订采购计划。采购计划由各采购实体具体提出，报财政部门审核。财政部门考虑各采购实体的采购要求的合理性，包括整体布局、产品原产地、采购项目的社会效益，从源头上控制盲目采购、重复采购等问题。只有经过财政部门批准的采购计划才能得到执行。

2. 签订采购合同。在竞争性招标采购方式中，合同授予最优中标供应商，中标通知书下达后，采购单位和中标供应商立即开始洽谈签订合同问题。供应商在签订采购合同时，应按标准缴纳一定数额的履约保证金，以保证能够按合同的规定履行其义务，中标供应商提交了履约保证金，双方在合同上签字后，合同开始生效。

3. 履行采购合同。合同签订生效后，采购程序进入合同履行阶段，供应商必须完全按照合同中的有关规定，向采购实体提供相应的货物、工程或服务，采购实体也必须按合同规定接受合同规定的货物、工程或服务。双方不得单方面修改合同条款，否则属于违约，违约方必须按合同规定向合同的另一方赔偿损失。

4. 办理资金结算。财政部门按验收证明书、结算验收证明书及采购合同的有关规定与合同商进行资金结算。如果合同执行情况基本上符合要求，在办理资金结算后，采购实体应将事先收取的履约保证金归还供应商。

我国现行的《政府采购法》规定，政府采购应当采购本国货物、工程和服务，但有下列情况之一的除外，一是需要采购的货物、工程和服务在中国境内无法获取或无法以合理的商业条件获取的；二是为在中国境外使用而进行采购的；三是其他法律、行政法规另有规定的。《政府采购法》还规定了财政部门在政府采购中的职责，明确各级财政部门是负责政府采购的监督管理部门，依法履行对政府采购活动的监督管理职责。各级人民政府及其有关部门依法履行与政府采购活动有关的监督管理职责。政府采购监督管理部门不得设置集中采购机构，不得参与政府采购项目的采购活动。

三、国库集中收付制度的改革

国库集中收付制度也称国库单一账户制度，是市场经济国家普遍实行的现代国库管理制度，由国库集中收入制度和国库集中支付制度两部分内容组成。**国库集中收付制度是指政府将所有财政性资金集中在国库单一账户管理，财政收入直接缴入国库或按规定存入财政专户，财政支出通过国库单一账户体系支付。**我国现行《预算法》规定："国家实行国库集中收缴和集中支付制度，对政府全部收入和支出实行国库集中收付管理。"

国库集中收付制度是政府预算执行的重要环节，主要包括三方面的内容：（1）收入集中管理，即将所有财政收入直接地缴入国库或其授权的代理银行，再经过银行清算将款项划入国库。（2）国库集中支付，即将财政支出由国库集中付款。在国库单一账户下，除某些特殊用途外，购买商品或劳务的资金将在实际使用时由财政部门从国库账户直接划入商品和劳务提供者的账户，预算单位的财政支出只有在实际支付行为发生时，才能由国库资金支付机构从国库单一账户中直接支付，这就避免了对财政资金的占压和挪用，有利于财政资金使用效益的提高。（3）集中账户管理，设置国库单一账户体系，包括国库单一账户、零余额账户和财政专户等。财政部门在国库或国库指定的代理银行开设统一的账户，各单位在统一账户下设立分类账户，实行集中管理，预算资金不再拨付给各单位分设账户保存，这样就可以对财政资金使用进行全程监督，保证了政府资金的安全。

国库集中收付制度改革的目的是通过财政资金的集中化管理，统一归口在国库及其代理银行开设账户，保证财政资金使用的规范、合理、安全和高效。国库单一账户制度具有操作简便、资金支付快速、准确，简化财政资金拨付环节和手续等优点。最大限度地减少预算资金在各级预算单位自有账户中分散管理和滞留，将财政资金全部集中在国库单一账户体系内，以保证资金的有效运转和使用，同时也保证每笔财政资金的使用都处于有效的监督管理中，有利于提高财政资金的使用效益。实行国库集中收付制度有利于从根本上减少财政资金拨付的中间环节，缩短资金在途时间，及时、足额地将财政资金拨付到用款单位，从源头上防止财政性资金在拨付过程中被占压和挪用。未支出的财政资金集中存放在国库，国家掌握的财力比以前充裕，可以减少短期国债的发行量和利息支出，减少国债的发行规模，减轻国家债务负担和债务风险，同时也降低了国家财政的运行风险。

【资料】　　　　　　2022 年中央部门预算公开

2022 年进一步推进中央部门预算公开，对加强和改进预算管理、全面实施预算绩效管理、深化财税体制改革、强化社会监督、推进国家治理体系和治理能力现代化具有重要意义。2022 年中央部门公开的部门预算包括部门收支总表、部门收入总表、部门支出总表、财政拨款收支总表、一般公共预算支出表、一般公共预算基本支出表、政府性基金预算支出表、国有资本经营预算支出表、财政拨款预算"三公"经费支出表 9 张报表，全面、真实反映部门收支总体情况和财政拨款收支情况。除涉密信息外，一般公共预算支出公开到支出功能分类项级科目。各部门在公开上述预算报表的同时，还对预算收支增减变化、机关运行经费安排、"三公"经费、政府采购、国有资产占用、预算绩效管理等，提交全国人大审议的项目等情况予以说明。为使社会公众找得到、看得懂、能监督，各部门的部门预算除在本部门网站公开外，继续在财政部门户网站设立的"中央预决算公开平台"集中展示。

2022 年中央部门预算公开与 2021 年相比有以下变化：一是继续公开落实过紧日子要求压减支出情况。2022 年政府工作报告明确，"要坚持政府过紧日子，更好节用裕民。大力优化支出结构，保障重点支出，严控一般性支出"。二是加大项目支出预算公开力度。项目支出预算是部门支出预算的重要部分。推进项目支出预算公开，有利于督促各部门改进预算编制、优化支出结构、提高资金使用效益。三是大幅扩大绩效目标公开范围。绩效目标是预算绩效管理的基础和起点，推进绩效目标公开，是深化预算绩效管理改革的内在要求。2022 年组织中央部门公开预算时，大幅增加了一般公共预算、政府性基金预算和国有资本经营预算项目支出绩效目标公开数量。四是积极稳妥推进部门所属单位预算公开。根据《预算法实施条例》有关规定和《财政部关于推进部门所属单位预算公开工作的指导意见》有关要求，2022 年在做好中央部门预算公开的同时，继续要求中央部门落实好《预算法实施条例》，指导督促所属单位认真履行主体责任，依法依规公开单位预算。

资料来源：财政部网站 2022-03-24。

【资料分析】 预算公开是预算管理制度改革的核心要求，也是政府信息公开的重要内容，对实现国家治理体系和治理能力现代化具有重要推动作用。预算公开对于保障公众对政府预算的知情权、参与权和监督权，促进基层预算管理法治化、民主化、科学化具有重要的意义。党的十九大提出"建立全面规范透明、标准科学、约束有力的预算制度"将规范预算透明作为预算制度的基本要求。

2019年修订施行的《中华人民共和国政府信息公开条例》对财政预算、决算信息公开等做出明确规定；2020年修订施行的《中华人民共和国预算法实施条例》对预算公开提出进一步要求，也推进了预算公开向纵深开展。近年来，按照党中央、国务院决策部署，财政部积极完善预算公开制度，充分发挥预算公开透明对政府部门的监督和约束作用，推进了建设"阳光政府"、责任政府和服务政府建设。在财政部门户网站搭建中央部门预决算公开平台，集中展示中央部门预决算信息，并积极指导地方财政部门做好地方预决算公开等工作，使得政府预算资金的运行全过程公开，便于接受社会公众监督，也为进一步提高预算透明度迈出了关键步伐。

复习思考题

1. 如何理解政府预算的概念及特征？
2. 政府预算分类模式有哪些？
3. 如何理解全口径预算？全口径预算体系包括哪些内容？
4. 简述部门预算主要内容。
5. 我国预算管理制度如何进行改革的？
6. 什么是政府采购制度？实行政府采购有何意义？
7. 简述国库集中收付制度主要内容。
8. 简述政府债务的预算处理方式。

第十章 政府间财政关系

在一般的财政理论分析中,一个隐含的假设就是只有一个单一级次的政府——中央政府。但是我们面对的事实却是:在绝大多数国家,公共服务是由多级政府共同提供的,即现实的财政执行是在多层次的政府或权限上展开的。例如我国实行中央、省(自治区、直辖市)、市、县、乡五级财政;美国存在三级主要的政府,包括联邦政府、州政府和各类地方政府(如市、镇)并相应存在三级财政。加拿大、澳大利亚、德国等也属于此类三级政府和财政并存的国家。而瑞典、荷兰等国家采取的是两级政府形式,即中央政府和地方政府。无论是联邦制还是单一制,以及政府级次上的差别,世界上大多数国家都存在着多级政府的形式。这种多级政府格局的形成涉及历史、政治、经济和地理等多方面的原因,对其做出全面的解释已超出了经济学研究的范围,更多的经济学者关心的是对其做出经济学的解释。

政府间财政关系所要研究的一个基本问题是:为什么一个国家需要多级政府的财政管理体制? 换句话说,通过比中央政府级别低的地方政府来提供公共产品,究竟会带来什么好处?或者说,级别低的地方政府在提供公共产品时具有什么样的优点?[①] 这些理论在相关文献中一般称为财政联邦主义(Fiscal Federalism),这与美国等国家实行联邦制相对应,而在我国更习惯将其描述为中央与地方的财政关系。本章我们将按照以下的逻辑线索来学习政府间财政关系理论:首先,分析多级政府存在的经济学基础;其次,描述政府间财政关系的基本框架;最后,探讨我国政府间财政关系的改革历程及最新发展。

第一节 财政分权理论

财政分权理论主要解决如下两个问题:一是要给出各级政府之间分权的理论依

---

① 平新乔. 财政原理与比较财政制度. 上海:上海三联书店,上海人民出版社,1995:337.

据,即各级政府之间为什么要分权?二是要回答各级政府特别是地方政府的合适规模应该为多大?

一、财政分权的理论基础

(一)地方性公共产品与受益区域

根据公共产品的受益范围的大小,我们将公共产品分为全国性公共产品、准全国性公共产品、地方性公共产品。基于受益学说原则,"谁受益,谁付费",即公共服务的供给应由享受它们的人来决定并支付成本,提供地方性公共产品的税收应该来自相应的政府级次,并且地区之间所偏好的公共产品各不相同,分散化配置将有助于效率的提高[①](Musgrave,1959)。对于公共产品的受益范围与规模经济问题,布坎南也做出过详细的论述:"在各级政府之间的经济的或有效的职责划分取决于公共行动溢出效应的地理范围的大小。每一种公共性的产品和服务仅仅对有限的一组人口来说是公共性的,这组人口的范围大小决定了应该履行职责的政府单位的规模经济。"[②]布坎南还应用了一个简明的层次图来说明这一问题,如图10-1所示。

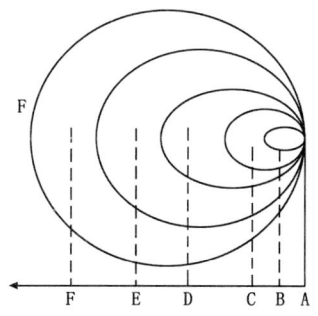

图 10-1 公共产品的层次性

说明:图中各类描述举例: A. 私人品   B. 娱乐设施   C. 火灾防护
                    D. 司法制度   E. 教育   F. 国防

在图 10-1 中,A 点代表单个公民,对大多数私人产品而言,一般由个人独立地支付成本,个人独立地得到收益,几乎不存在超出普通市场机制的溢出效应,因此,我们可以视整个私人市场的交易都发生在 A 点处。由 A 点往左移,产品或服务的溢出效应逐渐增强,即公共产品的特征越来越明显,呈现显著的层次性。利益归宿的空间限制性要求这样一种财政结构:它由多元服务单位组成,包括不同规模的地区,在每个地区内决定和提供某种特定的公共服务。研究公共产品的层次性,实际上就是为找出公共产品与各级政府职责和行为之间的内在联系,为科学界定、划分和调整政府间事权与财权提供依据。

(二)奥茨的分权定理

奥茨(Wallace E. Oates)在《财政联邦主义》一书中,为地方政府的存在提出了一个分权定理。他通过一系列的假定,将社会福利极大化表达为一个线性规划,并

---

① Musgrave, R. A. (1959): *The Theory of Public Finance*, NewYork: McGrawHill.
② 詹姆斯·M. 布坎南. 公共财政. 北京:中国财政经济出版社,1991:437.

求解得出资源配置处于社会福利最优化时的一般均衡模型。在分析这个模型附加的限制条件时发现，在等量提供公共产品这个限制条件下，某些公共产品由地方政府提供优越于中央政府。这是因为，"关于该物品的每一个产出量的提供成本，无论对中央政府还是对地方政府来说都是相同的，那么，让地方政府将一个帕累托有效的产出量提供给它们各自的选民，则总是要比由中央政府向全体选民提供任何制定的并且一致的产出量有效得多。"[①]

（三）偏好误识问题

美国经济学家特里西（Ricard W. Tresch）从理论上提出了偏好误识问题。他认为，由于信息不完全，中央政府在提供公共产品的过程中存在着失误的可能性，而由地方政府来提供公共产品存在着某种优越性。[②]

由于不确定性和不完全信息的存在，在对地方区域居民的偏好的认识上，中央政府处于不利的地位，在一个由中央政府对其所属的各个地区提供地方性公共产品的社会中，一般都存在向所有地区提供统一公共产品的倾向，而较少考虑地区偏好的差异，从而造成社会经济福利的损失。如果将提供决策分散化，从某一特定地方公共产品的收益主要由某一特定人口群享用这一基点出发，而代表这一人口群的地方政府的决策最有可能准确反映他们的偏好，以保证各地区根据特定的人口群做出集体选择，并提供不同数量和品种的公共产品。从对地方偏好的信息获取方面，地方政府对其区域内特定人口群在偏好识别上具有相对优势，分散化是提高配置效率的要求。特里西较为彻底地提出了地方自治的理论依据。偏好误识理论揭示的不确定性，是地方分权主义的一种更为有力的理论。

（四）以足投票

上述分权理论只分析了地方政府在某些方面比中央政府有效、优越，还没有回答人们是否自愿聚集在一个地方政府周围，要求这个地方政府为大家提供最大的福利问题。"以足投票"理论则回答了这个问题。蒂布特（Charles M. Tiebout）的**"以足投票"理论认为，根据个人效用极大化假定，个人要在迁移偏好和迁移边际成本与边际收益之比相等时，才会停止寻找最好的地方政府的努力。**

蒂布特指出，人们之所以愿意聚集在某一个地方政府周围，是由于他们想在全国寻找地方政府所提供的服务与所征收的税收之间的一种精确的组合，以便使自己的效用达到极大化。当他们在某地发现这种组合符合自己的效用极大化目标时，他们便会聚集在这一区域内，从事工作，接受和维护当地方政府的管辖，这个过程就是所谓的"以足投票"（Voting by feet）。

"以足投票"理论相信，如果全体居民都如此进行自由的搜寻，那么，各地方之间在公共服务与税收的组合上就会相互模仿，相互学习，这样下去，整个社会就会达到福利极大化。偏好相同的人会组合在一起，公共服务也会按最小的成本被提供。由于人们会自然地从公共产品成本高的城市流向公共产品成本低的城市，所以，地方之间在提供公共产品的成本方面的差别不会长久存在。

---

① Wallace E. Oates (1972): *Fiscal Federalism*, Harcourt Brace Jovanovich Inc. p. 35.
② Ricard W. Tresch (1981): *Public Finance*, Business Publications, Inc, p. 574–576.

(五) 政府间竞争[1]

政府间竞争最为直接的手段是"税收竞争",一般指地方政府或通过税式支出吸引其他辖区资源的流入而扩张税基进而增加政府收入,或通过输出税负使得在不增加本辖区内居民的实际税负的前提下尽可能地从其他辖区获取收入的行为。居民"以足投票"实质是对政府间公共服务的水平和税收价格的比较和选择。分权制下的税收竞争使得居民可以多元化地选择公共产品的服务水平和税收价格,并在既定服务水平上实现自己对政府支付的最小化,由此享受纳税者剩余[2]。同时,税收竞争可以限制辖区政府官员对公共权力的滥用,导致政府剩余[3]趋近于零。公共权力在缺乏一定竞争对手的条件下,便很可能走向垄断。在居民对公共产品的支付额的确定上,拥有垄断权力的政府可以强行规定垄断性价格,使辖区内居民在既定服务水平上支付尽可能大的税收价格(其最高界限便取决于政府与居民互相的博弈)。分权化有利于这种垄断的打破,税收竞争迫使政府最大化地提供公共产品,使得形成的政府剩余大大减弱,减少了对辖区内居民的"掠夺"。

二、地方政府最佳规模的确定

以上几种理论回答了政府分权的合理性问题,但是,分权理论还必须回答另一个现实问题:地方政府的最佳规模到底应该有多大?在西方财政理论中,把研究这一问题的理论称为"最优区域设置的理论"或"职能最优配置理论"。布坎南在这方面做出了开创性的贡献。

布坎南首先于1965年提出了"俱乐部"理论。**所谓"俱乐部"理论,简要地说就是把社区比作俱乐部,研究在面临外在因素的条件下任何一个俱乐部——为分享某种利益而联合起来的人们的一个自愿协会——如何确定其最优成员数量的一种理论。**这个理论的核心是:一方面,随着某一个俱乐部接收新的成员,现有的俱乐部成员原来所承担的成本就由更多的成员来分担,这好比是使固定成本由更多人来分担;另一方面,新的俱乐部成员的进入,会产生新的外部不经济,即会使俱乐部更加拥挤,从而设施更加紧张,等等。于是,一个俱乐部的最佳规模就在外部不经济所产生的边际成本(拥挤成本)正好等于由于新成员分担运转成本所带来的边际节约这个点上。[4]

在布坎南提出"俱乐部"理论之后,西方经济学家运用这个理论来解释最优的地方政府管辖范围的形成问题。美国经济学家马丁·麦圭尔(Martin McGuire)运用简单模型,对此加以具体的论证[5]。该模型假定,一国由 H 个相同的个人组成,他们每个人的偏好都由对两种物品 X, Y^h 的偏好定义。这里,X 为一种符合萨缪尔森公共品模型的公共品,它是由政府提供的;Y 为某人 h 的收入(换言之,Y 是一种价格为 P_y

---

[1] Breton, Albert (1996), Competitive Governments. An Economic Theory of Politics and Public Finance, Cambridge and New York: Cambridge University Press.

[2] 纳税者剩余是指居民愿意并且能够支付的公共产品的税收价格与其实际支付的价格之间的差额。

[3] 政府剩余是指政府能够提供的公共产品的水平与其愿意并且实际提供的公共产品的水平之间的缺口所产生的政府保留盈余。

[4] J. Buchanan (1965), *An Economic Theory of Clubs*, Economica, Febrauary. 转引自平新乔:《财政原理与比较财政制度》,上海三联书店,上海人民出版社1995年版,第343页。

[5] Martin C. McGuire (1974), *Group Segregation and Optimal Jurisdictions*, Journal of Political Economy 82 (1), 112–132, January.

≡1 的组合商品）。偏好由下式给出：

$$U^h(X, Y^h) \text{ 对所有的 } h = 1, 2, \cdots, H \tag{10.1}$$

再假定最优的生产有效性（关于 X 的生产有效性）满足，并且规定 X 的成本函数为：

$$C = C(X; \text{别的自变量}) \tag{10.2}$$

这里，C 是以美元衡量的，与 Y^h 的衡量单位相同。如果进一步假定：(1)收入是按最优原则分配的；(2)$C = C(X)$，即没有别的自变量；(3)关于 X 的生产成本是由全体人民所均担的。于是，就会得到最优的公共品提供状况。

我们可以证明这一点。注意到，每个人 h 的效用表达式是：

$$U^h\left[X, Y^h - \frac{C(X)}{H}\right] \quad (h = 1, 2, \cdots, H) \tag{10.3}$$

由于所有的人都是相同的，而且收入分配是最优的，政府所要做的便是将公式（10.3）对 X 求极大值。一阶条件是：

$$\frac{\partial U^h}{\partial X} - \frac{\partial U^h}{\partial y^h} \cdot \frac{\partial C}{\partial X} \cdot \frac{1}{H} = 0 \tag{10.4}$$

这里，$y^h = \left[Y^h - \frac{C(X)}{H}\right] = $ 可支配收入。

把公式（10.4）整理一下，可得：

$$H \cdot \frac{\frac{\partial U^h}{\partial X}}{\frac{\partial U^h}{\partial y^h}} = \frac{\partial C}{\partial X} \tag{10.5}$$

或者写成：

$$H \cdot MRS_{X, yH} = MC_X = MRT_{X, yh}$$

并且 $P_y \equiv 1$。

公式（10.5）就是我们所熟悉的关于公共品提供的一阶条件，它意味着由政府对全体人民提供 X 是可以做到最优的。

如果 X 是让地方政府来提供，则 X 必须另外具有两个特殊性质。第一个特殊性质是，X 只能供该地方政府管辖内的选民们消费。用"俱乐部"理论的术语来说，俱乐部以外的人是不能得到 X 的。但是，仅有这一性质还不够，必须有第二个特殊性质：随着 X 向越来越多的人提供，每一个得到 X 的人所担负的关于 X 的成本是在上升。对于这第二个特殊性质，可以表达成 X 的成本是直接随得到 X 的人数 N 而变化的。于是，$C = C(X, N), \partial C/\partial N = C_N > 0$。

麦圭尔就根据这两个特殊性质，写出了下式：

$$C = C(X, N) \qquad C_X > 0, C_N > 0, \tag{10.6}$$

由于成本是由每个成员平均分担的，因此，个人 h 的效用表达式为 $U^h[X, Y^h - \frac{C(X, N)}{N}]$。麦圭尔还进一步假定落在 N 个人身上的平均成本线成 U 形，这是由于分母 N 的分散效应（分散成本负担）在一开始是压倒一切的，但过了一点后，边际成本（C_N）就压倒一切了。对应着图 10-2，社区的问题就成了下列求极值问题了。

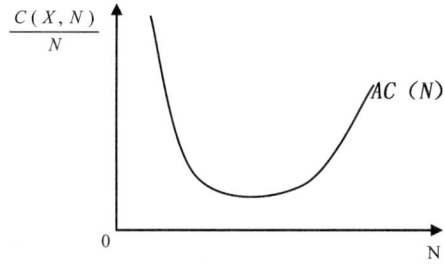

图 10-2　X 的成本的平均分担情况

$$\max_{(X,N)} U^h [X, Y^h - \frac{C(X,N)}{N}]$$

一阶条件是：

$$\frac{\partial U^h}{\partial X} - \frac{\partial U^h}{\partial y^h} C_X - \frac{1}{N} = 0 \tag{10.7}$$

$$\frac{\partial U^h}{\partial y^h}(\frac{-NC_N + C}{N^2}) = 0 \tag{10.8}$$

整理公式（10.7）与公式（10.8），可得：

$$N \cdot \frac{\frac{\partial U}{\partial X}}{\frac{\partial U}{\partial y^h}} = C_X \tag{10.9}$$

$$\frac{C}{N} = C_N \tag{10.10}$$

请注意，公式（10.9）与公式（10.10）都是 X 与 N 的函数，所以，X 与 N 是同时决定的。这说明，地方政府的管辖范围内人口的数目或者俱乐部成员数的最优量 N 与该管辖范围内所提供的公共品的最优数量 X 是同时被决定的。但是，公式（10.9）与公式（10.10）有着各自不同的标准的含义。公式（10.9）是说，当 N 给定后，每一个地方政府应遵循通常的公共品提供的决策原则 $\sum MRS = MRT$ 来提供公共品 X；而公式（10.10）则是说，在给定 X 的条件下，人们应该按照一定要求形成一个集团（或地方区域），以便使人均分担的公共品成本正好等于新加入那个人所引起的边际成本。从 $\frac{C}{N} = C_N$ 来看，这肯定是平均成本 AC 的最低点。从市场竞争性行为的角度看，这还意味着利润等于零。只要自治区域（或地方政府的管辖区域）可以被复制或模仿，那么，人们总是会按照"俱乐部"理论的原则（尽管是不自觉的）来重新形成地方区域，直到每一个地方区域的公共品平均成本 AC 都达到最低点为止。并且，由于假定人们都是相同的个人，所以，在公式（10.9）与公式（10.10）中，麦圭尔实质上指出了地区范围与规模都是相同的，这样，全国必然会自然形成 H/N 个区域。结论是，只要地区的内含人数的最优量 $N^* < H$，则按照 N^* 决定的公共品的人均成本 AC_{min} 就必定小于按照 H 平均的公共品的人均成本，原因是 H 已超出了"俱乐部"理论要求的最优成员数 N^*，因此，由一个中央政府来直接向全国 H 个个人

提供公共品就不再是最优的了。

麦圭尔认为，地方政府的管辖范围内人口的数目或者俱乐部成员数的最优量与该辖区范围内所提供的公共产品的最优数量应同时被决定。每一个地方政府都应遵循通常的公共产品提供的决策原则，即人们应按照一定要求形成的一个集团（或地方区域）以便使人均分担的公共产品成本正好等于新加入成员所引起的边际成本（即公共产品平均成本的最低点）。只要自治区域（或地方政府的管辖区域）可以被复制或模仿，那么，人们总是会按照"俱乐部"政府的原则（尽管是不自觉的）来重新形成地方区域。总之，以"俱乐部"理论为基础的麦圭尔的分权模型指出了地方分权的区域规模的最优原则。

第二节 政府间财政关系的基本框架

在实践层面上，财政分权是一个相当复杂的问题。由于影响财政分权的因素很多，也很复杂——历史、社会制度的性质，经济因素等都会影响一个国家的分权模式和程度。因此，在不同的国家，由于国情不同，分权程度和分权模式都不相同，有时甚至会大相径庭。本节将学习政府间财政关系的基本框架，主要有三个部分：政府间事权、收入的划分以及政府间转移支付制度。

一、政府间事权划分

（一）政府事权的基本概念

政府事权，实际上是政府职能的外在化。**广义上的政府事权**，主要表现在提供公共服务（或成为公共产品）、收入再分配以及经济稳定三个方面；**狭义上的政府事权**指的是政府在提供公共服务上的事权。我们在研究财政体制时提到的各级政府间事权界定，主要指的是狭义上的政府事权。

根据政府承担职责的不同性质，政府提供公共服务这一事权还可以继续细分为三种事权：**一是公共服务的决策权**。即谁负责决策，哪一级政府拥有提供某项公共服务的最终决定权。**二是资金的供应权**。即谁负责为这些公共服务提供所需的资金。**三是公共服务的管理权**。即一级政府提供公共服务（包括公共工程建成）后，谁来负责进行具体管理。其中，**资金供应权是事权的核心内容**。

事权的三个组成部分具有可分的特征。即公共服务的决策权、资金供应权、具体组织管理权既可以唯一地只归属于一级政府，也可以分别归属于不同级次的政府。一些要求全国统一行动的事权，通常由中央政府来决策；需要省（州）内统一的事权，通常由省（州）政府决策。在具体组织、管理权上，由于公共服务本身更接近于基层地方政府，由地方政府组织在管理上效率较高，因此，这类公共服务通常由地方政府负责组织实施和管理。在资金供应权上，各级政府则是无差别的，既可以由较高级次的政府提供，也可以由较低级次的政府提供，或者由于事权相关的三级或多级政府负责提供。以上只是概括性地对政府事权承担进行了界定。具体的，一项事权归属于哪级政府更为合适一些，还必须遵循一定的原则。

（二）政府间事权划分的基本原则

在事权划分上的主流思想，主要遵循经济学家巴斯特布尔（Bastable, C. F.）提出的"受益原则""行动原则""技术原则"三原则。另外，发展中国家还应借鉴另一重要原则——"利益归属原则"。

1. **受益原则**。"受益原则"要求以各种事权支出项目受益对象和范围大小，作为各级政府承担财政支出的划分依据。从受益与成本对称的角度上看，一项事权最好安排在与其受益范围最为相当的一级政府。一般来说，凡政府提供的服务，受益对象是全国居民的，财政支出属于中央财政；凡受益对象为地方居民的，支出应归于地方财政。地方政府负责能使本地方或本区域受益的支出，如地方医院、地方城市建设、消防、卫生保健等。受益范围超越某地方管辖范围的事权，如与宏观调控和再分配有关的一部分职能（如养老金和失业救济等社会福利支出、大规模投资等），可以由更高一级的中观政府承担。受益范围超过中观政府管辖范围、具有全国性的事权，由中央政府承担，如国防、国家安全、司法、外交等。

2. **行动原则**。在确定地方政府事权范围时，单单依据受益原则是不够的，还必须依据行动原则。凡提供的政府公共服务在行动上要求全国一致，需要统一规划的，属于中央事权；反之，必须根据具体情况，因地制宜，分别进行决策的，属于地方事权。

3. **技术原则**。凡是政府活动或公共工程规模巨大，需要一定技术才能完成的项目，其事权应归中央政府，否则归地方政府。

以上是政府间支出事权划分的基本原则。但按照上述三原则，不可能将一项事权绝对地划归哪一级政府，很多事权在各级政府间划分边界并不非常明显。如"受益原则"，由于政府事权本身不可能存在界限绝对清楚的受益范围，更多的事权具有交叉受益的性质，因此很多事权不是单独属于某一级政府的。再如，与公共服务相关的组织实施及管理事权，本身还可以再行细分，很多政府公共工程在不同的阶段所要求的技术管理手段不一，工程建设时技术要求很高，需要中央财政做统一规划，工程竣工后的日常维护和管理，需要的技术性就不是很强，如果根据"技术原则"将其完全界定为中央事权，明显有些牵强，也不利于公共工程日常的维护管理。同样，按"行动原则"进行事权界定，也存在着事权边界不明显的问题。理论上，我们可以将需要统一行动的政府公共服务支出界定为中央事权，但现实生活中，这些事权的具体实施，很多都是由地方政府来完成的，包括一些属于中央但需要委托地方参与管理的事权。而且很多由中央政府制定统一行动计划的事权，往往是针对地方进行的，受益范围为各地方区域，目的是加强对一些具有全局意义的事权的管理。这些由中央制定统一行动计划的事权实际上具有很强的地方事权性质。因此，巴斯特布尔提出的上述三原则，不是绝对地要将一项事权唯一地划归某一级政府，同时应用这三原则，有时还可能存在冲突。如按行动原则，某一项事权应归属中央事权，而按受益原则可能应归属于地方政府，按技术原则，可能两级政府都可以。因此，在具有交叉性质、界线并不十分清楚的事权划分问题上，必须在"三原则"的基础上统筹考虑。

4. "利益归宿"原则。发展中国家在事权界定上还应遵循一条非常重要的原则——"利益归宿"原则。表面上看，该原则似乎与"受益原则"相同，"利益归宿"也就是公共服务使得居民受益的范围；但从本质上看，"利益归宿"强调的是一个社会财富分配或社会收入群落的概念，而"受益原则"强调的是一个无差异的地理区域的概念。按照个人占有财富的富裕程度，整个社会可以分为最基本的利益群体：富裕阶层和贫困阶层。不同的事权安排，将导致公共服务不同的受益分布格局，即"利益归宿"。"利益归宿"原则要求，如果一项公共服务支出最大限度地有利于贫困落后地区或社会上的贫困阶层，那么，这项支出就不仅仅具有地方性意义，而是具有了社会财富再分配的概念和内涵，从而应调整为较高级次政府的事权，或至少应由较高级次政府提供部分资金来源。如果将其纯粹作为地方事权，由于地方财力所限，某些贫困地区该项公共服务可能提供不足，从而不利于消除贫困和改变落后。从资金使用的边际社会效益上看，增加1个单位的公共服务支出，在贫困地区或贫困阶层身上创造的效益要远远高于在发达地区和高收入阶层身上创造的效益，从而符合效率原则；从促进社会发展和进步的角度看，增加对贫苦地区的支出，将有利于贫困地区走出落后，提高国民素质和生活质量，符合社会公平。因此，不管是从公平的角度，还是从效率的角度，为贫困地区增加这类的社会公共服务支出，都会促进社会效益最大化。由于财政分权具有促进经济差距不断扩大的内在趋势，因而根据"利益归宿"的原则来界定政府事权，对存在着严重的地区差异、担负着消除贫困任务并且想通过分权获取较高财政效率的发展中国家来说，就显得尤为重要。

上述原则只是事权划分理论上的最基本的指导原则。由于各国具体情况不一，也不存在唯一的、最优的政府支出职能划分方案。这也是事权划分上的困惑和难点所在。同样的支出事权，具体放在哪一级政府实施，很多时候遵循的不仅仅是原则本身，往往还有一些其他的外在因素，从而使得事权划分因国情而异。如基础教育、卫生保健、社会福利等支出项目，从提高管理效率的角度上看，由地方政府提供资金并进行组织和管理，将会提高资金使用上的经济效率。对于发展中国家而言，一些落后地区本身财力就不富裕，同时对教育、卫生以及一些福利性支出的需求比富裕地区更大，如果将这些支出职能赋予落后地区的地方政府，地方可能承担不了，同时也不符合利益归宿原则，不利于消除贫困。从这一理论角度上看，发展中国家将这些事权放在较高级次的政府实施似乎是一个较优的选择。尽管如此，但发展中国家由于整体经济实力弱，中央政府又承担着很重的经济建设支出负担，对教育、卫生以及一些福利性公共支出往往力不从心，更容易将这些支出事权直接放在基层的地方政府。发展中国家的这种做法，也反映出政府事权划分所遵循的不仅仅是事权自身的特性，在很多时候，事权划分与国家的发展水平、国家整体财力直接相关；经济处于不同的发展阶段，政府也必然面临着不同的主要经济矛盾，从而政府支出职能的政策取向也必然不同，这些都会影响政府间事权划分格局。在既定的财力下，一些具有全局性的事权在各级政府间的分配，可以直接反映出政府在一些重大事项上的政治抉择，从而具有明显的政府政策痕迹。

事权划分的上述基本原则，不仅仅适用于中央与地方政府间的事权划分，也适用于地方各级政府间的事权划分。下面,我们将按照上述原则,对市场经济国家一些具体事权的划分情况进行简单介绍。

(三) 政府间事权划分原则的具体应用

经历几十年的发展,发达国家在事权划分上取得了不少经验,形成了相对法制化、明晰化的政府间事权划分格局。表10-1为各国在中央政府、地区政府(中观政府)、地方政府间的事权划分的基本情况。

表10-1将一项具体的事权细分为两部分,一是决策事权,如制定政策、确定标准以及对支出事权进行监督的权限,这一事权通常需要通过"行动原则"来决定由哪一级政府负责提供较为合适;二是公共服务的供给和管理事权(即直接提供公共服务的事权,包括资金供应权),这一事权,通常需要通过"受益原则"和"技术原则"来决定由哪一级政府提供经济效率最高、管理上最为合适。

表10-1中列举的公共服务事权,可以分为四大类:**第一类**是支出受益具有全国性,需要全国统一行动,直接属于中央政府的事权。如国防、外交、货币政策、对外贸易、航空与铁路、省域间高速公路等,根据受益和成本对称原则,这些全国性事权的决策权与具体公共服务的管理权统属于中央政府。**第二类**是只需要在地区政府管辖范围内统一政策,政策制定权集中在地区政府的事权。按照"受益原则"、"技术原则",具体实施管理由地区政府及地方政府共同实施。同时,对这些在地区政府范围内需要政策统一的事权,地方可以参与政策制定(如社会治安),也可以不参与决策,而由地区政府集中决策(如省内或州内高速公路建设)。**第三类**是某种程度上具有全局意义,需要一定范围内的政策统一,但又具有强烈的地方事务特征的事权。这类事权,政策制定权往往分散于各级政府,如环境保护、工业和农业、教育和卫生保健、社会福利等事权,中央政府、地区政府、基层政府,都有制定政策、确定标准以及监督权限,而具体组织实施的事权,则由地区政府以及地方政府承担。从各国情况看,这一类公共服务具体组织实施权,往往以地区政府的管辖区域为限。**第四类**为地方性较强或纯粹地方性的事权。如治安、消防、供水、排水、排污、公园与娱乐休闲。这类事权,基层地方政府可以全权行使决策和具体事务的管理权。在社会治安方面,有的具有区域性,地区政府也具有决策权。如公园与娱乐休闲,实质是全为地方公共服务,但这并不妨碍中央政府或地区政府也进行此类的事权支出,如建设一些高质量的娱乐设施等。

表10-1 各级政府间事权划分依据

支出类别	制定政策、确定标准以及监督权限	服务供给和管理权限	评价
国防、外交、货币政策	F	F	受益、成本全国性
对外贸易、区域间贸易	F	F	同上
航空与铁路	F	F	同上
环境保护	F,S,L	S,L	可能范围为全国,或仅限于某地方或地区
工业和农业	F,S,L	S,L	辖区间重要外部效应

续表

支出类别	制定政策、确定标准以及监督权限	服务供给和管理权限	评价
教育和保健	F, S, L	S, L	实物性转移支付
社会福利	F, S, L	S, L	同上
治安	S, L	S, L	受益限于地方
供水、排水、排污	L	L	同上
消防	L	L	同上
公园与娱乐休闲	F, S, L	F, S, L	一般为地方，中央、省也可
省域间高速公路	F	S, L	促进国内共同市场
省内各区高速公路	S	S, L	受益和成本涉及各地方

说明：F 指中央政府权限，S 指地区政府（又称为"中观政府"，指州政府或省政府）的权限，L 指地方政府权限。

资料来源：安瓦尔·沙赫：《发展中国家和新兴国家的政府间财政关系改革》，载于《世界银行政策研究报告》，1994 年第 23 号。

表 10-2 则针对一些与居民生活密切相关的政府事权，分析主要应由基层政府承担，还是应由地区政府承担。

表 10-2　　　　　　　　地区政府、地方政府间的事权划分依据

公共服务	规模经济	受益与成本	公共消费偏好	监督评价和管理权	综合考虑归属
消防	L	L	L	M	L
治安	L	L	L	M	L
垃圾处理	L	L	L	M	L
社区公园	L	L	L	M	L
街道维护	L	L	L	M	L
交通管理	L	L	L	M	L
初等教育	L	M	L	M	M
中等教育	L	M	L	M	M
公共交通	M	M	M	M	M
公共保健	M	M	M	M	M
医院	M	M	M	M	M
电力	M	M	M	M	M

说明：L 指的是地方政府，M 指的是地区或大都会政府。

资料来源：安瓦尔·沙赫：《发展中国家和新兴国家的政府间财政关系改革》，载于《世界银行政策研究报告》，1994 年第 23 号。

从表 10-2 可以看出，公共服务、消防、治安、垃圾处理、社区公园、街道维

护、交通管理等与居民生产、生活紧密相关的事权,更适合于作为基层政府的事权(基层政府在联邦制国家指的是地方政府)。与公民权利密切相关的一些事权,如初等教育、中等教育、公共保健、医院等,适合放在地区一级政府,并需要基层政府参与;投资量较大的电力、公共交通等,比较适合于以地区政府的管辖区域为界,以更好地获取规模经济效益。同时,地区政府对有关地方事务的支出事权行使宏观监督和管理权,也具有较高的资金使用效率。

表 10-2 的事权划分一览表只是给我们提供了一个责任划分的基本框架,但在实践中,由于国情不同,支出责任划分也各不相同。比如,教育在美国是中央和地方的共同责任,而在加拿大主要是地方的责任;卫生在美国是地方的责任,而在日本则是中央和地方的共同责任。因此,每个国家需要根据自己的国情来进行具体分析。

二、政府间收入的划分

税收是政府财政收入的主要来源,因此政府间收入划分主要指税收收入的划分。政府在提供受益范围各异的公共产品和服务时,必然需要对收入来源在各级财政之间进行适当的划分。税收的划分主要依据以下四个方面的内容。

1. 依据各税种、税类的特点和功能进行税收划分。各级政府的行为目标有所不同,复税制条件下的不同税种在聚财和调节方面的功能也各不相同。尽管每一种税并不完全与各级政府的某项职能有必然的对应关系,但在划分中央和地方税时应该考虑到各个税种、税类的不同功能和作用,力求使这种划分有利于中央和各级地方政府有效地行使其职责。按照这一原则,应该把有助于中央政府实行宏观调控,其中包括调节级差收入、稳定经济等的税收划归中央政府,而对较明显的受益性税收、区域性税收和对宏观经济运行不产生直接影响的税收,则应该根据实际情况将其划归地方政府所有。

2. 税收划分要有利于各级财政间的相互协调。为了使中央和地方税制能够在各自有效运行的前提下为中央和各级地方政府提供充裕的财力,并产生良好的经济影响,必须协调好两级税收体系之间的相互关系,竭力减少和避免下述三种情况的出现:一是中央税制和地方税制间因税务行政方面的重复而出现的烦琐问题;二是中央政府和地方政府在制定税收政策实施过程中的相互矛盾;三是中央和地方税收关系的协调过程中,中央政府应该天经地义地处于主动的地位,从而为分级财政体制的有效运行创造条件。

3. 税收划分要便于进行税收征管。税收划分最终也涉及由谁征收的问题,所以是否便于课征应该成为划分中央税与地方税的标准之一。古老的房产税、土地税长期以来之所以毫无例外地成为各个国家的地方税收,在很大程度上是因为作为征税对象的房产和土地分布在各个辖区之内,便于地方政府尤其是市、镇政府掌握税源、核实房价地价、纳税人不易逃漏税款,课征效率较高。相反,若由中央政府出面课征房地产税,所面临的实际困难则会明显增多。房地产与其主人的居住地通常是在一起的,由于地方税具有一定的受益性特征,因而可由地方政府对房地产征税,以筹措财力,提供充足的地方公共产品与服务。这也可以从另一个角度出发来解释房地产税被划归地方政府的原因。按照便利的原则，税基广泛且富有流动性者宜划归中央，税基狭窄且具有固定性者则应划归地方。

4. 税收划分要有利于经济运行和发展。从总体上讲，税收的划分应该有利于提高经济运行的效率和经济的健康发展。一般情况下，中央和地方政府均适合于对商品流动额进行课税。但在将经济效率因素考虑在内的情形下，就应把对商品流转额课税的职责主要赋予中央政府而不是地方政府。这是因为，若由地方政府出面课征，那么，由于追求本地利益就很容易出现商品课税上的各自为政，加剧地区经济间割据和关卡林立的状况，从而增加成本，影响产销、降低经济效率。由此可以进一步认为，若由中央政府出面课征或以中央政府为主、地方政府为辅进行课征，则可在一定程度上避免上述问题的出现，达到货畅其流。同理，关税由中央政府课征，会有利于提高整个国家对外经济政策的协调性和一致性，有利于开放经济中的国际贸易的扩大和发展。

三、政府间转移支付制度

（一）政府间转移支付制度的含义

政府间转移支付制度有广义和狭义两种解释。**广义的转移支付制度，是指一国各级政府间按照财权与事权相统一的原则，合理划分财政收入级次和规模的一种分配形式。它既包括了上级政府对下级政府财力的补助，也包括下级政府对上级政府财政收入的上解。**凡是政府间财力的转移与划拨关系都可被视为转移支付。**狭义的转移支付制度，一般特指相邻两级政府，上级对下级的财力补助。**在实际工作和理论研究中一般都是按狭义概念来理解，这也是这一部分重点研究的内容。

"支付"指"财政支出"，"转移支付"意为"转移财政支出"，而财政支出属于政府事权，它要求有与此相对应的财权。如果上级政府将属于本级政府事权范围的一部分职权转给下级政府，它也必须相应地将一部分财权即一定数额的财政收入一并移交给下级政府。转移支付从形式上表现的是各级政府间事权的转移，体现在财政上是财权财力在不同级次政府间的转换。

（二）政府间转移支付的必要性

政府间的财政转移支付实质上是存在于政府间的一种再分配形式。它是以各级政府之间所存在的财政能力差距为基础，以实现各地公共服务水平的均等化为主旨而实行的一种财政资金转移或财政平衡制度。由于各级政府的事权划分和收入划分不可能做到完全一致，因此就会普遍存在政府财政收入能力与其支出责任不对称的情况。转移支付的必要性主要体现在以下几个方面：

1. 矫正地方政府提供公共产品过程中可能出现的行为扭曲。由于地方政府在资源配置方面的优势，受益范围具有区域性的公共产品由地方政府供给有利于提高效率。但是这些区域性的公共产品往往具有外部性，其受益范围不可能正好被限定在其管辖的区域范围内。当存在外部效应时，公共产品的供给就会发生扭曲。比如，在存在正的外部效应时，地方政府从本地利益出发，可能会高估公共产品的成本，低估其整体利益，因而造成公共产品的供给不足。这种扭曲不仅影响着地方性公共产品的有效供给，也不利于地区间经济关系的协调。因此，中央政府有必要通过转移支付，给予地方政府一定的补助，这样就可以适当调节具有外部性的公共产品的供给，优化资源配置。

2. 政府间的财政转移支付可以弥补税收划分的缺陷。在实行分税制的情况下，中央政府与地方政府之间的税收划分不可能完全实现公平与效率的结合，若中央政府财力划分收入过多，就会影响地方政府组织经济的积极性，中央与地方之间财力划分的缺陷需要由中央财政采取措施加以调整。政府间的财政转移支付是弥补税收划分缺陷的一个重要手段。

3. 政府间的财政转移支付是实现横向均衡的重要手段。一个国家内不同地区之间的经济发展程度往往存在着很大差异，而这种差异在财政上的表现就是：发达地区财政收入充裕，因而公共设施和服务较为完善；而落后地区的财政状况拮据，甚至不能提供基本的公共服务，同时落后地区往往需要提供比发达地区更多的公共基础设施支出。这种地区之间的财政收入能力与财政支出需要之间的不均衡，被称为横向的财政失衡。与落后地区相比，发达地区财政资金的边际效用要低很多，因此中央政府从整体利益出发采取转移支付的方法，可以在地区之间进行预算调剂，扶持落后地区的发展，增加财政资金的边际使用效率，实现财政横向均衡的目标。

4. 政府间的财政转移支付是实现纵向均衡的重要手段。当某一级政府财政面临赤字，而其他级次的政府财政却出现盈余时，就意味着存在着纵向财政失衡。如前所述，一般而言，纵向财政失衡主要表现为地方政府的事权大于财权形成赤字，中央对地方的转移支付可以体现中央政府的宏观调控意图，实现各级政府之间财政的纵向均衡。

（三）政府间转移支付的形式

财政转移支付的形式一般有两种：一类是税收分享，另一类是财政拨款。

1. **税收分享**。税收分享又可以分为两种办法：一是税基分享（分率分享），即对于同一税基多级政府可以按一定的税率计征税收。二是分成分享，即分享的税收由某一级政府来组织征收，然后按照已经确定的比例在两级政府或多级政府间进行分配，如我国目前的增值税收入就属于这一类型。税收分享形式的财政转移支付主要侧重于解决政府间纵向财政不平衡的问题。

2. **财政拨款**。财政转移支付较为典型的形式是财政拨款。国际上通行的做法，又有两种：一是一般性拨款（无条件补助）。它是上级政府根据下级政府组织收入的能力，考虑多种对必要支出有影响的因素，按照均衡拨款公式（因素法）计算的补助形式。它的主要目的是要满足下级政府一般性的财力需要，平衡下级政府财政收支差额，在安排一般性拨款时，上级政府并不规定款项的具体用途，下级政府将此类补助视同自主财源，可以根据本地区情况统筹安排，在使用上不受限制。二是专项补助（有条件补助）。它是上级政府根据一定的目的和条件拨给下级政府用于特定支出的补助形式。主要目的是针对下级政府难以承担的或对周边地区有利的、符合上级政府产业政策的项目给予的资金支持。专项补助与一般性拨款最大的区别在于它在使用上是有条件限制的。专项补助更能体现上级政府的宏观调控意图，已经成为实现政府政策目标的重要手段。以财政拨款形式体现的财政转移支付，兼有纵向财政均衡和横向财政均衡两种功能，是各国政府最为普遍采用的一种转移支付方式。

第三节
我国政府间财政关系的发展和完善

从1949年新中国成立之后,我国的政府间财政关系经历了一系列的改革,直至今天,仍在不断发展和完善之中。

资源配置方式的变化在一定程度上决定了相应的政府间财政关系。① 总的来看,我国的计划经济的行政性分权,一直持续到1993年。1994年后,市场经济的资源配置方式引入,从根本上改变了我国的税收体制和政府间财政关系,为我国政府间财政关系的发展和完善奠定了基本框架。之后,我国的政府间财政关系得以不断改进和完善。

一、1978年以前:计划经济的资源配置方式及其决定的政府间财政关系

1978年以前,我国在经济管理体制上实行的是计划经济。计划经济的最大特征是高度集中,强调政府统一计划的作用。与之相对应,资源配置方式实行实物计划。这是我国这一阶段行政性分权式的政府间关系的决定因素。②

在计划经济条件下,政府通过国家计委制定和审批计划,计委全面规划国家经济生活中的生产与消费,这是计划经济体制的核心。集中统一的计划管理体制不仅包括计划部门的管理体制,还包括财政体制、金融体制、投资体制、物价体制、物资供应体制、劳动人事体制、分配体制等。在这一体制下,除了外交和国防等事务外,中央和地方政府之间的职能和事权是高度一致的。

在计划经济体制下,财政体制是一种统收统支的高度集中的财政制度。在这一体制下,地方财政从根本上来说是附属于中央财政的,是整个国家计划经济体制的一个组成部分。在这一体制下,财力与财权高度集中于中央政府,地方组织的财政收入全部上缴中央,地方一切开支由中央核拨。这种"统收统支"的预算管理体制使地方的财权很小,机动财力很少。

在收入方面,政府财政收入大量依靠国有企业上缴利润。1978年财政收入占GDP的比重为31.1%,企业收入占当年财政收入的50%以上。在"简化税制"思想的指导下,经过1958年和1973年两次大规模的税制改革和简化之后,我国工商税制只设七种税,而且几乎都是流转税。

二、1978—1993年:"双轨制"的资源配置方式及被动适应的政府间财政关系

1978年,党的十一届三中全会之后,随着党和国家工作重点转移到以经济建设

---

① 楼继伟. 中国政府间财政关系再思考. 北京:中国财政经济出版社,2013:3.
② 楼继伟. 中国政府间财政关系再思考. 北京:中国财政经济出版社,2013:4.

为中心，实现四个现代化的轨道上来之后，国民经济逐渐得到了恢复。与此相适应，中央力图通过扩权让利，增强企业活力，提高经济效益。因此，在财政上实行分权，中央和地方"分灶吃饭"，对企业进行了扩大自主权的改革。

在这一背景下，在处理中央和地方财政关系上，实施了"预算包干制"。我国1980—1984年起实行的"划分收支、分级包干"体制，1985—1987年实行的"划分税种、核定收支、分级包干"体制和1988—1990年各种形式的包干办法，都属于这类体制。在这一体制下，地方有较大的财权，地方财力大大增强。预算包干体制对原体制有重大突破，是我国预算管理体制的一次重大改革，这种体制充分调动了地方理财的积极性，但也存在不少问题。主要是中央集中的财力过少，中央财政收入占全部财政收入的比重下降，中央财政负担过重；中央与地方的收支之间相互挤占，关系没有理顺；地方财力大大增强，多投资于利润大、见效快的项目投资，加剧了当时的经济过热现象。

三、1994—2013年：市场资源配置基础的建立及相应的政府间财政关系

1992年，党的十四大明确提出了建立社会主义市场经济体制的改革目标。1993年11月十四届三中全会通过了《中共中央关于建立社会主义市场经济体制若干问题的决定》。全会明确提出要建立社会主义市场经济体制，使市场在国家宏观调控下对资源配置起基础性作用。全会部署要积极推进财税体制改革，把现行地方财政包干制改为在合理划分中央与地方事权基础上的分税制，建立中央税收和地方税收体系。同时实行中央财政对地方的返还和转移支付的制度，以调节分配结构和地区结构，特别是扶持经济不发达地区的发展和老工业基地的改造。

（一）1994年的分税制改革

分税制的原则和主要内容是："按照中央与地方政府的事权划分，合理确定各级财政的支出范围；根据事权与财权相结合的原则，将税种统一划分为中央税、地方税和中央地方共享税，并建立中央税收和地方税收体系，分设中央和地方两套税务机构分别征管；科学核定地方收支数额，逐步实行比较规范的中央财政对地方的税收返还和转移支付制度；建立和健全分级预算制度，硬化各级预算约束"。

1. 中央与地方事权和支出的划分。中央财政主要承担国家安全、外交和中央国家机关运转所需经费，调整国民经济结构、协调地区发展、实施宏观调控所必需的支出以及由中央直接管理的事业发展支出。具体包括：国防费、武警经费、外交和援外支出、中央级行政管理费，中央统管的基本建设投资，中央直属企业的技术改造和新产品试制费，地质勘探费，中央财政安排的支农支出，由中央负担的国内外债务的还本付息支出，以及中央本级负担的公检法支出和文化、教育、卫生、科学等各项事业费支出。

地方财政主要承担本地区政权机关运转所需支出以及本地区经济、事业发展所需支出。具体包括：地方行政管理费，公检法支出，部分武警经费，民兵事业费，地方统筹的基本建设投资，地方企业的技术改造和新产品试制费，支农支出，城市维护和建设经费，地方文化、教育、卫生等各项事业费，价格补贴支出以及其他支出。

2. 中央与地方收入的划分。根据事权与财权相结合的原则，按税种划分中央与地方的收入，将维护国家权益、实施宏观调控所必需的税种划为中央税；将同经济发

展直接相关的主要税种划为中央与地方共享税;将适合地方征管的税种划分为地方税,并充实地方税种,增加地方税收入。具体划分如下:

(1) 中央固定收入包括:关税,海关代征增值税和消费税,消费税,地方银行和外资银行及非银行金融企业所得税,铁道部门、各银行总行、各保险总公司等集中缴纳的收入(包括所得税和城市维护建设税等),中央企业上缴利润等。外贸企业出口退税,除1993年地方已经负担的20%部分列入地方上缴中央基数外,以后发生的出口退税全部由中央财政负担。2003年10月我国对出口退税机制进行改革,从2004年开始出口退税由中央与地方共同负担,即以2003年出口退税的实退指标为基数,对超基数部分的应退税额,由中央与地方按75:25的比例分别承担。从2005年起,中央负担超基数退税的92.5%,地方负担7.5%;并从2005年8月起实行中央统一退库,年终中央和地方清算的退税方法。

(2) 地方固定收入包括:营业税(不含铁道部门、各银行总行、各保险总公司集中缴纳的营业税),地方企业上缴利润,城镇土地使用税,固定资产投资方向调节税,城市维护建设税(不含铁道部门、各银行总行、各保险总公司集中缴纳的部分),房产税,车船使用税,印花税,屠宰税、耕地占用税,契税,遗产税和赠与税,土地增值税,国有土地有偿收入等。

2002年所得税分享办法进行了重大调整,改革原来按企业的行政隶属关系划分所得税收入的办法,对企业所得税和个人所得税收入实行中央和地方按比例分享。改革的内容主要是:第一,分享范围。除了铁路运输、国家邮政、中国工商银行、中国农业银行、中国银行、中国建设银行、国家开发银行、中国农业发展银行、中国进出口银行以及海洋石油天然气企业缴纳的所得税作为中央收入外,其他企业所得税个人所得税收入由中央与地方按比例分享。第二,分享比例。2002年分享50%,地方分享50%;2003年中央分享60%,地方分享40%;2003年以后年份的分享比例根据实际收入情况再行考虑。第三,中央因改革所得税收入分享办法增加的收入全部用于地方(主要是中西部地区)的一般性转移支付。

(3) 中央与地方共享收入包括:增值税、资源税、证券交易税、企业所得税和个人所得税等。根据《全面推开营改增试点后调整中央与地方增值税收入划分过渡方案》(国发〔2016〕26号),2016年5月1日全面推行"营改增"试点改革后,随之调整中央与地方增值税收入划分过渡方案,增值税由原来中央分享75%,地方分享25%,调整为中央与地方各分享增值税50%。资源税按不同的资源品种划分,大部分资源税作为地方收入,海洋石油资源税作为中央收入。证券交易印花税,收入的94%归中央政府,其余6%和其他印花税收入归地方政府。企业所得税、铁道部、各银行总行及海洋石油企业缴纳的部分归中央政府,其余部分中央与地方政府按60%与40%的比例分享。个人所得税,除储蓄存款利息所得的个人所得税外,其余部分的分享比例与企业所得税相同。

3. 中央财政对地方税收返还数额的确定。1994年分税制预算体制改革,将原来属于地方支柱财源的消费税和增值税的75%上划给中央,若不采取相应措施,会触及地方的既得利益,增大分税制改革的阻力。为了保持原有地方既得利益格局,逐步达到改革的目标,中央财政对地方税收返还数额以1993年为基期年核定。按照1993

年地方实际收入以及税制改革和中央与地方收入划分情况，核定1993年中央从地方净上划的收入数额（即消费税+75%的增值税-中央下划收入）。1993年中央净上划收入，全额返还地方，保证原有地方既得财力，并以此作为以后中央对地方税收返还的基数。1994年以后，税收返还额在1993年基数上逐年递增，递增率按各地区增值税和消费税的平均增长率的1:0.3系数确定，即上述两税平均每增长1%，中央财政对地方的税收返还增长0.3%。如果1994年以后中央净上划收入达不到1993年的基数，则相应扣减税收返还数额。

（二）2006年之后的财力与事权相匹配

2006年10月11日中国共产党第十六届中央委员会第六次全体会议通过的《中共中央关于构建社会主义和谐社会若干重大问题的决定》，在"完善公共财政制度，逐步实现基本公共服务均等化"的目标下，提出"进一步明确中央和地方的事权，健全财力与事权相匹配的财税体制。"

2007年，十七大报告在"深化财税、金融等体制改革，完善宏观调控体系"的部分，进一步强调"健全中央和地方财力与事权相匹配的体制，加快形成统一规范透明的财政转移支付制度，提高一般性转移支付规模和比例，加大公共服务领域投入。完善省以下财政体制，增强基层政府提供公共服务能力。实行有利于科学发展的财税制度，建立健全资源有偿使用制度和生态环境补偿机制。"

四、2013年至今：市场在资源配置中起决定性作用以及政府间财政关系的新篇章

2013年11月，中共十八届三中全会通过的《中共中央关于全面深化改革若干重大问题的决定》提出要紧紧围绕使市场在资源配置中起决定性作用深化经济体制改革，建立事权和支出责任相适应的制度。2016年8月，中共中央、国务院通过了《国务院关于中央和地方财政事权和支出责任划分改革的指导意见》，对划分中央和地方财政事权和支出责任做出了具体安排，从而掀开了我国政府间财政关系改革的新篇章。尤其值得一提的是，与以往历次改革相比，新一轮的政府间财政关系改革在指导思想中首次明确提出要坚持法治化、规范化道路——要将中央与地方财政事权和支出责任划分基本规范，以法律和行政法规的形式规定，将地方各级政府间的财政事权和支出责任划分相关制度，以地方性法规、政府规章的形式规定，逐步实现政府间财政事权和支出责任划分法治化、规范化，让行政权力在法律和制度的框架内运行，加快推进依法治国、依法行政（见表10-3）。

表10-3 2016年以来国务院发布的中央与地方财政事权支出责任划分改革方案的系列文件统计

文件名称	文号
国务院关于推进中央与地方财政事权支出责任划分改革的指导意见	国发〔2016〕49号
国务院批转国家发展改革委关于2017年深化经济体制改革重点工作意见的通知	国发〔2017〕27号
国务院办公厅关于印发基本公共服务领域中央与地方共同财政事权和支出责任划分改革方案的通知	国办发〔2018〕6号

续表

文件名称	文号
国务院办公厅关于印发科技领域中央与地方财政事权和支出责任划分改革方案的通知	国办发〔2019〕26号
国务院办公厅关于印发教育领域中央与地方财政事权和支出责任划分改革方案的通知	国办发〔2019〕27号
国务院办公厅关于印发交通运输领域中央与地方财政事权和支出责任划分改革方案的通知	国办发〔2019〕33号
国务院办公厅关于印发生态环境领域中央与地方财政事权和支出责任划分改革方案的通知	国办发〔2020〕13号
国务院办公厅关于印发公共文化领域中央与地方财政事权和支出责任划分改革方案的通知	国办发〔2020〕14号
国务院办公厅关于印发自然资源领域中央与地方财政事权和支出责任划分改革方案的通知	国办发〔2020〕19号
国务院办公厅关于印发应急救援领域中央与地方财政事权和支出责任划分改革方案的通知	国办发〔2020〕22号
国务院办公厅关于进一步推进省以下财政体制改革工作的指导意见	国办发〔2022〕20号

资料来源：中华人民共和国中央人民政府官网。

(一) 财政事权和支出责任的划分原则

1. 体现基本公共服务受益范围。体现国家主权、维护统一市场以及受益范围覆盖全国的基本公共服务由中央负责，地区性基本公共服务由地方负责，跨省（区、市）的基本公共服务由中央与地方共同负责。

2. 兼顾政府职能和行政效率。结合我国现有中央与地方政府职能配置和机构设置，更多、更好地发挥地方政府尤其是县级政府组织能力强、贴近基层、获取信息便利的优势，将所需信息量大、信息复杂且获取困难的基本公共服务优先作为地方的财政事权，提高行政效率，降低行政成本。信息比较容易获取和甄别的全国性基本公共服务宜作为中央的财政事权。

3. 实现权、责、利相统一。在中央统一领导下，适宜由中央承担的财政事权执行权要上划，加强中央的财政事权执行能力；适宜由地方承担的财政事权决策权要下放，减少中央部门代地方决策事项，保证地方有效管理区域内事务。要明确共同财政事权中央与地方各自承担的职责，将财政事权履行涉及的战略规划、政策决定、执行实施、监督评价等各环节在中央与地方间做出合理安排，做到财政事权履行权责明确和全过程覆盖。

4. 激励地方政府主动作为。通过有效授权，合理确定地方财政事权，使基本公共服务受益范围与政府管辖区域保持一致，激励地方各级政府尽力做好辖区范围内的基本公共服务提供和保障，避免出现地方政府不作为或因追求局部利益而损害其他地区利益或整体利益的行为。

5. 做到支出责任与财政事权相适应。按照"谁的财政事权谁承担支出责任"的原则，确定各级政府支出责任。对属于中央并由中央组织实施的财政事权，原则上由中央承担支出责任；对属于地方并由地方组织实施的财政事权，原则上由地方承担支出责任；对属于中央与地方共同财政事权，根据基本公共服务的受益范围、影响程度，区分情况确定中央和地方的支出责任以及承担方式。

（二）改革的主要内容

1. 推进中央与地方财政事权划分。

（1）适度加强中央的财政事权。坚持基本公共服务的普惠性、保基本、均等化方向，加强中央在保障国家安全、维护全国统一市场、体现社会公平正义、推动区域协调发展等方面的财政事权。强化中央的财政事权履行责任，中央的财政事权原则上由中央直接行使。中央的财政事权确需委托地方行使的，报经党中央、国务院批准后，由有关职能部门委托地方行使，并制定相应的法律法规予以明确。对中央委托地方行使的财政事权，受委托地方在委托范围内，以委托单位的名义行使职权，承担相应的法律责任，并接受委托单位的监督。

要逐步将国防、外交、国家安全、出入境管理、国防公路、国界河湖治理、全国性重大传染病防治、全国性大通道、全国性战略性自然资源使用和保护等基本公共服务确定或上划为中央的财政事权。

（2）保障地方履行财政事权。加强地方政府公共服务、社会管理等职责。将直接面向基层、量大面广、与当地居民密切相关、由地方提供更方便有效的基本公共服务确定为地方的财政事权，赋予地方政府充分自主权，依法保障地方的财政事权履行，更好地满足地方基本公共服务需求。地方的财政事权由地方行使，中央对地方的财政事权履行提出规范性要求，并通过法律法规的形式予以明确。

要逐步将社会治安、市政交通、农村公路、城乡社区事务等受益范围地域性强、信息较为复杂且主要与当地居民密切相关的基本公共服务确定为地方的财政事权。

（3）减少并规范中央与地方共同财政事权。考虑到我国人口和民族众多、幅员辽阔、发展不平衡的国情和经济社会发展的阶段性要求，需要更多发挥中央在保障公民基本权利、提供基本公共服务方面的作用，因此应保有比成熟市场经济国家相对多一些的中央与地方共同财政事权。但在现阶段，针对中央与地方共同财政事权过多且不规范的情况，必须逐步减少并规范中央与地方共同财政事权，并根据基本公共服务的受益范围、影响程度，按事权构成要素、实施环节，分解细化各级政府承担的职责，避免由于职责不清造成互相推诿。

要逐步将义务教育、高等教育、科技研发、公共文化、基本养老保险、基本医疗和公共卫生、城乡居民基本医疗保险、就业、粮食安全、跨省（区、市）重大基础设施项目建设和环境保护与治理等体现中央战略意图、跨省（区、市）且具有地域管理信息优势的基本公共服务确定为中央与地方共同财政事权，并明确各承担主体的职责。

（4）建立财政事权划分动态调整机制。财政事权划分要根据客观条件变化进行动态调整。在条件成熟时，将全国范围内环境质量监测和对全国生态具有基础性、战略性作用的生态环境保护等基本公共服务，逐步上划为中央的财政事权。对新增及尚未明确划分的基本公共服务，要根据社会主义市场经济体制改革进展、经济社会发展需求以及各级政府财力增长情况，将应由市场或社会承担的事务交由市场主体或社会力量承担，将应由政府提供的基本公共服务统筹研究划分为中央财政事权、地方财政事权或中央与地方共同财政事权。

2. 完善中央与地方支出责任划分。

（1）中央的财政事权由中央承担支出责任。属于中央的财政事权，应当由中央财政安排经费，中央各职能部门和直属机构不得要求地方安排配套资金。中央的财政事权如委托地方行使，要通过中央专项转移支付安排相应经费。

（2）地方的财政事权由地方承担支出责任。属于地方的财政事权原则上由地方通过自有财力安排。对地方政府履行财政事权、落实支出责任存在的收支缺口，除部分资本性支出通过依法发行政府性债券等方式安排外，主要通过上级政府给予的一般性转移支付弥补。地方的财政事权如委托中央机构行使，地方政府应负担相应经费。

（3）中央与地方共同财政事权区分情况划分支出责任。根据基本公共服务的属性，体现国民待遇和公民权利、涉及全国统一市场和要素自由流动的财政事权，如基本养老保险、基本公共卫生服务、义务教育等，可以研究制定全国统一标准，并由中央与地方按比例或以中央为主承担支出责任；对受益范围较广、信息相对复杂的财政事权，如跨省（区、市）重大基础设施项目建设、环境保护与治理、公共文化等，根据财政事权外溢程度，由中央和地方按比例或中央给予适当补助方式承担支出责任；对中央和地方有各自机构承担相应职责的财政事权，如科技研发、高等教育等，中央和地方各自承担相应支出责任；对中央承担监督管理、出台规划、制定标准等职责，地方承担具体执行等职责的财政事权，中央与地方各自承担相应支出责任。

3. 加快省以下财政事权和支出责任划分。省级政府要参照中央做法，结合当地实际，按照财政事权划分原则合理确定省以下政府间财政事权。将部分适宜由更高一级政府承担的基本公共服务职能上移，明确省级政府在保持区域内经济社会稳定、促进经济协调发展、推进区域内基本公共服务均等化等方面的职责。将有关居民生活、社会治安、城乡建设、公共设施管理等适宜由基层政府发挥信息、管理优势的基本公共服务职能下移，强化基层政府贯彻执行国家政策和上级政府政策的责任。

省级政府要根据省以下财政事权划分、财政体制及基层政府财力状况，合理确定省以下各级政府的支出责任，避免将过多支出责任交给基层政府承担。

（三）保障和配套措施

1. 加强与相关改革的协同配套。财政事权和支出责任划分与教育、社会保障、医疗卫生等各项改革紧密相连、不可分割。要将财政事权和支出责任划分改革与加快推进相关领域改革相结合，既通过相关领域改革为推进财政事权和支出责任划分创造条件，又将财政事权和支出责任划分改革体现和充实到各领域改革中，形成良性互动、协同推进的局面。

2. 明确政府间财政事权划分争议的处理。中央与地方财政事权划分争议由中央裁定，已明确属于省以下的财政事权划分争议由省级政府裁定。明确中央与地方共同财政事权和中央委托地方行使的财政事权设置的原则、程序、范围和责任，减少划分中的争议。

3. 完善中央与地方收入划分和对地方转移支付制度。加快研究制订中央与地方收入划分总体方案，推动进一步理顺中央与地方的财政分配关系，形成财力与事权相匹配的财政体制。进一步完善中央对地方转移支付制度，清理整合与财政事权划分不相匹配的中央对地方转移支付，增强财力薄弱地区尤其是老少边穷地区的财力。严格控制引导类、救济类、应急类专项转移支付，对保留的专项转移支付进行甄别，属于地方财政事权的划入一般性转移支付。

4. 及时推动相关部门职责调整。按照一项财政事权归口一个部门牵头负责的原则，合理划分部门职责，理顺部门分工，妥善解决跨部门财政事权划分不清晰和重复交叉问题，处理好中央和省级政府垂直管理机构与地方政府的职责关系，为更好履行政府公共服务职能提供保障。

5. 督促地方切实履行财政事权。随着中央与地方财政事权和支出责任划分改革的推进，地方的财政事权将逐渐明确。对属于地方的财政事权，地方政府必须履行到位，确保基本公共服务的有效提供。中央要在法律法规的框架下加强监督考核和绩效评价，强化地方政府履行财政事权的责任。

【资料】 省以下财政体制大改革

2022年6月13日，国务院办公厅公开了《关于进一步推进省以下财政体制改革工作的指导意见》（下称《意见》），5000余字18条举措，涵盖了省市县财政事权和支出责任划分、收入关系理顺、转移支付制度、财政管理规范等方方面面。这是2002年之后，时隔近20年国务院再次专门部署省以下财政体制改革，干货不少，意义重大。主要包括：**一是强化省级宏观调控。**省以下财政体制改革重点，首先是明晰省市县财政事权和支出责任划分，通俗来说就是事情由哪级政府干，钱由谁来出。其次是收入划分，这是指政府税费收入在各级政府间如何划分。然后是转移支付制度，即在事权分清后，一些地方收入缺口部分通过上级科学规范的转移支付来弥补。**二是省级兜底"三保"，减轻基层负担。**《意见》要求，建立县级财力长效保障机制。坚持县级为主、市级帮扶、省级兜底、中央激励，全面落实基层"三保"责任。《意见》称，建立健全事前审核、事中监控、事后处置的工作机制，严格省级对县级"三保"支出预算安排方案的审核制度，强化"三保"支出预算执行硬性约束，加强"三保"支出库款保障和运行监控，结合实际逐步推动"三保"相关转移支付纳入省对下直达资金范围，做好"三保"风险防范和应急处置。**三是破除财政无序竞争，促进全国统一大市场。**此次《意见》要求，逐步清理不当干预市场和与税费收入相挂钩的补贴或返还政策。另外前述强化省级宏观调控不少举措，也有利于促进全国统一大市场建设。

资料来源：省以下财政体制大改革：省级政府权责大了，收入更多支持"三保"。2022年6月14日第一财经。

【资料分析】

我国历次财政改革的重点大多聚集于中央和省级政府之间的关系，对省以下各级政府之间的财政关系涉及较少。

此次改革聚焦于省以下财政体制,加大了省级政府的权责,细化了基层财政事权和支出责任,理顺省以下政府间收入关系,完善省以下转移支付制度。推进省以下财政体制改革有助于加强省级政府和基层政府与各基层政府之间的联系,使财权和事权责任划分更加清晰。在权责清晰的基础上,省级政府兜底"三保"为省以下政府保障了基本的财力,也为经济基础较弱的基层政府能够顺利完成此次改革提供了保障。加强省级政府的权责,也有助于防范地方债务风险,加强统筹安排,促进转移支付的透明、公平。这次改革,加强了转移支付的针对性,从而提高了财政资金的使用效率,对于充分激发和调动各方面积极性、主动性,确保各级财政运行稳健、保障有力、长期可持续有着重要的意义。

此次改革着眼长远、完善了省以下的统筹规划,建立健全权责配置更为合理、收入划分更加规范、财力分布相对均衡、基层保障更加有力的省以下财政体制,能够促进加快建设全国统一大市场,推进基本公共服务均等化,推动高质量发展,为全面建设社会主义现代化国家提供坚实保障。

复习思考题

1. 简述政府财政分权的理论基础。
2. 如何确定地方政府的最佳规模?
3. 简述政府间财政关系的基本框架。
4. 简述政府间转移支付的含义。
5. 简述政府间转移支付的必要性。
6. 政府间转移支付制度的类型有哪些?
7. 简述我国政府间财政关系的改革和发展历程。
8. 简要分析我国省以下财政体制改革的意义。

第十一章 财政赤字对经济的影响

财政平衡体现了财政收支在量上的对比关系，它也反映了财政政策变化的要求，从财政平衡理论的演进来看，财政平衡的观念已从年度平衡转向跨年度平衡，突破了年度平衡在时限上的僵化性。财政赤字是一种客观存在的经济现象，如何评价财政赤字一直存在着许多争论。应当指出，财政赤字出现在社会经济生活中，客观上并不存在简单的好与坏和利与弊。财政赤字在一定的条件下可以表现出好的一面，而在另一些条件下则有可能表现出坏的一面。财政赤字对我国国民经济的影响是多方面的，不可能百害无一利，也不可能百利无一害。我们认为改革开放40多年的现实证明，财政赤字对我国国民经济的影响从整体上讲正面积极的影响远大于负面消极的影响，但必须切实注意财政赤字风险的防范。

第一节 财政平衡与财政赤字

一、财政平衡的含义

财政平衡是指财政收入与财政支出在总量上的对比关系。既然是财政收入与财政支出在总量上的对比关系，按最一般的理解其结果只有三种可能。其一是收入大于支出称为结余，其二是收入小于支出称为赤字，其三是收入等于支出称为平衡。按照一般的会计原理，国家预算作为一种收支平衡表，在表中其收入与支出总是相等的。我们研究财政平衡并不是从预算收支平衡表的角度进行研究，而是从财政收支经济活动所揭示的经济内容的角度进行研究，进而研究财政收支作为一种经济活动其平衡关系对社会经济活动的影响。从财政收支与经济活动所揭示的经济内容上看，财政收入与财政支出恰好相等的情况在理论上是存在的，但是从现实财政收支的经济活动上看几乎是不存在的。某一财政年度中财政收支活动的最终结果不是收大于支，就是收小于支。因此，研究财政收支平衡，特别是研究财政收支平衡对社会经济活动的影响，必须对财政平衡的概念有一个比较清醒的认识。对财政收支平衡的理解应当注意几个问题。

（一）从相对平衡的概念上理解财政平衡

对财政平衡不能简单地绝对地理解为财政收入与财政支出在总量上的相等。这里包括两个方面的含义。第一不能简单理解为财政收支平衡表的平衡关系。如果从预算收支平衡表的角度看，财政收支永远是平衡的，既不存在结余，也不存在赤字。研究财政平衡必须从财政收支作为一种经济活动的角度出发，研究财政收支作为一种经济活动其揭示的经济内容对社会经济活动的影响。第二不能简单地从数字角度理解平衡，如果简单从数字上看，现实经济活动中财政收入与财政支出在总量上的绝对相等事实上是不可能的。其对比关系不是表现为结余就是表现为赤字。因此我们所说的财政平衡应当相对理解为一个区间，收略大于支或收略小于支都应该涵盖于平衡的范围内，即所谓的略有结余或略有赤字。当然这里所说的"略"在量上如何界定可以研究，一般观点认为控制在总量的3%范围内比较合适。

事实上结余、赤字和平衡之间的关系应当是一种辩证的关系，既不存在绝对的平衡，也不存在绝对的赤字或结余。在我国动用历年结余可以作为弥补当年赤字的一种手段，如果某一财政年度中财政收支在总量上是平衡的，但是收入中包含有历年的滚存结余，那么实际上当年的财政收支状况是赤字。这就说明了财政赤字或结余都是可以转化的，赤字、结余与平衡的关系也必然是相对的。因此，对财政平衡必须从相对的概念上理解而不能绝对化。

（二）从动态平衡的概念上理解财政平衡

对财政平衡不能静止和孤立地理解为当年财政收入与财政支出在总量上的相等，而要有动态平衡的观念。我们所说的财政平衡一般是指预算年度内财政收入与财政支出在总量上的对比关系。但事实上社会经济活动并不会因为人为的会计分期而停止，财政收支活动也不会因为人为的预算分期而截断。无论是社会的经济活动还是财政的收支活动都是一个连续不断的运动过程。会计分期或预算分期都是人为的，财政收支活动对社会经济活动的影响同样是连续不断的，也不会因为人为的预算分期而中止或截断。这就要求研究财政平衡不能静止地研究某一财政年度的收支平衡，必须用动态的观念，考虑各财政年度之间的联系和相互衔接，考虑连续不断的周期的财政收支活动对连续不断的周期的社会经济活动的影响。

从辩证法的角度看，平衡永远是相对的，而不平衡是绝对的。财政收支就是处在由不平衡到平衡又到新的不平衡的过程之中。静态的平衡与动态的平衡之间也是一种辩证的关系。比如第一年财政收入10000亿元，支出8000亿元，形成了2000亿元的财政结余，而第二年收入10000亿元，支出12000亿元，形成了2000亿元的赤字，若从每一财政年度静态上看都是不平衡。第一年为结余，第二年为赤字。但将两年作为一个连续动态的周期看，则财政是平衡的。第一年的结余正好弥补了第二年的赤字，这种动态的周期性的平衡是非常重要的。特别是在研究经济周期对财政的影响以及研究财政政策对经济周期的调控时具有十分重要的意义。

（三）从全局的概念上理解财政平衡

对财政平衡的研究不能就财政平衡论财政平衡，必须将财政收支的对比关系置于整个国民经济的运行当中。财政分配是社会再生产的一个环节，财政收支活动是整个社会国民经济运行的组成部分而不是全部。社会国民经济运行是整体，财政收支活动是局部。财政收支状况是国民经济运行的综合反映，受国民经济运行的影响和制约。而财政收支对比关系的变化作为财政政策的重要工具，又对国民经济运行起着重要的宏观调控的作用。我们研究财政平衡是研究财政收支作为一种经济活动对社会经济活动的影响，而不是单纯研究财政收支活动自身。从这个意义上说，单纯研究财政收支平衡自身是没有任何意义的。必须将财政收支活动置于整个社会国民经济运行的全局当中，才能真正揭示出财政收支活动对整个社会国民经济运行的影响，才可能真正说明财政结余、赤字或平衡对国民经济运行的影响机制和最终结果，也才有可能自觉地运用财政政策对国民经济运行进行宏观调控，促进国民经济活动稳定和发展，发挥财政优化资源配置、收入公平分配和国民经济稳定与发展的职能。

（四）中央预算平衡与地方预算平衡

我国财政实行的是分级财政体制，由中央财政和地方财政组成，因此财政平衡也分为中央预算平衡和地方预算平衡。 从整体上研究财政收支平衡实际上是将中央预算收支与地方预算收支合并，从国家财政收支的整体角度研究财政平衡。这种研究可以反映出国家财政收支活动的全貌，说明国家财政收支对社会国民经济运行的整体影响和内在联系，进而揭示财政政策对社会国民经济运行进行宏观调控的作用机制与效果。

但是在分级财政体制下，每级财政都是一级相对独立的实体。中央财政与地方财政之间有着明显的职责划分，也有着各自自身的财政收入来源。这就要求我们不仅要研究整体上的国家财政收支平衡问题，还必须研究中央财政与地方财政各自的平衡问题。中央政府与地方政府之间承担不同的职责，负责向本辖区内的居民提供不同的公共产品。在分级财政体制下中央财政与地方财政是相对独立的，这就使得分别研究中央财政与地方财政的平衡变得十分重要。在有些情况下，从全国范围看财政收支可能是平衡的，但中央财政与地方财政之间可能存在着不平衡。我国在实行社会主义市场经济体制以来，一般较多地表现为中央财政赤字过大，而地方财政相对处于结余状态。如果地方财政结余弥补了中央财政赤字，那么从全国范围看中央财政的赤字应当远远大于国家的财政赤字。如果中央财政与地方财政之间不能相对平衡，则有可能形成某些级次的政府难以为本辖区居民提供稳定的公共产品，进而导致出现一系列的社会问题。因此研究中央财政与地方财政各自的平衡，进而研究规范的中央与地方之间的转移支付制度是十分必要的。

二、财政平衡理论的发展

（一）国外财政平衡理论的发展

1. 年度财政平衡理论。在自由竞争资本主义时期，主要资本主义国家一直坚持自由放任的古典经济理论。以亚当·斯密、大卫·李嘉图和让·巴·萨伊等为代表的经济学家一直认为，政府并不是直接的社会生产单位，政府应当尽可能减少从社会中征取的财富,更不应当干预市场经济的运行。市场这只"看不见的手"完全可以协调国家经济的运行与发展,供给可以自动创造需求,市场机制完全可以对经济运行进行自发和有效的组织。在这种理论的制约下,古典经济学派的财政平衡理论一般认为政府应当是"守夜人"。政府必须坚持"量入为出"和厉行节约,尽可能少地从社会中征取社会财富,政府的活动必须被限制在一定的范围内。政府从社会经济活动中征取少量的税收后,只应限制在提供国防、社会安全与秩序等方面。政府应当保持每一财政年度的预算收支平衡,应当反对赤字和杜绝公债。如果政府支出过大而引起财政赤字,则会导致公债的发行。这不仅表现为政府本身的浪费和效率的下降,而且还会侵占私经济领域的社会资金,从而影响整个社会的经济发展。公债的还本付息又会为子孙后代带来负担。因此可以说在自由竞争资本主义社会中的财政平衡理论基本上是一种以减少政府干预经济为主导的当年财政收支平衡理论。

2. 功能财政平衡理论。1929—1933年的资本主义大危机使得古典经济学派的理论受到了极大的冲击。事实已经证明由于市场失灵的存在,"看不见的手"不可能完全协调社会再生产的顺利进行,不可能自发地调节国民经济的稳定运行。人们已经认识到,在经济萧条的时候如果财政仍然保持年度财政收支平衡,不仅没有必要而且还会加剧经济的衰退。这是因为在经济萧条的时期政府的税收收入必然减少,如果政府要做到收支平衡,则必然要增加税收或者减少政府支出。而无论是增加税收或者减少政府支出都会明显地抑制社会总需求,从而加剧经济的衰退。同样的道理在经济繁荣的时期也不应追求政府的年度收支平衡。这是因为在经济繁荣时期不仅人们的货币收入增加,而且政府的税收收入也会增加,如果追求年度财政收支平衡,则必须减少税收或增加政府支出,而无论减少税收还是增加政府支出都会扩大社会总需求,从而加剧整个社会的通货膨胀。

针对20世纪三四十年代出现的经济稳定性,尤其是亟待解决的失业问题,政府关注目标转向经济增长。因此,拟定财政政策,应从对整个国家经济产生的影响来考虑。从实现充分就业为目标出发,美国经济学家A 勒纳在1943年提出了功能财政理论,主要内容包括以下三方面:一是政府财政应该寻求充分就业和稳定价格的实现,不应只顾政府本身的收支是否平衡;二是只有在需要减少私人部门用来支出的货币,增加私人部门对政府公债的持有时,政府才能举债;三是政府的支出大于收入时,如超出的数额无法由举债弥补时,可以印刷新钞票。这一政策的目标在于政府利用所掌握的各种有效工具①,维持充分就业,防止通货膨胀。不过,该理论不与特殊形态的政治经济体制相联系,而是要看一个经济社会中货币交易是否已达到成熟阶段。

3. 周期财政平衡理论。这是一项由美国经济学家阿尔汉·汉森于20世纪40年代提出的具有折中性质的财政平衡理论。该理论认为,预算收支应该保持平衡。但是平衡时间是以整个生产循环周期为准,而不是以一个特定的会计或日历年度为准。循

---

① 按照勒纳的观点,政府掌握的有效政策工具,即政府从民间经济以公债、税收取得货币,再通过公共投资、减税、转移支付等手段向民间经济支出货币,同时,通过各种支出形式的若干组合,针对通货膨胀、通货紧缩等情况,调整政策,增加或减少总体货币量,以改变利率、投资、消费,最终得以操纵所得与就业局面。

环周期的计算是以峰与峰之间为段，以谷与谷之间为段。

周期财政平衡理论开列的政策处方是，当经济处于循环期的顶峰时，为了减轻通货膨胀的压力，政府应采取盈余预算政策，而当经济处于循环期的低谷时，则采用赤字财政的方法。这样，经济高峰时产生的预算盈余，正好用来弥补经济萧条时所出现的财政赤字，见图 11-1。在某一年度，财政虽然可能出现赤字或盈余。但就一个循环周期来看，财政预算的盈亏可以相抵，最终结果可能是平衡的。这一理论吸收了功能财政的优点，亦即认识到慎密的财政政策能有机地影响宏观经济的目标；同时，它还保留了与资源配置有关的预算控制思想。

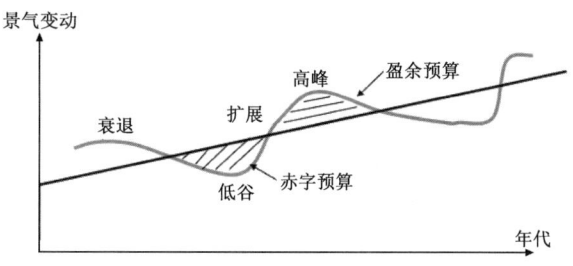

图 11-1 周期预算平衡

4. 充分就业预算平衡理论。也称高度充分就业预算理论或轻微盈余预算理论。英国的凯恩斯主义者贝沃里奇指出，实现充分就业问题是国家确保总支出水平从失业方面保护工人的一种国家职能。国家政策以充分就业为目标，就意味着国家财政的革命。这种理论首先得到美国经济委员会（CED）的支持。贝沃里奇认为，如果经济能达到充分就业（即把失业率定在4%以内，且大部分是经常发生的摩擦性失业）预算就能达到平衡。因此，预算支出水平应根据充分就业水平之下的经济需要来定，税收收入以及税率的高低应依充分就业水平之下的国民收入水平来定。这种理论强调，政府不一定在每一年度或每一经济循环周期都保持预算收支平衡，不要用降低财政支出的方法来适应财政收入的下降。相反，除了发生特殊情况，财政支出应以不超过税收体系在充分就业时所得到的收入为界限，在实现充分就业前，预算可以永远是赤字。

随着资本主义的不断发展以及资本主义经济运行中各种矛盾的不断显现，20世纪70年代以后，资本主义社会经济运行中出现了失业与通货膨胀并存的所谓滞胀的局面。传统的凯恩斯理论也开始受到了批判和冲击，陆续出现了对凯恩斯主义进行批判的新的自由主义学派，如货币学派、理性预期学派和供应学派等。但是事实上新自由主义学派的政策不仅没有达到预期的目标，实际上也没有从根本上摆脱凯恩斯主义政府干预经济的基本思路。综观凯恩斯主义以后的各种经济学派，虽然在具体政策上有所变化，但在政府干预经济这一点上说并没有本质的区别，而政府干预经济恰恰是凯恩斯政策的核心思想。

（二）我国财政平衡理论的发展

研究我国的财政平衡理论的发展进程，必须真正明确我国的国情。我国在一个相当长的历史时期内实行的是计划经济体制，计划经济体制下政府通过包罗万象的指令性计划安排社会的一切经济活动。政府不仅作用于公共经济领域，而且作用于私经济领域。不仅负责公共产品的生产和提供，而且负责私产品的生产和提供。与此相适应计划经济下的财政平衡理论主要是财政、信贷和物资的综合平衡理论，简称为"三平"理论。以后又加入了外汇收支，形成了财政收支、信贷收支、外汇收支和物资供求的综合平衡即"四平"理论。

财政收支、信贷收支和物资供求三者的综合平衡问题最早正式提出是在1957年初。而1953年关于财政结余、银行信贷和商业库存三者关系的探讨是我国研究"三平"问题的一个开端。1949年新中国成立以后，我国经历了国民经济的恢复时期。1950年当时的政务院通过了《关于统一国家财政经济工作的决定》，在全国范围内统一了财政收支管理、物资管理和现金管理。这一规定对我国顺利度过国民经济恢复时期，稳定全国市场物价起到了重要的作用，也开始初次涉及国民经济综合平衡的问题。1953年由于对综合平衡问题缺乏深入的认识，当年政府把上一年度财政结余的约20亿元资金全部用于国家基本建设支出，以至出现了国民经济的波动。面对这种波动，我们开始研究财政结余、银行信贷和商业物资库存三者之间的内在关系，从而开始了财政、信贷和物资"三平"理论的研究。1956年由于增加了基本建设支出，增加了农业贷款，增加了职工工资，三个增加齐头并进，当年出现了财政赤字。在这种情况下，陈云同志于1957年年初在《建设规模要和国力相适应》的报告中，正式提出了财政平衡、信贷平衡、物资供求平衡及其综合平衡的理论，开始了我国"三平"理论的研究。70年代后期以来，随着我国对外经济交往的日益扩大，外汇收支对国内经济的影响越来越大，在三平理论的基础上又加入了外汇收支平衡，最终形成了财政收支、信贷收支、外汇收支和物资供求的综合平衡。

综合平衡理论最基本的概念在于：

第一，财政收支与信贷收支应当综合平衡。在计划经济体制下，财政与信贷是国家有计划地筹集和供应资金的两条渠道，它们共同承担着为满足国家经济建设需要提供资金的任务，两者相互联系、相互影响。财政性存款是信贷资金的重要来源，财政拨款投资形成银行的自有资金，银行信贷收支逆差最终需要财政拨款予以弥补，而银行信贷则向财政上缴利税，财政如果发生赤字则直接向银行透支。因此，财政信贷统一平衡的关键在于正确处理财政收支与信贷收支的结合部——两者共同发生作用的领域和相互影响与制约的领域。这种结合部主要表现在：首先两者共同为社会再生产过程提供资金；其次财政结余已经形成了银行信贷资金的来源，因此不能轻易动用历年财政滚存结余；再次财政应当有计划地弥补银行信贷收支差额；最后尽力避免出现银行虚存实贷和财政虚收实支的情况，保证财政收入的真实性。

第二，财政收支、信贷收支与外汇收支的平衡。在计划经济体制下，外贸进口与出口均在国家统一计划管理之下，因此外汇收支必然影响到国内的资金运动和物资供应。首先外汇收支会影响到国内的货币流通量，由于当时我国的所有外汇收支都必须经由中国银行进行结算，因而国家所有的外汇收入和支出必然影响到银行信贷收支的变化，进而影响到国内的货币流通。其次由于外贸企业发生的亏损由财政直接弥补，因此必然影响到财政的收支平衡。最后国外的债务收支由国家统借统还，因而当年外债的还本付息支出必然影响到财政收支平衡。

第三,财政、信贷、外汇与物资供求的综合平衡。财政、信贷与外汇的收支实际上都是资金的运动,三大收支之间的平衡实质上是资金的平衡。财政收支、信贷收支和外汇收支中的"收",实际上表现为对社会财富即物资的占有和供给;而三大收支中的"支"则形成了对物资的"求"即实际上的货币购买力,因此仅有财政收支、信贷收支和外汇收支的平衡是不够的。三大平衡最终还应统一到物资供求平衡中来,物资供求平衡实际上是物资可供量与货币购买力之间的协调与平衡。

综合平衡理论认为,财政平衡是综合平衡的关键,信贷平衡是综合平衡的综合反映,外汇平衡是综合平衡的补充,而物资供求平衡则是综合平衡的基础,也是综合平衡的最终目标。财政收支平衡、信贷收支平衡和外汇收支平衡最终要落实到物资供求平衡这一基本目标之上。综合平衡理论是我国在计划经济体制下的财政平衡理论,是与我国长期实行的计划经济体制相适应的,对我国当时的经济建设和发展起到了非常重要的作用。如果从财政收支平衡与国民经济整体运行的关系上看,当时提出的一些理论,例如以总量平衡为主兼顾结构平衡,重视资金运动与物资运动相结合等,至今也还有借鉴意义。但应当指出的是,随着我国经济体制由计划经济向社会主义市场经济的转轨,"三平"理论得以成立的经济基础已不复存在,社会资源配置方式已经发生了根本性的变化。

三、财政赤字的计算口径与分类

(一)财政赤字的计算口径

财政赤字是财政收支在总量上的三种对比关系之一,通常被定义为财政收入小于财政支出的差额。1979年我国开始实行改革开放以后,特别是党的十四大以后,随着我国经济体制开始由计划经济向社会主义市场经济转轨,随着我国财政连续多年出现赤字,财政平衡的研究实际上已经转为对财政赤字影响的研究。

财政平衡是指财政收入与财政支出在总量上的对比关系,但如何理解财政收支平衡涉及财政收支平衡的计算口径问题。不同口径的财政赤字或财政结余有着不同的经济含义,也会对国家财政收支的实际情况产生不同的看法。在一般情况下,计算财政的结余或赤字可以有两种不同的口径:

口径一:财政赤字或结余 = 经常收入 - 经常支出

口径二:财政赤字或结余 = (经常收入 + 债务收入) - (经常支出 + 债务支出)

两种计算口径的主要差别在于对政府债务收入及债务支出的处理方法不同。按照第一种口径政府的债务收入不列入政府的正常财政收入,相应的债务支出也不列为政府的正常财政支出,但将利息支出列为正常的政府支出。在这种口径下财政赤字或结余仅表现为政府经常性收入与经常性支出之间的差额,这种口径的赤字通常称为软赤字。如果存在软赤字则可以通过发行公债加以弥补,此时的债务收入作为弥补政府财政赤字的手段。在这种计算方式下,财政收入只包括税收收入和非税收入在内,而财政支出中也只包括经常性国防支出、行政管理支出、社会保障支出、文教科卫支出以及投资性支出和债务利息支出在内。财政收入中不包括发行公债取得的收入,财政支出中也不包括偿还债务本金的支出。这种理论认为,债务收入和债务支出不是政府经常性行为的结果,因而不能看作是政府财政赤字或结余的组成部分。当年政府发行的公债收入总额减去当年还本支出以后的净差额，用于弥补当年的财政赤字。

按照第二种计算口径，政府债务收入计入当年正常的财政收入，而债务的还本支出也计入政府当年的正常财政支出，由此计算的赤字也称为硬赤字。很明显，两种口径计算的财政赤字在量上有很大的区别，硬赤字要比软赤字小得多。这种硬赤字由于已经包含了公债的发行在内，因而在一般情况下只能向银行透支。第二种口径的硬赤字存在两个问题：第一，缩小了财政赤字的数量，掩盖了财政赤字的真实性，甚至有可能出现在第一种口径存在赤字的情况下而第二种口径却出现结余的情况。第二，由于财政赤字被缩小，有可能使得对财政赤字的影响和政府的财政困难认识不足，从而得出错误的结论，导致错误的决策。

目前世界各国对赤字口径的选择不大相同，对债务收入的处理也不尽相同，世界上绝大多数国家特别是主要资本主义国家均采用第一种口径计算财政赤字或结余。国际货币基金组织编制的《政府财政统计年鉴》也是按照第一种口径进行计算。有些国家特别是苏联为首的原社会主义国家，也包括日本等资本主义国家，则选择第二种口径计算财政赤字或结余。我国在实行计划经济体制的时期一直选择第二种口径计算我国的财政赤字或结余，将债务收入列为政府当年正常的财政收入之中，因此当时每年公布的财政赤字金额都很小。1994年以后，随着社会主义市场经济体制的逐步完善，我国转而采取第一种口径计算财政赤字或结余。目前我国已不把债务收入列为当年正常的财政收入当中，相应的当年债务还本支出也不列为政府正常的财政支出。

必须指出，按照第一种口径计算的财政赤字或结余应当是比较科学的口径。从历史上看，公债永远是同财政赤字相联系的概念。只有政府出现财政赤字，才导致了政府公债的发行。如果政府经常性财政收入足以满足经常性财政支出的需要，不存在收支之间的差额，也就根本不需要发行公债。发行公债取得的收入虽然也是政府当年的收入，政府也可以在当年加以运用，但其毕竟是一种特殊的收入，是与税收等经常性收入完全不同的。税收不需要偿还，而债务收入需要在以后各年度偿还，这将必然减少以后各年度可支配的财政资金。还应看到如果发行公债取得的债务收入可以列为正常的财政收入，那么财政向银行的借款和透支实际上也是一种政府债务，理论上也可以列为正常的财政收入。如果这样做的话，财政收支就像收支平衡表一样永远是相等的，财政也就永远是平衡的，也将永远没有财政赤字或财政结余可言。

(二) 财政赤字的分类

对于财政赤字可以从不同的角度和不同标准进行分类：

1. 预算赤字和决算赤字。**预算赤字是指政府在编制预算时就存在着收不抵支的情况，预算编制中就列有赤字**。预算编制中列有赤字并不表示最终的预算执行结果一定有赤字。在预算执行过程中政府可以采取一系列增收节支的手段使预算执行结果平衡或结余。决算赤字则是指预算执行的最终结果出现支大于收的情况。无论预算在编制过程中是否存在赤字，都有可能出现决算赤字。即使预算编制是平衡的，在执行过程中由于各种因素的影响，都有可能出现预算执行结果的赤字。我们所说的财政赤字在一般情况下应当是指执行结果的决算赤字。

2. 财政赤字与赤字财政。**财政赤字**是指政府年度财政活动最终结果出现收入小于支出的情况，它与赤字财政在概念上有所区别。**赤字财政**也称为赤字政策，是指政府有意识地运用财政赤字对国民经济进行调节的一种政策。财政赤字与赤字财政最大的区别在于指导思想上的差别。财政赤字不一定是政府有意识的运用，政府在编制预算时可能是平衡的，但在实际执行过程中由于各种因素的影响，财政活动最终出现了赤字。财政赤字并不表示政府有意识地运用财政赤字干预经济。而赤字财政则表现为一种政府主动地、有意识地运用财政赤字干预经济运行的政策。由于经济发展的周期性，赤字财政作为一种政策，必然表现为一种连续的、多年的、有意识的运用。

3. 结构性赤字与周期性赤字。按照财政赤字产生的原因和经济背景，可以把财政赤字分为结构性赤字和周期性赤字两类。**结构性赤字**是指发生在已经实现充分就业之上的赤字，也称为充分就业赤字。结构性赤字假定国民经济已经在充分就业水平上运行，社会不存在未被动员的资源。在这种条件下，结构性赤字将直接扩大社会总需求，并通过社会总需求的扩大调节总供给与总需求的关系。结构性赤字一般用于分析财政赤字对经济的影响，是将赤字作为经济运行外生变量看待的。**周期性赤字**是指发生在结构性赤字之上的财政赤字，表现为全部财政赤字减去结构性赤字之后的余额。周期性赤字随经济周期的波动而波动，在一般情况下，周期性赤字主要用于分析经济波动对财政的影响，一般作为经济运行内在变量看待。

第二节 财政赤字的经济效应

一、财政平衡与社会总供求平衡的关系

（一）社会总供给与社会总需求的平衡

宏观经济学以整个国民经济运行为独立的研究对象，进而研究社会就业、物价水平、经济增长速度、经济周期波动等全局性的问题。而宏观经济学中最基本的概念就是社会总供给和社会总需求以及两者的相对均衡。**总供给**是以货币表示的一国在一定时期内生产的所有最终产品的价值总和；**总需求**则是以货币表示的一国在一定时期内的总支出。在市场经济中，总供给和总需求都是以货币表示的，商品的生产、交换与消费的过程，事实上也就是收入的形成、分配和使用的过程。一方面，商品生产者生产出了商品，向社会提供了商品或劳务，形成了市场的供给并取得了相应的收入。另一方面，又要将这种收入通过分配环节转化为要素所有者的各项支出，形成了市场的需求。厂商为社会提供商品或劳务，形成总供给的过程也就是取得收入的过程。市场各方收入的汇总形成了社会的总供给，而要素所有者的各项支出的汇总则形成了社会总需求。社会总供给和社会总需求是国民经济运行的两个相互联系的方面。

市场经济体制下国民经济的顺利运行必然要求社会总供给与社会总需求之间保持相对的均衡。只有在总供给与总需求保持相对均衡的状态时，社会再生产过程中商品及劳务的拥有者才可能顺利地将自身拥有的商品及劳务售出以取得收入。而商品及劳务的需求者也才可能通过支出在市场上购买到所需的商品及劳务。如果总供给长期过

度地大于总需求,将出现供给过剩需求不足的局面。在现有价格体系下一部分商品及劳务的拥有者由于社会缺乏足够的货币购买力而无法按现有价格出售自身拥有的商品及劳务。如果总供给长期过度地小于总需求,将会出现供给短缺需求过旺的局面。在现有的价格体系下,一部分商品及劳务的需求者将无法按现有价格购买到自身需要的商品或劳务。无论哪些种情况的发生,都会使社会再生产过程不能顺利实现,国民经济无法保持稳定的运行,都有引起现有价格体系出现较为剧烈地波动的可能。因此,在市场经济体制下保持社会总供给和社会总需求的相对均衡是保证国民经济稳定运行的关键。

(二) 财政平衡与社会总供求平衡的关系

财政平衡对社会总供给与总需求的平衡有着十分重要的影响,这是因为财政活动是整个国民经济活动的重要组成部分,财政分配是社会再生产过程的重要组成部分,进而财政平衡也就是社会总供给与社会总需求平衡的内在的重要组成部分。

在国民经济总量平衡中一般存在着如下的平衡关系:

$$C + S + T + M \equiv C + I + G + X \tag{11.1}$$

上述平衡关系中左侧的总供给的收入流量由消费 C、储蓄 S、税收 T 和进口 M 所组成。而右侧总需求的支出流量则由消费 C、投资 I、政府支出 G 和出口 X 组成。这个等式可以简单理解为在某一特定的时期内,总供给的收入流量恒等于总需求的支出流量。而政府财政收入构成了总供给收入流量的组成部分,政府支出则构成了总需求支出流量的组成部分。根据等式 (11.1) 经适当移项后我们可以得到:

$$G - T \equiv (S - I) + (M - X) \tag{11.2}$$

等式 (11.2) 左侧实际上表现了政府收入 T 与政府支出 G 之间的差额,也就是财政收支的平衡情况。而等式右侧分为两个部分,第一部分为社会储蓄 S 和投资 I 之间的差额,第二部分则为进口 M 和出口 X 之间的差额,储蓄 S 与投资 I 之间的差额表现为国内非政府部门的收支差额,如果 S > I,说明国内非政府部门有结余资金。如果 S < I,则说明国内非政府部门出现了赤字。进口 M 和出口 X 之间的差额则表示为对外贸易经常账户的收支差额,如果 M < X,说明对外贸易有结余,反之如果 M > X,则说明对外贸易出现赤字。如果我们将对外贸易的影响暂且抽掉,即假定 M - X = 0,从国内社会再生产进程看,则有:

$$G - T \equiv S - I \tag{11.3}$$

公式 (11.3) 清楚地表现了财政收支平衡与国民经济总量平衡之间的关系,即政府部门的收支差额可以由非政府部门的收支差额来弥补。如果政府部门表现为财政赤字,则可以用非政府部门的储蓄余额弥补,政府部门由于财政赤字而多支出的部分正是非政府部门少支出的部分。在这种情况下,财政赤字的增加并不影响社会需求的总量。应当指出,市场经济下国民经济的运行不可能在封闭的状态下进行,事实上进出口贸易对国内的总供给与总需求同样有重要的影响。国内的资源可以流向国外,而国外的资源也可以流向国内。如果 M - X > 0 即进口大于出口,对外贸易经常账户出现赤字,说明国外资源流入国内,而如果 M - X < 0 即进口小于出口,则说明国内资源流出到国外。在有进出口存在的情况下,总供给与总需求的相互关系可能比较复杂一些,国内政府收支的差额不仅可以用国内非政府部门的收支差额来弥补,也可以用

进出口对外贸易的差额来弥补。

通过以上分析可以看出，财政平衡是社会总供给与总需求平衡的重要组成部分，财政收入形成了社会总收入流量的组成部分，而财政支出则形成了社会总支出流量的组成部分。因而必须将财政收支平衡放在整个国民经济平衡当中进行研究，离开了社会总供求平衡单纯地研究财政平衡是没有任何意义的。还应当看到，财政平衡是整个国民经济总供求平衡的一个局部的平衡，财政收支平衡与否本身并不是财政活动的最终目的，而仅仅是国民经济实现总量平衡的手段。正因为如此，通过改变财政收支平衡进而影响社会总供给和社会总需求的相对均衡，即政府利用财政政策对国民经济运行实行宏观调控才成为可能。还应看到，政府的经济活动与市场的经济活动永远是交织在一起的，它们之间不可能被简单地分割。消费、储蓄、投资和进出口等都是市场经济主体的厂商自主的市场行为，而政府收入和政府支出则是政府主体的财政行为。正因为政府的经济行为和市场的经济行为共同构成了完整的国民经济的运行，才为政府利用财政政策，通过调整政府收入和政府支出的对比关系影响社会总供求平衡提供了基础。

二、财政赤字的弥补方式及其效应

正是由于财政收支平衡是社会总供给与总需求平衡的重要组成部分，财政赤字对国民经济的运行必然产生相应的影响。财政赤字对国民经济运行的影响非常复杂，不可能简单地以好或坏来进行评价。必须研究由于财政赤字所引起的社会货币收支的变化，即对社会总供给和社会总需求的影响，而财政赤字所引发的社会货币收支的变化又与财政赤字的弥补方式有着直接的关系。我们认为，财政赤字对国民经济运行将产生十分重要的影响，这种影响将随着财政赤字弥补方式的不同发生不同的变化。最根本的一点在于必须将财政赤字所引起的社会货币收支的变化融入整个社会总供给与总需求的平衡之中进行研究，研究不同的财政赤字弥补方式对社会总供给与总需求的不同影响。在一般情况下，财政赤字的弥补方式主要有以下几种：

（一）动用历年滚存结余

财政动用自身历年滚存结余弥补当年财政赤字在一般概念的理解上应当是天经地义的。利用滚存结余弥补财政赤字通常也被认为是一种弥补财政赤字相对比较中性的方式。事实上政府利用历年财政滚存结余弥补财政赤字也是预算周期平衡的理论基础之一。按照周期平衡的基本理论，在国民经济过于繁荣出现通货膨胀时，财政应当收大于支形成财政结余以减少流通中的货币量。而当国民经济过于萧条出现通货紧缩时，财政应当收小于支形成财政赤字以增加流通中的货币量。从一个经济发展周期看，经济繁荣时的财政结余可以弥补经济萧条时的财政赤字，整个经济周期内财政收支整体上是平衡的。在这里，经济萧条时的财政赤字正是用经济繁荣时的财政结余弥补的，利用历年滚存结余弥补财政赤字也是一种正常的财政赤字弥补方式。

动用历年滚存结余弥补财政赤字对社会货币收支的影响进而对社会总供求的影响则相对比较复杂。财政出现结余意味着财政占有的部分社会资金没有得到充分的运用，表现为财政在银行的金库存款增加。这笔增加的财政金库存款形成了银行的信贷资金来源。如果银行已经对这笔存款以贷款的方式加以运用，则意味着财政部门占有的部分社会资源被企业或居民等非政府部门加以利用，即政府部门的资金结余表现为非政府部门的资金赤字。在这种情况下，如果财政动用历年滚存结余弥补赤字，势必迫使银行需要寻找另外的资金来源加以支持。如果银行没有其他稳定的资金来源加以支持，也有可能形成社会货币流通量的非正常增加，从而增加社会总需求，影响社会总供给和社会总需求的相对均衡。

　　动用滚存结余弥补财政赤字要想对国民经济的影响表现为中性需要一定的条件。在财政结余所对应的社会产品是真实的情况下，这种条件表现为银行对财政结余形成的存款未加以利用或者银行有其他稳定的资金来源加以支持，使财政动用滚存结余弥补赤字不会破坏银行的信贷收支平衡，不会迫使银行增加不正常的货币发行。如果不具备这种条件，也有可能增加社会中的货币流通量，从而扩大社会总需求。事实上我国在1953年首次研究综合平衡问题的起因就是由于动用了财政结余而引发的。我国在1953年动用了约20亿元的财政滚存结余用于基本建设投资，而这20多亿元的财政结余已经作为银行的存款来源并被银行贷给了工商企业，表现为工商企业相应的物资库存。财政动用了滚存结余之后，由于银行没有相应的、稳定的其他资金来源弥补，造成了事实上的"一女二嫁"的局面。致使当年国民经济出现了较大的问题，从而提醒了我们要注意研究财政信贷与物资的综合平衡问题。应当指出，综合世界各国和我国的具体情况看，绝大多数国家自凯恩斯政策实行以来都表现为巨额的滚存赤字，真正能够形成滚存结余的情况目前已很难见到，因此利用结余弥补财政赤字已不可能成为弥补赤字的主要方式。

（二）直接发行货币

　　直接通过货币发行弥补财政赤字是一种较为极端的赤字弥补方式。当政府部门收支出现逆差而社会非政府部门又没有剩余资源可以弥补的情况下，直接通过货币发行可以弥补当年的财政赤字。但由于政府部门以财政收入形式占有的资源已被全部利用尚有不足，而非政府部门占有的社会资源也已被全部利用没有剩余，通过货币发行弥补财政赤字后，社会流通中的货币量必然非正常增加，在货币增长与货币乘数的作用下，势必加大社会总需求，加快社会通货膨胀的速度，使得单位货币的币值下降，物价总水平上升，这种极端的情况应当是尽量避免出现的。目前世界各国大多数都把货币发行权赋予中央银行而不是划归财政部，就是为了防止出现这种极端的情况。因此，除了在特殊的历史情况下，不宜采用货币发行的方式直接弥补财政赤字。

（三）向银行借款或透支

　　向银行透支是我国在计划经济体制下最常用的一种弥补财政赤字的方式，当财政在银行的国库存款中已经没有余额可以动用时，财政可以继续签发国库付款通知书，要求银行从财政国库存款账户中继续支付某项经费支出，而银行则自动将款项拨付并将财政存款账户的余额转为负数，这种情况称为财政向银行的透支。在绝大多数情况下，由于透支对银行造成付款的压力，而银行又没有专门和稳定的收入来源应对财政透支的压力，因而必将形成利用货币发行弥补财政赤字的局面，从而加大整个社会通货膨胀的压力。我国在进入社会主义市场经济体制以后，已经明确禁止了财政向银行的透支，但是允许财政向银行借款，财政向银行借款表现为财政向银行提出借款申请，经银行批准后将借款额度划入财政国库存款账户，财政再从国库存款账户中进行支出。

　　财政向银行的透支和借款在表面上看具有较为明显的区别，但在我国目前的国情下，两者的差别实际上并不大。事实上，我国财政向银行借款也只是每年偿付相应的利息而并不偿还本金。对于以借款方式弥补财政赤字是否会引起货币的非正常投放，从而对国民经济运行产生不良影响应当进行具体的分析。从一个方面看，财政向银行借款必然导致银行的基础货币投放增加并通过一系列的货币乘数作用增加社会流通中的货币量，这是无疑的。但是从另外一个方面看，这种流通中货币量的增加是否必然引起社会的通货膨胀又是不确定的。这是因为随着整个国民经济的发展，社会的货币需要量也在相应增加，从而在客观上需要增加流通中的货币量。这个流通中所需要的货币增量，银行可以投放给市场主体如厂商，也可以投放给财政，如果银行将这种正常的货币增量的一部分安排给财政，且与财政借款所导致的新增货币流通量相适应，则一般不会引起社会流通中货币量的非正常增加，也不会引起整个社会的通货膨胀。但这只是一种理论上的分析，现实经济生活中由于正常经济增长所需要增加的货币流通量大多数被市场主体厂商所占用，如果这种增量的大部分被安排给财政，则厂商的资金将无以为继，现实的国民经济增长也将难以实现。因此新增货币流通量中有多少能够用于应对财政的借款是很难预计的。正因为如此，现实经济生活中财政借款较多地表现为引起社会货币量的非正常增长。

（四）发行公债

　　发行公债是世界各国目前弥补财政赤字最常用的方式，对社会经济运行的影响也比较复杂，必须针对公债不同的发行对象区别研究。

　　1. 发行公债对流通中货币量的影响。在一般情况下，公债的发行对象主要是社会公众、商业银行和中央银行三类。公债的发行对象不同，购买公债的资金来源不同，对流通中货币量的影响也不相同。

　　当公债的购买者为社会公众（包括社会居民个人和厂商）时，一般说只是货币资金购买力的转移，并不会直接引起流通中货币量的增加。社会已经创造出的财富经过国民经济收入的初次分配之后，已经形成了各方的收入和购买力。将居民个人和厂商等将自身支配的收入购买公债以后，表现为将自身支配的购买力转移给政府，将资金的使用权从居民个人和厂商手中转移到政府手中，这一过程并不创造和增加流通中的货币量，社会购买力总额并不发生变化，因而也不会增加社会总需求，不会形成对社会通货膨胀的压力。应当指出的是如果居民个人和厂商不是用手持现金购买公债而是调动银行存款购买公债，则货币流通量总量不变但有可能影响流通中货币量的结构和流动性。即社会 M_2 口径的货币供应总规模不变但是其中的 M_1 相应有所增加[①]。

　　当公债的购买者为商业银行时，应当分为两种情况进行研究。第一种情况是商业银行没有超额准备金的情况，在这种情况下的分析与居民个人或厂商购买公债是相同的。一般不会增加社会流通中的货币量，这是因为由于商业银行没有超额准备金，如

[①] M_1 是狭义货币，指的是流通中的现金+支票存款（还有转账信用卡存款），而 M_2 是广义货币，指的是 M_1+储蓄存款（活期和定期储蓄存款）。M_1 反映的是现实购买力，M_2 除了反映现实购买力之外还反映潜在的购买力；M_1 的流动性比 M_2 要强。

果购买公债只能将其他相关资产如商业贷款等变现收回才能用于公债的购买，这在事实上相当于商业银行自身资产结构的变化和调整。其资产负债总额都不会发生相应的变化，从而不会对流通中货币量产生明显的影响，也不会增加社会总需求，相应的也不会引发社会的通货膨胀。第二种情况是商业银行存在超额资本金的情况，在这种情况下，商业银行购买政府债券并不需要将其相关资产变现，也不限制商业银行向社会居民和厂商等私人经济部门的贷款。这就使得流通中货币量增加，进而扩大社会总需求，相应地引发社会的通货膨胀。

当公债的购买者为中央银行时，在绝大多数情况下可以通过存款创造过程增加流通中的货币量。中央银行认购政府公债之后，央行资产方持有的政府债券增加，而负债方财政金库存款相应增加，当财政将债务收入用于支出时，则中央银行的财政金库存款减少而商业银行的居民或企业存款相应增加，从而商业银行的存款准备也就相应增加。商业银行的存款准备增加后，就可以扩大贷款规模，从而增加社会流通中的货币量。因此中央银行无论采用直接认购的方式，还是采用从市场中买进的方式增加政府债券的持有，都会增加商业银行的存款准备，进而通过一系列的存款创造过程增加流通中的货币量。当然如果中央银行减少政府债券的持有，其影响过程正好相反。事实上中央银行通过增加或减少政府债券的持有数量以增加或减少流通中的货币量，进而调节社会总供给和社会总需求的相对均衡，正是央行货币政策的一种重要的政策工具即公开市场业务操作。

政府发行公债弥补财政赤字有可能不增加流通中的货币量，也有可能通过中央银行和商业银行的存款创造过程而增加流通中的货币量，如果政府的公债发行增加了流通中的货币量，则可以称为公债的货币化。在这种情况下，如果社会经济运行过程中存在闲置的经济资源，这种闲置的社会经济资源有可能被增加的货币量所调动和利用，居民个人和厂商等市场主体都可以以较低的利率获得贷款的支持进行扩大的投资与消费，进而扩大社会的总产出并增加新的货币需求量。这种新增的货币需求量可以吸收由于公债发行所增加的货币供应量，从而不仅不会引发通货膨胀，还有可能使经济获得新的增长。如果社会经济过程已经处于充分就业的状态，社会没有被闲置的经济资源，在这种情况下发行公债所带来的流通中货币量的增加无法调动和利用闲置的社会资源，这种货币流通量的增加就是非正常的增加，这种增加的货币流通量叠加到经济生活中之后，会导致更多的流通中货币对应并未增加社会商品与劳务的供应，必然最终引发通货膨胀。

由此可见，发行公债弥补财政赤字并不一定最终导致流通中货币量的增加，即使增加了流通中的货币量，也不一定最终导致出现通货膨胀。因此，发行公债与通货膨胀之间并不存在必然的内在联系，这也是世界各国普遍选用发行公债弥补财政赤字的重要原因。只有当央行增加持有政府债券并出现公债货币化，且国民经济运行已经处于充分就业状态时，发行公债才可能导致通货膨胀。还应指出，中央银行增加或减少持有的政府债券以调控国民经济的运行是货币政策的重要政策工具之一。而公债的发行又是财政政策的重要政策载体之一，从这个意义上讲，公债发行是财政政策与货币政策共同的工具载体和结合点，对国家运用财政政策与货币政策宏观调控国民经济运行来说是非常重要的。

2. 发行公债对投资的影响。理论界一般认为财政发行公债存在着"排挤效应"。所谓赤字的排挤效应是指政府发行公债弥补赤字时，会引起利率的上升进而对社会私人部门投资与消费产生的影响。财政赤字的排挤效应是通过利率上升实现的，发行公债之所以会引起利率的上升主要有两个原因。其一是政府发行公债势必从社会抽走一部分闲置资金，使社会闲置资金数量减少而对社会闲置资金的需求加大，从而引起利率的上升。其二是政府较之社会私人部门的投资者来说更为强大，可以承担更高的利率水平。排挤效应的存在势必减少社会私人部门的投资，从而使社会总投资下降，影响国民经济长期稳定的发展。

从理论上讲排挤效应应当是存在的，政府发行公债的数额一般都比较大，必将占用相当一部分社会闲置资本。而政府拥有征税权，较之私人部门来说可以承担更高的利率。但结合我国的国情来看，则必须做具体的分析。其一政府发行公债取得收入后必然要对这种收入加以具体的运用。从我国的情况看，财政这部分收入的应用方向主要是投资，而政府投资的领域又主要是社会私人部门投资所不愿意进入的基础设施建设领域。基础设施领域不仅投资额较大，而且具有较为明显的外部效应。因此社会私人部门不愿意或难以真正进入这一领域进行投资。财政发行公债取得的收入主要用于基础设施投资将使得第一就整个社会而言，私人投资与政府投资之和的社会总投资并未改变，只不过由私人部门投资转为了政府部门投资，因而不会减少社会总投资。其二对私人投资具有明显的促进和拉动的作用，基础设施的投资如果政府不进行投资，私人部门事实上也不会过多进入这一领域，政府加大基础设施的投资，不仅有利于改善政府社会的投资环境，也有利于私人部门向直接生产领域投资的积极性，从而可以扩大社会总投资。

另外，还应看到，财政发行公债引起的排挤效应必须通过灵活的市场利率机制才能实现。当利率提高时，由于政府的承受能力较强，因而在高利率状态下最终被迫退出市场的必然是社会私人部门的投资者。但是我国的利率目前还不是市场利率而是一种事实上的官定利率，这种官定利率并不完全受货币供应量与货币需求量的影响，也就是说我国利率的形成机制并不完全由货币量的供求关系所决定，在我国现实经济生活中利率水平受财政赤字和公债发行的影响很小。因此公债发行弥补财政赤字并不会直接引起利率的上升，也就不会出现事实上的排挤效应。

由此可见，从理论上讲发行公债弥补财政赤字存在着对社会私人部门投资的排挤效应，但在我国现阶段的经济生活中这种排挤效应事实上并不存在。只要政府债务收入的最终用途使用得当，政府投资的增加不仅不会排挤社会私人部门的投资，而且完全有可能改善社会的投资环境，优化社会的投资结构，打破社会投资的薄弱环节，促进社会私人部门投资的增加，进而促进整个社会再生产的顺利运行和国民经济的稳定与发展。

（五）其他弥补财政赤字的方式

弥补财政赤字除了上述几种方式外，也还有一些其他的方式。

1. 出售国有资产。出售国有资产弥补财政赤字在近二十多年的时间内在主要资本主义国家得到了较为普遍的应用。政府通过在资本市场上收购或出售国有企业的产权，调控政府掌握的国有资本金的数量，进而调控整个国民经济的运行已经成为政府宏观调控的一种非常重要的政策工具。

20世纪70年代以后，由于凯恩斯政策实行了近半个世纪，长期巨额的财政赤字引发了国债的高速积累，在资本主义国家中普遍出现了通货膨胀与通货紧缩并存的所谓"滞胀"的局面。传统的以利用赤字和公债发行为主体的财政政策工具对国民经济的宏观调控日益显得力不从心。在这种情况下，主要资本主义国家陆续采用了调控国有资本的手段对国民经济实施宏观调控。其基本思路是在经济萧条时政府增加投资性支出，利用这种支出在资本市场上收购私人企业使企业国有化，增加政府掌握的国有资本。从而使社会私人部门得到较多的资金投入，扩大社会私人部门的投资能力，以改善整个社会的投资结构，进而促进经济的繁荣。而在经济繁荣时期政府则在资本市场上出售国有企业的产权，进而抑制通货膨胀。与此相适应，西方主要资本主义国家的预算也由单式预算改为了复式预算，对国有资本金的投资及其变化利用资本预算单独反映。在这种思想的指导下，西方国家曾经陆续掀起了几次大规模的国有化浪潮，形成了大量的国有企业。

应当指出，政府在资本市场购入或出售国有企业的产权，进行国有资本金的运作，应当作为政府宏观调控国民经济的一种工具而不应简单看作是弥补财政赤字的手段。相反宏观调控理论认为，政府在经济萧条的时期恰恰应当增加国有资本的投入以刺激整个经济的成长，而在经济繁荣的时期才可以出售国有企业，收回资金以抑制通货膨胀。因此在经济萧条出现财政赤字时，通过出售国有资产的方式弥补赤字难以有效刺激社会需求的增加，有可能使得经济萧条变得更为严重，因此利用出售国有资产的方式弥补财政赤字只能在特殊的历史时期应用。

2. 借入外债。政府部门的收支差额不仅可以利用国内私人部门的资源加以弥补，也可以利用国外的资源加以弥补。借入外债也应当看作是弥补国内财政赤字的一种方式。借入外债包括在国外直接发行以外币表示的政府债券和直接国外借款两种基本的方式。

20世纪60年代以来，利用外债突破国内投资不足的资金缺口制约，以带动本国经济的起飞成为许多发展中国家普遍选择的发展本国经济的重要模式。在这一过程中也确实有许多成功的事例。发展经济学曾经认为，经济落后的国家普遍存在着贫困的恶性循环。生产力水平的低下导致了收入水平的低下，而收入水平低下又导致了储蓄率水平的低下，储蓄率水平的低下进一步制约了社会的投资能力，使贫困成为永久化。为打破贫困恶性循环的制约，发展经济学认为应当有效地利用外部资源发展国内的经济，并最终实现投资与储蓄和出口与进口的相对均衡。

应当看到利用外债弥补国内资金的缺口并刺激和带动国内经济的发展确实有一定的积极作用。如果债务利用得当也能够带动本国经济的成长和起飞。但也应当看到，利用外债对本国经济的发展无疑也具有一定的负面作用，如果外债利用效果不理想，有可能对本国经济发展带来灾难性的影响。

首先，外债的递延要比内债的递延困难得多。从理论上讲债务如果能够顺利地递延下去，可以生成一种稳定的债务余额。这种稳定的债务余额对债务人来说可以形成一种事实上永远不需要归还，可供债务人长期使用的资金，但其前提是债务能够顺利地递延。从这一点上讲，内债是政府向国内举借的债务，政府在国内可以行使政治权力，从而使得内债的递延变得相对比较容易。而外债是政府向国外举借的债务，政府在国外无法行使政治权力，这就使得外债的制约因素比内债复杂得多。政府很难保证在一笔外债到期时能够举借到相应的外债偿还，外债的递延事实上非常困难。如果一笔外债到期而政府不能同时在国外资本市场上举借相应外债举新还旧的话，那么外债的还本付息将对国内产生相当大的压力。

其次，外债的还本付息在一般情况下必须用外币支付，这将对国家的外汇收支形成严重的压力。一国政府可以用来偿还外债的外汇收入主要来源于外贸出口。外债的利用能否全面提升本国的外贸出口能力就是问题的关键。如果借入的外债利用效果不好，未能带动本国经济的增长和出口创汇能力的提高，势必对外债的还本付息产生严重的影响，从而形成债务的积累，产生债务危机。20世纪后期发生在拉美国家和非洲国家的债务危机就是很好的证明。

综上所述，利用外债弥补国内的财政赤字是一种可以选择的方法但必须慎重。最重要的是必须注意外债的利用效果。如果外债的利用效果较好，举借外债突破了国内资金缺口的制约，有可能带动本国走出贫困的恶性循环，促进本国经济的成长和起飞。反之如果外债利用效果不好，则有可能形成债务的积累和债务危机。由于举借外债的制约条件比举借内债的制约条件复杂得多，其潜在的风险也高得多。因此在正常情况下当国内政府收支出现差额时，应当首先考虑发行国内公债弥补，举借外债动用国外资源应当是第二位的。

第三节
我国的财政赤字分析

一、我国财政赤字的规模

1949—1978年改革开放前的近三十年中，我国执行的是计划经济体制，国民经济运行被置于国家包罗万象的指令性计划控制当中。整个社会再生产的生产、分配、交换和消费活动都由国家计划统一安排，反映在国家财政活动中，表现为将财政赤字看作是资本主义国家特有的财政现象，因而一直坚持当年收支平衡略有结余的财政方针。在这种思想的指导下，我国的财政赤字只是在个别的财政年度中发生，并不是一种经常的社会经济现象。在计划经济的近三十年的时期内，大约有2/3的年份是财政结余，发生财政赤字的年份不到1/3，在这一时期中财政一直存在着滚存结余。

我国财政赤字的大规模发生是改革开放以后的事情。自1979年起至今，财政赤字已经成为我国经济生活中的一种普遍的经济现象。1979—2021年的43年间，除了1981年、1985年和2007年出现了极为少量的财政结余外，40年中都出现了财政赤字。自1986年起更是连续29年的财政赤字，有不少年份中财政赤字都已超过当年财政收入的15%。1979年我国财政赤字为135.41亿元，约占当年财政收入1146.38亿元的11.81%。到1999年财政赤字已达1743.59亿元，占当年财政收入11444.08亿元的15.23%。2000年财政赤字突破2000亿元，达到2491.27亿元，占当年财政收入13395.23亿元的比重已高达18.60%。2001年财政赤字2516.54亿元，占当年财政收入16386.04亿元的15.24%。不过，到了近一段时期，由于我国经济快速增长导致的财政收入的增加，财政赤字占当年财政收入相对稳定在10%以下，2011—2014年我国财政赤字占当年财政收入比率分别为5.17%、7.42%、8.52%与8.16%。不过，2015年我国财政赤字急升，到2020年我国财政赤字已突破62000亿元，达到62765.15亿元，财政赤字是1979年的463.51倍，是1994年实行市场经济体制初期的109.25倍。改革开放后我国财政赤字的规模见表11-1。

表11-1　　　　　　　　　我国财政赤字规模

年份	财政收入（亿元）	财政支出（亿元）	收支差额（亿元）	差额占财政收入比重（%）
1979	1146.38	1281.7923	-135.41	-11.81
1980	1159.93	1228.83	-68.90	-5.94
1981	1175.79	1138.41	37.38	3.81
1982	1212.33	1229.98	-17.65	-1.46
1983	1366.95	1409.52	-42.57	-3.11
1984	1642.86	1701.02	-58.16	-3.54
1985	2004.82	2004.25	0.57	0.02
1986	2122.01	2004.91	-82.90	-3.90
1987	2199.35	2262.18	-62.83	-2.86
1988	2357.24	2491.21	-133.97	-5.68
1989	2664.90	2823.78	-158.88	-5.96
1990	2937.10	3083.59	-146.49	-4.99
1991	3149.48	3386.62	-237.14	-7.53
1992	3483.37	3742.20	-258.83	-7.43
1993	4348.95	4642.30	-293.35	-6.75
1994	5218.10	5792.62	-574.52	-11.01
1995	6242.20	6823.72	-581.52	-9.32
1996	7407.99	7937.55	-529.56	-7.15
1997	8651.14	9233.56	-582.42	-6.73
1998	9875.95	10798.18	-922.23	-9.34
1999	11444.08	13187.67	-1743.59	-15.24
2000	13395.23	15886.50	-2491.27	-18.60
2001	16386.04	18902.58	-2516.54	-15.36
2002	18903.64	22053.15	-3149.51	-16.66
2003	21715.64	24649.95	-2934.70	-13.51
2004	26396.47	28486.89	-2090.42	-7.91
2005	31649.29	33930.28	-2280.99	-7.21
2006	38760.20	40422.73	-1662.53	-4.29

续表

年份	财政收入（亿元）	财政支出（亿元）	收支差额（亿元）	差额占财政收入比重（%）
2007	51321.78	49781.35	1540.43	3.00
2008	61330.35	62592.66	-1262.31	-2.06
2009	68518.30	76299.93	-7781.63	-11.36
2010	83101.51	89874.16	-6772.65	-8.15
2011	103874.43	109247.79	-5373.36	-5.17
2012	117253.52	125952.97	-8699.45	-7.42
2013	129209.64	140212.10	-11002.46	-8.52
2014	140340.03	151785.56	-11445.53	-8.16
2015	152269.23	175877.77	-23608.54	-15.50
2016	159604.97	187755.21	-28150.24	-17.63
2017	172592.77	203085.49	-30492.72	-17.67
2018	183359.84	220904.13	-37544.29	-20.48
2019	190390.08	238858.37	-48468.29	-25.46
2020	182913.88	245679.03	-62765.15	-34.31
2021	202539	246322	-43783	-21.6

注：本表根据历年《统计年鉴》及财政部公开报告测算编制。
②本表不包括国内外债务收入。
③从2000年起财政支出中包括国内外债务付息支出。
④我国价格补贴1985年前冲减财政收入，1986年后则为财政支出，本表为具可比性，将1985年前冲减财政收入的价格补贴调整为财政支出中。

应该指出的是，我国的财政赤字都是中央财政赤字，即使个别年份如1981年、1985年和2007年出现少量财政结余的年份，中央财政也是赤字。

二、我国财政赤字的成因分析

（一）改革开放前财政赤字产生的原因

改革开放以前我国实行的是计划经济体制，企业的供产销人财物各项活动都由国家指令性计划统一安排。企业按国家指令性计划生产，所需的原材料由国家计划统配，生产所需各种固定资金和流动资金由财政无偿提供，产品由国家包销，盈亏则由国家统负。在这种体制下，国家财政不仅负责公共产品的生产与提供，而且负责整个社会私产品的生产与提供。国家财政事实上成为国家计划安排社会再生产活动的资金总枢纽。由于在理论上排斥财政赤字，认为财政赤字是资本主义国家特有的经济现象，因而在整个财政活动中一直坚持着当年收支平衡略有结余的方针。当时的财政赤字只是发生在个别年份中，并不是一种普遍的经济现象，更不是国家有意识主动加以运用的一种财政政策。

改革开放前30年中发生财政赤字的年份大约有1/3。财政赤字产生的主要原因是经济上的急于求成和对经济活动内在规律认识不足所造成的。最典型的表现是基本建设规模过大，基本建设的投资过多，建设规模超出了国力可以承受的范围，导致出现财政赤字，并引起国民经济的大起大落。

在计划经济体制中，我国长期存在着一种"投资饥渴症"的现象。各地方盲目地争项目争投资，致使投资项目过多，投资金额过大，固定资产投资规模失控。由于财政是当时唯一的社会资金供应的总枢纽，所有投资都要由财政承担，即使当时财政安排的基本建设支出已经高达财政支出总额的40%以上，仍然难以满足整个社会对投资规模的需求。这种投资"饥渴症"产生的原因很多，既与当时财政"统一领导，分级管理"体制下各地方以支定收的财政体制有关，也和当时整个计划经济体制有关。由于不存在市场机制，国家计划成为社会资源配置的唯一方式，一旦在急于求成的指导思想下计划安排失误，则必然造成财政赤字。可以说发生在50年代初期、60年代初期和70年代的几次大的国民经济波动，都与投资规模过大、经济上急于求成、建设规模超出国力可承受程度有着密切的关系。

（二）改革开放后财政赤字产生的原因

改革开放以后，特别是建立社会主义市场经济体制之后，我国社会的资源配置方式发生了根本的变化。市场在国家宏观调控下在资源配置中开始发挥基础性作用。企业不再是国家的附属生产单位，而成为具有独立产权主体地位的商品生产者，成为真正的市场主体。政府的职能也开始发生了根本性的变化，逐步转向为社会提供公共产品满足社会公共需要方面来。财政已经不再是社会资金供应的唯一总枢纽，社会资金的供应渠道呈现出多元化的趋势。公共财政框架的建立使财政逐步退出直接竞争性领域。在这种情况下财政赤字产生的原因也发生了很大的变化。改革开放初期的财政赤字更多地表现为转轨中体制的影响，特别是放权让利改革的影响。而改革开放后期特别是建立社会主义市场经济体制以后的财政赤字，则较多地受财政政策与财政宏观调控的影响。综合来看，改革开放以后的财政赤字产生的原因主要有以下三个方面。

1. 体制转轨的影响。在改革开放的初期，传统的计划经济体制仍然发生着作用。特别是在改革以后我国提出计划经济为主，市场调节为辅以及建立有计划的商品经济的时期中，市场经济并没有建立起来，计划经济体制的影响仍然根深蒂固。改革本身实际上是对原有利益格局的调整，改革每前进一步都会使原有的利益格局被打破，也都需要财政为此付出相应的代价。在计划经济体制下由于国有企业的利润百分之百上缴国家财政，财政集中了几乎全部国有企业的纯收入，财政收入占国民收入的比重曾经达到35%以上。但是1978年开始改革开放以后，我国首先提出了放权让利的改革方针，在扩大企业自主权的同时，将财政集中的一部分企业利润留给企业，以调动企业的积极性。1978年实行的企业基金制，1979年实行的利润留成制直至1983年开始实行的利改税和1986年开始实行的承包制，所有这些改革都坚持了放权让利的改革方针。

放权让利的改革改变了国家与企业之间的分配关系和利益格局，使全部利润总额中国家财政集中的部分逐年减少而企业留利所占比重则逐年扩大，这就导致了财政收入占国民收入或GDP的比重逐年下降。1978年财政收入占GDP的比重为31.2%，1980年下降到25.7%，1985年继续下降到22.4%，1990年下降到15.8%，1995年更是下降到历史最低点的10.7%。15年间下降了20个百分点，下降了65.7%。这种放权让利的体制改革在调动企业生产积极性、促进社会经济发展方面发挥了十分重要的作用，但同时却使财政收入占GDP或国民收入的比重急剧下降。而同期财政支出却因偿还历史欠账和政府职能转换等原因不仅无法压缩还保持了强劲的增幅，这就直接导致财政赤字的产生。

体制转轨对财政赤字的影响主要表现在改革开放的初期。党的十四大提出建立社会主义市场经济体制以后，1993年我国开始实行了新的《企业会计准则》和《企业财务通则》，一次性解决了2000多亿元国有企业的历史包袱，并在新的会计准则与财务通则的指导下允许企业采取加速折旧、计提坏账准备、工资奖金进入成本、计提福利费等措施进一步扩大了企业的财力，使体制转轨对财政赤字的影响达到了高峰。以后随着社会主义市场经济体制的逐步建立，体制转轨的影响已经成为既定的历史事实和历史的基数，在经济增长新的增量变化中这种体制转轨的影响开始逐渐趋弱。

2. 财政政策运用的影响。在改革开放后期，特别是建立社会主义市场经济体制之后，体制转轨对财政赤字的影响逐步让位于财政政策运用对财政赤字的影响，使得国家有意识地运用财政政策对国民经济运行进行宏观调控，成为影响我国财政赤字的最重要因素。

随着市场经济体制的逐步建立和完善，社会资源配置的方式与机制发生了根本的变化。国家由直接参与社会经济活动转为主要通过财政政策与货币政策对国民经济的运行进行宏观调控，而竞争性领域的资源配置由市场在国家宏观调控下发挥基础性作用，财政政策正是国家宏观调控国民经济运行的重要政策手段。在市场经济体制中，财政平衡与否并不是最重要的，也不是财政活动的最终目标，更不是评价财政工作好坏的直接标准，而仅仅是国家操控的政策工具。财政宏观调控的最终目标应当是通过财政平衡、结余或赤字的安排，作用于国民经济的运行，使社会总供给与社会总需求处于相对均衡的状态，从而使社会再生产过程得以顺利进行，使国民经济得以稳定和发展。作为国家的政策工具，财政平衡、结余或赤字的安排，都要考虑国民经济运行所处的状态。在一般情况下，如果社会总需求小于社会总供给，国民经济处于萧条之中，财政应当形成赤字，以增加流通中货币量并提升社会总需求，进而缓解社会的经济危机。而如果社会总需求大于社会总供给，国民经济处于通货膨胀的局面时，财政应当形成结余，以降低社会总需求，缓解社会的通货膨胀。

建立社会主义市场经济体制之后，政府有意识地利用财政政策对我国国民经济的运行进行了宏观调控。从国内经济运行来看，1993年和1994年出现严重的通货膨胀以后，政府采取了严厉的"双紧"政策进行了打压和调控。在"双紧"政策的打压下，经济开始迅速降温。1996年国内市场已经显示出了经济偏冷的迹象。企业库存产成品增加，社会失业率开始上升，企业之间的三角债日益严重。从国外来看，1997年爆发了亚洲金融危机。亚洲金融危机对我国带来了很大的影响。为支持东南亚各国的经济复苏，我国坚持了人民币不贬值的方针，这对我国的外贸出口和国内供求平衡形成了沉重的压力。为刺激经济的回暖，我国开始实行积极的财政政策，以应对严重的通货紧缩，对国民经济实施宏观调控。2008年爆发了全球金融危机。这场全球金融危机给我国带来了巨大的影响和压力，中央政府果断地采取积极的财政政策和适度宽松的货币政策进行宏观调控，使我国经济状况在全球率先摆脱低迷的迹象，迅速升温。

积极的财政政策以增发国债和扩大政府支出为主要政策工具，以基础设施建设为主要支出方向，每年增发公债用于扩大政府投资性支出。两次积极财政政策的运用势必扩大财政赤字，其中，1998 年财政赤字 922.23 亿元，1999 年财政赤字 1743.59 亿元，2000 年财政赤字 2491.27 亿元，2001 年财政赤字 2516.54 亿元，2002 年财政赤字 3149.51 亿元；到了 2008 年，当年财政赤字仅为 1262.31 亿元，2009 年财政赤字达到 7781.63 亿元，2010 年财政赤字为 6772.65 亿元，2013 年财政赤字为 11002.46 亿元，2014 年财政赤字为 11445.53 亿元，2015 年财政赤字为 23608.54 亿元。党的十八大以来，我国连续十年实施积极的财政政策，适时适度预调微调。特别是 2017 年党的十九大以来，面对世纪疫情和百年变局交织的严峻形势，积极的财政政策持续加码发力，积极财政政策的运用对抑制通货紧缩、促进国民经济适度增长起到了非常重要的作用，但也大幅度增加了财政赤字。2017 年以来，全国财政收入从 17.26 万亿元增长到 20.25 万亿元；全国财政支出从 20.31 万亿元增长到 24.63 万亿元，赤字也增加到 4.18 万亿元①，可以说在这一时期内财政赤字的扩大主要受持续财政政策运用的影响。

3. 其他因素的影响。从整体上看，改革开放前期的财政赤字主要受体制转轨的影响，改革开放后期的财政赤字主要受财政政策运用的影响。除此之外，还受到其他一些因素的影响，这些因素的影响贯穿在改革开放整个的进程当中。

（1）政府职能转换不到位。社会主义市场经济体制的建立，要求政府应以提供公共产品和公共服务、满足社会公共需要为主要职能。但是政府职能的转换需要时间，政府职能的真正转换需要一个长期的过程，到目前为止政府职能的转换还没有真正完成，越位与缺位并存的问题还没有得到根本的解决。政府职能转换不到位造成了重要而又迫切的问题。随着政府社会公共职能在逐步扩大，越来越多的公共产品或准公共产品需要由政府提供。与计划经济体制相比，市场经济下政府在公共教育、公共卫生、文化科研、社会保障等方面的支出压力急剧增加。优化公共福利体系，提供和提高 14 亿人的基本公共服务水平，财政支出势必形成如下扩张点②。

其一是财政对社会保险基金补助支出高速增长。21 世纪初起我国进入老龄化社会，目前 60 岁以上人口已达 2.7 亿人，其中 1.7 亿人为 65 岁以上人口。未来五年老龄人口数将突破 3 亿人，其后还将加速增长。我国属于养老金替代率较高国家，且又建立了退休人员基础养老金逐年增长机制。这些因素对养老保障构成了强劲支出增长压力。近年来一般公共预算支出中养老保障支出快速增长，2019 年已突破 1.8 万亿元，年增加额近 2000 亿元。

其二是医疗卫生支出将高增长。保证 14 亿人享受基本医疗和公共卫生服务是中国特色社会主义制度优越性的突出表现。这要求财政持续加大投入，2013—2018 年医疗卫生与计划生育支出从 8279.9 亿元增至 15699.7 亿元，增幅 90%。未来人口老龄化加速、公共卫生体系优化、医疗保障水平抬升和医疗保险缴费增速下调四大因素

---

① 刘昆. 稳字当头稳中求进 实施好积极的财政政策. 求是，2022 – 08.
② 白景明. 中国财政赤字未来走势及管控. 中国经济时报，2020 – 11 – 03.

将迫使医疗卫生支出高速增长。2020年新冠肺炎疫情席卷全球，对我国公共卫生体系建设提出了更高要求。因此，未来一段时间内公共卫生支出投入增长率将高于近几年8%的平均水平。

其三是教育、节能环保、扶贫等支出仍将持续扩张。目前我国各类在校生2亿多（含学前教育）。从20世纪90年代起教育支出进入高增长时期，近十年年均增速超过8%，占GDP比重已达4%。未来我国青少年人口数增速会下调，但绝对数还会增加。2亿多的在校生数短期内不会跌破。按占GDP比重4%推算，今后年度教育支出将在4万亿元以上。如果考虑到要加大学前教育和职业教育投入因素，未来五年教育支出要突破4.5万亿元。同时，节能环保压力和扶贫压力不会减弱。如按年均10%增速推算，两项支出合计未来五年将突破1.5万亿元。

如果把城乡社区事务、农林水、公共安全、交通运输中与人的生存密切相关部分考虑进来，必保支出数额巨大；如果再把国防支出、经济调控所需的投资支出、推动创新能力提升的科技支出等的增长率考虑进来，一般公共预算的支出需求基本盘将超过30万亿元。

（2）财政收入方面的影响。财政赤字表现为财政收入与财政支出在总量上的一种对比关系，因而财政赤字必然受到财政收入与财政支出的双重影响。从财政收入方面看，财政收入对财政赤字的影响表现在以下几个方面：

首先，法制建设滞后，依法治税观念不强。市场经济从某种意义上说应当是一种法制经济，包括政府在内的各市场主体都应在法律允许的范围内活动。改革开放以后我国财政收入中税收收入所占比重快速上升，已由改革开放前的不足50%上升到占财政收入的90%以上，税收收入的变动对财政收入有着举足轻重的影响。但是从全社会范围看，依法治税的社会环境还没有真正形成，纳税人普遍缺乏依法纳税的习惯，跑冒滴漏的现象普遍存在，不仅在微观市场主体中偷漏税的现象十分普遍，就是在政府主体中也大量存在越权非法减免税的现象，造成了国家税款的大量流失。我国现行的税种与税率与发达国家相比是明显偏多和偏高的，但我国税收占GDP的比重与发达国家相比明显偏低。之所以会形成这样的局面，大量的偷漏税和越权减免税造成的税收流失不能不说是一个重要的原因。

其次，税收制度的建设和税制结构的调整难以适应社会经济结构的变化。我国的税制是在计划经济体制中建立的，社会主义市场经济体制改革之后虽然进行了税制的改革与调整，但这种税制的改革与调整相对比较滞后。在直接税与间接税的配合上以及直接税与间接税各自的内部结构中都还存在许多问题。个人所得税还是分类所得税模式，难以真正体现出税收的公平原则；间接税不能刺激效率而直接税又不能体现社会公平，以至整个税制结构难以显现出充分的活力。无论直接税还是间接税也都存在着税率过高的问题，过高的名义税率刺激了市场主体的偷漏税行为，抑制了微观主体的投资热情和劳动者的工作积极性。在税收已成为财政收入最主要收入形式的情况下，税制建设和税收结构调整的滞后不仅直接影响了税收收入的增长，也进而制约了整个国民经济的发展，从而抑制了财政收入的增长，成为影响财政赤字的一个重要因素。因此，加强税制建设，适时进行税制改革显得越来越重要。

（3）财政支出方面的影响。财政支出对财政赤字的影响主要表现在：

首先，财政提供公共产品的力度不断加大。改革开放以后，特别是随着社会主义市场经济体制的不断完善，财政提供公共产品的力度在不断加大，致使财政支出不断增加，刺激了财政赤字的形成。市场经济的发展使得社会出现了新的矛盾，反映在财政支出中表现为一方面政府行政工作的重点由直接组织社会生产活动转为维护社会秩序和社会稳定方面来，原本就由政府承担的行政、公安、司法、检查等方面的支出增速越来越快。特别是行政管理支出改革开放以来一直呈高速增长的态势，行政管理支出占财政支出的比重已高达14%以上。据2006年《中国统计年鉴》的数字，2006年行政管理费支出达7571059亿元，占财政支出的比重高达18.58%，占当年GDP的比重也高达3.45%。另一方面原本财政介入较少的领域改革开放后加大了政府介入的力度，如社会教育、公共卫生、科学研究、社会保障等。在两方面的共同作用下，使得财政支出不断增加。

其次，财政支出效益整体下降，导致了财政支出的相对增长。财政支出效益的不断下降不仅表现在文教科卫及行政管理费等非生产性的支出中，而且表现在物质生产领域的财政支出中。改革开放以来，社会百元投资新增国民收入不断下降，投资周期不断延长，基础设施和基础工业项目的新增单位生产能力所需造价不断提高，投资项目的生产能力利用率不断下降，社会投资效益系数不断降低。形成这种局面的原因非常复杂，既有国民经济结构调整不到位的问题，也有财政支出决策不科学、不民主而导致的投资决策失误问题，也有财政政策中的损失与浪费的问题。但财政支出效益的整体下降是一个不争的事实。由于财政支出效益的整体下降，使得财政支出总量不断上升，刺激了财政赤字的膨胀。

三、对我国财政赤字的分析与评价

(一) 对我国财政赤字的整体分析与评价

财政赤字是一种客观存在的经济现象，如何评价财政赤字一直存在着许多争论，同样如何评价我国的财政赤字也一直存在着许多争论。在自由竞争资本主义时期，亚当·斯密就坚持财政平衡的原则，极力反对财政赤字，认为政府本身并没有经济职能，因而财政工作的目标就不可能与社会经济目标相联系，所以只能实现自身的财政收支平衡。萨伊也认为最好的财政计划就是尽量减少政府支出的计划，最好的赋税应该是最轻的赋税。只有当凯恩斯政策诞生之后，才将政府工作的目标与社会经济目标之间建立了直接的关系，提出了宏观调控的理论，财政平衡也才被视为实现社会总供求平衡的工具与手段。我国在计划经济时期一直坚持"当年收支平衡略有结余"的财政方针，在理论上对财政赤字也是反对和排斥的。当时能够见诸报刊的文章几乎千篇一律的是对财政赤字的批评，认为财政赤字有百害而无一利。

应当指出，财政赤字作为财政收支在总量上的一种对比关系出现在社会经济生活中，客观上并不存在简单的好与坏和利与弊。哲学和辩证法认为，任何事物都有好与坏两个方面，好与坏是可以相互转化的。世间根本不存在百害无一利绝对的坏，也不存在百利无一害的绝对的好。事物表现出好的一面或坏的一面都受内因和外因两个方面的影响和制约。内因决定着事物发展变化的方向，是矛盾的主要方面，外因则作为条件通过内因发生作用。所谓事物好的一面或坏的一面，都是事物发展在一定外部条件下其内在机制发生作用的结果。如果外部条件即外因发生了变化，即使事物发生作用的内因相同，其结果也可能出现转化。因此我们不应该也不可能用简单的好与坏或百害无一利及百利无一害等来评价复杂的财政赤字。

财政赤字发生作用的内在机制是通过收入小于支出，从而通过不同的弥补方式形成流通中货币量增加的机制和社会总需求扩大的机制。这种发生作用的内在机制到底在经济生活中表现出好的一面还是坏的一面，则必须看当时国民经济所处的环境即外部条件。财政赤字在一定的条件下可以表现出好的一面，而在另一些条件下则有可能表现出坏的一面。财政赤字对我国国民经济的影响必然是多方面的，不可能百害无一利，也不可能百利无一害。改革开放40多年的实践证明，利用凯恩斯主义强调可运用赤字手段刺激经济，财政赤字对我国国民经济的影响从整体上讲正面积极的影响远大于负面消极的影响，但另一方面，使用赤字解决支出问题必须慎重，特别考虑到赤字债务化、有偿化筹措政府收入人为加大了公共产品供给成本，切实注意财政赤字风险的防范。

（二）对我国财政赤字的具体分析与评价

1. 财政赤字促进了我国经济的快速增长。自1978年实施改革开放政策以来，特别是建立社会主义市场经济体制以来，我国的国民经济保持了持续稳定和高速的增长。20世纪90年代后期以来，即使在我国遭遇东南亚经济危机、全球金融危机和通货紧缩，国民经济仍然保持了7%~9%的高速增长。必须承认在我国经济高速增长的过程中，特别是东南亚经济危机、全球金融危机以来的经济高速增长的过程中，财政政策和财政赤字起了重要的作用。有学者认为，在1981—1996年的16年中，实施财政赤字的政策总体上使经济增长率提高了1.32个百分点，贡献率为13%。而其中的相机抉择政策使经济增长率提高了2.36个百分点，贡献率为23%。特别是1990—1996年的7年中，这种财政政策总体上使经济增长率提高了2.01个百分点，贡献率近20%，而其中相机抉择的财政政策使经济增长率提高了3.8个百分点，贡献率高达37%[①]。也有的学者认为，东南亚金融危机爆发的1998—2000年的三年中，我国经济增长率分别为7.8%、7.1%和8%。如果不是实行积极的财政政策，主动扩大内需，则我国的经济增长速度会相应下降1.5%、2%和1.7%[②]。还有学者认为，到了2008年美国次贷危机引发全球的金融危机中，由于我国及时实施扩张性财政政策，致使2009年GDP的增长率从6.8%反弹至8.7%，2010年全年GDP比2009年增长了10.4%，这一水平比2009年高出了1.2个百分点，2011年增长9.2%[③]。2012年党的十八大以来，我国连续十年实施积极的财政政策，适时适度预调微调。特别是党的十九大以来，面对世纪疫情和百年变局交织的严峻形势，积极的财政政策持续加码发力，更加注重精准施策、提质增效，全力护航"六稳""六保"工作，确保了我国经济在新常态下的持续稳定增长。

财政赤字在我国之所以能够促进经济的快速增长，实际上是财政赤字发生作用的

---

① 刘溶沧，赵志耘. 中国财政理论前沿. 北京：社会科学文献出版社，2005：298-299.
② 中国财政，2002：2.
③ 李秀昆. 2008年以来积极财政政策效果评价及比较. 投资研究，2012：11.

内在机制和外部环境有机结合的结果。改革开放以来，由于市场机制在我国尚不完善，市场配置社会资源的功能不可能得到充分地发挥，微观主体运用社会资源的效益还比较低。特别是东南亚经济危机和全球金融危机以来，国内经济出现了明显的通货紧缩局面。在这种情况下，财政赤字帮助政府有效地集中和动员了大量的社会资源，增强了政府用于基础设施建设的资金投入能力。而政府对基础设施投资力度的加大，不仅打通了制约国民经济发展的短线"瓶颈"制约，而且有效地纠正了这一领域存在的外部效应，从而有效地刺激了我国国民经济的增长。还应当看到将财政赤字筹集到的财政资金较多地投入到基础设施领域中，还会形成财政赤字的"汲水效应"，从而进一步拉动社会微观主体的投资。我们认为，改革开放后的40余年是实行社会主义市场经济体制以来，我国利用财政赤字最为成功的历史时期，这表明我国政府宏观调控的意识和能力都有了很大的提高。

2. 财政赤字并未引起严重的危害。"赤字有害论"的观点一直强调实行财政赤字必将引起严重的社会后果，这种严重的后果主要表现在两个方面。其一是严重的通货膨胀，其二是导致国家债务的不断积累与提升。而改革开放40余年来除极少数的年份外，我国财政一直存在着赤字，但40余年的经济发展过程已经证明，我国并没有出现严重的通货膨胀和债务高速积累的严重后果。

从通货膨胀看，从理论上说财政赤字如果处理不好有可能引发通货膨胀。财政赤字引发通货膨胀的基本机制是财政赤字的弥补方式不当，从而使社会的基础货币投放增加。通过商业银行的存款创造过程大幅度增加流通中的货币量，使流通中货币量大幅度超过流通中的货币必要量，从而导致通货膨胀。但是财政赤字通过赤字货币化引发通货膨胀只是一种理论上的分析与可能。这种理论上的分析与可能并不一定表现为经济生活中的现实。实际情况是改革40余年来并没有随着连续多年的财政赤字而出现严重的通货膨胀。进入社会主义市场经济以来，除1993—1995年因经济周期的波动作用物价涨幅偏高外，在绝大多数年份中物价涨幅都不高，有些年份中甚至出现了物价的负增长。

我国的财政赤字没有引发大规模的通货膨胀，我们认为最主要的原因在于这一时期中没有出现财政赤字货币化的机制，或者说财政赤字货币化的机制受到外部环境的变化而被阻断。进入社会主义市场经济体制以来，我国财政赤字的弥补方式已由向银行透支和借款为主转为向社会发行公债为主。而我国的公债发行对象主要是社会居民、厂商和商业银行、保险公司、证券自营商等主力机构而不是中央银行。这就直接削弱了中央银行直接购买公债而可能出现的增加基础货币投放的机制。同时居民个人和商业银行等主力机构购买公债主要利用的是居民手中闲置的资金和商业银行存款大于贷款的差额。居民和商业银行利用手中闲置资金和闲置存款购买公债事实上只是资金使用权的转移。在一般情况下不会增加社会基础货币的投放，因而也不会增加流通中的货币量，这就基本上阻断了财政赤字引发通货膨胀的机制。还应指出，自1996年以来我国在较长时期内处于通货紧缩的状态，整个社会有效需求不足，绝大多数商品处于供大于求的局面。在这种情况下，财政赤字事实上是拉动需求，抑制通货紧缩的有力工具。由于整个宏观经济形势偏冷，因而也没有财政赤字引发通货膨胀的条件。

从债务积累来看，改革开放的 43 年确实是我国财政赤字和政府债务不断增加的 43 年。财政赤字由 1979 年的 135.41 亿元增加到 2021 年的 43783 亿元。而中央政府财政债务余额也由 1982 年的几十亿元增加到 2020 年的逾 208905 亿元。但是应当指出，尽管 43 年来我国的财政赤字和政府债务收入均呈现出不断增长的趋势，但我国的财政赤字并未引发政府债务的高速积累，我国也没有陷入"赤字—债务困境"。在财政赤字与政府债务收入不断增加的同时，我国的国民经济也在不断的增长，因而相关的比重并未呈现出明显的增加。

从财政赤字来看，目前世界上比较通用的标准赤字率为 3%，即财政赤字占 GDP 的比重不超过 3%。这也是欧盟的前身"马约"采用的标准。我国 1997 年以前的赤字率一直在 1% 以下，1998 年实行积极的财政政策后才突破 1%。1998 年为 1.27%，1999 年为 2.13%。2008 年应对美国次债危机实施 4 万亿元投资计划后，2009 年变为 2.28%，2010 年为 1.68%，2011 年为 1.14%，2012 年为 1.68%，2013 年为 1.93%，2014 为 1.78%，2015 年为 3.44%。近一段时间，为应对新冠肺炎疫情冲击，2020 年为 3.6%，2021 年为 3.2%，不过 2022 年财政赤字率下调为 2.8%。我国的赤字率与世界主要发达国家相比不能说太高。

从债务负担来看，世界目前比较公认的标准是 60%，即某一时期的国债余额占同期 GDP 的比重不超过 60%。目前发达国家的债务负担率一般在 45% 左右。而我国中央债务负担率 1999 年为 12.7%，2009 年为 17.52%，2015 年为 15.38%，2016 年为 16%。即使算上地方政府负债，政府负债率 2015 年为 39.4%，2016 年为 36.61%，2017 年为 36.04%，2018 年为 36.27%[①]，大大低于国际公认的 60% 的警戒线。应当指出的是，我国目前已将政府债务的还本与付息相分离，将国债的付息支出列入了政府预算的支出项目，这使得政府的利息偿付有了预算的保证。

我国财政赤字没有引发严重债务积累的原因主要在于两点：其一，政府债务的利用效益较高，直接刺激了国民经济的发展，为政府债务的还本付息提供了稳定的经济来源。我国债务收入主要用于基础设施的投资，而基础设施的投入不仅打破了制约国民经济发展的"瓶颈"制约，释放了由基础设施短线所制约的闲置生产能力，而且有效地纠正了这一领域的外部效应，拉动了社会资本的投资，使政府债务收入有效地刺激了国民经济的发展。其二，我国的公债目前均为中央政府债务，省以下地方政府禁止发行地方债务。这就使得我国中央政府保持了对政府债务较强的调控能力，避免了全国范围内对公债发行的失控，使我国公债的发行一直控制在调控国民经济运行所需要的范围内。

3. 必须注意对财政赤字风险的防范。财政赤字对社会经济的影响必然是双向的，既有的积极一面，也有消极的一面。虽然说迄今为止财政赤字对我国社会经济的影响较多地表现出了积极有利的正向影响，消极不利的影响表现得并不明显，但绝不意味着可以忽视财政赤字负面影响的存在。如果不提高警惕，财政赤字不利和负面的影响有可能给我国财政带来很大的风险。

财政赤字的连续扩大和政府债务的不断增加，之所以迄今为止较多地表现出积极

---

① 王立勇. 构建可持续的政府债务体系. 中国社会科学网-中国社会科学报，2020-12-30.

有利的正向影响，除了我国政府调控得当之外还有一个重要的因素，那就是近年来国民经济客观上存在财政赤字发挥正向积极作用的条件和环境。特别是最近十几年来除部分年份外，国民经济基本上是在偏冷的状态下运行，社会有效需求明显不足。这就在客观上为财政赤字刺激经济，扩大社会总需求提供了基础和条件，在经济偏冷的状态下，财政赤字表现出了较为明显的正向积极的作用。但是应该看到，国民经济的运行必然呈现出明显的周期性，经济偏冷的格局不会在今后永远存在。一旦国民经济运行呈现出偏暖的局面，社会出现较为明显的通货膨胀，财政赤字的负向作用就有可能得以显现。2004年底我国已经提出停止已经执行多年的积极的财政政策，转而执行稳健的财政政策，已经证明了国民经济运行状况的变化。在这种情况下，更应警惕财政赤字带来的赤字货币化，防止引发大规模的通货膨胀。

从公债发行来看同样不能掉以轻心。虽然我国目前包括债务负担率在内的主要指标还未超过世界公认的警戒线，还在较为安全的范围内，但必须高度提高警惕。这里主要有三个方面的问题：

第一个问题是债务递延引发的债务与利息积累问题。目前世界各国的公债大部分采取了往后递延的方式，以举借新债偿还旧债。虽然内债的递延并不十分困难，但由此引发的债务积累必然是高速的。为保持赤字和公债对经济成长的刺激性，当年发行的公债必然被分解为两部分。一部分用以弥补当年新发生的赤字，而另一部分则用于弥补当年到期还本的旧公债。这样势必造成公债发行规模的逐年扩大且增速将越来越快。这也是西方国家凯恩斯政策实行半个世纪后陷入债务积累的重要原因。从目前开始我国必须予以高度重视。

另外，赤字自循环压力逐渐加大。赤字自循环是指发债弥补赤字后，债务还本付息列入财政支出引起的增支反过来又形成赤字增加。我国为弥补赤字，发债产生的利息列入一般公共预算支出。从2009年起实行积极的财政政策至2020年已11年，此间财政赤字不断增长债务规模相应急剧扩张。我国弥补赤字的政府债务10年内品种占主导地位，还本付息压力近年来渐强。因此，一般公共预算中支出债务付息比重不断上升，增速远超支出总额增速。2017年为23.6%，2018年为18%，分别超出当年支出总额增速16个和10个百分点。2019年中央财政债务付息支出占中央本级支出比重为13%。2020年已升至15%，支出绝对额达5399.4亿元，在中央本级各项支出中排位第二。

第二个问题是做好以专项债券化解政府隐性或潜在债务工作。政府发行公债是显性的政府债务，仅从显性债务看，我国的债务负担率目前是比较安全的，但实际上在研究我国政府债务规模及其影响时，不能仅仅依据显性的债务负担率进行分析和研究。在我国除了政府发行公债所导致的显性政府债务外，还有许多隐性和潜在的政府债务。这些隐性和潜在的政府债务同样对我国国民经济运行产生影响，也同样对财政形成压力，因此我国目前显性和公开的财政赤字及债务负担率并没有反映政府债务的全貌。例如我国广泛存在的各级政府欠发教师或职工的工资，大面积的国有企业亏损，国有企业和国有银行严重不足的资本金比率，国有银行和非银行金融机构大量的不良债权，全国粮食系统亏损挂账，全国范围内养老和医疗保险的入不敷出，各级地方政府的违规担保，国有外贸企业外债分借统还等等。在这些因素的共同影响下，我国政府债务远比公开显示的要大得多。

随着 2018 年《中共中央 国务院关于防范化解地方政府隐性债务风险的意见》（中发〔2018〕27 号），《中共中央办公厅 国务院办公厅关于印发〈地方政府隐性债务问责办法〉的通知》（中办发〔2018〕46 号）颁发，开始进入隐性债务化解期，按照《意见》要求地方需用 5～10 年以专项债券完成隐性债务化解。2021 年 10 月广东省成功发行了再融资一般债券（六期至八期）和再融资专项债券（十期至十一期），该批债券发行规模合计 751.63 亿元。根据债券募集资金投向，本次发行再融资债券均用于偿还存量债务。这说明地方隐性债务的化解和之前政府性债务的化解有明显区别，本轮隐性债务主要通过存量财政和市场化方式化解，而不是大规模置换化解，从而让地方政府隐性债逐步"显性化"已成为可能。

第三个问题是，应强化预算约束，科学管控赤字。第一，优化一般公共预算和政府性基金预算的宏观经济调控功能定位。一般公共支出预算赤字规模的变动首先依基本公共服务供给制度安排的需求而定。当经济处于低迷状态时，可以通过扩大基本公共服务供给、抬升供给标准来反周期。此时的赤字扩张本质上属于公共福利改善，具有反推经济增长作用，但任何一项公共福利水平一旦抬升都会居高不下。所以，在宏观经济调控方面，一般公共预算应定位在适度协同上。相比较而言，政府性基金预算可以更多发挥反周期作用。第二，在预算编制环节明确列示赤字资金流向。目前我国的赤字管理可以说相当粗放。突出表现是预算管理的顶层法规就没有明确规定赤字使用方向。《预算法》第三十四条规定，中央一般公共预算中必需的部分资金可以通过举借国内外债务等方式筹措，其暗含的意思是可以列赤字，但未界定什么是必需的资金。这不符合现代财政制度所强调的预算管理规范，理应改革。应该明确一个原则：列赤字不违法但要说明理由列示资金流向，否则就等于承认列赤字随意性。为此，今后列赤字讲清资金流向来说明赤字的必要性和合理性，应区分不同情况说明赤字成因，从源头上堵住赤字风险。第三，加强支出宏观预测。《预算法》明确规定收支预测是各级预算编制的依据之一，但现状是各级政府在编制预算时往往重视收入预测轻视支出预测。因此，支出预算总是走不出基数加增长的怪圈，这使得赤字额度的确定失去了具体支出核算基础，因而也就无法向公众解释清楚赤字的成因和资金流向。必须加强财政支出预测，先从客观因素约束出发对各类支出需求做出合理判断。其后以此为依据，对支出总额和支出结构做出推断。

所有这些问题都将对我国财政赤字风险形成巨大的压力，必须给予足够的重视。

【资料】2022 年我国财政赤字率降至 2.8% 左右，回归疫情前水平

2022 年 2 月公布的《政府工作报告》对我国全年的财政赤字率做出安排：2022 年我国财政赤字率拟按 2.8% 左右安排，比去年有所下调，有利于增强财政可持续性。报告提到，预计今年财政收入继续增长，加之特定国有金融机构和专营机构依法上缴近年结存的利润、调入预算稳定调节基金等，支出规模比去年扩大 2 万亿元以上，可用财力明显增加。新增财力要下沉基层，主要用于落实助企纾困、稳就业保民生政策，促进消费、扩大需求。今年安排中央本级支出增长 3.9%，其中中央部门支出继续负增长。中央对地方转移支付增加约1.5万亿元、规模近9.8万亿元，增长18%，为多年来最大增幅。中央财政将更多资金纳入直达范围，省级财政也要加大对市县的支持，务必使基层落实惠企利民政策更有能力、更有动力。南都记者注意到，今年我国财政赤字率比去年下调0.4个百分点，降至2.8%，回归到疫情前水平。

资料来源：南方都市报 2022-02。

【资料分析】 财政赤字是财政支出大于财政收入而形成的差额，由于会计核算中用红字处理，所以称为财政赤字，它反映着一国政府的收支状况，财政赤字是一种世界性的财政现象。赤字率是指财政赤字占国内生产总值的比重。财政赤字是国家宏观调控的手段，尤其是经济运行处于低谷期时，政府适度提高财政赤字，增加财政支出，有利于扩大政府投资，刺激经济回升，解决经济社会发展的燃眉之急。

2020年，新冠疫情暴发，我国将当年的财政赤字率提高至3.6%，首次突破国际公认3%的警戒线。2021年，我国财政赤字率为3.2%，下调了0.4个百分点，但仍高于3%。疫情防控期间我国提高财政赤字率，有效地维持了经济平稳增长的态势。但需要指出的是，财政赤字的规模存在着一个合理区间，如果财政赤字率过高，会增加政府债务负担，引发财政危机，诱发通货膨胀。

随着经济企稳向好，我国调低赤字率不仅是债务可持续的要求，更是宏观经济调控的要求，赤字率下降可为宏观调控创造更多政策空间。2022年的《政府工作报告》将全年赤字率降至2.8%左右，回归至疫情前水平，同时也低于国际公认的3%的警戒线。2019年，我国赤字率也是2.8%，2018年赤字率为2.6%，2017、2016两年赤字率均为3%，2015年赤字率为2.3%，2014、2013两年赤字率均为2.1%。2021年底召开的中央经济工作会议要求今年积极的财政政策要提升效能，更加注重精准、可持续。那么财政赤字率下降会影响积极的财政政策实施吗？

《政府工作报告》提到，预计2022年财政收入继续增长，加之特定国有金融机构和专营机构依法上缴近年结存的利润、调入预算稳定调节基金等，支出规模比去年扩大2万亿元以上，可用财力明显增加。此外，不能简单把积极的财政政策等同于扩大赤字，今年财政赤字率的下调并不会对积极的财政政策形成约束，此外，2021年财政超收短支所积攒的"余粮"也为赤字率的回归创造了条件。

复习思考题

1. 如何理解财政收支平衡？
2. 如何理解财政赤字的分类？
3. 如何理解财政平衡与社会总供求的关系？
4. 弥补财政赤字的方式主要有哪些？
5. 如何看待我国的财政赤字？

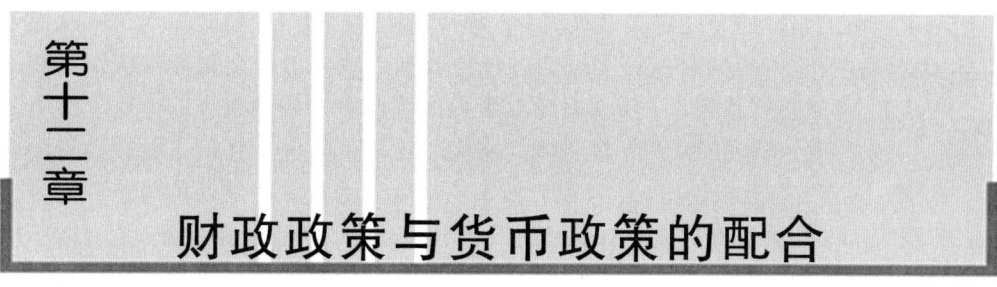

第十二章 财政政策与货币政策的配合

财政政策作为宏观经济调控的政策之一,在宏观经济运行中发挥着很大的作用。如何正确运用财政政策,以减弱经济波动的幅度,促使经济稳定与发展,始终是财政政策实践的重点。当社会总供给与社会总需求出现失衡时,财政政策必须与货币政策相配合,才能保持社会总供给和总需求的相对均衡,进而保持国民经济的稳定与发展。

第一节 财政政策概述

一、什么是财政政策

在凯恩斯主义诞生之前,在自由竞争的资本主义社会中,并不存在现代意义上的作为国家宏观调控国民经济运行的财政政策。在亚当·斯密的自由放任思想的影响下,政府只是以"守夜人"的身份出现在社会经济活动中。现代意义的财政政策始于20世纪二三十年代的资本主义经济危机。1929—1933年的资本主义大危机使得资本主义国家的经济处于空前的大萧条之中,也给予传统的经济理论以沉重的打击。1936年,凯恩斯的《就业、利息和货币通论》出版后,建立在凯恩斯宏观经济学基础上的现代财政政策开始日臻成熟。凯恩斯主张放弃自由放任的经济原则,强调政府通过财政政策和货币政策的运用干预社会经济的运行,调节社会总供给和总需求的相对均衡。

建立在凯恩斯宏观经济学基础上的财政政策诞生之后,在相当长的时期内被西方主要资本主义国家普遍采用,但对于如何定义财政政策,理论界在认识上经历了一个不断发展的过程。有些经济学家从财政政策手段运用的角度定义财政政策。例如美国财政学家V. 阿盖迪认为:"财政政策可以认为是税制、公共支出、举债等种种措施的整体,通过这些手段,作为国家支出组成部分的公共消费与投资在总量和配置上得以确定下来。而私人投资的总量与配置受到直接或间接的影响。"[1] 也有的经济学家试图从财政政策目标的角度定义财政政策。埃克斯坦教授认为:"政府为了实现充分就业和稳定物价这些短期目标而实行的各种税收和财政支出的变化通常叫作财政政策。"[2] J. F. 都教授则认为:"所谓财政政策意即政府收支的调整,以达到经济更加稳定,实现预期经济增长率。"[3] 很明显,这些财政政策的定义强调了财政政策的目标。H. M. 格劳维斯教授则指出:"财政政策一词业已形成一种特殊的思想和研究领域,即研究有关国家资源的充分有效利用以及维持价格水平稳定等问题。财政政策的短期目标是消除经济周期,而它的长期目标则是防止长期停滞和通货膨胀,与此同时,为经济增长提供一个有利的环境。"[4]

概括地说,**财政政策是指一国政府为实现一定的宏观经济目标,而调整财政收支规模和收支平衡的指导原则及其相应的措施**。财政政策贯穿于财政工作的整个过程,是由税收政策、支出政策、预算平衡政策、国债政策等构成的一个完整的政策体系。财政政策是国家整个经济政策的组成部分。

二、财政政策主体

政策主体指的是政策制定者和执行者,财政政策主体只能是各级政府,而且主要是中央政府。各级政策主体的行为是否规范,对于政策功能的发挥和政策效应的大小都具有关键作用。

我国目前实行的是分级财政管理体制,相对于计划经济体制下的高度集权而言,地方政府已经拥有了一定的自主权,在这种情况下,中央政府和地方政府都是财政政策的制定者和实施者。在通常情况下,中央政府具有较大的权力,表现出在全国范围内制定和实施财政政策的主体身份。地方政府往往是财政政策的实施者,在某些情况下也是本地区具体财政政策的制定者。但地方政府在很多领域内与中央政府存在着利益上的矛盾,这种利益上的矛盾往往使财政政策在实施过程中出现某种程度的偏差和失效。当中央政府制定的财政政策有利于某一地区的经济利益时,该地区的地方政府可能贯彻与执行得非常得力;而当中央政府制定的财政政策不利于某些地区的经济利益时,就有可能遇到该地区地方政府以各种名义和方式进行的抵制,从而使财政政策在全国范围内出现偏差和失效。

正因为如此,财政政策要想真正发挥作用,必须从整体上规范政府的行为,避免由于各级政府存在利益矛盾导致财政政策在全国范围内的失效。首先必须强调中央政府在财政政策制定与实施中的主体地位。一个国家的国民经济必然是一个有机的整体,在经济运行过程中必然表现出整体性和全国性的经济运行态势。中央政府依据这种整体性和全国性的经济运行态势所制定的财政政策也必须在全国范围内统一实施,

---

[1] Jain, P. C. Economics of Public finance, Atlantic Publishers, 1989, p. 49.
[2] 埃克斯坦. 公共财政学. 北京:中国财政经济出版社,1983:144.
[3] Due, J. F., Government finance: Economics of the Public Sector, Richard D. Irwin, Inc., 1968, p. 267.
[4] Groves, H. M., Financing Government, New York: Holt, Rinehart & Winston, Inc., 1964.

各级地方政府在这方面更多表现为财政政策的实施者而不是财政政策的制定者。如果否认了这一点，则必然出现地方政府各自为政的局面。在强调中央政府财政政策主体地位的同时，也应当看到各地区、各行业和各部门之间存在的不平衡性。作为一个有机整体的国民经济又必然是由若干局部构成的，在构成整体的若干局部中确实存在着不平衡性。这就要求地方政府应当在中央政府的统一政策下，有针对性地制定财政政策在本地区的实施办法和细则，使其更适应本地区的具体情况。

三、财政政策目标

财政政策目标就是财政政策所要实现的期望值。 财政政策的目标可以归结为以下四个方面：

1. 充分就业。充分就业是指合乎法律规定条件、有能力工作的人都可以找到有报酬的工作。在经济生活中，一般存在四种失业：（1）季节性失业。它是指某些行业生产中由于季节和气候变化等因素而造成的失业。（2）摩擦性失业。它是指由于劳动力市场的正常活动而造成的失业。（3）结构性失业。结构性失业，主要是由于经济结构（包括产业结构、产品结构、地区结构等）发生了变化，现有劳动力的知识、技能、观念、区域分布等不适应这种变化，与市场需求不匹配而引发的失业。在产业结构调整步伐加快的现代社会，这种失业日趋增加。（4）周期性失业。它是指由于经济的周期性波动造成的失业。在上述几类失业中，财政政策的主要作用在于熨平经济周期，减少周期性失业。

2. 物价稳定。物价稳定一般指价格总水平的稳定。一般价格水平持续上涨的现象，叫作通货膨胀；反之，一般价格水平不断下降的现象，叫作通货紧缩。通货膨胀表示货币价值或实际购买力的降低，通货紧缩表示货币价值或实际购买力的增加。严重的通货膨胀会引起社会收入和国民财富的再分配，使工薪阶层和债权人深受其害，会使价格上升快的行业趋于扩张，上升慢的行业趋于收缩，扰乱价格体系，扭曲资源配置，使整个分配秩序和经济秩序出现混乱。严重的通货紧缩会使资源无法有效利用。由于财政分配对社会总需求和总供给具有重要影响，因此，防止和消除通货膨胀和通货紧缩，实现价格稳定，成为财政政策的主要目标之一。

3. 经济增长。经济增长就是要求经济发展保持一定的速度，不能停滞或下降。在实现经济增长过程中，财政可以通过引导劳动、资本、技术等各项生产要素的合理配置，起到有力的促进和推动作用。因此，促进经济增长成为财政政策的基本目标。

4. 国际收支平衡。国际收支是指一国与世界其他国家之间的以货币计量的全部经济往来，包括进口、出口、资本流进流出等，用国际收支平衡表记录和反映。国际收支出现逆差，会影响本国汇率的稳定，进而威胁到整个经济系统的安全。所以许多国家把国际收支平衡作为追求的目标，并且强调把这一目标建立在经常性项目保持盈余的基础上。

四、财政政策工具

财政政策工具，是财政政策主体所选择的用以达到政策目标的各种财政手段，财政政策工具主要有税收、公债、政府投资、转移性支出和政府预算等。

1. 税收。税收作为一种政策工具，它具有分配形式上的强制性、无偿性和固定性特征，这些特征使税收调节具有权威性。作为一种收入工具，税收调控功能发挥的主要机制是通过影响纳税人的税后收入，从而形成不同的税收效应，发挥调控的功能。税收调节作用，主要通过宏观税率、税负分配（包括税种选择与税负转嫁）以及税收优惠和税收惩罚体现出来。

宏观税率是指政府税收收入占国内生产总值的比重，其高低反映了宏观税负水平的高低，是实施财政政策的最重要的税收工具之一。宏观税负说明了政府集中社会资源的程度，宏观税负越高，政府集中社会资源的程度越高，反之则越低。而政府集中社会经济资源的程度的高低会对整个国民经济运行产生不同的影响。一般情况下，政府提高宏观税负意味着较多的社会资源从私人部门流向政府部门，会对私人部门的市场活动产生紧缩的作用，使私人部门市场活动的需求减少，产出也会相应减少。反之，如果政府降低宏观税负，则意味着较多资源从政府部门流向私人部门，会对私人部门的市场活动产生扩张的作用。

税负分配是指宏观税负确定之后，税负在各微观主体之间的安排。不同微观主体税负的安排是税收工具发生调控作用的重要基础。宏观税负确定之后，这种税负在全社会各微观主体之间如何分配，是财政政策调节各微观主体利益，进而调节国民经济运行的重要环节。税负分配可以由政府主动进行调整，也可以由市场自发进行调整。由政府主动进行的税负调整主要通过税种设置和税率变化来实现，这是政府的主动性税负分配调整。改变现行税制，调整现行税率可以影响不同纳税人的负担，从而对不同纳税人的经济行为产生不同的影响。市场自发进行的税负分配是通过税负转嫁实现的，这是在政府确定的税负分配基础上进行的市场税负分配。税负转嫁表现了市场对政府税负分配的认可程度，也可以影响微观主体的经济行为。

税收优惠及惩罚是指在规范与标准的税制基础上，为了实现某些政府特殊的目标而采取的税收上的鼓励与限制的措施。这种鼓励与限制性的措施是税收政策工具运用的重要载体，其调控性表现得也最为直接。出于政府鼓励的需要可以给予各种税收优惠。而出于政府限制的需要则可以给予各类税收惩罚。这种政策工具的运用表现出极强的灵活性和针对性，往往能够起到规范与标准的税制难以起到的作用。鼓励性的优惠措施主要包括减税、免税、退税、加速折旧、盈亏相抵、延期纳税等。而限制性惩罚措施则主要有附加、加成、滞纳金、报复性关税、双重征收等。

税收政策工具有其积极的作用。税收工具的运用可以调节社会总供给和总需求，可以调节国民经济结构，从而稳定物价，优化社会资源配置，使国民经济保持相对的稳定和适度的增长。税收工具的运用还可以调节社会成员的收入水平，实现收入的合理分配，有利于社会稳定。但是应当看到，税收工具的运用也有其局限性。税收是以法律为基础征收的，税收的变化往往需要修改相应的法律。这就使得税收工具的运用必须通过一定的法律程序，具有较长的决策时滞。由于税收的变化必然影响到纳税人的利益，因而减税时政策实施得会比较顺利，而增税时政策实施的阻力会很大。还应看到，税收对资源配置的调节是一种政府行为而不是市场行为，如果税收调节资源配置的力度过大，有可能阻碍市场资源配置的作用。

2. 公债。作为一种财政信用形式，它最初是用来弥补财政赤字的，随着信用制度的发展，公债已成为调节货币供求、协调财政与金融关系的重要政策手段。公债的作用主要通过公债规模、持有人结构、期限结构、公债利率综合体现出来。政府可以通过调整公债规模，选择购买对象，区分公债偿还期限，制定不同的公债利率来实现财政政策的目标。在现代信用经济条件下，公债的市场操作是沟通财政政策与货币政策的主要载体，通过公债的市场操作，可以协调两大政策体系。一方面，可以淡化赤字的通货膨胀后果，公债的市场融资比直接的政府透支对基础货币的变动影响小；另一方面，可以增加中央银行灵活调节货币供应的能力。公债的调节作用，主要体现在下述几种效应上：

（1）公债的排挤效应。公债的排挤效应是指由于公债的发行使部分民间资本转入政府手中，从而使私人部门的投资与消费相应减少，对私人部门的投资与消费产生的抑制作用。

（2）公债的货币效应。公债的货币效应是指公债的发行引起社会货币流通量的变化。公债的发行既可以影响货币的供给，也可以影响货币的需求，从而引起流通中货币量的变化。公债的调控功能在很大程度上是通过公债的货币效应实现的。公债的发行一方面可能由于居民购买而使一部分沉淀于民的潜在货币变为现实中真正的流通货币。另一方面也有可能由于央行购买而增加基础货币投放。

（3）公债的收入效应。公债的收入效应是指由于公债发行而导致的公债持有人和纳税人之间的收入转移。在一般情况下，政府当年发行的公债主要靠以后年度中增加的税收偿还，这就增加了以后年度中纳税人的负担。而公债持有人在公债到期后不仅可以收回公债本金，而且可以取得利息收入。这样在纳税人与公债持有人之间会产生收入的转移问题。如果公债连续发行的时间很长，公债带来的收入效应问题不仅影响当代人，而且会形成"代际"的收入与负担的转移问题。

（4）公债的流动效应。公债的流动效应是指通过改变公债的流动性进而改变整个社会的货币流动性状况。首先，长期公债的流动性要小于短期公债的流动性。因此，在通货紧缩时可以增加短期公债的发行而减少长期公债的发行，进而提高整个社会的货币流动性，以扩大社会总需求。而在通货膨胀时可以增加长期公债的发行而减少短期公债的发行以抑制整个社会的货币流动性。其次，银行部门认购公债可以通过扩大信贷规模而增加货币供应量，因而具有较强的流动性。而民间非银行部门认购公债只是使用权转移，一般不会引起货币供应量的增加，因而其流动性较低。在经济萧条时增加银行部门持有的公债可以刺激社会总需求的增加，而通货膨胀时增加民间非银行部门持有的公债则有利于抑制通货膨胀。

（5）公债的利率效应。公债的利率效应是指通过调整公债的利率水平和价格水平，影响金融市场的利率水平，从而对经济产生的扩张或紧缩的效应。公债是政府发行的，公债的利率也是政府制定的，通过公债发行利率的调整可以影响到金融市场的利率，从而影响到整个社会的供给和需求。在一般情况下，调低公债发行利率可以刺激社会总需求的增加，而调高公债发行利率则可以抑制社会总需求。公债发行一般采用固定利率，如果中央银行或政府大量买入债券，可以使证券市场上公债的价格上升，相对利率下降，可以产生扩张性作用。反之，如果央行或政府大量抛售债券，可以使证券市场上公债价格下降，相对利率水平上升，进而发生紧缩效应。

虽然公债作为财政政策工具对调控国民经济运行具有积极作用，但公债也具有局限性。公债作为一种信用形式是需要还本付息的，而还本付息的资金来源主要是政府的税收收入。过高的公债还本付息不仅会对政府形成沉重的债务负担，影响财政的稳定性，而且还会形成纳税人的负担。

3. 政府投资。政府投资性支出是指财政用于资本项目的建设性支出。在通常情况下，这种投资性支出最终将形成社会各种类型的固定资产，形成社会再生产的各种物质基础和条件。政府的投资性支出属于购买性支出的一部分，但与购买性支出中的消费性支出明显不同。

政府投资是社会总投资的重要组成部分，但与社会总投资中的非政府投资有明显的区别。投资与国民经济增长之间有着很强的关联性，政府投资与经济增长之间的关联性更强，这是由政府投资的特点所决定。一般情况下，政府投资性支出对社会总供给与总需求的调整具有重要的作用，对国民经济结构的调整更具有明显的作用。政府投资的目的并不一定在于追求投资项目本身的经济效益。在市场经济条件下，政府投资的项目主要是那些具有自然垄断特征、外部效应大、产业关联度高的基础性产业、公共设施以及新兴的高科技主导产业等。

政府的投资性支出在有效调节社会总需求，为社会提供公共生产条件的同时也具有一定的局限性。由于对政府投资项目的监管存在很大的难度，政府投资的效率往往比较差。特别是在我国公共财政框架尚不健全的情况下，政府投资不一定集中在适合政府投资的领域，而容易介入市场领域。另外，政府投资的建设周期比较长，容易出现时滞的影响。在经济危机时决策建设的项目，有可能在尚未完工之前经济形势已经发生了变化，使得原本抑制经济危机的政策转为推动通货膨胀的因素，从而加大了经济运行的不稳定性。

4. 转移性支出。转移性支出是通过政府的财政活动将货币购买力转移给特定的社会成员或者单位，主要包括社会福利支出、财政补贴支出等。社会福利支出具有社会稳定器和润滑剂的作用，可以实现社会收入公平分配的目标。特别是在经济萧条时，增加失业保险金等社会福利支出可以有效地刺激社会需求的扩大，不仅可以抑制通货紧缩，而且有助于社会的稳定。财政补贴则具有很强的针对性，在有效需求不足时增加消费性补贴有助于经济的复苏。而当有效供给不足时增加生产性补贴又可以刺激社会供给的较快提高。

5. 政府预算。政府预算是财政政策工具的核心，也是其他各种财政政策工具最终的结合点和统一点。包括税收、公债、政府投资等在内的所有财政政策工具的运用，最终都要统一在预算政策工具当中，通过影响预算收支的对比关系，影响预算结余或赤字而最终发生作用。

首先，政府预算政策强调财政收支平衡的总量对比关系。利用政府预算，合理安排财政收入与财政支出。结合国民经济运行的周期性特点，调整财政收入与财政支出的总量对比，利用结余、赤字或平衡的关系，最终协调社会再生产的顺利进行，使国民经济保持稳定和发展。当国民经济处于紧缩状态时，社会总供给大于社会总需求，为使国民经济稳定运行，政府预算应使财政收入小于财政支出，合理安排一定数量的财政赤字，以增加流通中的货币量，刺激社会总需求，从而抑制通货紧缩。相反，如果国民经济处于通货膨胀状态，社会总供给小于社会总需求，为使国民经济稳定运行，政府预算应使财政收入大于财政支出，合理安排一定量的财政结余，以减少流通中的货币量，压缩社会总需求，进而抑制通货膨胀。

其次，政府预算政策强调财政收支结构的对比关系，通过财政收支结构对比关系的调整，最终调整国民经济结构。国民经济的稳定运行不仅需要总量平衡，也需要结构平衡，这种结构平衡包括国民经济的产业结构、行业结构、地区结构和产品结构在内。政府预算可以通过税种税率的调整、投资方向的调整等进行财政收入结构与财政支出结构的调整，进而调整国民经济的产业结构、行业结构、地区结构和产品结构，从而保证国民经济的稳定运行。

五、财政政策的类型

（一）**根据财政政策调节经济周期的作用机制来划分，财政政策可分为自动稳定的财政政策和相机抉择的财政政策**

1. 自动稳定的财政政策。**自动稳定的财政政策就是不用政府基于对经济形势的判断去主动选择执行某种政策，而是依靠在经济中自动发挥调节社会总需求的稳定经济的财税制度**。它有个专有名称叫"内在稳定器"。内在稳定器的作用主要体现在两个方面：

（1）自动调整的税收制度。在发达的市场经济国家中，所得税特别是其中的个人所得税由于数额大且具有累进性，在税收中处于主体地位。其变动对社会总需求具有重要影响。当经济高涨特别是经济过热时，居民所得增加，有更多人进入纳税行列，而且有些人进入较高的纳税档次，结果税收增加超过居民收入增加幅度，从而可以抑制总需求的进一步增加，稳定物价；相反，当经济衰退时，居民收入减少，一部分人会退出纳税行列或进入较低的纳税档次，导致其可支配收入增加，从而有利于抑制总需求下降。

（2）自动增减的转移支付制度。这里说的转移支付不是指中央与地方政府之间的转移支付，而是指政府对居民个人的转移支付，主要是失业救济金的发放和对个人的其他福利支出。在经济繁荣时，社会能提供更多就业机会，失业救济金的支付大大减少，有利于遏止需求进一步膨胀；当经济衰退时，失业人数增加，失业救济金支付增加，从而有利于增加消费需求，减轻需求的下滑和经济衰退。

需要指出的是，内在稳定器作用的大小，取决于税收结构、转移支付结构及其水平。像美国等发达国家，实行的是以所得税为主的税制，且税收的累进性明显，转移支付名目较多，数额较大（如北欧高福利国家），自动稳定器作用相对来说比较明显。而我国是以流转税为主体的税制结构，个人所得税在税收收入中所占比例较小，社会保障水平因经济发展水平的制约也较低，所以内在稳定器作用很弱。其实，即使在发达的市场经济国家，它的作用也很有限：内在稳定器只能对经济的剧烈波动起到一定的缓解作用，而不能改变经济波动的大趋势。熨平经济周期、稳定经济发展的目标只能依靠相机抉择的财政政策，并且通过它与货币政策和收入政策等宏观经济政策的综合作用来实现。

2. 相机抉择的财政政策。**相机抉择的财政政策是指政府根据一定时期内社会总供给和总需求的状况，主动灵活选择不同类型的反经济周期的财政政策工具，干预经济运行行为，以达到实现总供给与总需求平衡的政策目标。按照早期的财政政策理论，相机抉择的财政政策包括汲水政策和补偿政策。

所谓汲水政策，是指在经济萧条时期进行公共投资，以增加社会有效需求，使经济恢复活力的政策。汲水政策有四个特点：第一，它是以市场经济所具有的自发机制为前提，是一种诱导经济恢复的政策；第二，它以扩大公共投资规模为手段，启动和活跃社会投资；第三，财政投资规模具有有限性，即只要社会投资恢复活力，经济实现自主增长，政府就不再投资或缩小投资规模；第四，它是一种短期的财政政策，随着经济萧条的消失而不复存在。

所谓补偿政策，是指政府有意识地从当时经济状况反方向上调节经济景气变动的财政政策，以实现稳定经济的目的。在经济萧条时期，为缓解通货紧缩影响，政府通过增加支出，减少收入来增加投资和消费需求，增加社会有效需求，刺激经济增长；反之，在经济繁荣时期，为抑制通货膨胀，政府通过增加收入、减少支出等政策来抑制和减少社会过剩需求，稳定经济。

（二）根据财政政策在调节国民经济总量方面的不同功能，财政政策可分为扩张性财政政策、紧缩性财政政策和中性财政政策

1. 扩张性财政政策。**扩张性财政政策是指当总需求小于总供给，出现通货紧缩和严重失业时，政府采取的减少税收、增加财政支出的政策**。目的在于增加就业、促进经济回升，直至实现充分就业和经济的稳定增长。

实行扩张性财政政策，一般情况下会导致财政出现赤字，政府要做赤字预算，所以它也叫赤字财政政策。出现赤字就要弥补，用公债来弥补已是各国最常见的选择。

2. 紧缩性财政政策。**紧缩性财政政策是在社会总需求超过总供给、出现较严重通货膨胀时，实行的增加税收（提高税率和开征新税种）和减少财政支出的政策，旨在消除通货膨胀，稳定物价**。紧缩性财政政策一般会导致财政盈余，因此也称盈余财政政策。

3. 中性财政政策。**中性财政政策是指通过财政收支的大体平衡，保持总供给与总需求基本平衡的财政政策**。在市场经济条件下，中性财政政策的实质就是不干扰市场机制的作用。该政策多在社会供求大致均衡、经济基本上呈稳定增长态势的环境中实施。在当代这种政策作用的环境已较少存在。中性财政政策的特点在于对总供给和总需求不产生倾向性的调节作用。

第二节　财政政策的传导和效应

一、财政政策的传导机制

财政政策传导机制，就是财政政策在发挥作用的过程中，各政策工具通过某种媒

介体的相互作用形成的一个有机联系的整体。财政政策发挥作用的过程，实际上也就是财政政策工具变量经由某种媒介体的传导转变为政策目标变量的过程。财政政策传导机制中的媒介体主要是收入分配、货币供应和价格。财政政策工具通过这些媒介体的作用达到预期的目标。

1. 以收入分配为媒介体的财政政策传导过程。

（1）通过个人所得税的调整，可以较大幅度地减少高收入者的可支配收入，缩小居民收入差距。而通过社会保障支出或消费性财政补贴，可以增加低收入者的个人收入，增加其购买力，扩大社会有效需求。因此，通过税收工具对收入的调整可以实现收入合理分配的政策目标。

（2）税收工具的调整对企业利润分配产生影响。国有企业的盈利在上缴所得税后才能自主分配，税收上缴越多，企业留利就越少。税收的调整体现了国家与企业之间的分配关系。国家也可以通过所得税的各种优惠政策引导企业的投资方向。因此，税收对企业的投资行为、生产经营活动产生重要的影响。

推动社会总需求变化的决定因素是各种收入，这些收入是分配的结果。财政政策正是通过对利益的调整来实现充分就业、经济增长等政策目标的。

2. 以货币供应为媒介体的财政政策传导过程。货币供应作为财政政策最主要和最核心的传导媒介是不言而喻的，所有财政政策工具作用的发挥，都要通过影响财政收支差额，进而影响社会中货币流通量加以实现。无论总需求大于总供给，还是总需求小于总供给，都与流通中货币量有关。而财政收支差额无论是结余还是赤字，也都会影响流通中的货币量，进而影响社会总需求。财政赤字无论采用何种弥补方式，总会具有扩张货币供应量的作用，通过货币供应量的扩张，以实现扩大社会总需求的效应。而财政结余具有紧缩货币供应量的作用，通过货币供应量的紧缩，以实现压缩社会总需求的效应。可以说任何财政政策工具的应用，都必须通过货币供应这一传导媒介发生作用，从宏观角度看，不通过货币供应发生作用的财政政策事实上是不存在的。政府预算、公债等政策工具极易通过改变货币供应量影响企业的信贷行为、投资行为和物价变动，最终影响到充分就业、经济增长等政策目标。

3. 以价格为媒介体的财政政策传导过程。价格同样也是财政政策的重要传导媒介之一，许多财政政策工具的作用是通过价格机制体现出来的，或者是与价格共同作用发挥调节作用的。例如，税收、财政补贴等政策工具就是通过对赢利能力较低的农业、基础产业和赢利能力较高的加工行业的产品价格的影响，实现物价稳定和经济适度增长的政策目标的。国民经济的顺利稳定运行要求国家的产业结构趋向合理，而导致我国产业结构不合理的重要原因之一是产业部门间的利润率水平存在着差异。而产业部门利润率水平的差异在我国很大程度上是由于价格水平不合理所造成的。特别是在我国还存在一些政府垄断行业存在着明显不合理的垄断价格，这对财政政策目标的实现形成了明显的阻碍。在社会主义市场经济条件下，价格是影响供给和需求的重要变量。价格与供求之间存在着函数关系，这正是价格成为财政政策传导媒介的主要原因。通过对价格的调节可以影响社会总供给和社会总需求，如果价格体系不合理，价格形成机制不完善，价格便不能如实反映供给与需求的状况，这一重要的传导媒介就会被阻断。

二、财政政策效应

(一) 财政政策效应的评价标准

财政政策效应就是财政政策作用的结果,政策的执行是否达到了预期的目标。政策实施能达到预期的目标即为有效,反之,则无效。政策是高效还是低效,不仅取决于政策执行的结果,也取决于为达到目标而付出的代价,一般可以通过政策效益与政策成本的对比分析来进行评价。财政政策效应可以用下列表达式表示:

$$财政政策效应 = \frac{财政政策目标产生的实际积极效果}{财政政策成本}$$

上式中的财政政策成本可以由政策研究费用、政策执行费用和政策补偿费用即政策效率损失三部分组成。

(二) 财政政策效应的偏差

政策效应的偏差是指政策在实施过程中实际效应与预期效应的背离。政策效应的偏差包括两种类型:一类是政策实施过程中非人为因素造成的偏差,也称自然偏差;另一类是政策实施过程中人为因素造成的偏差,又称人为偏差。财政政策的自然偏差与财政政策自身的完善过程有关。任何一项财政政策的实施总有一个生命周期,在政策出台阶段和政策蜕化阶段,政策效果要差一点,在政策完善阶段和政策成熟阶段,政策效果要好一点。财政政策在实施过程中,会出现阶段性的政策效应偏差。财政政策的人为偏差其实是与政策的制定者和执行者的行为不当有关。现实生活中,财政政策的自然偏差与人为偏差往往交织在一起,需要我们找出引起偏差的真正原因,及时采取措施予以纠正。

三、财政政策的时滞

良好的经济政策不仅是单纯的政策配合问题,还要把握住运用政策的时机。因此,政府在运用相机抉择的财政政策与货币政策来进行经济调控时,还要考虑到政策时滞问题。

从相机抉择的财政政策来说,财政政策的实施一般会产生下列五种时滞,依次为:认识时滞、行政时滞、决策时滞、执行时滞以及效果时滞。其中,认识时滞和行政时滞属于内在时滞,决策时滞、执行时滞和效果时滞属于外在时滞。

1. 内在时滞。认识时滞是指从经济现象发生变化到决策者对这种需要政策调整的变化有所认识所经过的时间,这段时间的长短,主要取决于行政部门掌握经济信息和准确预测的能力。行政时滞也称为行动时滞,是指财政当局在制定采取何种政策之前对经济问题调查研究所耗费的时间。这两种时滞只涉及行政单位而与立法机构无关,也就是说,这两种时滞只属于研究过程,与决策单位没有直接关系,经济学称之为内在时滞。内在时滞的长短,一方面取决于财政当局收集资料、研究情况所占用的时间以及采取行动的效率;另一方面取决于当时的政治与经济目的,尤其是在希望实现的目标较多的情况下,必须对政策目标的优先顺序进行选择。

2. 外在时滞。与内在时滞相对应的是外在时滞。外在时滞是指从财政当局采取措施到这些措施对经济体系产生影响的这一段时间。主要包括三种时滞:(1)决策时滞是指财政当局将分析的结果提交给立法机构审议通过所占用的时间;(2)执行时滞是指政策议案在立法机构通过后交付有关单位付诸实施所经历的时间;(3)效果时滞是指政策正式实施到已对经济产生影响所需要的时间。这三种时滞与决策单位发生直接关系,而且直接影响社会的经济活动,故称为外在时滞。由于经济结构和经济主体的行为具有不确定性,很难预测,因此,外在时滞可能会更长。

第三节 财政政策与货币政策的协调与配合

一、货币政策简介

货币政策是指一国政府为实现一定的宏观经济目标所制定的关于调整货币供应的基本方针及其相应的措施。货币政策的调控目标与财政政策是一致的,从宏观上讲都是实现总供给与总需求的相对均衡,保证国民经济的稳定与发展。但货币政策作为一种相对独立的调控政策体系,其运用的政策工具与财政政策不同。西方国家中央银行在长期实施货币政策中,形成了一套调节货币供应量的手段,其中最主要的是以下三种手段:

1. 法定存款准备金率。它是指商业银行等金融机构按照规定的比率,将所吸收的存款的一部分交存中央银行,本身不得使用。应交存的比率,称法定存款准备率。中央银行往往通过调高或调低法定存款准备率,来增加或减少商业银行应交存的存款准备金,从而影响商业银行的贷款能力和派生存款能力,以达到调节货币供应量的目的。如果中央银行调低法定存款准备率,商业银行则可减少上交存款准备金数量,相应增加本身贷款能力,再通过存款倍数派生机制,以数倍规模扩大货币供应;反之,则会收缩货币供应量。

2. 再贴现率。它是指商业银行向中央银行办理再贴现时使用的利率。中央银行通过调高或调低贴现率的办法,可以影响商业银行的贷款数量。如果中央银行调高贴现率,商业银行的介入资金成本增大,就会迫使商业银行提高贷款利率,从而起到紧缩企业的借款需求,减少贷款量和货币供应数量;反之,则会刺激扩大贷款和货币供应规模。再贴现率作为一种调节手段,便于灵活运用,可以根据经济需要及时调整,因而成为可供经常使用的手段。

3. 公开市场业务。这是中央银行通过在金融市场上买进或卖出有价证券进行调节的一种方式。如果中央银行买进证券,相应就向市场注入了货币供应量。这样,一方面,可刺激证券的需求,提高证券价格,鼓励投资;另一方面,增加商业银行可贷资金来源,促使扩大贷款,这都有利于扩大生产。如果中央银行向市场卖出证券,其作用则正好与上述情况相反。

在金融市场比较发达的国家,更多的是运用这一手段进行调节。公开市场业务较前两种手段具有以下优点:(1)主动权操在中央银行手中,可以买进或卖出,可以买多或买少等；（2）如果说调整存款准备率和贴现率，主要还是通过商业银行来调节货币供应量，那么，公开市场业务则是通过买卖证券，直接左右市场货币供应量；（3）中央银行一般都是通过证券经纪人来买卖证券的，其政策意图不易被社会察觉，具有一定的隐蔽性，可以减轻社会震荡。正因为如此，公开市场业务成为不少西方国家中央银行最经常使用、最为灵活、最为有效的调节货币供应量的手段。

除了上述手段以外，为弥补其不足，西方国家还运用某些其他调节手段，主要有：一是道义劝告（窗口指导）。这是中央银行采取书面或口头方式，以说服和政策指导的方法，引导各金融机构扩大或收缩贷款。二是行政干预。不少国家规定，中央银行有权对各商业银行规定最高贷款限额，以控制信贷规模；或是对商业银行的存贷款的最高利率加以限制等等。三是金融检查。中央银行有权随时对商业银行的业务活动进行金融监督与检查。这种检查包括检查业务经营范围、大额贷款的安全状况、银行的资本比率和流动资产比率等等。

货币政策的核心传导机制是通过影响货币供应量，使整个社会的货币供应量与社会对货币的需求量保持适当的比例关系，进而调节社会总需求，使社会总供给与总需求保持相对的均衡，从而实现国民经济的稳定与发展。与财政政策一样，货币政策也分为扩张性、紧缩性和中性三类。凡扩大流通中货币量、刺激总需求扩大的为扩张性货币政策；凡压缩流通中货币量、抑制社会总需求的为紧缩性货币政策；既不扩张总需求也不抑制总需求的为中性货币政策。

二、财政政策与货币政策相互配合的必要性

由于财政与银行在消费需求与投资需求形成中有不同的作用，这就要求财政政策与货币政策必须配合运用。如果财政政策与货币政策各行其是，就必然会产生碰撞与摩擦，彼此抵消力量，从而减弱宏观调控的效应和力度。

（一）财政政策与货币政策的联系

1. **财政政策与货币政策都是国家的需求管理政策。** 财政政策与货币政策都是以货币为载体和操作对象，而一定时期的货币购买力表现为社会总需求，故两个政策对货币进行的价值形式的操作实际上是对社会总需求的操作，通过对社会总需求的调节间接地影响社会总供给的变动，从而促使整个社会总需求与总供给的平衡。

2. **财政政策与货币政策的最终目标大体一致。** 财政政策与货币政策的最终目标是一致的，都是为了实现经济增长、充分就业、物价稳定、国际收支平衡等目标。

财政政策与货币政策的这种共性说明了财政政策与货币政策可以相互配合，具有相互配合的共同基础。同时财政政策与货币政策又具有各自明显的特性和相互的区别，而财政政策与货币政策的特性和区别则说明了两者必须配合。

（二）财政政策与货币政策的区别

1. **两者的政策目标侧重点不同。** 从总量与结构的角度来看，财政政策直接作用于经济结构，间接作用于经济总量；货币政策的目标侧重于经济总量。财政政策对总供给的调节首先反映为对社会经济结构的调节，如财政运用税收、贴息和投资政策，引导货币流向新兴产业和"瓶颈"产业，优化产业结构；对总需求的调节主要通过扩大或缩小财政支出，以结构调节为前提，以刺激和抑制社会总需求。货币政策对社

会总需求的调节主要是通过中央银行投放货币和再贷款等手段控制基础货币量,通过准备金率和再贴现率等控制基础货币乘数,以有效控制社会总需求。

从具体目标来看,货币政策的目标侧重于物价稳定方面,而对分配和消费的调节则依赖于财政政策。由于中央银行掌握着国家的货币发行,直接影响到市场利率水平,因此,货币政策对价格水平的影响非常直接,但货币政策调节分配和消费的作用则相对较弱。而财政政策能够通过政府的收支活动调节整个社会的分配与消费。从分配过程来看,财政政策主要通过税收和转移支付影响国民收入的分配状况。从消费过程来看,社会消费需求基本上是通过财政支出形成的。财政政策对社会消费的调节起着关键的作用。如果采取紧缩性政策,只要财政压缩支出,社会消费立刻就会受到抑制,而银行在社会消费中基本上无法起到调节作用。个人消费虽然受到财政与银行的双重影响,但受财政分配政策的影响更为直接。财政完全可以通过税收和转移支付等政策的变化,直接影响个人的消费水平。而银行在个人消费中的作用较为有限,一般情况下只能通过存款利率的调整影响个人收入中用于即期消费和银行储蓄的比例。

2. **两者的作用机制不同**。财政是国家集中一部分GDP用于满足社会公共需要的经济活动,因而在国民收入的分配中,财政居于主导地位。财政直接参与国民收入的分配,并对集中起来的国民收入在全社会范围内进行再分配。因此,财政可以从收入和支出两个方向上影响社会需求的形成。当财政收入占GDP的比重大体确定,因而财政收支的规模大体确定的情况下,个人和企业的消费需求和投资需求也就大体确定了。比如,国家对个人征税,也就相应减少了个人的消费需求与投资需求;对企业征税或国家对企业拨款,也就减少或增加了企业的投资需求。货币政策通过调节货币供应量或利率来调节社会总需求,保持物价稳定,货币政策对价格水平能够产生直接的影响。

3. **两者的政策工具和弹性不同**。财政政策的政策工具有税收、公债、转移支付、财政投资和预算等,这些政策工具对经济的调节作用较为直接,弹性差。货币政策通常是通过利率或货币供应的传导来实现最终目标的,其政策工具主要是法定存款准备金率、再贴现率和公开市场业务,这些政策工具弹性好,灵活性强,是间接调控经济的重要手段。

4. **两者的时滞不同**。就财政政策与货币政策的时滞长短比较而言,内在时滞只涉及经济问题的发现与对策研究,这对财政政策和货币政策来说大体一致。因此,就内在时滞而言,无法确定这两种政策孰优孰劣。但是,就外在时滞来说,财政政策与货币政策的优势比较就较为明显。一般来说,财政政策的决策时滞较长,因为财政政策措施要通过立法机构,经过立法程序,比较费时;相比之下,货币政策可由中央银行的公开市场业务直接影响货币数量,决策时滞比较短。就执行时滞来看,财政政策措施在通过立法之后,还要交付给有关执行单位具体实施;而货币政策在中央银行决策之后,可以立即付诸实施。因此,财政政策的执行时滞一般比货币政策要长。但是,从效果时滞来看,财政政策就要优于货币政策。由于财政政策工具可以直接影响社会的有效需求,从而使经济活动迅速做出有力的反应;而货币政策主要是影响利率水平的变化,通过利率水平变化引导经济活动的改变,不会直接影响社会有效需求。

因此，财政政策的效果时滞比货币政策要短。总之，就时滞方面来看，很难比较财政政策与货币政策的有效性。在研究这两种政策的时滞问题时，一定要根据不同的客观经济环境和不同政策的各种时滞加以比较，才能做出正确判断，选择有效的政策措施。

三、不同的政策组合

财政政策与货币政策的配合运用指的是扩张性和紧缩性两种类型政策的不同组合。从经济运行的实际看，财政政策的实施不是孤立进行的，而是与货币政策（有时是收入政策）搭配运作的。货币政策主要指中央银行运用货币政策工具（利率、法定存款准备金率、再贴现率、公开市场业务、信贷规模），通过增加或减少货币流通量，从而达到调节总需求的一种经济政策。

财政政策与货币政策有以下几种不同组合方式：

1. 松的财政政策和松的货币政策，即"双松"政策。松的财政政策，是指政府通过减税（降低税率）和增加财政支出规模等财政分配活动来增加和刺激社会总需求的财政政策；松的货币政策是指通过降低法定存款准备金率和降低利率来扩大信贷支出的规模和增加货币供应量。在社会总需求严重不足和生产能力未充分利用、解决失业和刺激经济增长成为宏观调控的首要目标时，宜采用"双松"的政策组合。这样的政策组合在扩大社会总需求、扩大就业的同时，带来的通货膨胀风险很大。

2. 紧的财政政策和紧的货币政策，即"双紧"政策。紧的财政政策是指通过财政分配活动来减少和抑制总需求的财政政策，其手段主要是增税（提高税收）和减少财政支出；紧的货币政策是指通过提高法定存款准备金率和提高利率来减少信贷支出的规模和减少货币供应量，抑制投资和消费。在社会总需求极度膨胀，社会总供给严重不足，政府面临强大的通货膨胀压力时，宜采用这种政策组合。但是，这种政策组合虽然可以有效地抑制需求膨胀与通货膨胀，但容易矫枉过正，带来经济停滞的后果。

3. 松的财政政策和紧的货币政策，即"松财政紧货币"政策。减税和增加政府支出等松的财政政策对于刺激需求，克服经济萧条，调整经济结构比较有效。紧的货币政策可以避免较高的通货膨胀。当社会经济运行表现为通货膨胀与经济停滞并存以及经济结构失衡时，宜采用这种政策组合。这种政策组合能够在保持经济适度增长的同时尽可能避免通货膨胀，但长期使用会增大财政赤字，积累大量国家债务。

4. 紧的财政政策和松的货币政策，即"紧财政松货币"政策。当经济基本稳定，政府开支庞大，促使经济较快增长成为经济运行的主要目标时，宜采用这种政策组合。紧的财政政策可以减少政府开支，抑制需求过旺；松的货币政策可以保持经济的适度增长。由于行之有效的松的货币政策不易把握，这种政策组合难以防止通货膨胀的出现。

四、财政政策与货币政策的相对效力

在经济学中，"需求管理"是政府的主要宏观经济政策。这里主要分析在封闭经济并实行自由利率条件下，从它们对总需求的影响角度来考察财政政策与货币政策的

效力。

1. 财政政策的效力。当政府采取扩张性财政政策时，如果利率上升幅度不大，或扩张性财政政策对利率水平没有多大影响，那么，这种政策对投资的冲击就很小。在这种情况下，扩张性财政政策对总需求就有很强的影响力。换言之，当投资对利率不敏感而货币需求对利率高度敏感时，财政政策的效力就很强。反之，财政政策的效力就很弱。

财政政策的效力还会受到自身局限性的制约。以主要的财政政策工具税收和公共支出为例进行分析。

税收的局限性表现为提高税率容易遭到公众的反对，实行起来必须慎重；税收的决策时滞和执行时滞较长，等到政策发挥作用时，客观形势与提出方案时相比可能时过境迁，税收政策甚至会加重经济困难；税收具有强制性、固定性的特点，受法律制定规则的约束，缺乏灵活性，并且减税方式不是在任何时候都能启动需求，在萧条时期减税，人们可能把减少的税款用于储蓄而不是消费。

财政支出的局限性表现为政府支出具有刚性特征，实施紧缩性财政政策操作起来有难度；在经济萧条时期，政府增加转移性支出，人们可能把钱用于储蓄而不是消费和投资；增加政府支出，可能对民间投资产生挤出效应；增加财政支出水平，易削弱政府成本意识，破坏政府财务纪律，降低公共服务的效率。

2. 货币政策的效力。如果投资需求对利率的敏感程度很低，利率的下降不会使投资受到很大的刺激；如果货币需求对利率的敏感程度很高，货币供给的增加并不能使利率下降很大。在这种情况下，一项扩张性的货币政策如果使利率下降较小，或对投资的影响较小，货币政策对总需求的影响就较弱。反之，货币政策的效力就很强。

货币政策的局限性表现为在经济萧条时期，一方面，商业银行从减少风险的角度出发，对贷款很慎重；另一方面，受预期不佳的影响，即使贷款利率不高，企业可能不会增加贷款。在经济繁荣时期，尽管中央银行采取提高利率等措施限制企业借款，但企业会在良好预期的鼓舞下置高利率而不顾，增大借款。货币政策只用于总量调节，对结构调节的效果不明显。

需要指出的是，财政、货币政策对经济总量的调节效果比较明显，但结构、体制因素不能依赖财政、货币政策来消除。因此，我国在采取财政、货币政策措施对产业结构和地区经济结构进行调节时，应通过加快在金融领域的市场化改革，培育要素市场，深化经济体制改革，转变财政职能等措施来实现经济目标。

第四节 我国的积极财政政策

一、积极财政政策的提出

从 1997 年 GDP 增长开始放慢以后，在需求萎缩、经济持续低迷不振和货币政策乏力的背景下，摆脱通货紧缩的阴影和促进国民经济稳定增长的重任就历史和必然地落在财政政策身上。同货币政策比较而言，财政政策可以从收支两个方面，通过它的乘数效应直接作用于投资、消费和出口，扩张力较大，见效较快。

（一）积极财政政策的内涵

积极的财政政策是就1998年我国面临的促进经济稳定增长和进行经济结构调整的迫切需要而言的。概括地说，**积极的财政政策就是以扩大需求为主旨，并注重多种政策手段的综合运用的一种财政政策**。

（二）积极财政政策的实施

为力求1998年实现8%的GDP增长目标，我国政府决定采取增加投资、扩大内需的新方针，并且把增加投资的重点确定在基础设施建设上。1998年8月，新的财政预算方案获全国人大常委会批准，由此揭开了我国以政府投资引致、"需求拉动"为主的积极财政政策的序幕。1998年新的财政预算方案对原有财政预算安排做出积极、重大的调整。其后，积极财政政策继续得到加强和贯彻。

（三）积极财政政策的效应

1. 积极财政政策的正面效应。

（1）积极财政政策拉动了经济增长。在政府主导模式尚未转变的条件下，积极财政政策使得国债的投资效应极大地释放了固定资产投资规模的快速增长，加快了基础设施建设的步伐。1998—2003年，年均全社会固定资产增长速度达到了14.2%，对于在外部市场低迷形势下保持适度的经济增长起到了极为关键的作用。据测算，国债建设资金年平均拉动经济增长点为1.5～2个百分点。同时，积极财政政策通过调整消费需求，增大转移支付力度，加大消费信贷，极大地改善了消费环境和消费能力，增强了居民的消费意愿，消费成为拉动经济的驱动因素之一。

此外，通过调整出口退税率、出口担保贴息和实施出口多元化等策略扶持，扩大了产品的出口能力，出口从停滞转为快速增长，而出口快速增长又带动了投资和消费的增长。

（2）积极财政政策加快了基础设施完善步伐，促进了产业结构的优化和升级。自1998年起，我国财政在安排上刻意加大对基础设施的建设投入。期间安排了一系列大型基础设施建设项目，一方面完善了城市污水处理、高速公路管网、铁路建设、机场建设等基础设施建设，另一方面加固了河流堤坝、河流污染的治理。同时加大了基础改造和高科技项目的建设，不仅使企业的技术水平有了很大的提高，还进一步优化了产业结构，提高了产品的更新换代和出口竞争力，为经济的可持续发展提供了新的动力源。

（3）积极财政政策直接增加了就业岗位数，促进了区域经济的发展。积极财政政策的实施极大地改善了经济发展的环境，为经济的各方面稳定发展打开了局面。期间，平均每年新增就业岗位数120万～160万个，这对拉动相关产业发展起到了很好的刺激作用。其直接效应就是使就业岗位数快速增加，城镇居民可支配收入增加，社会福利得到提升。与此同时，积极财政政策实施中，通过对中西部地区进行倾斜性财政资金安排，进行了诸如西电东送、青藏铁路、退耕还林还草工程、"六小"工程等基础设施建设和生态环境建设，改善了这些地区的生态环境及其经营环境，加快了中西部的发展步伐，使东西部经济社会发展不平衡格局得到一定的缓解，有效地促进了区域经济的均衡发展。

2. 积极财政政策的负面效应。诚然，积极财政政策对拉动内需、加快基础设施建设、增加就业、促进区域经济发展，从而促进国民经济快速增长发挥了积极作用。但是，在获得效益的同时，必须重视积极财政政策可能带来的负面影响。

（1）债务风险加大。国债的连续增速发行，引起国债负担率的上升，与此同时，我国政府的隐性债务负担还有很多（例如各级政府欠发工资、地方政府借债和担保、国有企业破产损失以及养老、医疗等社会保障资金的缺口等），这无疑将会加大财政债务风险。2003年，中国债务负担率为20%，计算时如果加上隐性债务负担，则实际债务率可能高达100%，远高于60%的国际警戒线标准。并且中国经济发展总体水平仍处于较低水平，国家财力集中程度又是很低的。因此，国家对债务的总体承受能力相对较弱，债务负担相对比重过大，潜在风险自然很大，并随时有可能转化为实际风险。

（2）经济结构矛盾依然突出。由于国债资金在使用上具有严格的定向性，因此在经济结构的优化和产业结构的升级换代中，还会存在一些问题。突出表现在以下两点：第一，收入分配和消费结构仍然失衡。不同行业、地区间职工的收入水平差距在拉大，而且我国居民的个人收入的基尼系数一度呈现扩大趋势，这表明财政在社会财富的分配以及公平的保证方面还有很远的路要走。第二，地区经济发展不均衡并未得到很好的抑制，产业结构失调以及市场供给结构失衡状况仍然存在。

（3）对民间投资形成挤压。由于扩张性财政政策的挤出效应，使得投资主要由政府来完成，政府在向企业注资的过程中，引起市场对有限信贷资金的竞争，并且可能使利率上升，导致民间部门投资减少。2003年的数据表明，全社会固定资产投资55 566.6亿元，首次突破5万亿元。从投资规模上看，投资主要来自政府，集体和个体投资总额只有全社会固定资产总额的28%，其中城乡居民个人投资仅增长18.4%。这与经济市场化的国际趋势相悖。此外，居民银行存款保持快速上升势头，这表明我国缺乏资金由储蓄转化为投资的资本市场机制，也反映出来积极财政政策在客观上造成了民间投资被挤压。

（4）诱发通货膨胀压力。相关数据和实证研究表明，通货膨胀与财政赤字具有较强的相关性。20世纪70年代在西方国家普遍发生的"滞胀"就是很好的佐证。

正因为如此，为了维持币值的稳定，普遍认为，财政赤字占GDP的比重不能超过3%。如果较多的国债投资项目最终效益不佳的话，也会造成财政状况的恶化，从而最终导致价格上涨压力，形成通货膨胀。2003年以后，我国物价持续攀升，这点可以从CPI指数不断向上突破看出其趋势。CPI突破正常增长范围，表明通胀压力的加剧，这实际上是自1998年起，连续多年国债发行高速增长带来的基本建设规模增长以及由财政乘数效应带来的物价上涨压力。

二、我国财政与货币政策协调配合的历程

1. 1979—1988年总体上"双松"的财政货币政策。财政改革措施使支出大幅增长，出现高额财政赤字；银行大幅增加现金和贷款投放，全国零售物价总指数大幅上涨。面对高赤字、高通胀的威胁，1981年采取了"紧财政松货币"政策。财政压缩当年基建投资，赤字有所降低；银行实行紧中有松政策。1982—1984年又实行了"双松"的配合。由于系列财税改革，使财政收入占国民收入的比重下降；银行通过实行"拨改贷"和企业流动资金信贷体制，增发货币和贷款。1985年实行"双紧"的政策配合。财政采取措施增收节支，当年实现盈余；银行"紧缩银根"，严格控制贷款规模和货币投放。1986—1988年再次实行"双松"的政策配合，财政扩大国债发行规模，财政收入占国民收入的比重再次下降；银行提出"稳中求松""紧中有活"，信贷和货币投放再度失控，到1988年通货膨胀率已达18.5%。

这一阶段的10年间，货币与财政政策组合的变动频繁，出现多次"双松—双紧—双松"的螺旋式循环，经济难以承受。这说明政府对两大政策的认识肤浅，驾驭能力不足，两者总体尚处于各自为政阶段，仅有的配合也是"本能"和滞后的，效果也较差，甚至对经济波动推波助澜。这一时期的教训启示我们：财政和货币政策的协调是必须的；两大政策的运用应相机抉择，但须相对稳定；政策的前瞻性和时效性非常重要。

2. 1989—1997年总体上"双紧"的财政货币政策。针对1988年出现的经济过热和严重的通货膨胀，1989年中央提出了"治理整顿"的方针，实行财政与货币政策的"双紧"配合，减少固定资产投资和现金投放。1990—1993年实行"双紧"基调下的"双松"配合。银行增加货币供给，并三次下调存贷款利率；财政通过增加基础设施和支农支出，调整经济结构，但由于财政支出增长过快，致使赤字大幅增加，通胀率达21.7%。1994—1997年，再次实行"双紧"配合，财政结合分税制改革，强化了增值税、消费税的调控作用，并通过发行国债，引导社会资金流向；金融严控信贷规模，大幅提高存贷款利率，定期收回乱拆借资金，使宏观经济在快车道上稳刹车，最终实现了"软着陆"。

这一阶段在我国宏观调控史上起着承上启下的作用，政府运用财政和货币政策调控宏观经济的能力取得很大提高，两大政策的协调配合机制开始形成。这一时期财政政策的措施开始多样化，并通过增加基础设施投资和支农支出来调整经济结构；货币政策中的利率机制开始发挥作用，改变了以前主要依靠货币发行和控制贷款规模调节经济运行的简单模式；国债发行作为两大政策的结合点开始出现，使得两大政策的运作空间大大拓展。

3. 1998—2002年积极财政与稳健趋松货币政策。1998年，面临东南亚金融危机、通货紧缩、有效需求不足的国际、国内环境，我国采取了积极财政与稳健偏松的货币政策。财政加快"费改税"进度，对某些产品提高出口退税率，同时加大政府投资的力度并积极引导社会投资；银行取消贷款限额控制，降低法定存款准备金率，连续5次下调存贷款利率，扩大对中小企业贷款利率的浮动幅度等。1998年下半年中央又实行更积极的财政政策，向国有商业银行发行1000亿元长期国债，国有商业银行增加1000亿元配套贷款，定向用于公共设施和基础产业建设。1999年进一步加大财政政策的调控力度，大幅提高职工工资，开征储蓄存款利息所得税等。

这一阶段实行的积极财政与稳健的货币政策，在我国经济宏观调控史上具有划时代的意义，政府运用两大政策调控经济运行的能力趋于成熟，两大政策的协调配合机制已基本形成。这一时期两大政策的实施，既有总量和结构调控措施上的协调，又有间接和直接调控手段上的组合搭配。在总量方面，两大政策同向松动；在结构方面，财政支出结构与税收结构的优化同信贷投入结构的调整并行不悖；在手段方面，政策性支出、信贷规模、外汇管制等直接调控工具与税收、利率、准备金率等间接调控工具互融互补。

4. 2003—2004年"松财政紧货币"的政策配合。2003年我国货币供应量增长较快，金融机构贷款大幅增加。2003年下半年，央行加大票据的发行力度，力图收回商业银行的流动资金，压缩货币信贷量过快增长的态势，然而效果并不明显。在这种情况下，2003年8月23日，央行被迫给出货币政策的一剂"猛药"，从9月21日起将存款准备金率由6%提高到7%。综观2003年货币政策实施的全过程，无论央行实行公开市场操作——主要采取回购方式和发行央行票据，还是提高存款准备金率，已使货币政策实际走向紧缩；财政政策仍然是积极的。

之所以把这两年作为一个独立的阶段，不仅仅是因为我国政府主动采取了松紧搭配的财政和货币政策，更重要的是在宏观调控中出现了两大政策冲突的现象：一是以增发国债为主要特征的积极财政政策在一定程度上带动了货币供应和银行贷款的过度增加；二是趋向紧缩的货币政策导致国债发行成本上升，影响了国债的发行；三是作为连接两大宏观调控政策的国债，在市场化运行中还存在一些突出问题；四是财政与商业银行投融资的界限不清，影响了财政货币政策的协调配合。这对形成两大政策协调配合的机制无疑是一次严峻的考验。

5. 2005—2006年"双稳健"的政策配合。2003年以来，我国经济步入了快速增长的轨道。从固定资产投资增幅看，2001—2002年平均增长13%，而2003—2005年则平均增长26.7%，2006年1季度同比又增长27.7%，比上年同期提高4.9个百分点。如果积极财政政策继续实施，必然对过热的投资形成"火上浇油"之势，为抑制投资过热，防止物价全面上涨，应实施稳健趋紧的货币政策。2004年3—4月央行提高存款准备金率和再贷款基准利率，但农村金融机构除外（体现了中央改变城乡二元结构、保证农民增收致富的政策意图）；银监会要求金融机构落实国家宏观调控的目标和任务，进一步加强贷款的风险管理。2005年实行了稳健的财政和货币政策，财政部也将稳健的财政政策解释为"控制赤字、调整结构、推进改革、增收节支"的十六字方针。2006年中央经济工作会议和十六届五中全会通过的"十一五"规划都强调，2006年要保持宏观经济政策的连续性和稳定性，坚持实施稳健的财政政策和货币政策，继续加强和改善宏观调控，强化财政政策、货币政策、产业政策等的协调配合，用好税收、利率、价格等经济杠杆和法律手段，认真研究经济运行中的新情况新问题，增强各项调控措施的针对性和有效性，更加注重区别对待、分类指导。

"双稳健"政策的提出和灵活运用，标志着具有中国特色的财政与货币政策协调配合机制已经形成，政府驾驭宏观经济的能力明显提高，面对市场失灵的宏观调控技术趋于成熟。稳健财政政策的实施以及这一政策和稳健的货币政策互相配合，以实现总量调控的最佳效果，是对两大政策协调配合的理论和实践的重大贡献。

从我国的实践看，稳健财政政策是相对于我国过去实行的适度从紧财政政策和积极财政政策而言的，是在经济总量基本平衡、物价比较稳定、结构性问题相对突出情况下实行的一种财政政策，其核心内容是"控制赤字、调整结构、推进改革、增收节支"，反映了财政政策"松紧适度"的增量平衡取向，"有保有控"的结构优化取向，"制度创新"的完善市场机制取向，"增收节支"的效率取向。

6. 2006—2010年的财政与货币政策配合。2006—2007年宽松的财政政策搭配紧缩的货币政策；2008—2010年宽松的财政政策搭配宽松的货币政策，刺激经济走出金融危机带来的阴影，实现增长目标。

7. 2011年以来，实施积极的财政政策和稳健的货币政策。"实施积极的财政政策和稳健的货币政策"的基调已经连续10余年维持不变，但不同年份会对政策进行适时适度的预调微调，政策表述能够体现出差异。2022年的政府工作报告提出，要保持宏观政策连续性，增强有效性。积极的财政政策要提升效能，更加注重精准、可持续。稳健的货币政策要灵活适度，保持流动性合理充裕。就业优先政策要提质加力。政策发力适当靠前，及时动用储备政策工具，确保经济平稳运行。2022年积极的财政政策的要点包括三个方面：要提升效能，更加注重精准、可持续。其中，提升政策效能放在首位。

【资料】

财政政策的经济背景模式与财政政策目标选择

政府在运用财政政策对宏观经济进行调控时，首要的任务是判断所面对的经济背景模式。理查德·A. 马斯格雷夫在《比较财政分析》中针对财政政策的宏观作用，分析了两种不同的经济背景模式：一种是凯恩斯主义模式。即"在发达经济中，当总需求水平低得无力购买充分就业产出时，凯恩斯主义的失业问题就会出现……补救的办法都是在于提高需求的政策措施上，这种需求既可以是私人的（通过货币扩张或税收减少），也可以是公共的（通过增加公共支出）"。二是古典主义的模式。在低收入国家，"就业不足（不同于凯恩斯主义的失业）的存在可能完全是因为它无力对劳动进行支付。资本存量很小，劳动生产率从而工资率都非常低。……只有通过增加资本存量才能增加就业，而且财政政策只有在能够完成使命的条件下才是有效的。"同时，他在分析了财政政策在高收入经济和低收入经济之间的差异的不对称性后指出："在低收入经济中经济增长的基本问题是一个供给问题，而且并不适合以需求扩大的简单办法来加以解决。"

资料来源：理查德·A. 马斯格雷夫，董勤发译，《比较财政分析》，上海人民出版社1996年版。

【资料分析】上述两种经济背景模式和与之相适应的财政政策目标的选择对分析经济体制转轨时期的中国经济的背景有着十分有益的借鉴意义。

1. 在计划经济时期，中国财政政策的经济背景模式更接近古典主义模式。与之相适应，财政政策的目标选择，长期以来主要是由政府从供给方面来增加资本存量，从而增加就业量。在实际经济生活中形成了典型的"生产型财政"和"低工资、高就业、冻结物价"的模式，也可以称古典主义的充分就业。

2. 经济体制转轨以来，中国财政政策的经济背景模式出现了极为复杂的状况，既不完全是古典主义的模式，也不完全是凯恩斯主义的模式。也正是在这个时期，中国经济发展过程中又出现了两个新的特征：一是从过去长期的"短缺经济"转而步入"过剩经济"；二是净出口对经济增长的贡献率日趋重要，1997年高达3.6%。可见，1998年启动的积极的财政政策，所面对的是具有中国特色的经济体制转轨时期的社会主义市场经济背景：一是不存在凯恩斯主义的失业问题，因而简单地用凯恩斯的静态封闭模型中关于紧缩缺口的分析来作为财政政策的取向已经失去了实际意义；二是1998年以后的一个时期，中国经济的确出现了高增长、低通胀（或低通缩）并存的经济现象。1998年以后的通货紧缩现象，既在一定程度上是对中国上一个经济周期（即1996年软着陆前）高通货膨胀的一个正常修正和补偿，也与为了防范金融风险，货币供应量增长率偏低相关。而消费不旺实际上是在经济体制转轨后，迫使人们对消费结构（包括消费的品种结构、时间结构）在预期的基础上进行了合理的调整。尤其是过去长期由政府提供的诸如福利分房、公费医疗、子女教育、养老保险等，已不得不成为人们在消费时必须要考虑的重要因素。

3. 经济稳定增长是财政政策选择的首要目标。1998年中国提出了当年经济增长率为8%的增长目标。面对当时严峻的国际国内经济形势，政府启动了积极的财政政策来拉动经济增长，并把拉动经济增长的重心移向扩大国内需求。显然，确保经济增长是财政政策的目标，而扩大内需只是确保经济增长的手段。应当指出的是，政府扩大公共投资，从短期看是一种投资需求，但从中、长期来看，又是政府从供给方面增加了资本存量，从而为增加就业提供了物质条件。1998年以后的多数年份，中国实施的都是积极的财政政策，取得了明显的成效。在未来较长的时间里，中国仍需要积极的财政政策。

复习思考题

1. 什么是财政政策？
2. 如何理解财政政策的目标？
3. 财政政策工具主要有哪些？
4. 什么是自动稳定的财政政策？
5. 什么是相机抉择的财政政策？
6. 如何理解财政政策的传导机制？
7. 财政政策与货币政策为什么有必要配合？
8. 财政政策与货币政策应当如何配合？

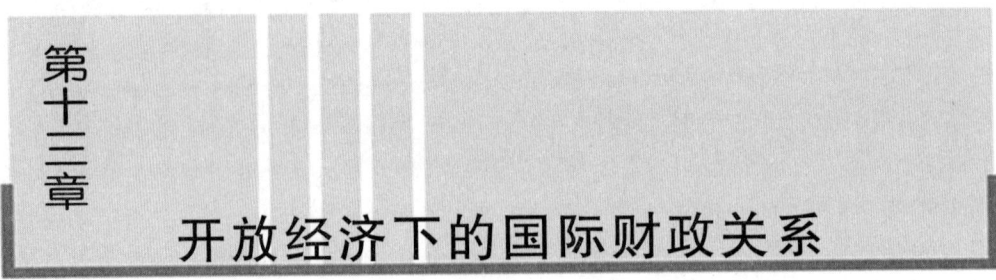

第十三章 开放经济下的国际财政关系

随着世界经济一体化的发展以及全球环境保护，缩小贫富国家差距，协调和解决各国的经济以及政治利益等国际问题日渐突出，国际财政理论研究也日趋完善。国际财政是国家财政在国际经济中的延伸，是财政与国际经济相互结合的产物。国际财政同国家财政一样，都属于财政经济活动，区别在于国际财政与国际经济有着千丝万缕的联系。在国际经济领域中，正是由于存在国际市场失灵，才产生了国际财政活动。

第一节 国际税收

一、国际税收概述

国际税收，一般是指涉及两个或者两个以上国家权益的税收活动，即两个或两个以上国家在对跨国纳税人的跨国所得行使各自的征税权时所形成的国家之间的税收分配关系，这种分配关系主要是由所得税和财产税的跨国课征引起的。

国际税收以一般税收为基础和前提，是一般税收在国际经济合作和交往背景下，随着国际贸易、资本流动和跨国公司的出现而形成的衍生税收问题，与一般税收分配关系相比，国际税收具有以下四个特征：

1. **纳税人具有跨国性**。国际税收的纳税人是指跨国从事经济活动，并在两个或两个以上的国家同时负有纳税义务的自然人和法人。在进行跨国经济活动时，有的纳税人拥有来源于两个或两个以上国家的收入或财产，从而成为跨国纳税人；而有的纳税人虽然只有来源于一个国家的收入或财产，但在两个或两个以上的国家同时负有纳税义务，也会成为跨国纳税人。

2. **课税对象具有跨国性**。国际税收涉及的课税对象是跨国纳税人取得的跨国所得和拥有的跨国财产，即所得来源地或财产所在地与所得或财产的所有者的居住国或国籍国不一致。可以是一国的居民或公民在境外取得的所得，或者在境外拥有的财产；也可以是一国的非居民或非公民，在该国境内取得的所得或拥有的财产。

3. **税收分配关系具有跨国性**。由于国际税收涉及的纳税人和课税对象具有跨国性质，因此国际税收所反映的税收分配关系具有双重性。一是国际税收体现国家与国家之间的税收分配关系，涉及对同一课税对象由哪国征税或各征多少税的税收权益划分问题。二是国际税收也体现着一国政府与其管辖范围内的跨国纳税人之间的税收征纳关系。

4. **涉及的税收法规具有跨国性**。因为国际税收涉及的是国家之间的税收分配关系，国家之间的交往应该遵循平等互利的原则，因此，处理国际税收问题不可能仅以某一个国家的税收法律为依据。另外，各国国内的税收法律法规属于国际私法的范畴，它是为了调整本国政府与纳税人之间的税收征纳关系，虽然它也包含着协调本国与其他国家的税收权益分配关系的内容，但是，由于各国的政治、经济制度不同，在国际税收权益分配的立场及法律规定等方面都存在着较大的差异。因此，处理国际税收问题，不仅要受到各国税收法律法规的约束，还要受到具有国际公法性质的国际税收协定及国际法惯例的制约。

国际税收与一般税收之间的密切联系表现在：一是国际税收是以一般税收为基础，它不能脱离一般税收而独立存在；二是一般税收中有关本国跨国经营的纳税人和外国纳税人的征收制度，既要遵循一般税收的规定，又要遵循国际税收的准则和规范。

二、税收管辖权及其分类

税收管辖权是国际税收中的基本问题，如何选择和确立税收管辖权，是国际税收中最重要的问题。**税收管辖权是指一国政府在征税方面的主权，它表现在一国政府有权自主决定对什么征税、征哪些税以及征多少税**。由于税收管辖权是国家主权的一个重要组成部分，而国家主权的行使范围一般要遵从属地原则和属人原则，因此，一国的税收管辖权在征税范围问题上也必须遵从属地原则和属人原则。在属地原则和属人原则下，会产生两类不同性质的税收管辖权：一是按照属地原则确立的税收管辖权，称为地域税收管辖权或者收入来源地税收管辖权；二是按照属人原则确立的税收管辖权，分为公民税收管辖权和居民税收管辖权。

1. 地域税收管辖权，又称收入来源地税收管辖权，即一国要对来源于本国境内的所得行使征税权，而不论纳税人是否本国公民或居民。根据地域管辖权，跨国纳税人只要有来源于本国境内的收入或存在于本国的财产，就应依据本国税法履行纳税义务，依法对其来源于本国境内的一切所得及财产征税。

2. 居民税收管辖权，即一国要对本国税法中规定的居民的所得行使征税权，而不论其所得或财产是否来源于本国。根据居民管辖权，对于本国居民来自国内外的一切收入及其国内外的财产，政府都要行使税收管辖权，依据本国税法征税；而对于本国的非居民，即使有来源于本国的收入，政府也不行使税收管辖权。

3. 公民税收管辖权，即国家有权对本国公民课税，而不论其收入来源于何处。

税收管辖权中的地域管辖权是按照属地原则确立的，居民管辖权和公民管辖权则是根据属人原则确定的。一个主权国家采取何种税收管辖权，受到这个国家政治制度、经济制度、传统习惯和历史文化等因素的影响。目前，世界上大多数主权国家同时采取收入来源地和居民税收管辖权；也有少数国家采用三种税收管辖权，如美国；还有的国家或地区只采用收入来源地税收管辖权，如阿根廷、肯尼亚、赞比亚和中国香港地区等。

三、国际重复征税及其减除

国际重复征税是指两个或两个以上国家在同一时期内，对同一跨国纳税人的同一征税对象或税源征收相同或类似的税收。国际重复征税会加重纳税人的税收负担，不仅违背了各国税收立法中的税负公平性原则，而且会减少从事国际经济活动的企业或个人的税后利益，不利于国家间的正常经济交往。因此，分析国际重复征税的原因，并找出减轻和消除国际重复征税的方法是各国政府研究解决的重要课题，也是国际税收关系的核心问题。

国际重复征税是由于不同国家的税收管辖权同时叠加在同一所得之上引起的。这种国与国之间税收管辖权的交叉重叠可分为两种类型：

1. 同种税收管辖权的重叠。国家之间同种税收管辖权的相互重叠主要有居民管辖权与居民管辖权的重叠、地域管辖权与地域管辖权的重叠两种情况。造成同种税收管辖权相互重叠的原因，主要是有关国家判定居民或所得来源地的标准不尽相同，从而使同一跨国纳税人具有双重居民的身份，或同一笔所得被两个国家同时判定为来自本国，致使两个国家对同一跨国纳税人的同一所得同时享有居民管辖权或地域管辖权。

2. 不同种税收管辖权的重叠。不同种税收管辖权的相互重叠有三种情况，即居民管辖权与地域管辖权的重叠，公民管辖权与地域管辖权的重叠，公民管辖权与居民管辖权的重叠。由于世界上大多数国家都同时实行地域管辖权与居民管辖权，因此这两种税收管辖权的交叉重叠最为普遍，这是造成国际重复征税的一个主要原因。

目前，世界各国普遍接受地域税收管辖权有限的原则，即在出现税收管辖权冲突时，由来源国优先课征，从而在相当程度上减轻和消除国际重复征税问题，因此国际重复征税减除，实际上是指行使居民（公民）税收管辖权的国家，通过优先承认纳税人向行使地域税收管辖权国家缴纳税金，借以减除国际重复征税的一种形式。**减除国际重复征税的方法主要有：**

1. 扣除法。即一国政府在对本国居民的国外所得征税时，允许其将该所得负担的外国税款作为费用从应税国外所得中扣除，只对扣除后的余额征税。根据扣除法，一国政府对本国居民已负担国外税收的跨国所得仍要按本国税率征税，只是应税所得可被外国税款冲减一部分，因此，扣除法只能减轻而不能免除国际重复征税。

2. 低税法。即一国政府在对本国居民的国外所得按单独制定的较低税率征税。一国对本国居民来源于国外的所得征税的税率越低，越有利于缓解国际重复征税。由于低税法仍要求居住国政府按一定的税率对本国居民的跨国所得征税，所以它与扣除法一样，也只能减轻而不能免除国际重复征税。

3. 免税法。即一国政府在对本国居民的国外所得不予征税，而仅对其来源于国内的所得征税。免税法使实行居民管辖权的国家完全放弃对本国居民国外所得的征税权，因而可以有效地避免和消除国际重复征税。但由于免税法对跨国纳税人的国外所得不予征税，有可能导致跨国纳税人进行国际偷逃税。另外，实行免税法不利于国家组织财政收入，给居住国带来税额的减少。因此，国际上采用免税法的国家并不多，即使采用这种方法也一般实行部分免税，即将免税范围仅限于某些所得，并附加一些限制条件，如法国、澳大利亚等国就是如此。

4. 抵免法。即一国政府在对本国居民的国外所得征税时，允许其用国外已纳税款冲抵在本国应缴纳的税收，从而实际征收的税款为该居民应纳本国税款与已纳外国税款的差额。显然，抵免法也可以有效地免除国际重复征税。更由于抵免法既承认所得来源国的优先征税地位，又不要求居住国放弃对本国居民国外所得的征税权，有利于维护各国的税收权益，因而得到了世界各国的普遍采用。

四、税收饶让

税收饶让是指一国政府对本国居民在国外得到减免的那部分所得税，视同已经缴纳，并允许其用这部分被减免的外国税款抵免在本国应缴纳的税收。 税收饶让不是一种消除国际重复征税的方法，而是居住国对从事国际经济活动的本国居民采取的一种税收优惠措施。但由于税收饶让是在税收抵免的基础上进行的，与税收抵免有密切的联系，因而可以将其放在本节一并加以介绍。

税收饶让一般在发达国家与发展中国家之间进行。发达国家对到发展中国家投资的跨国纳税人给予税收饶让，对于发展中国家吸引外资具有十分重要的意义。发展中国家为了吸引外资，往往要向发达国家的投资者提供税收减免等优惠待遇。但根据税收抵免办法的规定，发展中国家对发达国家的投资者减征或免征的税款最后还要由发达国家补征。这样，发展中国家的税收优惠措施不仅不能使发达国家的投资者得到任何实惠，从而起不到吸引外资的作用，而且还会使发展中国家的一部分税收收入转化为发达国家的税收收入。为了解决这个问题，发展中国家要求发达国家实行税收饶让，对发达国家的投资者在发展中国家得到的减免税不再予以征补。目前，大多数发达国家出于鼓励本国资本输出的考虑，同意实行税收饶让，在发达国家与发展中国家签订的税收协定中，普遍都有税收饶让的规定。

五、国际税收协定

国际税收协定从广义上讲是国家之间签订的有关税收问题的具有法律效力的书面协定，既包括避免所得和财产重复征税的协定，也包括双边或多边缔结的关税协定、空运企业和海运企业国际运输收入互免税收的协定等一些关于特定税种或特定项目的税收协定。从狭义上讲，国际税收协定一般是指避免所得和财产重复征税的国际协定。本章介绍的主要是狭义的国际税收协定，即国与国之间为了解决所得和财产重复征税问题达成的具有法律效力的书面协议。国际税收协定按照参加国家的多少，可以分为双边和多边两类，凡由两个国家参加签订的协定，称为双边国际税收协定；凡由两个以上国家参加签订的协定，称为多边国际税收协定。

国际税收协定是国际税收的重要内容，近些年来，由于国际经济交往的不断发展，双重征税问题越来越突出。虽然避免国际重复征税和防止国际逃税避税可以由一国单方面采取措施来进行，但这种单边措施有很大的局限性。因为随着国家之间的经济往来日益频繁，涉及的国际税收问题日益复杂，一些国家单方面解决双重征税问题，已远远不能适应客观形势的需要，甚至会影响国家间的税收分配关系，阻碍相互经济往来的进一步发展。因此，通过缔结税收协定来解决国际双重征税问题已成为越来越迫切的要求。签订国际税收协定的意义和必要性主要有以下几个方面：

1. 可以弥补单边解决国际重复征税存在的缺陷。一个国家为了避免国际重复征税所采取的免税法和抵免法等单边措施，只能解决不同种类税收管辖权交叉重叠所造成的国际重复征税，但对于同种税收管辖权交叉重叠造成的国际重复征税，却很难通过这种单边措施加以解决，这就要求有关国家通过税收协定来协调各自居民管辖权或地域管辖权的行使范围，防止两国对同一个纳税人或同一笔所得同时行使居民管辖权或地域管辖权。

2. 可以兼顾缔约国各方的税收利益。在解决国际重复征税问题时，纳税人的居住国和所得来源国之间征税权的矛盾非常突出，因为为了避免重复征税，所得来源国征了税居住国就不能再征税，或来源国多征税居住国就要少征税。这种征税权的矛盾会影响各方的税收利益，当居住国单方面采取免税法或抵免法来避免重复征税时，是以放弃本国税收利益为代价的，如果居住国牺牲的利益太大，其单方面采取的避免重复征税的措施就不能持久。所以，必须通过居住国和所得来源国进行协商，双方都放弃一些税收利益，国际重复征税问题才能得以彻底解决。因为通过谈判方式签订的国际税收协定可以较好地兼顾居住国和来源国的税收利益，而且这种具有法律效力的书面形式可以对双方的征税权加以更好的约束，因此最容易被双方共同接受。

3. 可以防止国际偷逃税问题。虽然防止国际避税和国际偷逃税固然可以由一国单方面采取措施来进行，但由于纳税人的偷逃税行为是借助于境外机构来进行的，而一个主权国家并没有权力要求另一个主权国家提供有关这种偷逃税的情报，也不能随意派人进入该国进行税收检查。由一国单方面采取措施解决国际偷逃税问题难度很大，因此有必要在国与国之间就关于反对偷逃税问题进行相互配合。而国与国之间只有签订税收协定，并在协定中规定相互之间有交换税收情报的义务，防止国际偷逃税的合作才有法律保障。

国际税收协定的主要内容一般包括：

1. 适用的纳税人和税种。避免双重征税的国际税收协定一般都在第一条规定："本协定适用于缔约国一方或者同时为双方居民的纳税人。"只有是缔约国的居民，才有权利要求本国为其在对方国家取得的所得谋求避免和消除双重征税，不是缔约国一方或双方居民的人，由于不存在居民管辖权和所得来源地税收管辖权的重叠，因而没有缔约国之间双重征税的问题。在规定范本中，将缔约国一方的居民定义为：按照该国法律，由于住所、居所、管理场所或其他类似性质的标准而负有纳税义务的人。由于各国税法中所采用的确定居民身份的标准不同，所以会经常出现同一纳税人同时是双方居民的现象，为了协调这种情况，税收协定中有用于判断同时为双方居民应归属于哪一方的专门条款。

避免双重征税协定适用于哪些税种，是明确协定适用范围的另一个重要方面，需要由缔约国双方结合各自国家的税制情况加以商定，总的原则是把那些基于同一征税客体，由于国家间税收管辖权重叠而存在重复征税的税种列入协定的税种范围。国际上的通常做法是限于所得税等直接税的税种，因为只有这种税，才会存在同一征税客体重复征税的问题，一般不把间接税列入避免双重征税协定的适用税种，在中国对外签订的避免双重征税协定中，适用税种主要是所得税。

2. 税收无差别待遇。税收无差别待遇是指缔约国一方应保障另一方国民享受到与本国国民相同的税收待遇。具体内容包括：一是国籍无差别，即不能因为纳税人的国籍不同，而在相同或类似情况下，给予的税收待遇不同；二是常设机构无差别，即设在本国的对方国的常设机构，其税收负担不应重于本国类似企业；三是费用扣除无差别，即在计算企业利润时，企业支付的利息、特许使用费或其他支付款项如果承认可以作为费用扣除，不能因支付对象是本国居民或对方国居民而在处理上差别对待；四是资本无差别，即缔约国一方企业的资本，无论全部或部分、直接或间接为缔约国另一方居民所拥有或控制，该企业的税收负担或有关条件不应与缔约国一方的同类企业不同。

3. 消除和减少国际逃税。交换情报是加强国与国之间税务管理合作和防范国际偷逃税行为的重要措施，在国际税收协定中占有重要的地位。情报交换主要包括三个方面：一是交换贯彻税收协定所需要的情报；二是交换与税收协定有关的税种的国内法律，包括单方面采取的防止国际偷逃税的法律措施；三是交换防止偷逃税和避税措施的情报。情报交换分日常情报交换和专门情报交换。日常情报交换，是缔约国定期交换有关跨国纳税人的收入和经济往来资料。通过这种情报交换，缔约国各方可以了解跨国纳税人在收入和经济往来方面的变化，以正确地核定应税所得。专门的情报交换，是由缔约国的一方提出需要调查核实的内容，由另一方帮助核实。

第二节 国际财政存在的基础及形式

一、国际财政的提出

美国经济学家马斯格雷夫在《美国财政理论与实践》一书中曾指出："财政问题最新也是最有趣的方面之一，与其在国际背景中的作用有关。许多传统上仅在国家财政范围内涉及的问题在它们应用于国际贸易、国际资本流动和贫富国家间关系上正在变得日益重要。"国际财政涉及"通过国际资本和贸易的流动而相互联系在一起的不同财政制度的并存所产生的相互影响"。在马斯格雷夫看来，国际财政是国家财政在国际经济中的延伸，是财政与国际经济相互结合的产物。随着世界经济一体化的发展以及全球环境保护、缩小贫富国家差距、协调和解决各国的经济、政治利益等国际问题的日渐突出，国际财政问题已经不仅仅局限于财政与国际经济的结合，而是要更多地适应全球经济治理的需要，促进全球命运共同体的形成，实现各国的互利共赢。国际税收治理、全球性公共产品的提供、国际财政政策协调、外汇储备管理制度改革等诸多方面均对财政治理提出了新要求。

因此，国际财政同国家财政一样，都属于财政经济活动。但是，**国际财政的范畴超越了一国范围，是指国际关系中各国政府财政行为的相互交往，包括税收收入的分配、国家间政府资金的转移、全球性公共产品的提供等。**

二、国际财政存在的基础

国际市场失灵是现代经济中国际财政存在的客观基础。在市场经济条件下，市场是资源配置的主体，但是市场配置资源不是万能的、完美无缺的，即存在着市场失灵。而市场经济的开放性，是其市场性的国际延伸，它集中表现在国际市场失灵上，因而，它是财政国际化或国际财政存在的基础。现代财政理论表明，在现代经济中，国家财政存在的客观前提在于国民经济中的市场失灵，同样，国际财政存在的客观必然性体现在国际市场失灵上。这种国际市场失灵主要表现在以下几个方面：

（一）国际垄断

市场效率是以自由竞争为前提的，然而当某个国家或国家集团在拥有强大的市场力量前提下，可能把某些商品的价格进行人为的哄抬或压低，这时就会形成垄断。例如，在20世纪70年代，石油输出国组织OPEC（欧佩克）几乎垄断了整个世界的石油生产供给，自1973—1975年，国际石油价格几乎翻了一番，直接导致日本等石油进口大国经历了通货膨胀和经济衰退。垄断是排斥竞争的，这种国际垄断的存在，破坏了国际市场机制的有效调节，降低了资源配置的效率，只能求助于外部力量，以弥补国际市场的缺陷，而这种外部力量只能来自于国际性干预，以维持市场的有效竞争。

（二）国际公共产品

联合国开发计划署在《全球公共产品：21世纪的国际合作》一书中提出，国际公共产品必须满足两个标准：第一，这种物品的益处有着强烈的公共特性，在消费上有着非竞争性和非排他性；第二，这种物品的益处对于所有的国家、人民、世代有着基本的普遍性，即整个人类整体作为这种产品的受益人出现，国际公共品是一种可以惠及所有国家、所有人民和所有世代的产品。因此，国际公共产品不但首先要满足公共产品的特性，即消费上的非竞争性与非排他性，还应该具有不同于一般公共产品的特征，即可以使多国人民受益而不只是某一人口群体或某一代人受益，并且在现在和将来都不会以损害后代人的利益为代价来满足当代人的需要的公共产品。国际公共产品既可以是有形的、实物性的，也可以是无形的、非实物性的，如基本人权、对国家主权的尊重、全球公共卫生、全球安全、全球和平、跨越国界的通信与运输体系、协调跨国界的制度基础设施、知识的集中管理、全球公地的集中管理、多边谈判国际论坛的有效性等。国际公共产品的供给，对于世界各国的经济发展与人民生活水平的提高，尤其对发展中国家分享全球化的收益和改变国家面貌的意义非常重要。

（三）国际外部效应

国际外部效应，是指一国的经济活动可通过国际市场以外的渠道给另一国的福利造成影响。跨国污染问题便是最重要的国际外部效应的例子。如：跨国的河流可能会给另一国带来污染，而受污染国没有因为受损而得到赔偿。国际外部效应的存在会使得某个国家的一项活动所产生的一部分成本或效益转归另一个国家，这种外部成本或外部效益的存在，使得按照等价原则交换的市场机制无法解决资源的有效配置，客观上要求有关国家进行协商，通过国际性的干预来解决这种市场失灵问题。

（四）国际收入分配不公

国际收入分配不公，是指特定时期内，世界范围内所存在的与当时公认的公平准则不相符合的收入、财富和社会福利的分布状态。现今世界范围的收入分配是极端不平等的，为了加快贫穷国家的发展，缩小贫富国家间的收入差距，促进国际收入的平等再分配，国际援助尤其是国际发展援助势在必行，而其中起决定性作用的官方援助，无论是双边的还是多边的，都是以国家财政为后盾的，援助国和受援国政府必须互相合作，切实保证国际援助的有效进行，以促进国际收入的平等再分配。

（五）国际经济的波动

自由放任的市场经济都不可能自动、平稳地向前发展，失业、通货膨胀、经济波动与失衡等可能在一些国家周期性地重复出现，有时会发展成世界范围内的经济危机，需要国际财政进行干预。在国际经济相互依赖的条件下，各国中央政府的宏观稳定政策已不可能如同在封闭经济中那样，其政策的成本和效益可完全内部化；恰恰相反，在一个相互依存的世界中，一国政策行动的部分效益和成本将扩散到其他国家中去，因此，一国的宏观稳定政策有待其他国家的合作。

正是由于上述几个方面的原因，致使国际经济运行面临市场失灵，这些国际市场失灵为国际财政的存在奠定了客观的经济基础。

三、国际财政的职能

在现代国家财政理论中，财政具有资源配置、收入分配与经济稳定职能。在国际经济领域，我们循着从国家财政的研究思路，也可同样认识国际财政的类似职能。

（一）资源配置职能

国际资源配置所要解决的是如何合理利用世界范围的资源，实现全球资源配置的最优效率状态。在国际经济领域，可能存在双边或多边受益的国际资源，对于这些国际资源来说，任何一个国家及其内部的私人部门都不可能有效提供，这是由国际资源的受益性质及其特征决定的，国际公共资源只有通过国家间双边或多边进行联合提供，才能实现最优的效率结构。另外，外部效应也可能波及双边或多边范围，这种无论是正的或负的国际外部效应的存在，都如同国际公共产品一样，可能使任何一个国家及其内部的私人部门充当免费乘车者的角色，因而它同样需要有关国家进行双边或多边的协调解决。此外，在国际经济交往中，买方或卖方垄断的存在，也会使市场机制失去其应有的功能，它也需要有关国家的政府出面进行双边或多边方式的政府干预。

（二）收入分配职能

收入分配的核心问题是实现收入的公平分配，在国际经济领域里，财政的收入分配职能已超越国界，国家间的转移支付也势必成为改善国民收入分配状况的一个重要手段。发展中国家的生产力水平与发达国家还有很大的差距，通过国际经济交往以促进本国的经济发展，从而间接地改善本国的国民收入分配状况，或设法取得国外的双边或多边无偿援助与优惠款待以直接改善本国的收入状况，都将成为财政的收入分配职能在国际经济交往中的存在形态。然而，由于援助国对自身利益的考虑以及这种援助的自愿性，援助国不可避免地会受到"免费乘车者"行为的约束而使得这种建立在自愿基础上的援助远远满足不了国民收入再分配对这种国际再分配的要求，它至多只能扮演一个"慈善救济者"的角色，显然，这种慈善救济对国民收入再分配的贡献是微乎其微的。于是，"要贸易不要援助"的呼声很可能是来自发展中国家的一个比较迫切和现实的要求。表现在财政政策上，就是发展中国家政府要尽一切可能充分而有效地利用国外资源以促进本国经济的发展，最终实现本国国民收入分配状况的根本改善。

（三）经济稳定职能

市场经济是一个以市场机制来配置资源的经济体制，也是一个可与国际经济接轨的经济系统。国际经济是发达的市场经济，它本身就是由各国的市场经济组成的国际市场发展的产物。因此，市场经济从根本上来说是一种开放经济。在这种开放经济条件下，本国中央政府的宏观稳定政策很可能因国家间商品贸易和资本流动而使其成本与效益扩散到其他国家中，于是，上述双边或多边协调意义上的稳定职能便应运而生。也就是说，在国际经济领域里，本国中央政府的宏观稳定政策已不可能像在封闭经济中那样，其政策的成本与效益可完全内部化。相反，它通过国家间商品贸易和资本流动会使其成本与效益扩散到其他国家中，这样，财政的稳定职能的行使不可避免地需要其他国家的合作。

四、国际财政存在的形式与内容

在现代经济中，财政作为国家干预的手段是相对于市场失灵而言的。有了市场失灵，才会有国家财政。在国际经济领域，也正是由于国际市场失灵，才产生了国际财政活动。国际财政作为一种特殊的国家干预而存在，它与国家财政所面临的问题虽有颇多类似，但它的范围不再局限于单个国家的主权管辖范围之内，而是涉及多个国家的财政收入与支出。显然国际财政和国家财政是有区别的，表现在涉及的范围之广与所需的国际合作的性质上，它需要各国间的互相谅解与合作。

（一）国际财政存在的形式

从国际财政运行的情况来看，国际财政存在的形式主要包括采取多国财政合作和依靠超国家的财政干预两种。第二次世界大战结束以来，谋求实现世界政治经济一体化的思想有所传播，这就是希望通过建立一个超国家的有效的全球性权力机构，对国际事务进行全面的管理，其中包括对国际经济的干预。但是碍于各国强调主权利益，不肯放弃独立自主的方针政策，这种理想根本无法实现。虽然战后出现联合国等一系列国际组织，如国际货币基金组织、国际复兴与开发银行、关税与贸易总协定等国际经济组织，但这些国际机构主要是对各项国际事务在各国间进行一定程度的协调，其权力和能力远不足以干预众多国际事务，也很难制定、颁布和执行国际课税和支出方案的"国际财政政策"，一个有效的世界范围的全球财政制度也更是无法形成。这样，国际财政只能采取多国财政合作的存在形式。

国际上多国财政的合作若按其合作程度由低到高加以排列，则一般分为财政协调、财政同盟与财政一体化。这三种合作既有联系又有区别。财政协调强调财政合作的自愿性，是国际上多国财政合作的最基本的形式，现有的各种国际税收协定就属于财政协调这种形式；财政同盟则强调财政合作的强制性，是区域性经济组织中所采取的财政合作形式。比如，欧洲经济共同体内部废除关税、统一增值税就是这种形式；财政一体化是最高级的财政合作形式，在这种财政合作形式下，各国财政政策目标的制定和手段的管理都是共同体当局的事务，并要求各成员国统一财政制度，这是一种理想的财政合作形式。

（二）国际财政的内容

国际财政是财政与国际经济相互结合的产物，国际财政的存在形式反映出其内容，任何财政合作形式都贯穿于具体的国际经济活动中。如前所述，国际财政是指以两个或两个以上国家为主体的国际财政分配关系，因此国际财政的内容应主要包含两个要素：一是财政分配关系的主体至少有两个国家；二是财政分配关系是国际性的。第一个要素既规定了国际财政与国家财政的内在联系，即都是以国家为主体的分配关系，又指出了它们之间的根本区别，即前者至少有两个主体而后者只有一个主体；第二个要素则指出了国际财政与涉外财政的固有联系，它们都离不开国际经济活动，都跟国际经济关系有着千丝万缕的联系。从这些要素来看，正是两个或两个以上不同国家的财政通过国际经济活动的联系而发生的相互影响及其相互协调所构成的国际财政关系，才成为国际财政的内容。所以国际财政的内容集中表现在两个方面：一是涉外财政收入，主要包括涉外所得税、涉外商品税、对外官方债务收入、国际官方援助收入等；二是涉外财政支出，主要包括对外采购支出和对外转移支出等。归结起来，国际财政所面临的几个有待解决的问题是：

1. 税收协调问题。税收协调问题是国际财政研究中首先遇到的问题。随着税收政策从一国范围扩展到国际环境，每个国家都必须协调对跨国纳税人的稽征管理，跨国征税对象的重叠交叉课征和各自的涉外税收负担政策等方面所采取的单边、双边和多边措施，以及由此而产生的各自政府处理与其他国家政府之间税收分配关系的准则和规范。它基本上包括：（1）税收管辖权与国家双重征税；（2）纳税人的交叉和征税对象的交叉；（3）纳税人与征税对象的国际转移；（4）国际协议的签订。它应着眼于以下几点：其一，协调有关国家之间税收管辖权的具体掌握和行使，避免国际双重征税的发生和扩大；其二，协调对跨国交叉纳税人的管辖，协调对跨国交叉征税对象在各自国家的计算、分配和征税；其三，防止国际避税和逃税的发生，采取有针对性的政策措施和相互提供对方纳税人在自己国家的经营活动情况；其四，健全以法治财。有关的国际税收协定是协调这些事件的一个途径，对涉及相互之间税收分配关系的各种问题由国家间进行谈判，并用成文形式把它固定下来，以进一步从法律上给予保证。

2. 利润基础的国际分配。一个跨国纳税人的所得，即经营利润，是国际财政涉及的征税对象，也是国际投资者分取红利的来源。另外，股息、利息和特许权使用费等所得，也是利润分配的一个重要问题。我们知道，一国有权对在其国内获取的利润征税，但是，在存在多国公司的条件下，运用这一原则则应该先确定在不同国家获得利润的份额，特别是母公司与子公司在内部贸易的情况下，利润就非常容易从一个国家转移到另一个税收较低的国家中去，如果在许多国家里存在多层子公司，困难就更大。所以在计算多国公司利润基础在不同国家的分布状况时，不能根据子公司来划分，而应根据经营集团整体所赚得利润的国别来源加以计算，该来源包括当地增值额以及在此基础上的销售额两个重要因素。因此，研究一个有关国家都能接受的利润分配的独立核算原则，对解决各国政府的财政利益分配具有重大意义，同时能够有效地防止跨国纳税人利用货物或有形财产的内部销售来逃避税收的情形。

3. 国际支出的复杂性。国际财政讨论的另一要点是其支出，这里着重于公共劳务的联合供应和国际援助及再分配两个方面，这两个方面都与政府购买与转移支付有关。公共劳务的联合供应，关键在于费用的分担问题。在多国共同执行某些合作性工程的计划时，就会发现其费用分配的复杂性。例如，由于各国财政制度设计上的差异，一个跨国联盟企业集团必然会从其整个集团的利弊得失出发，对其费用进行全盘考虑，使其费用在最有利的地点和最有利的时间发生，借以逃避一部分应该缴纳的税收和获得更大的财务利益，其具体做法往往是利用各联属企业所在国所得税税率的差异在集团内部变动转让价格。提高转化价格，国际收入转入国和国际费用转出国的税收将增加，国际收入转出国和国际费用转入国的税收将减少，抑制转让价格则相反，从而必然引起国际财政分配关系的变化。因此，国际费用分配对于国际财政和各国政府，是最关心并重点研究的问题。

4. 国家间的公平收益问题。国家之间公平的基本含义是：同等情况，同等对待；不同情况，不同对待。前者是"横向公平"，即同等级别之间的公平；后者则是"纵向公平"，即不同等级之间的公平。上述既适用于国际财政收入，也适用于国际财政支出。国际财政一个独特的公平问题，是如何在各个国家的财政部门之间规定收益的分割，这个问题与所得税和产品税有关。关于所得税，一般是一国有权对在该国获取的收入进行课税，问题是应该在何种税率上课征。国家之间公平的合理观点是，所得来源国向外国投资者获取收入征收的税率，应和外国向其居民从海外获取收入征收的税率相同，这就是互惠原则。关于产品税，现在问题是如果向出口产品征收产地税而又没有实行关税减让，那么它就会把部分税负转移到外国消费者身上。或者，对进口品征收而又不存在补偿性进口税时，它会使外国出口商得到好处，这两种方法都与国家之间的公平原则相背离。在此情况下，关税减让与补偿性进口税的征收则是同公平原则相符合的。

第三节

国际财政费用分担及收入再分配

国际公共产品可以使很多国家受益，而其只有由国际财政才能提供，但由于国际上不存在一个"国际性的中央政府"，所以它只能通过各受益国家采取联合的方式来提供，例如世界和平和不发达国家的经济开发以及共同消除国际公害的"世界大战与贫困的努力"等等。这些双边或多边合作项目，都涉及双边或多边国际财政支出的协调问题，也就是通常所说的国际费用分担的问题。

一、国际公共产品的联合提供及费用负担

国际费用分担的方法大致可分为以下三种：

（一）按支付能力原则的费用分担

参与国应缴款项的多少，可根据其国民生产总值或国民收入按相同的比例来决定；也可以根据累进分担的方法来决定，在这种情况下，主要的问题在于累进分担率应与各国的国民生产总值（国家本身被当作缴款者）相联系，还是应与各国居民的人均收入（单个居民被当作缴款者）相联系。例如，联合国会费是由各会员国缴纳，是联合国主要的经费和正常预算的来源，用于支付维持联合国机构正常运转所需要的经常性开支。各国应缴纳的会费数额由大会根据会费委员会建议批准的比额表确定，主要根据每个国家的国民生产总值、人口，以及支付能力等因素予以确定。

（二）按受益原则的费用分担

参与国的应缴款项以其被允许享受的利益为标准。例如，国际货币基金组织规定，成员国可从基金组织获得的融资数额（贷款限额）以其份额为基础。例如，在备用和中期安排下，成员国每年可以借入份额145%以内的资金，累计最多为份额的435%，特殊情况下的贷款限额可能更高。

（三）按照各参与国达成协议的费用分担

这种方法不规定固定的缴纳标准，而是由各参与国共同协商，确定各国应分别负担的费用，因情势的变更可在适当时候进行调整。例如，美国负担了北大西洋公约组织费用的最大份额，而且已远远超过了按国民生产总值等指标计算所应负担的份额。

上述国际支出的协调问题也存在于国际外部效应的矫正方面。某个国家的活动所产生的效益或成本可通过市场机制以外的方式外溢到另一个国家，致使市场机制在资源配置上的正常运行所要求的效益和成本的对应关系遭到破坏，国际资源的有效配置因而遭到扭曲。为了使国际资源得到有效的配置，就必须使外溢的效益或成本内在化，这就提出了国际财政的合作问题，它需要协调有关国家的支出。外溢的效益需要得到对方国家的补偿，而外溢的成本则要向对方国家赔偿，这些"补偿"或"赔偿"都涉及费用的安排问题，并且要在各国之间加以分摊。

更为有效的国际合作能增加机会和帮助各个国家面对新的全球挑战，所有国家都必须衡量合作的好处，并做出是否参加的决定。各个国家可能参与国际合作以提供国际公共产品的领域和范围包括如下四个方面：一是扩大和维系开放的世界市场，包括减少与不稳定的资本运动有关的风险。许多发展中国家对更为开放的资本市场深表关切，因为突发性资本外逃会影响经济管理的稳定。二是使基础研究面向发展中国家。例如，国际农业研究磋商小组的支持使绿色革命成为可能。这一革命表明，对研究和发展的投资能为援助国和受援国带来可观的回报。三是保护环境。国际集体行动能改善协调、增强公众的意识、转让技术以及为制定并实施适当的国内环境保护政策提供激励措施，从而减缓全球性的和区域性的环境问题。四是维持和平避免武装冲突。

二、国际援助收入再分配

世界上贫富国家间收入差距的悬殊已成为人们的一个常识,如何解决国际收入再分配问题也在当今国际政治和经济舞台上占据了一个重要地位。然而,由于不存在一个"国际性中央政府",所以国际收入再分配政策只有通过国家间转移来实行,这种国际援助的最好形式就是发展援助,因为发展援助有助于提高低收入国家的经济增长率,从而有利于缩小收入差距。虽然从根本上说,分配问题是一个人际分配的公平问题,但若仅仅从人际分配的方式来实现公平问题,则效果是不会显著的,因此必须求助于别的分配方式。就国际收入再分配而言,需要通过国家间分配的方式。国际援助,尤其是发展援助,是国家间分配的重要工具。这种分配方式能直接促进国家间公平,间接促进人际公平,因为大多数穷人实际上都是低收入国家的居民,只要提高了低收入国家的国民收入,这些国家的居民的人均收入就会提高。发展援助的重要意义在于,它不是就分配而论分配,而是在关心既定收入总量如何公平分配的同时,还注重收入总量如何增加的问题,也就是说,它在关心分配的同时还注重经济增长。

因为世界贫穷人口生活状况的极大改善只有通过提高低收入国家劳动者的劳动生产率才能取得,所以,低收入国家的经济发展是实现世界收入分配状况根本改善的关键。在促进低收入国家的经济发展方面,财政扮演着十分重要的角色。一方面,通过财政手段可以扩大直接的官方援助或官方贷款;另一方面,通过旨在改善投资环境的财政支出与税收优惠鼓励私人资本流动。这样,财政就促使这些官方或私人资本从高收入国家流向低收入国家。随着资本的流动,世界产量将会增加,从而可供再分配的收入总量也会增加,这是因为在资本劳动比率至今还相当低的国家中,资本的生产率会更高。由于投资于低收入国家将会产生较高的收益,所以高收入国家的资本供给者将相应得益,但这也会使收入从高收入国家的劳动者再分配给低收入国家的劳动者。促进低收入国家经济发展的第二个重要途径就是发达国家要向低收入国家的出口产品更大地开放市场。这就要求发达国家对低收入国家放弃贸易限制并扩大优惠待遇。

(一) 援助的提供机制

发展援助可以解释为从发达国家向欠发达国家的资源转移,常伴随着发达国家把大量官方资金提供给不发达国家。官方发展援助包括无偿赠款与优惠贷款两个部分。无偿赠款,既不需要受援国偿还,也不收取任何利息,因而,它是名副其实的"援助"。但这种无偿赠款在外国资源的流入总额中所占比重极少;而优惠贷款主要由国际金融机构,例如,世界银行以低于金融市场的利率提供。在这种贷款方式中,官方发展援助是以"软贷款"的条件提供的,在对欠发达国家提供长期(比如说,长达40~50年)优惠贷款的情况下,这种外国资源的流入接近于无偿援助,几乎等价于无偿赠款。

1. 官方发展援助通常是由于政治原因而提供的。一般情况下,官方发展援助不会提供给与提供国敌对的国家。例如,美国对欠发达国家的大部分援助就是以尽可能地保持美国的政治利益不受损害为前提来提供的。这种官方发展援助经常采取对"友好"国家进行提供的形式,而这种"友好"的标准是以确保美国的政治为理由。同样,苏联大部分官方发展援助也是以政治因素为动机的。广而言之,恐怕任何双边形式的官方发展援助都不可避免地带有政治的动机。

2. 官方发展援助的提供通常附带一定的经济条件。这些附带条件可能是援助国在提供官方发展援助的同时要求进口援助国的商品或物资；或者，官方发展援助的使用已被援助国限制了条件或规定了最终用途；等等。这些附带条件的设置，使得官方发展援助偏离了人道主义的要求，也背离了国际收入再分配的目标，不利于欠发达国家借助于官方发展援助以寻求发展、摆脱贫困目标的实现。

官方发展援助提供过程中所涉及的这两个原则，从官方发展援助的合理目标来看，援助国的行为限制着受援国的目标的实现，因此，从受援国角度来看，援助的提供客观上要求官方发展援助双边流动的多边化，以多边提供方式取代双边方式。

然而，官方发展援助双边流动的多边化趋势，给官方发展援助的提供机制带来了一个新的问题。我们知道，在双边援助方式下，援助国出于对自身利益的考虑，在援助的提供上多少还有较自愿因素，但是，在多边援助方式下，援助提供上的自愿因素，已排除了援助国从自身利益方面的考虑，而且完全是它们基于人道主义的考虑或其他方面的想法。可是，真正基于人道主义的自愿地提供官方发展援助的机制是很难支撑起官方发展援助的。为此，官方发展援助的提供机制改革必将成为国际社会所关心的一个重要问题。

（二）国际援助的接受及其使用

从发展援助的接受及其使用角度来看，一个最关键问题就是欠发达国家对官方发展援助的利用要能促进国家的经济发展。官方发展援助最初是作为一种国际再分配的方式而提出的。然而，再分配政策不应该仅仅看成为对某个既定的"蛋糕"进行再分配的事情，对于"蛋糕"的大小，尤其对于经济增长率的影响，也应该加以研究。如果这一观点对于国内再分配来讲能够成立的话，那么对于国际再分配就更有道理了，因为在国际范围内，再分配的潜在规模要大得多。如果通过官方发展援助的国际再分配会干扰援助国提供官方发展援助的能力，或者，无助于受援国即主要是欠发达国家的经济发展，那么这样的官方发展援助并不可取。

只有通过提高低收入国家劳动者的劳动生产率，世界贫穷人口生活状况的极大改善才能得以实现。官方发展援助促使资本从高收入国家流向低收入国家，故能对此做出重大的贡献。国际的资本流动将增加世界产出，因为在资本—劳动率至今还相当低的国家中，资本会变得更加有效。既然资本投资于低收入国家中会取得较大的收益，那么高收入国家的资本供给者仍将从中得益。但是，这也会导致收入从高收入国家劳动者向低收入国家劳动者的再分配，因为低收入国家的劳动者随着资本的流入将会与更多的资本结合而使资本—劳动比率得到提高。相反，若官方发展援助成为低收入国家的经济依赖，则对改善国际收入分配将无所裨益。

三、国际要素和商品流动的支出协调

税收对国际要素和商品流动的影响是显而易见的，同税收负担一样，支出利益也会影响要素和商品的国际流动。而且这种影响非常类似于税收。

（一）国际要素流动

因支出不同而引起的要素流动对于劳动力流动来说尤其重要。较高的社会保障利益与其他转移支付可能会吸引那些仅仅依靠工资率差异不足以引起劳动力的流动。诸如住房、卫生和教育之类的消费性财政支出可能会产生类似的影响。国家间的协调可以通过采用统一的支出水平、通过拒绝接纳临时迁来的居民，或通过按收益原则分担费用（收费）等方法来进行。最后一种方法倾向于按住处原则来课征所得税，但这不过是一种粗略的方法，而且特别不适合于社会保障支出的协调。

国际劳动力流动的主要事例是发展中国家的"人才外流"，这已成为这些国家的政府极为关心的问题，许多专家、学者都献计献策，提供对付"人才外流"的财政对策。同样，资本流动也可能会受到支出政策的影响，无论这种政府支出政策是通过政府支出提供的中间产品的供应、抵补成本的财政补贴、优惠信贷还是其他手段，在设计中性化的税收调整措施时，应该考虑到这种支出利益。

（二）国际商品流动

政府提供降低私人企业生产成本的那些中间支出相当于抵补成本的财政补贴，因而是一种负的出产地税收。所以，前面有关出产地税收的分析反过来就完全适用于这种支出。哪里可用出口退税来抵消这种税收，哪里就可用出口征税来抵消这种补贴支出。只要税收和补贴支出相当，两方面的调整便正好相互抵消。一般认为，出产地税收对中间支出来说是中性的。

第四节 开放经济下财政与货币政策的制定和配合

当今世界正朝着全球经济一体化的方向发展，各国经济有着越来越密切的联系，对外贸易活动和资本在国际的流动也越来越频繁。本国的财政货币政策会受到本国的汇率政策、对外贸易政策、资本流动方向等诸多因素的影响，那么仅考虑在封闭经济的财政货币政策的配合就不够全面，必须要考虑开放经济下国家宏观财政—货币政策的制定和搭配。

一、不同汇率制度下的财政—货币政策的有效性

在开放经济条件下，一国的汇率制度对财政政策、货币政策的实施会产生重大影响。汇率是两种不同货币之间的兑换比率，它是衡量一国货币对外价值的尺度，在国际经济活动中起着重要作用。汇率制度是指本国货币与外国货币兑换率的确定方式，一般分为固定汇率和浮动汇率两种。固定汇率是指一国货币对外币值基本保持不变，除非基本经济结构失衡的情况下才能改变其汇率。浮动汇率是指一国中央银行不规定本国货币与他国货币的官方汇率，也就是一国货币对外币值由市场的供求自由调整，不以人为政策加以固定。

在开放经济条件下，政府为实现充分就业目标，可能采取扩张性财政政策。当财政支出增加时，GDP将增加，同时利率水平也会提高。由于利率提高，净资本流入将增加。在浮动汇率制度下，国际收支总是平衡的，因此，净资本流入表示贸易收支出现赤字。贸易入超降低了有效需求，从而使财政政策效果不明显。而在浮动汇率制

度下，如果政府利用货币政策来实现充分就业目标，一方面可以使利率水平下降，另一方面可以使 GDP 水平上升。由于利率下降，资本将外流，通过汇率的变动，将有资本外流等额的贸易出超发生，而贸易出超可以使 GDP 进一步增加。可见，在浮动汇率制度下，货币政策是有效的。

在固定汇率制度下，财政政策追求充分就业目标，政府利用扩张性财政政策一方面使 GDP 水平提高，另一方面使利率水平上升。由于利率水平提高，资本流入将增加，在外汇不断积累的情况下，除非政府采取外汇冻结措施，否则必将通过银行系统产生信用扩张效果，GDP 水平进一步提高。因此，在固定汇率制度下，财政政策显然是有效的。而在固定汇率制度下，政府采取扩张性货币政策不能促进充分就业下 GDP 水平的实现。这是因为，政府利用货币政策一方面可以使 GDP 增加，但另一方面也会降低利率。而利率水平的下降将导致资本外流增加，外汇数量减少，使得货币数量成倍减少。因此，在固定汇率制度下，政府利用货币政策来实现充分就业很难成功。

从上述分析可以看出，在浮动汇率制度下，利用货币政策增加 GDP 较为有效，而在固定汇率制度下，财政政策是实现这一目标的有力工具。从各发展中国家的实际情况来看，除有的国家试行短期的浮动汇率外，大多数国家还是实行固定汇率制度，我国实行的是有管制的浮动汇率，一般而言，追求充分就业的国家最好还是重视利用财政政策。但是，一个国家除了要实现充分就业目标外，在稳定经济政策上，还要取得国际收支平衡，这就涉及为了实现内部平衡和外部平衡财政货币政策的配合问题。

二、内外均衡与财政—货币政策配合的有效性

在开放经济条件下，宏观经济的最终目标是实现内部均衡和外部均衡。所谓**内部均衡是指宏观经济处于充分就业的水平上，并且没有通货膨胀和通货紧缩，经济稳定增长。所谓外部均衡，就是指国际收支平衡，既无国际收支逆差，也无国际收支顺差。**开放经济下财政政策与货币政策的具体模式，应根据不同的经济条件，结合社会总量或结构矛盾的不同表现做出选择。这方面，蒙代尔的指派模型阐述了二者搭配的原则：在有资本流动的情况下，把货币政策指派用于调节外部经济的平衡，把财政政策指派用于调节内部经济的平衡，将是一种较为合理的政策组合（见图 13-1）。

如图 13-1 所示：横轴表示财政政策，T 为税收，G 为政府支出，T-G 的增加表示紧缩性财政政策的实施。纵轴表示货币政策，利率上升意味着紧缩性货币政策的实施。IB 线为内部平衡线，向右下方倾斜。IB 线左下方需求过旺，存在通货膨胀；右上方需求不足，存在衰退。EB 线为外部平衡线，EB 线左下方存在国际收支逆差，右上方为国际收支顺差。外部均衡线比内部均衡线平缓，主要是因为在存在资本流动的情况下，财政政策对国内平衡影响大，货币政策对外部平衡影响大。

IB 线和 EB 线的交点表示同时达到内部均衡和外部均衡，其余四个区域分别用Ⅰ、Ⅱ、Ⅲ、Ⅳ表示。为了达到内外部的均衡，各区间需要不同的财政政策与货币政策配合。

第Ⅰ区间：既有经济衰退，又有顺差。应采取财政与货币政策的"双松"配合，通过减收增支措施刺激投资和消费。财政扩张的结果，会增加财政赤字，使 IB 线左移，带来利率的升高，因而需要货币政策的扩张来配合，通过降低利率，进一步刺激

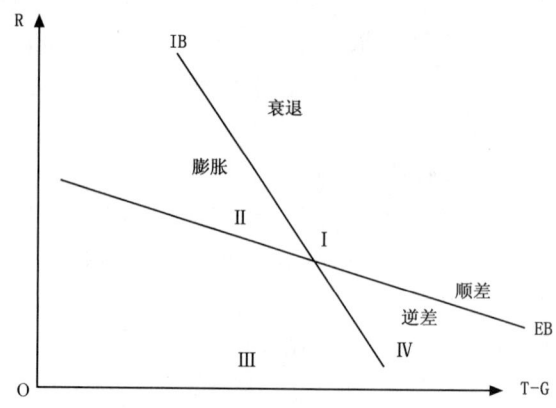

图13-1 实现内外平衡的财政—货币政策配合

投资和消费,扩大内需,拉动经济走出衰退和萧条的阴影。财政扩张也会扩大进口,利率下降则会导致部分资本外流,二者共同作用导致贸易顺差的减少以至消失。

第Ⅱ区间:既有通货膨胀,又有顺差。在政策选择上,应以财政紧缩政策为主,以压缩投资和消费需求,同时尽量不减少进口。财政紧缩会带动IB线右移,引起利率降低,所以货币政策的选择应根据通货膨胀的程度,采取中性或适度紧缩的选择,以缓解物价上升的压力。

第Ⅲ区间:既有通货膨胀,又有逆差。经济运行出现过热,对国内外商品和服务的需求都超过供给,此时正确的政策自然应该是财政、货币"双紧"的搭配,紧缩货币以控制货币发行量,升高利率以抑制过热的投资和消费需求,而且增加资本流入,紧缩财政以减少公共投资和消费,以双重力量抑制总需求,并以流入的资本弥补逆差,以实现内外均衡。

第Ⅳ区间:既有逆差,又有经济衰退。宏观政策的操作可以是松财政与紧货币的政策组合,通过减收增支的财政措施刺激经济复苏,吸纳就业,结果与货币的紧缩形成带动利率上升的合力,以流入的资本弥补逆差,推动经济走向均衡。从上述分析可以看出,财政政策是解决内部失衡的有效工具,而货币政策是解决外部失衡的有效手段。

【资料】 中国对外援助和出口新冠疫苗数量超过其他国家总和
——让疫苗成为全球公共产品,中国做到了!

来自国务院联防联控机制最新数据显示,中国已向世界提供新冠疫苗和原液超7亿剂。截至目前,中国对外援助和出口疫苗数量超过其他国家的总和。

中方一贯主张深化疫苗国际合作,确保疫苗在发展中国家的可及性和可负担性,让疫苗成为全球公共产品。在自身人口基数巨大、疫苗供应十分紧张的情况下,中国对所有向中方提出疫苗合作需求的国家都做出积极回应,为全球抗疫增添了信心和力量。

全球疫苗免疫联盟日前宣布,已同中国国药集团和科兴公司分别签署预购协议,意味着国药疫苗和科兴疫苗进入"新冠肺炎疫苗实施计划"疫苗库,将为发展中国家的疫情防控贡献更大力量。国药疫苗和科兴疫苗的临床试验数据等指标经过了世界卫生组织免疫战略咨询专家组的严格审核,先后被纳入世卫组织紧急使用清单。随着中国疫苗在世界多国接种规模扩大,其安全性和有效性获得越来越多的数据证实,显现出实实在在的效果。

中国疫苗是许多发展中国家获得的第一批疫苗,堪称"及时雨"。赤道几内亚总统奥比昂表示,中国疫苗"为当地抗疫带来希望的甘霖"。津巴布韦总统姆南加古瓦表示,中国捐赠的疫苗犹如隧道尽头的光芒。柬埔寨首相洪森在第二十六届亚洲未来国际会议开幕式上直言,"如果没有中国的援助和提供的疫苗商采,柬埔寨近200万民众如何能打上疫苗?"

资料来源:《人民日报》2021年8月1日。

【资料分析】 新型冠状病毒肺炎是21世纪以来全人类面对的最严重的公共卫生危机,疫苗对于人类应对新冠疫情至关重要,已经成为各国共同应对此次重大安全危机的国际公共产品。首先,从影响范围上看,新冠疫苗供给符合国际公共产品"能使不同地区的许多国家的人口乃至世界所有人口受益"的基本属性。作为国际公共产品的新冠疫苗不仅在空间上体现全球性,更在时间上体现代际性。其次,从消费层面上看,新冠疫苗在数量和质量上具备国际公共产品"非竞争性"特征。只要国际社会共同维护全球工业体系和传输网络,新冠疫苗的数量和质量终将满足人类社会的总体需求。最后,新冠疫苗在受益群体内部体现"非排他性"特征。从疫情传播和防控形势来看,如果只是某几个国家、一部分人群获得疫苗,而将小国、经济发展落后的国家以及发达国家中的弱势群体排斥在疫苗接种范围之外,那么疫苗的研发和接种速度将永远无法赶上病毒变异的速度,人类也永远无法构建有效的集体免疫。

2020年5月18日,习近平主席在参加第73届世界卫生大会视频会议时首次提出:"中国新冠疫苗研发完成并投入使用后,将作为全球公共产品,为实现疫苗在发展中国家的可及性和可担负性做出中国贡献。"这彰显了中国维护国际公共产品体系、完善全球治理和推动构建人类命运共同体的真诚愿望。

复习思考题

1. 简述国际税收与一般税收的区别与联系。
2. 避免国际重复课税的方法有哪些?
3. 如何理解税收饶让?
4. 简述国际税收协定签订的必要性。
5. 简述国际财政的含义。
6. 分析国际财政存在的基础。
7. 国际财政的职能有哪些?
8. 简述开放经济下财政政策与货币政策的配合。

主要参考书目

1. 陈共:《财政学》第十版,中国人民大学出版社2020年8月。
2. 哈韦·S. 罗森:《财政学》(第十版),中国人民大学出版社2015年版。
3. [美]理查德·A. 马斯格雷夫,佩吉·B. 马斯格雷夫:《财政理论与实践》(第五版),中国财政经济出版社2003年版。
4. [美]大卫·N. 海曼:《财政学:理论、政策与实践》(第10版)北京大学出版社2015年版。
5. [日]神野直彦:《财政学——财政现象的实体化分析》,南京大学出版社2012年版。
6. [美]费雪:《州和地方财政学》(第二版),中国人民大学出版社2000年版。
7. [美]斯蒂格利茨:《公共部门经济学》(第3版),中国人民大学出版社2005年版。
8. 詹姆斯·M. 布坎南:《公共财政》,中国财政经济出版社1991年版。
9. 马斯格雷夫·皮考克:《财政理论史上的经典文献》,上海财经大学出版社2015年版。
10. 《2021年中国城市政府财政透明度研究报告》,清华大学2021年9月。
11. 刘怡:《财政学》(第二版),北京大学出版社2012年版。
12. 高培勇等:《新中国财政70年系列丛书》,中国财政经济出版社2020年版。
13. 刘溶沧、赵志耘:《中国财政理论前沿3》,社会科学文献出版社2005年版。
14. 王传纶、高培勇:当代西方财政经济理论(修订版),商务印书馆2022年版。
15. 王玮编:《税收学原理》(第4版),清华大学出版社2020年版。
16. 张馨等:《当代财政与财政学主流》,东北财经大学出版社2000年版。
17. 普拉丹:《公共支出分析的基本方法》,中国财政经济出版社2000年版。
18. 米纳什:《政府间财政关系理论与实践》,中国财政经济出版社2003年版。
19. 郭庆旺、赵志耘:《财政学》,中国人民大学出版社2002年版。
20. 曼昆:《宏观经济学》,中国人民大学出版社2011年版。
21. 刘尚希:《我国财政理论发展与构建》,中国财经经济出版社2019年版。
22. 胡寄窗、谭敏:《中国财政思想史》,中国财政经济出版社2017年版。

23. 丛书海：《财政支出学》，中国人民大学出版社 2002 年版。
24. 贾康、苏京春：《供给侧改革》，中信出版社 2016 年版。
25. 李燕：《公共支出分析教程》，北京工业大学出版社 2010 年版。
26. 高培勇：《公共经济学（第 3 版）》，中国社会科学出版社 2012 年版。
27. 刘守刚、魏陆：《财政政治学译丛》，上海财经大学出版社 2020 年版。
28. 张海星：《公共债务》（第三版），东北财经大学出版社 2016 年版。
29. 杨全社、郑健翔：《地方财政学》，南开大学出版社 2005 年版。
30. 王绍光：《分权的底线》，中国计划出版社 1997 年版。
31. 毛程连：《西方财政思想史》，复旦大学出版社 2010 年版。
32. 陈志勇、李祥云：《公债学》，中国财政经济出版社 2012 年版。
33. 刘佐：《中国税制概览》，经济科学出版社 2022 年版。
34. 刘佐："中共税收政策的演进（1921—2021）"，《财经智库》，2021 年第 6 期。
35. 刘佐："中国共产党百年税收政策的演进"，《中国财政》，2021 年第 13 期。
36. 朱青："我国税制改革取得历史性突破"，《中国财经报》，2022 年 6 月 28 日。